Rainer Hennies / Daniel Meuren (Hg.)

Frauenfußball
Der lange Weg zur Anerkennung

Rainer Hennies/Daniel Meuren (Hg.)

FRAUENFUSSBALL

Der lange Weg zur Anerkennung

VERLAG DIE WERKSTATT

Bibliografische Information der Deutschen Bibliothek:
Die Deutsche Bibliothek verzeichnet diese Publikation in der
Deutschen Nationalbibliografie; detaillierte bibliografische Daten
sind im Internet über http://dnb.ddb.de abrufbar.

Copyright © 2009 Verlag Die Werkstatt GmbH
Lotzestraße 24a, D-37083 Göttingen
www.werkstatt-verlag.de
Alle Rechte vorbehalten.
Satz und Gestaltung: Verlag Die Werkstatt
Druck und Bindung: Westermann Druck, Zwickau

ISBN 978-3-89533-639-3

Inhaltsverzeichnis

Marta und Birgit Prinz sind die großen Stars dieses Jahrzehnts.

VORWORT

Wenige Tage vor Andruck dieses Buches haben Deutschlands Fußballnationalspielerinnen die Europameisterschaft in Finnland gewonnen. Die Auswahl von Bundestrainerin Silvia Neid erwies sich auf dem Weg ins Finale und vor allem beim hochklassigen 6:2-Endspielsieg gegen England wieder als das am besten vorbereitete und personell am stärksten besetzte Team.

Der Triumph von Helsinki reiht sich ein in die mittlerweile stolze Erfolgsbilanz mit zwei Weltmeister- und nun sieben Europameistertiteln. Die DFB-Auswahl hat damit ihre Dominanz auf dem Kontinent und den Führungsanspruch im Weltfrauenfußball untermauert.

Nach der Aufhebung des Frauenfußballverbots im Jahr 1970, auch noch nach den ersten Länderspielen vor einem Vierteljahrhundert, ja selbst nach den ersten Erfolgen Anfang der 1990er Jahre war eine solche Entwicklung noch nicht vorhersehbar: Damals wurden Fußballfrauen in Deutschland extrem schief angeschaut. Während in vielen anderen Ländern der weibliche Kick akzeptiert war, galt das Hobby in Deutschland als eine abseitige Beschäftigung, die Frauen nicht geziemt. Doch die ersten Generationen an Spielerinnen waren zäh: Sie erkämpften sich Stück für Stück den Respekt der Fußballfunktionäre und schließlich auch der Fans. Spätestens seit den großen Triumphen im ersten Jahrzehnt des 21. Jahrhunderts ist der Frauenfußball akzeptiert, eine breite Öffentlichkeit interessiert sich zumindest bei den großen Turnieren für die Spiele des vermeintlich schwachen, in der Erfolgsbilanz aber so starken Geschlechts.

Ganz nebenbei hat sich der DFB auch zum Vorzeigeverband in Sachen Emanzipation entwickelt. Nahezu alle den Frauenfußball betreffenden Führungsaufgaben im größten Einzelsportverband der Welt sind an Frauen delegiert. Besonders auffällig ist das im Trainerbereich des DFB: Seit Tina Theune-Meyer 1996 als erste Frau das Amt der Bundestrainerin übernahm, sind die Posten der Fußballlehrer sukzessive mit ehemaligen Nationalspielerinnen besetzt worden. Auch Steffi Jones als OK-Präsidentin der in Deutschland stattfindenden Weltmeisterschaft 2011 und Doris Fitschen als Nationalmannschaftsmanagerin stehen für diese Entwicklung.

All diese Faktoren haben dazu beigetragen, dass der Frauenfußball in Deutschland ein gutes Stück vorangekommen ist auf dem langen Weg zur Anerkennung. Die Weltmeisterschaft 2011 in den deutschen Stadien wird ein weiterer Meilenstein.

Deutschland ist dabei mittlerweile auch ein Motor der Entwicklung des Weltfrauenfußballs. Das Spiel entwickelt sich nicht nur hierzulande rasant, wie die über den Tellerrand hinausschauenden Kapitel dieses Buches belegen. Bald ist die Welt eben doch nicht mehr nur eine Kugel, sondern tatsächlich für beide Geschlechter ein Ball.

Rainer Hennies, Barsinghausen, und Daniel Meuren, Mainz, im September 2009

1

ENTWICKLUNG DES
FRAUENFUSSBALLS IN DER WELT

Englische Sammelkarte von 1906

»Auf dem Ball steht nicht, dass er nur für Männer ist«

Sport und Frauen – das sind lange zwei Begriffe, die in der Gesellschaft des 20. Jahrhunderts nicht so recht zusammenpassen. Vor allem in der Arbeiterschicht hat die Frau eigentlich in den ersten Dekaden des Jahrhunderts kein Recht auf eine sportliche Betätigung und auch kaum Möglichkeiten zur körperlichen Ertüchtigung. In den Schulen sind höchstens Turnen und Schwimmen als für Frauen taugliche Sportarten angesehen, jede Form des Wettspiels, erst recht Sportarten mit Körperkontakt oder gar Kampfsportarten sind vollkommen verpönt – mit Verweis auf Gefahren für die weibliche Gesundheit und vor allem ihre Zeugungsfähigkeit. Lediglich in der Oberschicht haben Frauen zu dieser Zeit die Chance, bei »noblen« Spielen wie dem Tennis oder auch dem Hockey mitspielen zu dürfen. Die Erfolge von Suzanne Lenglen auf den Tennisplätzen dieser Welt in den 1920er Jahren werden gefeiert als Aufbegehren einer neuen, selbstbewussten und selbstbestimmten Frauengeneration. Was für die reiche Oberschicht gilt, spielt für Berta Normalverbraucherin freilich kaum eine Rolle. Frauen haben lange kaum Zugang zu sportlichen Wettbewerben – höchstens als Zuschauerinnen dürfen sie deshalb dem Fußball frönen.

Dennoch kommt es in England bereits 1895 zum wohl weltweit ersten organisierten Fußballspiel zwischen zwei Frauenmannschaften, das eine breitere Öffentlichkeit anzuziehen vermag. Nettie Honeyball ist die tapfere Vorkämpferin, die in London ein Team aus Nordengland und eine Elf aus dem Süden zusammenbringt. Der Norden gewinnt 7:1. Wenige Wochen später sollen bei einem anderen Spiel der »British Ladies« getauften Frauenfußball-Pionierinnen 8.000 Zuschauer zugegen sein. In den folgenden Jahren erschüttern die kickenden Frauen die englische Football Association (FA) zumindest so sehr in ihren Grundfesten, dass der Verband 1902 seine Mitgliedsvereine davor warnt, gegen Frauenteams zu spielen. Fußballspielende Frauen sind den durchweg aus der Mittelschicht stammenden Herrschern über den Unterschichtssport Fußball ein Dorn im Auge.

Die Lage für die fußballverrückten Frauen bessert sich erst nach Beginn des Ersten Weltkriegs. Wo die Herren aus dem Hause, respektive auf den Schlachtfeldern Europas beschäftigt sind, da tanzen die Mäuse munter auf den verwaisten Fußballplätzen.

Netty Honeyball, 1895, der Kapitän der »British Ladies«

Das Frauenteam von Wallsend mit seinem starken männlichen Trainer, 1917.

Frauen treten in die Fußstapfen der Männer. Nicht nur auf dem Land, wo sie die Feldarbeit übernehmen, sondern auch in den Städten, wohin viele ziehen, um in den Industriebetrieben den Materialnachschub für die Kriegsindustrie zu bewältigen. Viele junge Frauen und Mädchen entziehen sich somit auch der bisherigen traditionellen Kontrolle der Eltern und anderer Autoritäten. In den Fabriken arbeiten sie nicht nur hart, sondern haben auch erstmals geregelte Freizeit mit freien Wochenenden. Zu einer der beliebtesten Freizeitaktivitäten der »munitionettes«, wie diese Industriearbeiterinnen genannt werden, entwickelt sich Fußball. In vielen Städten der britischen Industrieregionen entstehen Frauenfußballteams, die bald nicht mehr nur auf Betriebsebene gegeneinander spielen, sondern auch schon Stadtmannschaften gründen und Spiele vor größerem Publikum organisieren. Die Eintrittsgelder kommen zumeist karitativen oder patriotischen Zwecken zugute.

Im nordenglischen Preston wächst in der einst auf Eisenbahnproduktion spezialisierten, nunmehr aber auf Munitionsherstellung ausgerichteten Firma Dick, Kerr and Co. eine Frauenmannschaft heran, die jahrelang für Schlagzeilen sorgt. Die Dick, Kerr Ladies, sportlich wie auch organisatorisch betreut vom Firmenmitarbeiter Alfred Frankland, sammeln bei ihren Spielen Geld für karitative Zwecke. Diesen hehren Absichten kann natürlich kein Hüter über die Reinheit des Sports einen Riegel vorschieben, zumal die Fußball spielenden »Ladies« ziemlich erfolgreich sind beim Einsammeln von Geldern.

Die Arbeiterinnen verwenden quasi ihre komplette Freizeit am Wochenende auf Tourneen durch England, wo sie von immer neuen Gegnern für Wohltätigkeitsspiele herausgefordert

Das erste Spiel zwischen englischen (re.) und französischen Spielerinnen in Herne Hill endete 4:2. Zu den »Shake Hands« gab es vor dem Spiel einen Kuss der Spielführerinnen.

werden. Die Euphorie im Dienst der guten Sache überdauert das Kriegsende eine ganze Weile. 1920 kommen am zweiten Weihnachtsfeiertag, dem berühmten Boxing Day, sage und schreibe 53.000 Zuschauer in den ausverkauften Goodison Park, die Heimstätte des FC Everton.

Schon einige Monate vorher hatten sie auch das erste internationale Match im Frauenfußball absolviert: im März 1920 gastierten die Frauen von Femina Paris in London. Vor 61.000 begeisterten Zuschauern in Chelsea gewannen die Dick, Kerr Ladies mit 2:1.

Doch die Rache der offenkundig wegen der Erfolge der Frauen erzürnten Fußballherren lässt nicht lange auf sich warten: Im Dezember 1921 drohen sie jedem Mitgliedsverein einen Bann an, der den Frauen für ihr merkwürdiges Treiben sein Sportfeld zur Verfügung stellt. Um ihr Vorgehen zu rechtfertigen, unterstellt die FA den Organisatoren der Frauenspiele, dass sie nicht nur hehre karitative Ziele, sondern auch geschäftliche Interessen mit den mittlerweile finanziell durchaus attraktiven Spielen verfolgen. Tatsächlich hinterlässt der 1957 gestorbene Team-Manager Frankland nach seinem Tod manchen Zweifel an seiner vollkommenen Redlichkeit, aber zugleich bleibt der Eindruck haften, dass die FA die Vorwürfe schlicht und ergreifend in den Raum stellt, um den Frauenfußball zu unterbinden. Die Bemühungen der Fußballfunktionäre waren von Erfolg gekrönt. Die Dick, Kerr Ladies existieren zwar bis 1965 weiter, die Zahl der Spiele sinkt jedoch von Jahr zu Jahr, Einnahmen für soziale Zwecke werden ebenfalls immer spärlicher, da den Damen die großen Stadien nicht mehr zugänglich sind.

Erster Damen-Fußball-Club in Deutschland

In Deutschland wird derweil der 1. Damen-Fußball-Club Frankfurt gegründet. Die Metzgers-
tochter und Kabarettistin Lotte Specht sucht 1930 per Zeitungsanzeige Gesinnungsgenossin-
nen und stößt auf eine überraschend große Resonanz: 40 Frauen zeigen Interesse am Fußballspiel unter ihresgleichen. Lotte Specht begründet ihr Engagement sieben Jahrzehnte später
mit frauenrechtlichen Motiven. »Ich habe gesagt: Was die Männer können, das können wir
auch.« Mangels gegnerischer Teams begnügen sich die Frauen mit zwei Trainingseinheiten in
der Woche unter Anleitung eines männlichen Trainers, einmal messen sie ihre Kräfte mit einem
Herren-Team aus Frankenthal. Der Widerstand gegen die ungebührlichen Aktivitäten des DFC
ist jedoch so stark, dass Lotte Specht und ihre Mitstreiterinnen nach einem Jahr aufgeben. In
der Metzgerei ihres Vaters sollen die Kunden schon lautstark über das merkwürdige Hobby der
Tochter gelästert haben. Ein letzter Hilferuf an den DFB mit der Bitte um Unterstützung wird von
den Verbandsoberen ignoriert.

Frauenfußball ist in Deutschland vollkommen unerwünscht, was sich auch nach der Macht-
ergreifung Adolf Hitlers nicht ändert. Die Nazis pflegen ihre Vorstellung von der deutschen Frau
im Bund Deutscher Mädels. Während Schwimmen und Gymnastik aufgrund ihrer maßvollen
Belastung der Frau hoch im Kurs stehen, werden Sportarten, die nach dem damaligen Weltbild
die Gebärtauglichkeit der Frau beeinträchtigen, verpöhnt. Frauenfußball, so er denn überhaupt
eine Rolle spielt in den Überlegungen der diktatorischen Volkserzieher, entspricht den Plänen
der Machthaber in keiner Weise.

Lotte Specht, 1930

Der DFB nutzt die Gunst der geistigen Situation der Zeit,
um sein Unbehagen gegen weibliche Balljagd theoretisch zu
untermauern und in ideologisch zeitgemäße Sätze zu kleiden.
Er sieht den Fußball in bester Gesellschaft mit Sportarten wie
Ringen, Boxen, Skispringen oder Bobfahren, die zu hart seien
für den weiblichen Körper. »Oft aber widerspricht der männliche Kampfcharakter der einzelnen Sportart dem Wesen der
Frau, die wir von Sportarten bewusst ausgeschaltet sehen
wollen, die ihr die Würde des Weibes im Wettkampf nehmen müsste«, verkündet der mittlerweile gleichgeschaltete
DFB 1936 über den Pressedienst des Nationalsozialistischen
Reichsbunds für Leibesübungen.

Nach dem Krieg dauert es einige Jahre, bis sich die ersten
Frauenmannschaften wieder so weit organisiert haben, dass
sie die Herren Funktionäre auf den Plan rufen. Dieses Mal –

inzwischen hat das Grundgesetz der Bundesrepublik formal die Gleichberechtigung zwischen Bürgern männlichen und weiblichen Geschlechts festgeschrieben und der Weltmeistertitel der Herberger-Elf von 1954 die Fußballeuphorie auch unter den Frauen geweckt – schieben die Verbandsoberen die Sorge um den Platzbedarf für die Jugendlichen vor, deren »Spiele schon jetzt vielfach auf Samstag gelegt werden müssen«. Dennoch tummeln sich vor allem im Ruhrgebiet eine stolze Anzahl von Frauenteams und messen immer wieder untereinander die Kräfte. Die beste Mannschaft dieser Zeit ist Fortuna Dortmund. 1955 wird schließlich ein vereinbartes Spiel zwischen den Frauenteams vom DFC Duisburg-Hamborn und von Gruga Essen unter Einsatz eines Schutzmanns und eines einem Bericht der *Westdeutschen Allgemeinen* zufolge bereitstehenden Überfallkommandos unterbunden, obwohl die Vereine den Platz ordentlich angemietet haben. »Sie kickten nur 20 Minuten, dann wurde der Damenfußball liquidiert«, titelt die Zeitung martialisch und konstatiert, dass »es diesmal nichts war mit der Gleichberechtigung«.

Prominente Weltmeister wie Max Morlock tun dem DFB in dieser Zeit den Gefallen, ihre eigenen Vorbehalte gegenüber dem Spiel des anderen Geschlechts offensiv über die Presse mitzuteilen. »Wir empfehlen Schwimmen, Leichtathletik, Turnen oder Skilaufen. Das sind eher frauliche Betätigungen«, verrät er dem *Kicker* die übereinstimmende Meinung des Ehepaars Morlock.

Am 30. Juli 1955 zieht der DFB dann auf seinem Bundestag in Berlin einen vermeintlichen Schlussstrich unter die Akte Frauenfußball: Der Verband untersagt seinen Vereinen, Damenfußballabteilungen zu gründen oder aufzunehmen, zudem müssen die Klubs mit Strafen rechnen, falls sie vereinseigene Plätze für Frauenfußballspiele zur Verfügung stellen. Die Schiedsrichter sind ebenfalls angehalten, auf die Leitung von Damenfußballspielen zu verzichten. Als willkommene argumentative Stütze der DFB-Oberen dient eine 1953 veröffentlichte Studie des seinerzeit renommierten niederländischen Psychologen und Anthropologen Frederik Jacobus Johannes Buytendijk. Der schrieb beispielsweise so kuriose Sätze wie »Das Fußballspiel als Spielform ist also wesentlich eine Demonstration der Männlichkeit ... Es ist noch nie gelungen, Frauen Fußball spielen zu lassen, wohl aber Korbball, Hockey, Tennis und so fort. Das Treten ist wohl spezifisch männlich, ob das Getretenwerden weiblich ist, lasse ich dahingestellt. Jedenfalls ist das Nichttreten weiblich.« Der DFB zitiert solche Sätze natürlich gerne, um die ungeliebten Umtriebe der Fußballfrauen zu unterbinden, auch wenn vermutlich kein vernünftiger Mensch Buytendijks Ansichten für voll nehmen kann.

In einzelnen Regionalverbänden wie dem bayrischen werden trotz des DFB-Beschlusses Damenabteilungen geduldet, wie ein DFB-Vorstandsprotokoll vom 28. September 1957 belegt. Der Bayrische Verband hatte sechs Vereinen genehmigt, eine Damenfußballabteilung aufzunehmen. Diese Teams spielten untereinander sogar schon Freundschaftsspiele. Ein Funktionär namens Huber führte in der Sitzung aus, dass der DFB diese Begegnungen tolerieren müsse, weil er nur so den Damenfußball kontrollieren könne. Der Funktionärskollege Gösmann legte dem DFB-Vorstand zudem nahe, dass man die »Frage des Damenfußballs nicht dramatisieren dürfe«. Dennoch blieb der DFB für einige Jahre wieder bei seiner harten Linie: Am 16. November 1957 bestätigte er mit einem Beiratsbeschluss die Ablehnung des Damenfußballs.

Die ersten Länderspiele

Wenn der DFB indes hoffte, durch sein ganz und gar unemanzipatorisches Vorgehen dem Frauenfußball ein Ende bereitet zu haben, so lag der Verband ziemlich weit daneben. Statt des erhofften Endes für das weibliche Ballspiel entsteht in den Folgejahren ein Wildwuchs an fußballerischen Aktivitäten der Frauen, die manch gewieften Geschäftsmann auf pfiffige Ideen bringt. Der Kaufmann Willi Ruppert gründet zunächst 1956 den Westdeutschen Damenfußballverband, im Folgejahr vereinnahmt er sogar den Titel des Deutschen Damenfußballverbands. Offiziell setzt sich Ruppert dafür ein, den Frauen das Fußballspielen zu ermöglichen, zugleich erkennt er aber wohl auch handfeste geschäftliche Chancen. Denn noch immer war Frauenfußball ein Spektakel, das tausende Zuschauer anlockte. Zum ersten Länderspiel der deutschen Damen-Fußballmannschaft kommen am 23. September 1956 18.000 Zuschauer in das Essener Mathias-Stinnes-Stadion. Die Lokalmatadorin Lotti Beckmann schoss beim 2:1-Sieg gegen eine Auswahl aus Holland, wo der Frauenfußball zu jener Zeit schon mehr akzeptiert war als in Deutschland, den ersten Treffer der – zumindest inoffiziell eröffneten – deutschen Länderspielgeschichte.

Am 17. März 1957 findet in München das nächste Spiel statt: Vor 17.000 Zuschauern im Dante-Stadion spielt Westdeutschland gegen Westholland. Das Spiel ruft eine heftige Reaktion seitens des DFB gegen die Stadt München als Besitzer des Dante-Stadions hervor. »Mit der in Frage stehenden Veranstaltung sind Sie uns in unserem Kampf gegen den Damenfußball in den Rücken gefallen«, beschwert sich der Verbandsfunktionär Dr. Xandry schriftlich beim Münchner Oberbürgermeister. Ungeachtet dessen findet am 28.7.1957 in Stuttgart ein nächstes Auswahlspiel statt: Deutschland und England trennen sich vor 11.000 Zuschauern mit 1:1.

Den Berliner Stadtoberen droht der DFB im selben Jahr sogar an, dass er auf Länderspiele der Männer-Nationalmannschaft in Berlin verzichten könne, sollte die Stadt die Austragung von Damen-Länderspielen in ihren Stadien zulassen. Dennoch findet in Berlin am ersten Novemberwochenende ein hochtrabend als Europameisterschaft beworbenes Turnier statt, zu dem neben einer deutschen Auswahl Teams aus Holland, Österreich und England anreisen. Veranstalter ist der selbst ernannte Internationale Frauenfußball-Verband (ILAF), der seinen Sitz in Luxemburg hat und dessen Geschäftsführer Bernaritz, ein Anwalt, die Einladungen verschickte. Die deutsche Mannschaft setzt sich jedoch aus völlig anderen Spielerinnen zusammen als noch wenige Wochen zuvor bei einem von anderen Protagonisten organisierten Länderspiel gegen Holland (Deutschland gewinnt am 13.10. vor 7.000 Zuschauern im Mommsenstadion mit 2:0) – sehr zum Ärger der anwesenden Presse, die der zur Europameisterschaft angetrete-

Die deutsche Damen-Fußball-
mannschaft gewinnt ihr erstes
Länderspiel am 23.9.1956
vor 18.000 Zuschauern im
Essener Mathias-Stinne-
Stadion gegen Holland mit 2:1.

Am 17.3.1957 spielen
im Münchner Dante-Stadion
Westdeutschland gegen
Westholland.

nen Mannschaft deutlich schwächeres Niveau attestiert. Es wird offenkundig, dass Geschäfte-macher auf den Frauenfußball-Zug aufgesprungen sind und mit dem frei verfügbaren Begriff »Nationalmannschaft« schnelles Geld machen wollen.

In Berlin misslingt der Versuch, obwohl die englische Elf öffentlichkeitswirksam mit dem in England wenige Jahre zuvor in Diensten von Manchester City zum Spieler des Jahres gewählten deutschen Torhüter Bernd Trautmann als Betreuer angereist ist. Lediglich 8.000 statt der ein-geplanten 20.000 Zuschauer passieren die Pforten des Poststadions, gegen die Veranstalter wird wegen dringenden Betrugsverdachts Haftbefehl erlassen. Diese Episode beschreibt recht gut die durch das DFB-Verbot verursachte Zeit des Wildwuchses von Frauenfußball-Veranstal-tungen. Da der DFB eben keinen organisierten Spielbetrieb für die Frauen anbietet, kann sich jeder halbwegs geschickte und gewiefte Geschäftemacher auf seine Weise des Frauenfußballs bedienen.

So gründet der Münchner Josef Floritz 1958 die Deutsche Damenfußball-Vereinigung und organisiert vor allem im süddeutschen Raum bis 1965 angeblich 150 Auswahlspiele. »Wenn das alles so lächerlich gewesen wäre, hätten wir bestimmt nicht ein zweites oder gar drittes Mal in manchen Stadien spielen dürfen«, beharrt die »Nationalspielerin« Christa Kleinhans auf dem sportlichen Wert dieser Vergleiche. Dennoch bleibt der DFB bei seiner Darstellung, dass es sich beim Damenfußball um eine zirkusähnliche Veranstaltung handele. Genau dies lehnt der DFB ab, wie der später für den Frauenfußball zuständige Horst Schmidt in klaren Worten zum Ausdruck bringt: »Damals sind irgendwelche Manager durch die Lande gezogen, die mit brüstewackelnden Frauen Geld verdient haben. So etwas haben wir abgelehnt.« Schmidt unter-schlägt dabei aber, dass der DFB selbst für diesen Missstand verantwortlich ist, da er den Frauenfußball durch seine Ablehnung zum Freiwild der Geschäftemacher hat werden lassen. Der Verband hat durch die Verdammung des Frauenfußballs fahrlässig seine Kommunikations-herrschaft über das weibliche Ballspiel aufgegeben.

Immer wieder finden fortan Länderspiele mit seriösem oder weniger seriösem Touch statt. Als Deutschlands Fußball-Damen am 14.9.1963 in Durlach vor 2.000 Zuschauern mit 4:3 gegen Holland gewinnen, berichten die *Badische Neueste Nachrichten*: »Deutschlands Fußballamazo-nen gewinnen 70. Länderspiel gegen Holland.« Woher diese Zahlenangabe kommt, ist unklar. Genauso, ob sich die Zahl 70 auf Spiele gegen Holland oder insgesamt bezieht. Frauenmann-schaften wie die in den 1950er Jahren dominierenden Kickerinnen von Fortuna Dortmund ge-hen unterdessen Wochenende für Wochenende fleißig ihrem Hobby nach. Die Zeit der Ge-schäfte mit der Sensation »Damenfußball« ist indes mit Beginn der 1960er Jahre vorbei. Das erkennt auch der DFB, der deshalb mit den Jahren das Verbot immer mehr aufweicht. Am 15. April 1961 kommt der Beirat des Verbandes zu der Einsicht, den »Damenfußball künftig nicht mehr so groß aufzugreifen«. Der Verband hatte festgestellt, dass sich die Unternehmungen wie

Am 13.10.1957 sehen 7.000 Zuschauer im Berliner Mommsenstadion Deutschland – Holland, 2:0.

die zum Geldverdienen organisierten Länderspiele totgelaufen hätten und es deshalb das Beste wäre, den weiblichen Kick zu bagatellisieren.

In der Folge können offenbar immer mehr Frauen mit Unterstützung der örtlichen Vereine dem Ball nachjagen, ohne dass der DFB noch einschreitet. Erst bei Anbruch der 1970er Jahre erreicht die Welle der Toleranz gegenüber den spielwilligen Frauen dann aber wirklich auch die Verbände. Auf Drängen des Europäischen Fußballverbands (UEFA), der einen Wildwuchs an konkurrierenden Verbänden fürchtete, nehmen sich fast alle nationalen Mitgliedsverbände der Frauen an. Im organisierten Spielbetrieb sollen die Frauen »unter Kontrolle« gebracht werden. In manchen Ländern, vor allem in Skandinavien, bringt der Unterschlupf beim Verband nach wenigen Jahren schon erstaunliche Fortschritte mit sich. Die Fußballerinnen profitieren vom Verbandswesen und erhalten gute Fortbildungschancen. In anderen Ländern wie auch der Bundesrepublik Deutschland hält sich der Nationalverband zunächst vornehm zurück und beginnt erst Anfang der 1980er Jahre parallel zum Aufbau einer Nationalmannschaft mit Fördermaßnahmen zugunsten der kickenden Frauen. Auslöser dieser Entwicklung ist die Ankündigung der UEFA, 1984 eine erste, wenn auch noch inoffizielle, Europameisterschaft auszurichten. Wiederum ist dies keine uneingeschränkt frauenfreundliche Initiative der Verbandsfürsten in der Schweiz, sondern neulich eine Reaktion auf separatistische Bemühungen aus dem Frau-

EM-Finale 1989: Angelika Fehrmann trifft zum 4:1-Endstand (re. Silvia Neid).

enfußball. Der damals eigenständige italienische Frauenfußballverband müht sich 1980, im Jahr der in Italien ausgetragenen Europameisterschaftsendrunde der Männer, um die Organisation eines Frauenfußballkongresses. Ziel ist die Veranstaltung einer Frauen-Europameisterschaft. Die UEFA reagiert wie schon Anfang der 1970er Jahre mit einem Vorstoß, der die Frauen weiter im Hoheitsgebiet der Männer halten soll. Sie verspricht eben die Ausrichtung einer Europa-meisterschaft, die 1982 mit den Qualifikationsspielen beginnen soll.

Keineswegs zufällig qualifizieren sich dann in den vier Vierergruppen die Teams aus Schwe-den, Dänemark, Italien und England für das Halbfinale. Italiener und Engländer profitieren zu dieser Zeit noch vom Vorsprung, den sie durch die autonome Organisation in eigenen Frauen-fußballverbänden und dank des geregelten Ligaspielbetriebs seit Ende der 1960er Jahre haben. Schweden und Dänemark entwickeln sich aufgrund der Offenheit der skandinavischen Landes-verbände seit Anfang der 70er Jahre ebenso rasant fort. 1987 verdrängt lediglich der spätere Sieger Norwegen die Däninnen aus dem Halbfinalquartett.

Zwei Jahre später wiederum schafft Deutschland erstmals den Sprung ins Endturnier der besten Teams, für das sich umgehend der im Jahr zuvor als Gastgeber der Männer-EM fungie-rende Deutsche Fußball-Bund (DFB) als Ausrichter zur Verfügung stellt. Das Halbfinale zwischen Deutschland und Italien, das erste im Fernsehen live und in voller Länge übertragene deutsche

Frauenfußballspiel, wird erst im Elfmeterschießen entschieden. »Diese Verlängerung und das Elf-meterschießen waren ein Riesenglücksfall für den Frauenfußball«, erinnert sich die heutige DFB-Präsidiumsfrau Hannelore Ratzeburg. »Dadurch schalteten Leute zu, die eigentlich schon das folgende Programm sehen wollten.« Torfrau Marion Isbert wird vor dann 5,5 Millionen Zuschauern an den Fernsehgeräten zur Heldin und ersten deutschen Frauenfußball-Ikone. Vor jedem Elfmeter sagt sich die Torfrau aus Ahrbach: »Der ist mir!« Drei Mal setzt sie ihre Abwehrabsicht in die Tat um, dann entscheidet sie als Schützin des sechsten Elfmeters das Spiel für Deutschland. Selbst Edel-Chauvinist Max Merkel war plötzlich voll des Lobes für den Frauenfußball, darüber hinaus begann ein unfassbarer Ansturm auf die Finalkarten. »Am Morgen nach dem Halbfinale mussten wir dauernd am Telefon Kartenbestellungen entgegennehmen«, sagt Hannelore Ratzeburg. »Wir haben die Tickets im guten Glauben versandt, dass die Kartenkäufer auch wirklich ihr Geld überweisen.«

Letztlich kommen sensationelle 22.000 Zuschauer zum EM-Finale 1989 ins *Stadion an der Bremer Brücke* zu Osnabrück, um den 4:1-Sieg der deutschen Frauen gegen Norwegen zu verfolgen und die Europameisterinnen zu feiern. Das Spiel ist der wohl entscheidende Meilenstein auf dem Weg zur Anerkennung des Frauenfußballs in Deutschland. Die Anerkennung für die Spielerinnen an jenem Tag ist indes eher zweifelhafter Natur: Sie erhielten als Belohnung ein 40-teiliges Kaffee- und Tafelservice, 1b-Qualität, aber immerhin von Villeroy&Boch. »Sicher war das eine nicht ganz glückliche Geschichte«, sagt Hannelore Ratzeburg. »Aber wir hatten das Problem, dass wir aus steuerrechtlichen Gründen damals noch keine Siegprämie zahlen konnten. Deshalb haben wir uns an DFB-Sponsoren gewandt, letztlich kam Villeroy&Boch zum Zug, weil die damals großflächig für dieses moderne Service geworben haben und das zur Verfügung stellten.«

1993 erreicht der Frauenfußball dann auch ohne ein weiteres Service endgültig die formale Gleichberechtigung: Fortan spielen Frauen nach den genau gleichen Regeln wie die Männer. Sie dürfen nun auch 90 Minuten spielen. Und seit diesem Jahr verwendet der DFB den Begriff Frauenfußball statt des etwas antiquierten Wortes »Damenfußball«. Auch sprachlich ist der Sport endlich angekommen in der Gegenwart.

DIE DICK, KERR LADIES

Die Urahninnen des Frauenfußballs

15. Juni 2005 in Nordengland. Auf dem Rasen des Stadions Deepdale in Preston stehen sich Deutschland und Finnland im Halbfinale der Europameisterschaft gegenüber. Deutschland gewinnt 4:1. Ein Pflichtsieg, alles andere als ein historischer Moment des Frauenfußballs. Ein solcher ist der Tag im Stadion von Preston North End freilich doch: Eine Gruppe älterer Frauen auf der Haupttribüne erscheint zunächst nur deshalb bemerkenswert, weil das Durchschnittsalter ungewöhnlich ist für ein Frauenfußballspiel. Die Frauen sind aber nicht die Großmütter der deutschen oder der finnischen Spielerinnen und nur dem Enkel zuliebe am Spielfeldrand. Nein, sie interessieren sich ganz grundlegend aus eigenem Antrieb für Fußball, gehen gerne zum Preston North End FC und treffen sich ansonsten mitunter zum nachmittäglichen Tee. Vor allem aber: Sie waren die ersten echten Stars des Frauenfußballs. Sie sind die ältesten noch lebenden Spielerinnen des legendären Frauenwerksteams der Munitionsfabrik Dick, Kerr und Co. Und als solche natürlich Ehrengäste der EM in England. June Gregson etwa stand zwischen 1949 und 1956 im Tor. »Ich habe das einfach mal ausprobiert, weil ich das cool fand und außerdem eine Torhüterin gebraucht wurde«, erinnert sie sich. Wer weiß: Vielleicht wäre sie sonst Stürmerin geworden.

Joan Burke spielte sogar schon 1939 für die Dick, Kerr Ladies. Damals war sie 23 Jahre alt. Älteste noch lebende Fußballerin des Teams ist die 1923 geborene Frances Appleby. Muriel Heany ist auch immer noch dabei, genauso wie Barbara Widdows und das 1937 geborene Küken Jean Lane. Sie alle sind versammelt um Edna Sibbert, der Tochter von Grace Sibbert, der ersten Managerin der Dick, Kerr Ladies, den geschichtsträchtigsten Fußballkameradinnen der Welt.

Kriegsweihnacht 1917 war die Geburtsstunde der kickenden Ladies. Grace Sibbert sitzt nicht unterm Tannenbaum, sondern spielt Fußball. Vor 10.000 Zuschauern im Deepdale Stadion. Die 600 Pfund an Einnahme gehen an das Militärhospital im Moor Park. Wie die Dick, Kerr Ladies in Preston North End's Profistadion gegen die lokale Konkurrenz von der Arundel Coulthard Foundry aus Preston gespielt haben, ist unbedeutend. Aber der Verein von Grace Sibbert ist bedeutsam. Er markiert ein Stück Weltgeschichte im Frauenfußball, war bis in die 1920er Jahre hinein das Nonplusultra und über die britische Insel hinaus bekannt.

Die Gründungsmutter Grace Sibbert war Arbeiterin bei Dick und Kerr. Anstelle ihres Mannes Frank, der im Frankreichfeldzug um sein Leben bangte. W.B. Dick und John Kerr produzierten in Preston ursprünglich Tram- und Eisenbahn-Equipment. Während des Krieges wurde

Die »Dick, Kerr Ladies« wurden 1917 in Preston gegründet.

die Firma zu einer Munitionsfabrik. Die Frauen produzierten aber nicht nur die Kriegsgeräte, mit denen ihre Männer töteten. Sie fanden sich auch zu Fußballspielen ein, sogenannten Charity-Matches. Auf diese Weise akzeptierte die Öffentlichkeit das sportliche Können und die Begeisterung der Frauen.

Die Region um Preston, Manchester, Liverpool, Bolton, St. Helens, Huddersfield, allgemein der Norden von England, gilt als eine Quelle des Frauenfußballs, der auch im Süden und in Schottland kurz vor der Jahrhundertwende zu entstehen begann und kriegsbedingt eine erste Blüte erlebte. 53.000 sahen am zweiten Weihnachtstag 1920 die Dick, Kerr Ladies beim 4:0-Sieg über St. Helens im legendären Goodison Park von Everton. Bis zum Verbot durch den Fußballverband 1921 hatten die Dick Kerr's 67 Spiele bestritten, vor rund 900.000 Zuschauern. Nicht nur im heimischen Deepdale oder in Liverpool oder sonstwo in England. Auch in Frankreich und den Vereinigten Staaten waren sie gewesen.

Richtig kleinkriegen ließen sich die wackeren Fußballerinnen auch in den kommenden Jahrzehnten nicht. Irgendwie fanden sie, gemanagt von Alfred Frankland, immer wieder eine Gelegenheit zum Kick und hofften auf eine zweite Blüte nach dem 2. Weltkrieg. So erinnert sich Edna Broughton an das erste Spiel nach dem Krieg 1946. Sie weiß zwar nicht mehr ganz genau, gegen wen es ging und wie das Resultat lautete, aber: »Wir hatten keine Sportkleidung und mussten uns von den Männern etwas ausleihen. Ich glaube, wir spielten gegen Gloucester. Ungefähr 8.000 Zuschauer kamen damals ins Deepdale.« Richtig in Fahrt aber kam das Team

Die Dick Kerr's und Spielplakat
(Preston Fußballausstellung)

Einer der von den Dick Kerr's gewonnen Pokale,
1921 (Preston Fußballausstellung)

Lilly Parr's Fußballschuhe von 1922 (Preston Fußballausstellung)

Die ältesten jetzt noch lebenden Spielerinnen der Dick, Kerr Ladies bei der Euro 2005 in Preston.

nicht mehr. Offenbar eine Frage des Zeitgeists. 1965 ging Dick Kerr's in den Preston Ladies auf. 1992 kam es zu einem Wiederaufleben des alten Namens.

Gail Newsham ist eine Art Biographin des Teams (»A League of their own«, London 1997). Sie sagt: »Diese Frauen wollten damals einfach ihre Fußballfreude ausleben und haben es getan.« Das bestätigen die Akteurinnen von einst. »Wir haben uns nicht als etwas Besonderes gefühlt«, erklären die »First Ladies« des Frauenfußballs unisono. »Wir hätten auch nie gedacht, dass wir Geschichte schreiben.« Damals hätten sie einfach nur Selbstbewusstsein gezeigt. Es sei das Glück des Augenblicks gewesen, das sie gesucht hätten. Ohne jegliche historische Ambition. Aber es sei natürlich eine spannende Zeit gewesen. Gedanken von Frauenbefreiung, Emanzipation und anderes revolutionäres Gedankengut haben nicht wirklich eine Rolle in den Köpfen gespielt. Lediglich der Fußball. Eine Art Recht auf Fußball sozusagen. – Also doch ein kleines bisschen Frauenrechtlerei.

INTERVIEW MIT BERND TRAUTMANN

»Das war ein Stück weit Emanzipation.«

Manchester City, das legendäre Cupfinale von 1956 mit dem gebrochenen Halswirbel, die Ehrung zum Officer of the British Empire durch Queen Elisabeth II. und zum Fußballer des Jahres durch den englischen Fußballverband FA, 639 Ligaspiele für City, als bester Spieler in der Hall of Fame. Bernd Trautmann leistete nach seiner Entlassung aus der englischen Kriegsgefangenschaft in seinem Fußballerleben einen erheblichen Dienst für die Völkerverständigung zwischen den Kriegsgegnern England und Deutschland. Über seine Foundation kümmert er sich um Jugendliche. Courage counts – gegen Rassismus, Vorurteile und Gewalt. Für Fair Play und Sportsmanship und starke Persönlichkeiten. Die inzwischen 85 Jahre alte Torwartlegende wurde 2008 beim Länderspiel gegen England in Berlin deshalb mit der DFB-Ehrennadel mit Brillanten geehrt. Vom Kriegsgefangenen zum nationalen Helden. Durch vorbildliche Leistungen und noch vorbildlicheres Auftreten wurde der in Bremen geborene und aufgewachsene Hanseat, der den Lebensabend mit seiner Frau Marlies aus dem Rheinland im Süden Spaniens genießt, zum Idol, vor allem in England. Doch Trautmann hat auch noch andere, weitgehend unbekannte Verdienste. Er hat den Frauenfußball in den 1950er Jahren unterstützt.

Herr Trautmann, Sie sind Europameister. Mit den englischen Fußballerinnen. Erinnern Sie sich noch, 1957 in Berlin?

Bernd Trautmann: Ich erinnere mich gut. Aber mit dem EM-Erfolg habe ich nichts zu tun. Das ist ganz allein die Leistung der Mädels. Das würde ich mir nie anmaßen.

Aber Sie waren deren offizieller Übersetzer. Percy Ashley, der Manager des Frauenteams Manchester Corinthians, hatte bei Ihnen angefragt und Sie hatten zugesagt.

Aus Neugier natürlich, wie das ist bei den Fußball spielenden Frauen. Und als junger Mann sowieso.

Das klingt alles sehr besonders, denn Frauenfußball war damals ja nicht nur in England verboten und hatte zumindest etwas Exotisches.

Ich habe gerne zugesagt, nachdem ich von meinem Verein die Erlaubnis bekommen hatte. Allerdings habe ich lieber meinen Schwiegervater mitgenommen und wir sind im Auto gefahren, nicht mit der Mannschaft geflogen.

Gab es Probleme mit der Erlaubnis Ihres Vereins?

Nein, nein, überhaupt nicht. Wir hatten ja auch unseren Ehrenkodex im Verein. Auf den zehn Seiten waren nicht nur Kleidungsvorschriften, sondern auch Verhaltensvorschriften, in denen anständiges Benehmen in der Öffentlichkeit und so weiter geregelt waren. Da waren Auftritte, etwa zu Wohlfahrtszwecken, gerne gesehen. Soziale Leistung wurde erwartet. Für mich war das ohnehin eine Selbstverständlichkeit. Ich habe in meiner Zeit etwa 50 bis 80 solcher Auftritte absolviert.

Wie war das sportliche Niveau damals? Ging das über den Jux hinaus, war das gar Revolution?

Vieles war mehr Spaß und Vergnügen. Aber auch sportlich wollte sich niemand eine Blöße geben. Insofern herrschte bei den Fußballfrauen, obwohl viele in der Pause durchaus auch mal eine Zigarette geraucht haben, durchaus Ehrgeiz. Für die Frauen aber stand im Vordergrund, sich in einer von Männern anerkannten Sportart zu präsentieren. Das war ein Stück weit Emanzipation, wenn Sie so wollen. Gesellschaftliche Stärkung, Gleichberechtigung.

Das Turnier begann klein und holperig und endete groß. Was für ein Gefühl lag damals in der Luft?

Das Interesse war eher lokal begrenzt. Vielen Menschen war nicht geheuer, was da geschah. Das spürte man im Berliner Straßenalltag. Die Menschen wussten, dass es das Turnier gab. Aber sie zeigten kein Interesse. Sie ließen es nur gewähren. Beim Endspiel war natürlich richtig was los. Das Mommsenstadion war komplett überfüllt. Viele Leute interessierten sich für den Fußball, die Qualität, andere waren nur einfach neugierig und wollten nichts verpassen.

Was war das für ein Pokal, einer aus dem man trinken kann?

Natürlich war das ein klassischer Pokal und er wurde oft gefüllt. Es wurde eher heftig und ausgelassen als dezent gefeiert.

Verfolgen Sie heute noch in Ihrer Wahlheimat Spanien den Frauenfußball?

Oh ja. Man kann das natürlich nicht mehr miteinander vergleichen. Frauenfußball heute ist echter Leistungssport wie jeder andere Sport. Im Kabelfernsehen bekomme ich alles mit, was ich will. Die Frauenspiele sehe ich sogar sehr gerne. Sie sind technisch und taktisch von hoher Qualität, von Kraft und Tempo etwas langsamer, so wie der Männerfußball früher, und sehr fair.

Freuen Sie sich denn auch auf die WM 2011?

Sehr sogar. Ich finde es gut, dass Deutschland die nächste WM organisiert. Wir sind gut im Organisieren. Das wird ein tolles Fest. Nur warne ich vor allzu hohen sportlichen Erwartungen an das eigene Team. Die deutsche Mannschaft spielt sich schon eine ganze Zeit lang von Erfolg zu Erfolg. Und Erfolg wird im Sport immer wieder von Misserfolg abgelöst. Das sind wellenförmige Zyklen. Ich hoffe, wir sind noch nicht am Zenit angekommen, aber ich befürchte es. Dass die Konkurrenz immer größer wird, ist solch ein Anzeichen. ■

DIE PRIVATE EM 1957 IN BERLIN

England gewinnt den Pokal, der Veranstalter wird verhaftet.

Als es im November 1957 in Berlin ein internationales Vier-Nationen-Turnier gab, vom Organisator als private Europameisterschaft vermarktet, weil Frauenfußball innerhalb des DFB und auch international in den Fußballverbänden verboten war, war Bernd Trautmann mit von der Partie. Er gehörte zur englischen Delegation, die am Ende sogar das Turnier gewann und »Europameister« wurde. Trautmann war allerdings nicht zum ersten Mal mit den Frauen in Deutschland.

Am 28. Juli 1957 fand im Stuttgarter Neckarstadion ein Länderspiel Deutschland gegen England statt. Vor 11.000 Zuschauern trennten sich die beiden Teams bei strömendem Regen mit 1:1. Das englische Team aus Manchester wurde von Trautmann begleitet, dem deutschen Torhüter von Manchester City. Die *UFA-Wochenschau* vom 31. Juli beschrieb den Event so: »Bernd Trautmann gab den Anstoß und das Stuttgarter Neckarstadion wurde zum Tummelplatz von 22 Fußballbräuten. Deutschland gegen England hieß der neueste Schlager im unaufhaltsamen Ausverkauf holder Weiblichkeit. Englands Damenelf besann sich von Anfang an auf eine ruhmreiche Fußballtradition und ging mit 1:0 in Führung. Unermüdlich drängten sich die Insel-Damen im gegnerischen Strafraum, aber angestachelt durch echte Hausfraueninstinkte hielten die Deutschen ihr Nest sauber. Der Ausgleich erfolgte nach dem Prinzip der Gleichberechtigung, und der stürmische Beifall der Männerwelt trieb die Amazonen zu immer neuen Taten an. Die Zeit ist um. Der Spielstand hat sich nicht geändert. Gesiegt hat der Frauenfußball. Aber gewonnen hat keine der Damen.«

Vier Monate später in Berlin nach einem Testspiel wenige Wochen zuvor mit 7.000 Zuschauern im Mommsenstadion (2:0 über die Niederlande): Neben England und Deutschland hatten Österreich und die Niederlande an der EM Anfang November mitgespielt. Das sind die vier Nationen, aus denen sich die ILFA zusammensetzt. ILFA bedeutet International Ladies Football Association.

Eine Partie dauerte 2 x 35 Minuten. Die jüngsten Spielerinnen waren 14 Jahre alt, die ältesten bereits über 30 Jahre alt. Manchesters Torjägerin Doris Ashley war schon 33 Jahre alt. Deutschland brachte eine junge Mannschaft nach Berlin, Team-Oldie war Waltraud Wittke aus Oberhausen mit 25 Jahren.

Während die Vorrundenspiele nur vor kleinem Publikum im Poststadion im Wedding stattfanden, war das Endspiel im Mommsenstadion durchaus ein Erfolg. 3.000 Neugierige drängelten sich am 3.11. in die Charlottenburger Sportstätte, sahen das englische 4:0 gegen Deutschland und die Pokalübergabe an die Engländerinnen. Die Oranjes bezwangen Österreich im kleinen Finale mit 8:1. Das Halbfinale hatten die Manchester-Girls, in der auch drei Holländerinnen mitgewirkt hatten, mit 2:1 gegen die Niederlande gewonnen und für die Zuschauer noch eine Zugabe geboten: Über 2 x 15 Minuten wurde Deutschland schon vor dem echten Finale mit 3:1 besiegt. Als Ersatz für die deutsche Partie gegen Österreich. Dessen Kickerinnen saßen wegen dichten Nebels in Wien fest und kamen erst in Berlin an, als die Halbfinaltermine erledigt waren.

Unglücklich verlief das Turnier auch für die Veranstalter Dr. Gert Bernats und Willi Ruppert, beide aus Essen. Sie wurden verhaftet, weil offene Rechnungen nicht bezahlt wurden, obgleich Hotels Beträge gestundet hatten und für die Engländerinnen das Hotel sogar die Flugrechnung der BEA vorstreckte. Hotel, Busunternehmen und zwei Fluggesellschaften als Schuldner forderten über 20.000 DM. Das Turnier aber brachte nur etwa 8.000 DM an Überschuss ein. Verkalkuliert, nachdem in Stuttgart zuvor gute 28.000 DM übrig waren, wie alten Zeitungsberichten zu entnehmen ist. Der Jurist Dr. Bernats, Generalsekretär der erst wenige Monate zuvor privat gegründeten ILFA mit Sitz in Luxemburg, stand jedenfalls mit leeren Hosen da. Damit starben auch Ideen, ab 1958 eine deutsche Frauenfußball-Meisterschaft zu organisieren. Immerhin gab es zu jener Zeit bereits laut Medienschätzungen 28 Vereine in Deutschland.

Das englische Sieger-Team wurde von den Manchester Corinthians gestellt. Seinerzeit das beste Team auf der britischen Insel. Dort war Frauenfußball ebenfalls verboten. Zu Charity-Zwecken, überwiegend organisiert vom Roten Kreuz, wurden aber beide Augen zugedrückt. Die

Bernd Trautmann überreicht den Pokal an Doris Ashley, Foto: privat (mit freundlicher Genehmigung von Sue Lopez, Buchautorin von »Women on the ball«)

Bei der ersten inoffiziellen Europameisterschaft am 2. und 3. November 1957 siegen die Engländerinnen im Endspiel mit 4:0 gegen die deutschen Frauen.

Corinthians gab es seit 1949. Gewissermaßen zunächst aus Eigeninteresse von Percy Ashley gegründet, der auch der Trainer und Manager wurde. Percys Tochter Doris nämlich war geradezu fußballsüchtig und brauchte mit 16 Jahren einen Verein. Bei den Corinthians wurde sie auch torsüchtig.

Diese Spiele waren sogar höchst willkommen, fanden vor großem Publikum statt. 256 Siege in 287 Matches seit 1949 mit 70.000 Pfund Charity-Einnahmen hat Ende der 1950er Jahre eine Zeitung in Manchester einmal die Leistung der Mädels beziffert.

Bernd Trautmann hatte als City-Held natürlich über Jahre guten Kontakt zu den Corinthians. Für ihn war die Begleitung nach Deutschland selbstverständlich. Als Corinthians Manager Percy Ashley ihn gebeten hatte, als Übersetzer und Teamstewart mit nach Berlin zur EM zu kommen, habe er sich gefreut, erinnert sich Trautmann.

»ENTKNÄUELN, ENTKNÄUELN!«

Beim NFV gab es schon Anfang der 1960er Jahre Frauenfußball-Lehrgänge.

Was wäre, wenn … in der Grundschule die Jungen im Sportunterricht nicht mehr »Wer hat Angst vorm schwarzen Mann?« spielen möchten, sondern Fußball, und die Lehrerin aber nun gar keine davon Ahnung hat, geschweige denn eine Ausbildung? Diese Situation gibt es Anfang der 1960er Jahre immer häufiger an Grundschulen – ausgerechnet in der Blütezeit des DFB-Feldzugs gegen Frauenfußball. In Niedersachsen zum Beispiel ist man sich beim Fußballverband solcher Fragestellungen bewusst und reagiert für damalige Verhältnisse äußerst fortschrittlich. Im Verbandssitz in Barsinghausen gibt es Lehrgänge für Lehrerinnen. Crash-Kurse, würde man wohl heute sagen.

Der NFV bricht damals mit Tabus. Aber nicht ohne Widerstand. Manch Altbackener wittert den ganz großen Verrat, Revolution sogar. Frauenfußball durch die Hintertür? Ausbilder Otto Schade dementiert schriftlich im Verband: »Wir wollen keinen Damenfußball auf die Beine bringen. Wir unterweisen in Technik und Taktik, Regelkunde und in der Praxis. Die Studentinnen sollen keine Fußball-Rastelli werden, sie spielen auch nicht in Mannschaften, sondern es würde uns freuen, wenn wir ihnen so viel mit auf den Weg geben würden, dass sie die Spiele der Jungen mit etwas Sachkenntnis leiten würden.«

Jedenfalls kommen Lehrerinnen und Studentinnen zu Ausbildungszwecken in das Männerheiligtum des Niedersächsischen Fußballverbands. Schon ab 1962 werden diese Lehrgänge auch extern durchgeführt. Als Erstes an der *Pädagogischen Hochschule* in Hannover ab dem Sommersemester an jedem Montag in den Abendstunden. Zwischen 20 und 30 Studentinnen kommen zu diesen Kursen. Später gibt es sie auch in Braunschweig, Lüneburg, Oldenburg und Alfeld.

Die *Loges-Schule* in Bad Harzburg, deren Absolventinnen später meist in den Schuldienst gehen, bietet sogar Wochenkurse an, zu denen NFV-Verbandssportlehrer Benno Hartmann als Dozent verpflichtet wird, um später jungengerechten Sportunterricht erteilen zu können. In NFV-Journalquellen heißt es: »Wenn die Leiterin der Schule, Frau Seidel, sich für eine ständige Wiederholung der Lehrgänge in ihrer Anstalt aussprach, kann wohl gefolgert werden, dass auch dieser Versuch ein voller Erfolg war. Dafür sprach gleichfalls die Begeisterung der Teilnehmerinnen wie auch ihr beachtliches Können, das sie am letzten Tag bewiesen.« Benno Hartmann, bereits seit mehren Jahren tot, erinnert sich in früheren Gesprächen gerne an diese Zeit. »Diese Lehrgänge waren immer etwas Besonderes und haben sehr viel Spaß gemacht.«

Lehrgangsnostalgie: Aufmerksam verfolgen die Studentinnen und Lehrerinnen die Ballbehandlung ihres Ausbilders im Freizeithemd Otto Schade. Barfuß, mit Trockenübungen, nur selten fußballgerecht gekleidet.

Hartmann, dessen Fußballentwicklungshilfe ihn rund um den Globus führt, nach Fernost genauso wie später in afrikanische Staaten, wird so zum Entwicklungshelfer vor Ort, indem er den Frauen die Lust am Kicken vermittelt. Was offensichtlich auf Gegenliebe stößt. »Unser krummbeiniger Verbandstrainer, der kurvenreiche Hartmann, machte uns die anhängliche Taktik so sensationell klar, dass das intime Publikum vor Wonne stöhnte«, heißt es in einer Tagebuchaufzeichnung zu Ehren des »scharfen Hundes« beim Abschlussabend eines solchen Lehrganges.

Horst Müller und Dagmar Wittig aus Hannover nehmen seinerzeit in Barsinghausen an einem NFV-Lehrgang teil und werden später ein Ehepaar. »Mir ist ganz wichtig gewesen, Fußballpraxis vermitteln zu können. Das steigert die Kompetenz vor den Schülern. Damals hatte es sich wie Lauffeuer herumgesprochen, wenn eine Lehrerin Ahnung vom Fußball hatte«, erinnert sich Dagmar Müller, die als Studentin im Lehrgang war und später ihr Wissen als Grundschullehrerin vermittelt hat. »Das war für uns kein Zwischenurlaub mit kostenlosen Mahlzeiten.« Sportunterricht sei schließlich mehr, als den Ball in die Gruppe zu werfen und zu sagen: »So, nun spielt mal schön.« Auf Regelkenntnis und Pfeifenkönnen legen die Ausbilder tatsächlich besonderen Wert. So kommen regelmäßig Schulgruppen aus Barsinghausen zum Verband, damit die Kursteilnehmerinnen ihr Wissen in der Praxis erproben können. »Otto Schades Lieblingsworte waren immer: Entknäueln, entknäueln. Diese Entscheidungskompetenz mit dem Wissen um Fachausdrücke war vor Schülern später von entscheidender Bedeutung«, erinnert sich Dag-

Pioniergeist: Die ersten Studentinnen kommen zum Fußball-Lernen nach Barsinghausen. Rechts außen in der Mittelreihe: Benno Hartmann. Links außen: Otto Schade, daneben Horst Müller und Dagmar Wittig.

mar Müller aus ihrer Schulpraxis. »Besonders auf dem Land war für Jungen der Fußball wichtig. Ohne Fußball spielen zu können, konnte man als Junge damals nichts werden. Das Interesse der Mädchen ist erst später gestiegen und an den Universitäten erst ab den 70er Jahren als Trend spürbar geworden«, bestätigt auch Horst Müller. Der ist damals Spieler beim TuS Celle und wird später als akademischer Direktor Leiter der Fußballausbildung an der Universität Hannover.

An die Athmosphäre der damaligen gemischten Lehrgänge erinnert sich Horst Müller verständlicherweise gerne. »Die Fußballpraxis war natürlich getrennt, aber Regelkunde fand gemeinsam statt.« Das Gefühl, als Mann in einer damals völlig männlichen Sportart Besuch von interessierten Frauen bekommen zu haben, beschreibt er so: »Man schielte schon mal rüber mit einem Auge, was da geschieht. Das war ungerichtete Neugier. Man fühlte sich erhaben, sah das Ganze mit Nachsicht, aus der Distanz des angeblichen Könners.«

KNABEN-MÄDCHEN

Kuriositäten des Frauenfußballs in den 1950er und -60er Jahren

Ingrid Marschak will nur spielen – und sie darf es überraschenderweise. Als die elf Jahre alte Ingrid 1956 von ihren Bolzplatz-Kumpels erstmals zum Training in der Jugendmannschaft des Düneberger SV mitgenommen wird, ist der Trainer der Jungs hellauf begeistert. Ingrid ist mit Abstand die Beste im Team. Nur ungern würde er auf sein größtes Talent verzichten, nur weil der DFB so strikt zwischen Jungs und Mädchen unterscheidet und Letzteren das Spiel mit dem Ball seit 1955 kategorisch untersagt. Also entschließt sich der vor den Toren Hamburgs angesiedelte Düneberger SV, einfach mal einen Spielerpass zu beantragen. Sie verzichten auf Einlassungen zu Ingrids Geschlecht und heftiges Flehen um eine Ausnahmegenehmigung. Dennoch – oder vielleicht gerade deshalb – kommt eine Woche später ein Spielerpass vom Hamburger Fußballverband, der auf den Namen Ingrid Marschak lautet. Ingrid hat nun offiziell die Spielgenehmigung für die Knabenmannschaft. Ob der Passantrag Erfolg hatte, weil ein Verbandsmitarbeiter Gnade zeigte oder einfach in bloßer Routine einen Antrag nach dem anderen abgestempelt hat, ist nicht überliefert. Ingrid Marschak nutzt ihre Spielerlaubnis in jedem Fall aus und schießt Tor um Tor für ihre stark weiblich beeinflusste Mannschaft. Am Ende der Spielzeit soll sie dann als Torschützenkönigin am Auswahltraining des Kreises Bergedorf teilnehmen. Der Auswahltrainer lüftet schließlich das »Geheimnis«, gewährt Ingrid aber noch auf Bitten ihrer Spielkameraden ein letztes Spiel. Ingrid schießt drei Tore und beendet erzwungenermaßen ihre Karriere.

Ähnlich wie Ingrid Marschak ergeht es ein Jahrzehnt später der kleinen Madeleine Boll in der Schweiz. Der Verband stellt irrtümlicherweise einen Pass für die junge Spielerin vom FC Sion aus. Madeleine bestreitet mit ihrer Mannschaft sogar ein Vorspiel zu einem Europapokalspiel des Walliser Spitzenvereins. Dieser Auftritt auf großer Bühne löst ein großes Medienecho aus. Weltweit bewegt die Geschichte der kleinen Madeleine die Journaille. Madeleine verliert freilich dennoch ihre Spielberechtigung, bleibt aber so sehr am Ball, dass sie zur ersten Vorzeigefußballspielerin der Schweiz wird. Anfang der 70er Jahre wagt sie sich sogar als eine der ersten Legionärinnen nach Italien.

Die 12-jährige Madeleine Boll,
»Die weiße Pelé aus dem Wallis«,
beim Training.
links: Madeleine Bolls Lizenz vom
11. September 1965

Noch bis in die 90er Jahre hinein haben Mädchen übrigens immer wieder den Verband aus-
getrickst, indem sie sich einfach einen Pass auf einen Jungennamen haben ausstellen lassen,
um über die damals geltende Altersgrenze von 14 Jahren hinaus bei den Jungs mitkicken zu
können. Ein prominentes Beispiel ist die heute beim FCR Duisburg spielende Weltmeisterin
Sonja Fuß, die bei ihrem Heimatverein VfR Flamersheim einfach als Junge Unterschlupf gefunden hatte.

Heutzutage stehen Mädchen sogar beide Türen offen: Talentierte Kickerinnen dürfen in
fast allen Landesverbänden bis zur B-Jugend sowohl bei den Jungs wie auch bei den Mädchen
parallel in zwei Mannschaften und sogar Vereinen kicken. »Das ist sogar der beste Weg der Förderung von talentierten Spielerinnen«, sagt Bundestrainerin Silvia Neid. »Eigentlich haben fast
nur die Mädchen noch eine Chance auf eine Karriere als Nationalspielerin, die sich möglichst
lange bei den Jungs durchgesetzt haben.«

FRAUENFUSSBALL IN DEUTSCHLAND

DER LANGE WEG BIS ZUR ANERKENNUNG DURCH DEN DFB

Bad Neuenahr (Martina Arzdorf, li.) gegen Wörrstadt (Bärbel Petzold, re.) wird der erste Klassiker des Frauenfußballs in Deutschland.

DIE PIONIERINNEN AUS
BAD NEUENAHR UND WÖRRSTADT

Am 30. Oktober 1970 haben die Herren des Deutschen Fußball-Bundes (DFB) endlich ein Einsehen: Bei zwei Nein-Stimmen verabschieden die 145 – selbstredend durch die Bank männlichen – Delegierten beim Bundestag in Travemünde den Beschluss, Frauen das Fußballspiel zu erlauben. Die widerborstigen Wesen des – offenkundig nach Ansicht der Herren über den Fußballspielbetrieb – falschen Geschlechts hatten schon in den vorangegangenen Jahren trotz des offiziellen DFB-Verbots von 1955 gekickt, was die Hüter des Fußballsports mehr und mehr ärgerte.

Immer wieder widersetzten sich in den Jahren zuvor Mitgliedsvereine des DFB, den damals noch meist Damenfußball genannten Zeitvertreib dem Wunsch der Verbandsoberen gemäß zu unterbinden. Sogar der an der Wende zu den 1970er Jahren gerade zum Branchenprimus aufsteigende FC Bayern München unterhielt im Klub eine Frauenmannschaft mit rund 50 begeisterten Spielerinnen, die regelmäßig trainierten und zu Freundschaftsspielen antraten. Auch andere Vereine wie Werder Bremen stellten ihre Trainingsplätze den Frauen zur Verfügung, beim 1. FC Kaiserslautern durften sie sogar schon vor Bundesligaspielen vereinzelt für Vorspiele auf den Rasen des Betzenberg-Stadions.

Der Beschluss des DFB ist im Jahr 1970 also überfällig. Bereits ein Jahr zuvor wich der Verband von seiner ganz harten Verbotslinie ab und erteilte eine vorläufige Genehmigung für Frauenspiele. In einer Verbandsveröffentlichung vom 15. November 1969 räumt der damalige Pressesprecher Wilfried Gerhard sogar ein, »dass der Standpunkt unseres Verbandes, der Frauenfußball als Wettkampf ablehnt (und Vereine bestraft, die ihre Plätze für Damenspiele zur Verfügung stellen), in einiger Zeit revidiert wird, denn in einigen Landesverbänden wollen zahlreiche Frauen spielen«. Letztlich fällt die Entscheidung des Verbandes zugunsten der Frauen beim DFB-Bundestag so schnell und eindeutig, da die Funktionäre zwei Horrorszenarien fürchten, falls sie den Damen der Schöpfung länger den Zugang zum organisierten Spielbetrieb untersagen sollten: Zum einen besteht die Gefahr, dass die bundesweit wild kickenden Damenfußballerinnen sich dem Deutschen Turnerbund (DTB) anschließen könnten, zum anderen könnte sich doch noch nach mehreren gescheiterten Versuchen in den 1960er Jahren ein eigener Frauenfußballverband etablieren wie in England oder Italien. In beiden Fällen würde der DFB einen Teil seiner absoluten Hoheit über das mit dem Fuß betriebene Ballspiel einbüßen. Die Aufnahme der Frauen ist also nicht zuletzt ein Versuch der Abwehr äußerer Gefahren. Die Frauen werden freilich nicht ganz ohne Zugeständnisse in Gnaden aufgenommen: In Spielen sollen Brustpanzer den vermeintlich empfindlichsten Körperteil der Frauen schützen, Stollenschuhe sind verboten, und die Spielerinnen müssen mit üblicherweise von Kindern unter 12

Anfang der siebziger Jahre pfeift sogar Gerd Müller ein Frauenfußballspiel.

Jahren verwendeten kleineren und leichteren Bällen der Größe 4 vorliebnehmen, deren Umfang laut einer Vorgabe der UEFA »nicht mehr als 66 cm und nicht weniger als 62 cm betragen« darf.

Das schwache Geschlecht soll sich zudem in nur zweimal 30 Minuten verausgaben, wegen ihrer schwächeren Konstitution wird ihnen zudem eine halbjährige Winterpause auferlegt. Auf diese Weise offenbart der DFB dann trotz der scheinbar im Zeichen der zeitgemäßen Emanzipation stehenden Entscheidung doch noch seine wahre Meinung zum verwirrenden Treiben der Möchtegern-Fußballer des falschen Geschlechts. Noch im November 1969 brachten die Fußballfunktionäre das in einer Veröffentlichung deutlicher zum Ausdruck: »Nun ja, ein bisschen Juxkickerei ist hierzulande gestattet. Am Neujahrsmorgen treffen sich in Hamburg die Hockeydamen, um beim Fußballmatch den Kater loszuwerden, den man in der Silvesternacht bekommen hat. Frauenfußballspiele, ›Sanfte Wade‹ gegen ›FC Pumphose‹, werden zugunsten irgendeines wohltätigen Zweckes arrangiert, des humorischen Gelächters der männlichen Zuschauer gewiss, denen die kickenden Damenbeine im Grunde nur bestätigen sollen, dass es so nicht geht«, stand dort geschrieben.

Die ersten organisierten Kickerinnen wie Maria Breuer, die sich schon vor der offiziellen Genehmigung durch den DFB das Recht zum Fußballspiel herausnahm und unter ihrem Mädchennamen Nelles beim damals zu den besten Teams Deutschlands zählenden SC 07 Bad Neuenahr das Tor hütete, empfinden den Beitritt zum DFB demnach nicht uneingeschränkt als eine Freude. »Es war uns schon klar, dass die den Frauenfußball nur zulassen, weil sie uns so unter Kontrolle halten wollten«, sagt Breuer heute. »Es gab vom DFB selbst in den Anfangsjahren keine ernsthaften Bestrebungen, unseren Sport zu fördern. Einzig einige Landesverbände wie der Fußballverband Rheinland waren deutlich weltoffener und halfen uns weiter.«

Der DFB schreitet hingegen ein, wenn Klubs wie Bad Neuenahr oder auch TuS Wörrstadt mal wieder inoffizielle Länderspiele bestreiten wollen, wie es noch am Wochenende der Sitzung von Travemünde geschieht. Am Tag, an dem die Männer an der Ostsee über die Zukunft des Frauenfußballs abstimmen, stehen sich in Köln und zwei Tage später in Wörrstadt eine deutsche und eine italienische Auswahl gegenüber. Maria Breuer hütet das Tor der Deutschen, die sich zunächst 1:1 vom inoffiziellen Europameister und Weltmeisterschaftszweiten trennen. Am Tag darauf, sozusagen am ersten Tag nach dem offiziellen Ende des DFB-Banns, gewinnt die deutsche Mannschaft zur Feier des Tages das zweite Spiel gegen Italien mit 2:0. »Das waren Riesenerlebnisse vor 3.000 oder 4.000 Zuschauern«, sagt Breuer im Rückblick.

Es sind indes für viele Jahre die letzten Länderspiele auf deutschem Boden. 1971 verbietet der DFB folglich auch, dass eine deutsche Frauenauswahl an der inoffiziellen Weltmeisterschaft in Mexiko teilnehmen darf. Der Verband entspricht damit den Wünschen des europäischen Fußball-Verbands (UEFA), der seine Mitgliedsverbände in den Jahren 1970/71 zunächst ermunternd und schließlich bei einer Gegenstimme des offenkundig beharrlich frauenfeindlichen schottischen Delegierten mittels eines Beschlusses auffordert, die Kontrolle über den Frauenfußball zu übernehmen. Die UEFA will – wie die kaum je zu großer Aktivität gekommene und 1978 wieder aufgelöste »Kommission für Frauenfußball« belegt – selbst zunächst noch nichts vom kickenden weiblichen Geschlecht wissen, zumindest will sie aber die Frauen gut kontrollieren. »Wenn schon die Ansicht noch oft vertreten wird, dass trotz der Emanzipation der Frau gerade Fußball als Frauensport wenig geeignet erscheint, beweist das wachsende Interesse der Frauen aus den verschiedenenen Lebensbereichen und Kulturkreisen das Gegenteil«, begründet die UEFA in einer Informationsschrift im Oktober 1971 ihre Öffnung für den weiblichen Sport. »Darum gilt es, ihn vor Missbrauch durch verantwortungslose Kreise zu schützen.«

Die skandinavischen Fußballverbände integrieren die Frauen umgehend und recht vorbildlich in ihre Strukturen, der DFB nimmt die Frauen bei allen Ressentiments immerhin auch ohne jede Einschränkung auf und hat nun die Frauen als formal gleichberechtigte Mitglieder am Hals. In England oder Italien, wo Anfang der 1970er Jahre eine zumindest semiprofessionelle Liga mit von der Industrie gesponserten Werksteams wie Gomma Gomma Milano, Sanyo Milano, Elektroblaid Firenze oder Pro Loco Travo Piacenza die ersten Legionärinnen wie die Engländerin Sue Lopez oder auch die Schweizer Frauenfußball-Pionierinnen Madeleine Boll und Cathy Moser anlockt, bleiben die bereits gegründeten Frauenfußballverbände auf eigenen Wunsch weitgehend selbständig und schlüpfen nur als Verband unter das Dach der nationalen Fußball-Dachorganisation.

Anfang der 1970er Jahre waren die Frauen des FC St. Pauli das schillerndste Team in Hamburg. Ein Blick in die Frauenkabine war ein gefundenes Fressen für den Boulevard.

Lopez, eine der bestimmenden englischen Kickerinnen der 70er Jahre, wertet diese institutionelle Distanzierung in ihrem Buch »Women on the Ball« als Ursache dafür, dass die beiden Anfang des Jahrzehnts wohl stärksten Frauenfußball-Nationen bis zur Wende zu den 80er Jahren den Anschluss an die europäische Spitze verlieren. Ihre teilweise Selbständigkeit hindert Italienerinnen wie Engländerinnen am Zugang zu Fördertöpfen des Verbands, die sich beispielsweise in Deutschland langsam für die Belange der Fußball spielenden Frauen öffnen.

Bis zur Öffnung für große internationale Vergleiche jenseits von Klub-Freundschaftsspielen dauert es für die deutschen Spielerinnen indes einige Jahre: Erst die Ausflüge von Bergisch-Gladbach zu den inoffiziellen Weltmeisterschaften in Taiwan Anfang der 80er Jahre setzen die Tradition von Vergleichen mit den meist schon offiziell anerkannten Nationalmannschaften aus anderen Ländern wieder fort.

Auf Vereinsebene sind internationale Vergleiche jedoch schon zu Beginn der 70er Jahre recht zahlreich: Der SC Bad Neuenahr, der erst am 20. November 1969 sein erstes Spiel gegen den SV Ochtendung bestritten und 0:2 verloren hatte, lädt schon am 1. Mai 1970 zum »größten Frauenfußball-Turnier der Welt« ein. Zu dem jährlichen Höhepunkt im Turnierkalender der Frauen kommen in den 70er Jahren meist mehr als 40 Mannschaften ins Ahrtal.

Der Neuenahrer Macher Heinz-Günter Hansen, im Hauptberuf Bezirksstellenleiter von Toto-Lotto, investiert seine ganze Gestaltungskraft in den Frauenfußball. Der SC 07 Bad Neuenahr wird zur treibenden Kraft, Hansen erscheint im Rückblick wie ein Siegfried Dietrich der 1970er Jahre. Wie ein Visionär erkennt er das Potenzial, das im Frauenfußball steckt. Er selbst genießt unterdessen die öffentliche Anerkennung, die ihm die Arbeit im Dienst des Frauenfußballs bringt.

Nach dem ersten Mai-Turnier reist Hansen mit seinen Damen zur inoffiziellen Weltmeisterschaft nach Salerno in Italien. Um einem Veto des DFB auszuweichen, offiziell als »Stadtauswahl Bad Neuenahr/Ahrweiler«, die tatsächlich um drei Spielerinnen aus anderen Vereinen der Umgebung verstärkt ist. Dieses Turnier organisieren findige italienische Unternehmen wie vor allem der Spirituosenhersteller Martini & Rossi, der das Werbepotenzial einer Veranstaltung mit dem hochtrabenden Namen Weltmeisterschaft als Erstes erkennt und vermarktet. Die Italiener, die sich für damalige Zeiten ungewöhnlich stark im Sportsponsoring engagierten und ein Profi-Radteam sowie den Automobilsport unterstützten, gründeten eigens die Federazione Internazionale Europeo di Football Feminile (FIEFF), die 1969 erstmals ein internationales Turnier um den Europameistertitel ausgerichtet hat. Bei jener Europameisterschaftspremiere spielten der spätere Titelträger Italien, der vom regelmäßigen Spielbetrieb in der seinerzeit einzigen landesweit organisierten Liga der Welt profitierte, Dänemark, England und Frankreich mit.

Erste WM 1970 in Italien

Die Neuenahrer ergattern offenkundig durch puren Zufall – zum Ärger anderer deutscher Teams – Mitte April die Einladung, als Auswahl Deutschlands bei der ersten Weltmeisterschaft im Juli 1970 anzutreten. Die Frauen aus dem Ahrtal verlieren ihre beiden Spiele gegen England (1:5) und den Turniersieger und ersten »Weltmeister« Dänemark (1:6) deutlich. Die *Bild-Zeitung* echauffiert sich nach dem Turnier in ihrer Manier: »Fünf Stück aufs Höschen – Skandal! Eine Vereinsmannschaft vertritt Deutschland bei der Weltmeisterschaft«. Die Herren vom Boulevard fordern aber auch, dass »es an der Zeit ist, den Damenfußball in geregelte Bahnen zu lenken, damit festgestellt werden kann, wo wirklich die stärksten weiblichen Kanonen sitzen«.

In der Heimat erregen die Neuenahrerinnen durch solche Berichte und durch ihr Auftreten als Nationalmannschaft so großes Interesse, dass sie sich vor Einladungen zu Freundschaftsspielen kaum retten können. »Wir reisten damals jedes Wochenende quer durch Deutschland und spielten meist zweimal am Wochenende irgendwo gegen ein Team, das uns unbedingt besiegen wollte«, erinnert sich Maria Breuer. »Aber ich kann mich nicht an Niederlagen gegen deutsche Teams erinnern.« Die größte Bewährungsprobe gilt es direkt im Anschluss an die WM zu bestehen, als die bis dahin ungeschlagene und wegen des »Alleinvertretungsanspruchs« der Neuenahrer verärgerte TuS Wörrstadt zum Duell auffordert. Deren Macher Fips Scheidt hatte dem SC Bad Neuenahr nach der WM einen Brief geschrieben und die eigenen Spielerinnen angepriesen: »Eine deutsche Auswahl ohne die Anwaltstochter Bärbel Wohlleben, dem ›weib-

In Genua verlieren die Frauen von Bad Neuenahr im Juli 1970 bei der ersten inoffiziellen Weltmeisterschaft gegen England mit 1:5. (Trainer Heinz Schweden (li.) neben Spielführerin Helga Walluga)

lichen Beckenbauer(der Bundesrepublik, kann ich mir nicht so recht vorstellen. Unsere Elf hat in 16 Spielen 108:4 Tore erzielt. Ich verstehe nicht, dass Neuenahr auf eigene Faust sich in solch ein Abenteuer stürzen kann.«

Tatsächlich hat sich in jenen Tagen in dem 20 Kilometer vor den Toren von Mainz gelegenen Dorf Wörrstadt ein illustrer Haufen an talentierten Sportlerinnen zusammengefunden. Spielerinnen wie Bärbel Wohlleben, Uschi Demler, Karin Petzold, Uschi Pätzold oder Bärbel Jung spielen schon seit vielen Jahren Handball und sind deshalb ungewöhnlich gut austrainiert, seit Sommer 1969 haben sie sich auch dem Fußball zugewandt. Die später hinzugestoßene Anne Haarbach ist vom Sportstudium her sowieso vielseitig ausgebildet. Dazu gesellt sich mit der Kunstradfahrerin Gerhild Binder das Aushängeschild des Ortes zu den Damen: Binder war unter ihrem Mädchennamen Bauer Mitte der 60er Jahre drei Mal Weltmeisterin im Kunstradfahren. Ihrer sportlichen Vorgeschichte entsprechend brennen die Frauen aus Wörrstadt vor Ehrgeiz. Auch wegen der im Ort so prominenten Mitspielerin Binder werden die Spielerinnen von Anfang an von vielen Zuschauern unterstützt. »In Wörrstadt war wirklich immer was los«, erinnert sich Bärbel Wohlleben. »Wir hatten unsere Anhängerschar, die sehr viel für uns getan hat: Die haben uns zu Festen eingeladen oder auch mal was gespendet. Das war eine große Familie.«

Schon vor der Weltmeisterschaft haben sich die Wörrstädterinnen auch deshalb beschwert, dass Bad Neuenahr sich einfach zum Vertreter der deutschen Mannschaft aufgeschwungen

Beim Bad Neuenahrer Pfingstturnier 1972 siegen erstmals die Wörrstädter Frauen.

habe und zur Weltmeisterschaft gefahren sei. Am ersten Augustwochenende wollen die Wörrstädterinnen deshalb ihren Rivalinnen beweisen, wer die Nummer eins im Land ist. Bad Neuenahr spielt indes, wie sich der Wörrstädter Macher Fips Scheidt erinnert, mit einer verstärkten
Auswahl und behält mit Ach und Krach 4:2 beim Rivalen die Oberhand. Auch wenn das Duell
für Wörrstadt verloren geht, so kommen einige der Verliererinnen ihrem Ziel einer Berufung für
ein Länderspiel näher: Die beiden »verfeindeten« Lager kommen nämlich überein, dass zu kommenden internationalen Turnieren eine gemischte Auswahl entsandt werden soll mit den besten Spielerinnen aller deutschen Vereine. Zu diesem Zweck finden schon am darauffolgenden
Wochenende in Neuenahr Testspiele statt, bei denen sich eingeladene Spielerinnen aus ganz
Deutschland für internationale Einsätze empfehlen können. Betreuer dieser Sichtungsspiele
war der Neuenahrer Trainer Heinz Schweden.

Einstweilen behaupten die Neuenahrerinnen indes bei nationalen Vergleichen wie auch bei
diesen Sichtungsspielen ihre Vormachtstellung in Deutschland, lediglich gegen internationale
Gegner müssen sie hin und wieder Lehrgeld zahlen. Beim Mai-Turnier oder bei Auslandsreisen
des Teams zeugen die Resultate vom Vorsprung, den der Frauenfußball in Skandinavien, Italien,
Frankreich und auch England in diesen Jahren noch hat. In Deutschland kann weiterhin lediglich
TuS Wörrstadt den Spielerinnen von der Ahr das Wasser reichen. 1972 bezwingen die Rhein-
hessinnen ihre Rivalinnen dann erstmals. »Das war für meine Spielerinnen und mich ein ganz

großer Tag«, erinnert sich Wörrstadts Macher Fips Scheidt. »Die Mannschaft hatte ganz lange auf diesen Erfolg hingearbeitet.« Für die nun unterlegenen Gegnerinnen ist der Machtwechsel indes eine herbe Enttäuschung. »Die Wörrstädterinnen waren damals meine Feinde, das sage ich so ganz ehrlich«, sagt Maria Breuer, die seit 1987 als Trainerin und in anderen Funktionen in Wörrstadt wirkt. »Die Niederlagen haben uns Neuenahrerinnen ganz gewaltig gefuchst.«

Während die Mannschaften auf dem Spielfeld zu harten Konkurrenten werden, entwickeln sich die Macher der beiden Klubs indes zu einem kongenialen Duo, das dem Frauenfußball in den kommenden Jahren die entscheidenden Fortschritte beschert. Heinz-Günter Hansen, von allen nur »HG« genannt, bringt von seinem in Rheinland-Pfalz gegenüber dem Sport bis heute höchst spendablen Arbeitgeber Toto-Lotto ohnehin schon einen dicken Batzen Geld für das Neuenahrer »Fräuleinwunder« mit, zudem entwickelt er großes Geschick bei der Akquise von Geldern für sein Team. »Wir haben Trainingslager in Holland gemacht, wir haben gemeinsam auf Vereinskosten zwei Wochen Urlaub in Mallorca spendiert bekommen«, sagt Maria Breuer. »Ich habe durch den Fußball Sachen erlebt, die ich mir in diesen jungen Jahren sonst niemals hätte leisten können.« Die Neuenahrer sind ständig unterwegs und machen auf diese Weise Werbung für den Frauenfußball.

Hansens Wörrstädter Pendant Fips Scheidt verschafft seinen Spielerinnen ähnliche Reise-erlebnisse, vor allem aber ist der damals 45 Jahre alte Frauenförderer derjenige, der aufgrund der räumlichen Nähe zum DFB Druck auf die Funktionäre ausübt. Scheidt, eigentlich ein Hand-baller, der sein Herz für den Frauenfußball anlässlich eines als witzige Einlage gedachten Frau-enkicks während der Jubiläumsfeierlichkeiten zum 50-jährigen Bestehen der TuS Wörrstadt im Jahr 1969 entdeckte und umgehend eine Frauenmannschaft im Verein aus der Taufe hob, arbei-tet als Eisenbahninspektor bei der Bundesbahn in Frankfurt und steht auf dem Rückweg ins heimische Wörrstadt immer wieder in der DFB-Zentrale auf der Matte mit seinen Forderungen nach einer Deutschen Meisterschaft für die Fußballspielerinnen.

Scheidts Ansprechpartner mit dem offenen Ohr für den Frauenfußball war Horst Schmidt, Leiter des Spielbetriebs im DFB. Schmidt verstand wohl als einer der Ersten in der Frankfurter Verbandszentrale, dass die Frauen es ernst meinen und ihr Fußballtrieb nicht mehr aufzuhalten war. Er wurde deshalb so etwas wie der heimliche erste Frauenbeauftragte im DFB. »Den habe ich deshalb immer wieder angerufen und besucht, bis wir an unserem Ziel angelangt sind«, sagt Scheidt. Zudem beweist Scheidt erstaunliches Geschick im Umgang mit den Medien: Zum einen schickt der sprachlich gewandte TuS-Manager Spielberichte an den Lokalsport der umliegenden Lokalzeitungen und erreicht somit eine für damalige Frauenfußballverhätnisse sensationelle Öffentlichkeit. Außerdem wendet er sich geschickt an die *Bild-Zeitung*, die immer wieder über die Frauen berichtet.

Der »Goldpokal« – Vorläufer der Deutschen Meisterschaft

Dieser Kontakt kommt Scheidt 1973 zugute: Ohne Zustimmung des DFB organisiert er ein Turnier für die Meister aus jenen DFB-Landesverbänden, die für ihre Frauen schon eine Spielrunde organisiert haben. Nach einer Intervention des DFB verzichtet Scheidt zwar auf den Namen »Meisterschaft der Landesmeister« und lässt sich auf den Kompromiss »Goldpokal« ein, ein Verbot durch den DFB verhindert er aber mit einem starken Druckmittel. »Mir hat der Redakteur der *Bild-Zeitung* versprochen, dass dann auf Seite 1 in großen Lettern gestanden hätte: ›Der DFB verbietet Damen-Fußball‹. Das wollten die Herren im Verband dann doch vermeiden und ließen uns gewähren.«

Diese Entwicklung ist ein Meilenstein für den Frauenfußball, vermutlich hätte der DFB ohne Scheidts offensives Vorpreschen seine ungeliebte weibliche Sparte einige weitere Jahre auf Sparflamme gehalten und die nach einem strukturierten Wettbewerb mit Ligaspielbetrieb und Meisterschaftsendrunden begehrenden Frauen weiter vertröstet. Für die Wörrstädterinnen ist aber dank Scheidt zunächst einmal der Weg geebnet zum bis dahin größten Erfolg der Vereinsgeschichte. Faktisch fühlen sich Scheidts Frauen nach dem Turniersieg im Goldpokal als erste Meisterinnen ihrer in Deutschland so lange unterdrückten Sportart, zumal selbst der *Kicker* in der Berichterstattung immer von der »inoffiziellen Deutschen Meisterschaft« schreibt. »Wir haben das wie einen Meistertitel angesehen, weil wir gegen die besten Gegner gewonnen haben«, sagt die ein Jahr später durch ihr Tor des Monats berühmt gewordene Bärbel Wohlleben. »Vor allem aber zeigten die Reaktionen auf das Goldpokalturnier erstmals so was wie Anerkennung der Öffentlichkeit für unseren Sport.«

Auf dem Weg zum Turniersieg schlagen die Wörrstädterinnen im Halbfinale im vorweggenommenen Endspiel den ewigen Rivalen Bad Neuenahr sowohl im Hin- wie auch im Rückspiel mit 1:0, im Finale in Rüsselsheim am 29. September 1973 sind schließlich die Frauen des FC Bayern beim 3:1-Sieg chancenlos. »Wir waren mächtig stolz über diesen Triumph, aber ich persönlich wollte unbedingt, dass wir auch noch offizieller, vom DFB anerkannter Meister werden«, sagt Scheidt. »Ich wusste, dass wir es schnellstmöglich schaffen müssen, da die Konkurrenz Jahr um Jahr aufholte und uns immer mehr Schwierigkeiten bereitete.«

Die Worte des DFB-Gesandten Hans Deckert im Rahmen der Siegerehrung waren deshalb womöglich noch wichtiger für Scheidt und seine Frauen als der Sieg im Turnier. Im Namen des DFB signalisierte der Turnierbeobachter Deckert, dass der Verband im Jahr darauf, sozusagen als Geschenk an die Frauenwelt im Jahr der Männer-Weltmeisterschaft auf deutschem Boden, ein offizielles Endturnier der 16 Landesverbandsmeister unterstützen wolle.

Diese frohe Botschaft vernahmen die Spielerinnen aus Bad Neuenahr sowie ihr »Manager« HG Hansen übrigens erst mit einigen Tagen Verspätung, weil sie nach dem Spiel um Platz drei gegen die Mannschaft aus Bremen-Wülstorf Hals über Kopf schon vor dem Endspiel abreisten.

Spitzenspiel
im deutschen
Damenfußball

TuS Wörrstadt
Südwestmeister
gegen
FC Bayern München
Bayernmeister

Alzey - Armsheim - **Mainz**

50 80 29-12 155-7
Byg⁵¹⁵

Goldpokal im Damenfußball

im Stadion Rüsselsheim, am Samstag, 29. Sept. 1973

14.30 Uhr: Spiel um den 3. Platz
SC 07 Bad Neuenahr — TSV Bremerhaven-Wulsdorf

16.00 Uhr: ENDSPIEL
TuS Wörrstadt — Bayern München

Wie die Weltmeister von 1954: Die Wörrstädter Frauen werben fürs
Goldpokalendspiel.

Die Frauen von TuS Wörrstadt gewinnen 1973 den »Goldpokal«, die erste inoffizielle Deutsche Meisterschaft, gegen Bayern München. Zum Endspiel laufen sie mit ihrem Maskottchen »Mohrle« ins Rüsselshei-
mer Stadion ein (rechts die Bayern-Frauen).

»Wir wollten uns das einfach nicht anschauen, wie unser Dauerrivale aus Wörrstadt gewinnt«, erinnert sich Maria Breuer. »Deshalb haben wir uns in den Bus gesetzt und sind abgehauen.« Als der DFB Hansen die Siegernadeln per Post übermittelt, formuliert Funktionär Deckert deshalb im Begleitschreiben süffisant, »dass sie aufgrund der vorzeitigen Abreise aus Rüsselsheim leider nicht mitbekommen konnten, dass der DFB im nächsten Jahr eine Deutsche Meisterschaft ausrichten will«.

Diese verspätete Benachrichtigung sorgt in Bad Neuenahr für Vorfreude. »Natürlich hatten wir dann den Ansporn, uns im Jahr darauf für die Schmach von 1973 zu revanchieren«, sagt Maria Breuer heute.

Erste Deutsche Frauenfußballmeisterschaft

Aber auch 1974 schaffen die SC-Spielerinnen wieder nicht den großen Wurf: Zwar gewinnen sie wieder souverän die Rheinland-Meisterschaft und qualifizieren sich somit für die Zwischenrunde, in der die 16 Landesmeister in vier Gruppen die Halbfinalteilnehmer ermitteln, aber dort beendet der Bonner SC den Traum der Neuenahrerinnen vom Gewinn des ersten offiziellen Meistertitels. So ist der Weg endgültig frei für den Goldpokalsieger des Vorjahres. Der löst die Halbfinalaufgabe gegen den Neuenahr-Bezwinger Bonner SC in Bingen souverän und kann

anschließend sogar noch im Mainzer Stadtteil Mombach das zweite Halbfinale in Augenschein nehmen, in dem sich DJK Eintracht Erle gegen den SV Bubach Calmesweiler durchsetzt. Das Endspiel in Mainz kann sich dann auch Maria Breuer trotz ihrer Abneigung gegenüber Wörrstadt nicht entgehen lassen: »Aber es hat sehr weh getan, sie siegen zu sehen.« Beim 4:0-Sieg beherrscht die TuS den Gegner aus Gelsenkirchen, nicht zuletzt wohl auch wegen des Heimvorteils. Mehr als tausend Fans aus dem nur rund 20 Kilometer von Mainz entfernten kleinen Wörrstadt sind an den Bruchweg gereist, um die Frauen aus ihrem Ort zu unterstützen. Diese Fanbegleitung in heutzutage im Frauenfußball nicht mehr vorstellbarer Größenordnung ist stets ein Kennzeichen der TuS Wörrstadt. Scheidt schafft es beispielsweise mit Verweis auf Busladungen an Begleitern auch, dass HG Hansen den Wörrstädterinnen als einziger Mannschaft eine Antrittsprämie für das Mai-Turnier zahlt – die Fans der TuS sorgten ja schließlich für genug Rendite an Bierstand und Bratwurstbude ....

Durch Werbung im offiziellen Endspiel-Stadionheft, das der gastgebende FSV Mainz 05 vermarktet, sollen diese Fans übrigens auch zu anderen Formen des Konsums angeregt werden. Dort wirbt unter anderem eine »City-Bar« mit einem Nacktfoto einer drallen Blondine

Der 1974 vom DFB gestiftete Meisterpokal wurde bis 2008 überreicht.

und der Produktinformation »Nackt bis auf die Haut sind unsere jungen, attraktiven Mädchen«, die »in intimen Separées verwöhnen«. Auch eine Form der Gleichberechtigung: Näher war der Frauenfußball wohl selten dem damals im Männerfußball vorherrschenden Niveau.

Als die Wörrstädter Meistermannschaft nach einem DFB-Empfang im Mainzer Hilton am späten Abend in die Heimatgemeinde zurückkehrt, ist entsprechend der ganze Ort auf den Beinen. »Wir wurden vom Bläser- und Posaunenchor empfangen, das war unfassbar«, sagt Bärbel Wohlleben. Mehrere tausend Menschen empfangen den Bus schon am Ortseingang und feiern die Heldinnen der Gemeinde bis zum nächsten Morgen. »Ein solches Fest hat der Ort

noch nie gesehen«, erinnert sich Fips Scheidt. Und der Motor des Wörrstädter Wunders muss es wissen – er organisiert in jenen Jahren nebenher auch noch die großen Fastnachtssitzungen im Ort.

Die Schlagzeilen in den Wochen nach dem Spiel bestimmt unterdessen Bärbel Wohlleben. Ihr Treffer zum 3:0 wird von den Zuschauern der *ARD-Sportschau* zum »Tor des Monats« gekürt – eine Steilvorlage für den Boulevard, der sich der attraktiven und sportlichen jungen Frau annimmt. Dem Frauenfußball tut die Präsenz in den Medien gut. Wohllebens Traumtor aus rund 20 Metern Entfernung widerlegt chauvinistische Vorurteile wie die damals weit verbreitete Ansicht, dass Frauen den Ball wohl kaum vom Elf-Meter-Punkt aus ins Tor schießen können.

Danach wird es schnell deutlich leiser um die Wörrstädterinnen, die unmittelbar nach der Meisterschaft einige Leistungsträgerinnen wie Anne Haarbach oder Karin Pätzold an den Konkurrenten Bonner SC verlieren. Für Libero Pätzold fließt dabei übrigens die schon erstaunliche Ablösesumme von 3.000 Mark an die TuS Wörrstadt. Im Jahr darauf qualifizieren sie sich gegen den alten Rivalen aus Bad Neuenahr noch einmal fürs Halbfinale um die Deutsche Meisterschaft. Dort ist jedoch gegen den Bonner SC, den neuen Klub der abgewanderten Spielerinnen Anne Haarbach und Karin Pätzold, Endstation. Bonn, das die Jamaikanerin Beverly Ranger als erste mit 600 Mark plus Wohnung und Verpflegung pro Monat für ihre Spielkunst bezahlte Legionärin im deutschen Frauenfußball engagiert hat, holt sich anschließend den Titel.

Auch jetzt verlassen wieder Spielerinnen die Mannschaft, weil sie offenkundig von anderen Vereinen mit Versprechungen angelockt werden. Der DFB lädt jedenfalls mit Schreiben vom 26. Februar 1976 Birgit Mayer und Heidi Ellmer, zwei Spielerinnen der 74er-Meisterelf, zu einer »Vernehmung vor dem DFB-Kontrollausschuss wegen des Vorwurfs der Abwerbung« ein. »Dabei ging es aber zu unserer Zeit höchstens mal um sehr geringe Geldsummen«, sagt Maria Breuer,

die – auch wegen ihrer Treue zum SC 07 Bad Neuenahr – in ihrer gesamten Laufbahn als Torhüterin nie mehr als Fahrtgeld erhielt. »Wenn da bei anderen Spielerinnen pro Spielzeit 1.000
Mark als Aufwandsentschädigung geflossen sein sollten, dann wäre das meines Erachtens
schon sehr viel. Das war definitiv die ganz große Ausnahme. Fast alle haben völlig umsonst und
nur aus Spaß an der Freude gespielt.« Breuer ist sich deshalb sicher, dass meist andere Grün-
de die Spielerwechsel verursacht haben müssen. »Irgendwas muss in Wörrstadt damals nicht
gestimmt haben im Gefüge.« Bärbel Wohlleben, die Vorzeigespielerin der Meistermannschaft
verlässt den Klub, »weil die TuS einfach alle Spielerinnen verscherbelt hat.« Der Vereinsvorsit-
zende Marnewal reagiert auf Wohllebens Proteste gegen den Ausverkauf des Meisterteams nur
schulterzuckend, wie sich die damals 30 Jahre alte Spielerin erinnert: »Der sagte: Wir haben
die Meisterschaft erreicht, was wollen wir mehr. Jetzt holen wir uns halt noch ein bisschen Geld
aufs Vereinskonto.« Wohlleben kauft sich deshalb für 1.000 Mark selbst frei und wechselt zu
Oberst Schiel nach Frankfurt.

In den Folgejahren reicht es für die geschwächte TuS deshalb nur noch zum Spit-
zenplatz im Südwesten, während sich Breuer und Kameradinnen 1978 den großen Traum von der Meisterschaft erfüllen. 1981 spielen sich die Wörrstädterinnen dann noch einmal in den Blickpunkt, als sie sich für das erste
Finale des neu eingeführten DFB-Pokals der Frauen qualifizieren. Mit
Regine Israel, Bärbel Petzold und Uschi Demmler auf Seiten Wörrstadts
sowie der ehemaligen Mitspielerin Anne Trabant-Haarbach auf Seiten
des Gegners aus Bergisch-Gladbach vollbringen vier Spielerinnen das
Kunststück, nach der Teilnahme im ersten Meisterschaftsfinale auch das
erste DFB-Pokalfinale zu bestreiten. Dort werden indes die neuen Kräfteverhältnisse klarer denn je: Die SSG Bergisch-Gladbach, seit der Verpflichtung
der Spielertrainerin Anne Trabant im Jahr 1976 und dank des Managers und Mäzens
Hans Gronewold uneingeschränkt führende Kraft im deutschen Frauenfußball, fertigt Wörrstadt mit 5:0 ab. Bergisch-Gladbach ist somit erster Double-Gewinner, im selben Jahr gewinnt
das von der Spielertrainerin Anne Trabant angeführte Team auch noch die inoffizielle Weltmeisterschaft in Taiwan. Zu diesem Turnier durfte die SSG als Vertreter Deutschlands reisen,
weil der DFB noch nicht in der Lage war, eine eigene Auswahl zu entsenden. Die Einladung
hatte übrigens Horst Schmidt von einer Reise in seiner Funktion als B-Jugend-Trainer bei der
Frankfurter Eintracht nach Taiwan mitgebracht. »Im Spielausschuss des DFB haben wir dann
beschlossen, die beste deutsche Mannschaft, eben den Deutschen Meister Bergisch-Gladbach hinzuschicken«, erinnert sich Schmidt später. In Taiwan setzt sich Bergisch-Gladbach
dann gegen die Gastgeberinnen, Neuseeland, Thailand, Norwegen, Holland und die Schweiz
durch.

Deutscher Frauenfußballmeister 1978: SC 07 Bad Neuenahr

Nach der Pokalübergabe durch DFB-Vorstand Dr. Maurer an
Kapitän und Torhüterin Maria Breuer ging es mit dem Doppel-
decker-Bus (der umfunktionierte Meisterschaftsbus von Borussia
Mönchengladbach) durch die Straßen von Bad Neuenahr. Im
offenen Bus vorneweg mit dem Pokal in der Hand und rechts im
unteren Bild: Heinz Günther (H.G.) Hansen.

Linke Seite: das Siegerandenken von Maria Breuer

Während die Ära von Bergisch-Gladbach noch bis zum Ende der 80er Jahre anhält und zu noch heute selbst vom Serienmeister 1. FFC Frankfurt nicht erreichten neun Meisterschaften sowie einem weiteren inoffiziellen Weltmeistertitel im Jahr 1984 führt, sinkt der Stern des ersten Deutschen Meisters der Frauenfußballgeschichte rapide. In den 80er Jahren verliert TuS Wörrstadt im Südwesten meist das Duell mit dem Dauerrivalen TuS Niederkirchen, der den Wörrstädterinnen 1990 endgültig den Rang abläuft. In jenem Jahr geht es beim Kampf um die Krone im Südwesten zugleich um die Qualifikation für die neu eingeführte zweigleisige Bundesliga. Am letzten Spieltag patzt Wörrstadt und verspielt somit seinen Vorsprung gegenüber dem Konkurrenten. Der Platz in der Erstklassigkeit muss in einem Entscheidungsspiel erkämpft werden. Niederkirchen gewinnt, Wörrstadt schafft den Sprung in die Bundesliga auch über den Umweg einer Aufstiegsrunde nicht. Einige Leistungsträgerinnen verabschieden sich nach dieser sportlichen Enttäuschung und schließen sich Klubs wie den Neu-Bundesligavereinen Praunheim oder Niederkirchen an. Erst 1993 hat die TuS den Aderlass verkraftet und den Aufstieg in die Bundesliga geschafft – als Aufstiegstrainerin fungierte mittlerweile ausgerechnet die ehemalige Neuenahrer »Feindin« Maria Breuer.

Nach dem Abschied aus der Bundesliga versinkt TuS Wörrstadt für viele Jahre in der Bedeutungslosigkeit und steigt 2002 gar in die Verbandsliga, die unterste Spielklasse im Südwesten, ab. 2009 kehrt das Team immerhin wieder in die Zweite Bundesliga zurück. Der alte Rivale aus Bad Neuenahr übersteht die Jahrzehnte des tiefgreifenden Wandels etwas besser. Der SC 07 zählt 1990 zu den Gründungsmitgliedern der zweigleisigen Bundesliga, rechtzeitig zur Einführung der eingleisigen Bundesliga steigt der Klub 1997 wieder auf und tut sich vor allem auch als Motor des in den 90er Jahren für die Entwicklung des Frauenfußballs enorm bedeutsamen Hallenpokals hervor. Neuenahr ist zudem bislang noch nicht aus der Bundesliga abgestiegen und ist damit neben Turbine Potsdam, dem FCR Duisburg und dem 1. FFC Frankfurt (bis 1999 als SG Praunheim) der einzige Klub, der seit Einführung der eingleisigen Bundesliga immer dabei war. Er ist indes auch der einzige Klub dieses erlesenen Quartetts, der keinen Bundesligatitel erspielt hat – und vermutlich auch nie wieder wird erringen können. Die Zeit des Dinosauriers dürfte sich vielmehr angesichts der aufstrebenden Frauenabteilungen der finanzstarken Männerklubs dem Ende zuneigen.

BÄRBEL WOHLLEBEN

Vom einzigen Fußballmädchen in Rheinland-Pfalz zur Torschützin des Monats

Im Oktober 1974 wird Bärbel Wohlleben berühmt: Als der ARD-Moderator Oskar Klose der damals 30 Jahre alten Spielerin der TuS Wörrstadt als erster Frau die Medaille als erste »Torschützin des Monats« überreicht, beginnt ein Ansturm der Medien auf die junge Frau aus dem rheinhessischen Ingelheim bei Mainz. Der Auftritt in der *ARD-Sportschau* macht aus einer leidenschaftlichen Sportlerin die erste Prominente des deutschen Frauenfußballs. »Und dabei war mein Tor doch lediglich das 3:0«, sagt Wohlleben heute. Tatsächlich hat ihre Mannschaftskameradin Regine Israel

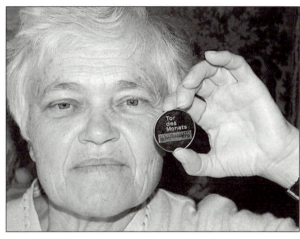

Bärbel Wohlleben mit der »Tor des Monats«-Medaille von 1974

wenige Wochen vor der Medaillenübergabe im ARD-Studio mit drei Treffern das Endspiel um die Deutsche Meisterschaft am 8. September 1974 entschieden und war die Frau des Tages beim Wörrstädter Sieg im ersten offiziellen Endspiel um die Deutsche Meisterschaft im Mainzer Bruchwegstadion. Aber Wohllebens Treffer war eben der schönste beim 4:0-Sieg gegen Eintracht Gelsenkirchen-Erle. Und das Tor, ein Fernschuss aus rund 20 Metern unter die Latte des Gehäuses der machtlosen Erlener Schlussfrau, war ein Signal an die Männer. »Viele haben erst durch mein Tor erkannt, dass selbst Frauen in der Lage sind, einen Ball weiter als fünf Meter zu schießen«, sagt Wohlleben in der ihr typischen Ironie.

Die 1944 geborene Bärbel Wohlleben ist in den 70er Jahren zu solchen Heldentaten in der Lage, weil sie Sportlerin durch und durch war, gefördert durch ihre dem Sport gegenüber sehr offenen Eltern. Der Vater ist selbst engagierter Sportler und als Rechtsanwalt ehrenamtlich als Justitiar für den Südwestdeutschen Fußballverband tätig. Durch diese Tätigkeit im Verband erreicht Vater Wohlleben in den 50er Jahren auch eine nahezu unglaubliche Sondergenehmigung für seine Tochter, die nach dem Weltmeisterschaftsgewinn der Herberger-Elf von 1954 »Feuer gefangen hatte für den Fußball«: Die zehnjährige Bärbel, die nebenher Leichtathletik betrieb und später auch im Handball höchst engagiert zu Werke ging und sogar während ihrer Fußballlaufbahn beim damaligen Top-Verein Vorwärts Frankfurt während der Winterpause in der obersten Liga mitspielte, darf ausgerechnet in jenen Jahren bei den Jungs der Spielvereinigung Ingelheim mitmachen, in denen der DFB gerade am härtesten gegen Frauenfußball vorgeht.

Im Kreis der Jungs setzt sie sich durch, indem sie zu Beginn bei den Ringkämpfen im Sandkasten mitmischt. »Ich habe die Hälfte der Kämpfe verloren, die andere gewonnen«, sagt Wohlleben. »Damit war ich akzeptiert.« Bärbel hält auch auf dem Feld mit den Jungs mit, sie gehört sogar zu den Besseren, wenn die Spielvereinigung Ingelheim irgendwo in der Gegend ein Auswärtsspiel bestreitet. »Dann war ich eine richtige Sensation«, erinnert sich Bärbel Wohlleben. »Wo auch immer wir hinkamen, war ich die Attraktion. Jeder wusste, dass ich das einzige Mädchen in ganz Rheinland-Pfalz war, das bei den Jungs mitspielen durfte.« Zumindest bis zur C-Jugend: Dann ist der Traum der Fußballerin wegen des Endes der Verbandstoleranz wieder vorbei und Bärbel konzentriert sich fortan wieder auf Leichtathletik und Handball, den sie zwischen 1963 und 1967 sehr leistungsorientiert beim damaligen deutschen Spitzenklub Vorwärts Frankfurt betreibt. »Der Handballsport war damals schon viel offener für Frauen«, sagt Wohlleben. »Bei denen ging die Öffnung direkt nach dem Krieg los, weshalb die Strukturen da viel besser waren.« Nur mit ihren drei Brüdern kickt sie noch in der Freizeit auf den Bolzplätzen Ingelheims. »Das Thema Fußball im Verein war an sich erledigt, ich habe auch nie irgendwas gehört von anderen Mädchen, die irgendwo Fußball spielten«, sagt Wohlleben.

Doch dann kommt es zu einem die nächsten Jahre der Bärbel Wohlleben prägenden zufälligen Zusammentreffen am Rande eines Handballspiels im Oktober 1969. Wohlleben spielt bei einem Turnier mit ihrer Ingelheimer Mannschaft gegen ein Team aus Alzey. Beim Aufwärmen fällt ihr auf, dass eine gegnerische Spielerin ihren Handball recht geschickt mit dem Fuß zu behandeln weiß. »Ich bin dann zu ihr hingegangen und fragte sie, wo sie das gelernt habe«, sagt Wohlleben. Die Angesprochene ist Uschi Demmler, die schon seit ein paar Monaten mit den Frauen von TuS Wörrstadt trainiert. Schon am nächsten Tag fährt Wohlleben zum Training nach Wörrstadt. »Das Training war zwar fürchterlich, weil der damalige Übungsleiter Egon Rehbein doch sehr veraltete Trainingsmethoden hatte«, sagt Wohlleben. »Aber ich habe gemerkt, dass da einige Spielerinnen ähnlich fit waren wie ich.«

Kurze Zeit später bestreitet Wohlleben dann am Buß- und Bettag 1969 ihr erstes Freundschaftsspiel mit den Wörrstädterinnen. Gegen die »Schmucker-Girls« aus Mainz landet die TuS-Elf einen Kantersieg. »Die Schmucker-Girls waren so, wie man sich Frauenfußball klischeehaft vorgestellt hat«, erinnert sich Wohlleben. »Untrainiert, etwas rundlich und unbegabt. Wenn Wörrstadt genauso aufgetreten wäre, dann hätte ich vermutlich direkt wieder aufgehört.«

Stattdessen aber wird Wohlleben zur Leistungssportlerin. Ihr Vater ermöglicht ihr den Zeitvertreib, weil sie bei ihm in der Rechtsanwaltskanzlei arbeitet und sie mittwochnachmittags immer freigestellt wird für zusätzliche Lauf- oder Krafteinheiten. Zudem profitiert Wohlleben natürlich von der Ausbildung in den Jugendjahren. Schnell erwirbt sie sich den ehrenvollen Beinamen der »weiblichen Beckenbauer«. 1970 steht sie dann auch zwangsläufig in der ersten Auswahlmannschaft, die vorrangig aus Spielerinnen des SC Bad Neuenahr und der TuS Wörr-stadt zusammengestellt wird. Bei zwei Länderspielen gegen Dänemark, Sieger der inoffiziellen WM in Italien, debütiert Bärbel Wohlleben und schießt gleich ein Traumtor. Per »Fallrückzie-her, der Uwe Seeler rauschenden Applaus eingebracht hätte«, wie die *Rhein-Zeitung* schreibt, bugsiert sie den Ball aus 20 Metern ins Netz – Wohlleben ist schon damals eine Frau für die besonderen Treffer. Die erzielt sie aber nur bis 1975 für die TuS Wörrstadt, im folgenden Jahr schließt sie sich für ein Jahr dem Frankfurter Verein Oberst Schiel an, mit dem sie 1977 bis ins Meisterschaftsendspiel vordringt, wo die Frankfurterinnen aber gegen den neuen Emporkömm-ling SSG Bergisch-Gladbach verlieren. 1978 gewinnt Wohlleben dann aber doch noch einen zweiten Meistertitel mit dem SC Bad Neuenahr. Nach einer weiteren Zwischenstation beim neu in den Frauenfußball einsteigenden FSV Frankfurt lässt sie ihre Karriere in Ingelheim ausklin-gen. Dort betreut die rüstige und noch immer selbständig tätige erste »Torschützin des Monats« heute noch Mädchenteams.

Bärbel Wohlleben mit dem
Goldpokal 1973

KULTURREVOLUTION BEIM FC ST. PAULI

Die Zeitenwende in Hamburg kann auf den 1. Januar 1968 datiert werden. Auf dem Sportplatz des damaligen TSC Viktoria-Wilhelmsburg-Veddel traten vor einem 500-köpfigen Publikum zwei wild kostümierte Frauenteams gegeneinander an – »Eintracht Kopftuch« und »United Strumpf-hose«. Aus diesem Spaß entstand zunächst ein regelmäßiges Turnier. Aus Handballerinnen Wilhelmsburger Vereine bildeten sich mit dem »FC Schürze«, dem »SV Minirock« und »Borussia Bluse« weitere Teams. Bald darauf machten die Frauen Ernst: 1970 hatte sich aus dem Jux-Turnier die »1. Inoffizielle Hamburger Frauenmeisterschaft« entwickelt, ausgespielt von zwölf Teams. Zum ersten Frauenfußballturnier in Deutschland überhaupt kamen 1.567 zahlende Zu-schauer und Zuschauerinnen. Im Finale setzte sich die HT 16 mit 1:0 gegen die FSV Harburg durch. Im Spiel um Platz drei unterlag der FC St. Pauli dem BSV Buxtehude mit 0:3.

Nachdem im August 1970 mit den 18 Spielerinnen der Hamburger Turnerschaft von 1816 (HT 16) das erste Frauenteam in den HFV aufgenommen worden war, begann der sogenannte offizielle, also der durch den HFV organisierte Spielbetrieb, am 21. März 1971. An der ersten einfachen Spielrunde nahmen 28 Mannschaften teil. 1972 wurde der erste Pokalwettbewerb ausgetragen, am 31. März 1973 das erste offizielle Spiel einer HFV-Auswahl, die gegen eine Bre-mer Auswahl 1:2 verlor. Im gleichen Jahr begann ebenfalls der Spielbetrieb bei den Mädchen.

Mehrere hundert Zuschauer und Zuschauerinnen am Spielfeldrand bildeten keine Selten-heit, ebenso wie ausführliche Zeitungsberichte mit zumeist großformatigen Fotos. Bedient wur-den aber in erster Linie voyeuristische Neigungen, die Bandbreite der Berichterstattung lag zwischen unverhohlen sexistisch, gönnerhaft oder hochmütig-verständnisvoll.

Das schillerndste Team dieser Zeit war zweifellos der FC St. Pauli. Die Kulturrevolution überraschte den Klub in Kieznähe allerdings wie das Kind die Jungfrau. Zwischen amüsiertem Jux und grundsätzlicher Ablehnung bewegten sich 1970 die ratlosen Reaktionen der Vereins-oberen auf die ungehörige Bitte einiger Handballerinnen des Vereins, von nun an kicken zu wollen. »Man war von der Idee nicht besonders angetan«, erinnerte sich Monika Aßmuteit, damals Vorstopperin und Kapitänin. Von den Klubhonoratioren wurde ein für unüberwindlich gehaltenes Hindernis aufgerichtet: Elf »Damen«, einen Trainer und einen Betreuer müsse »man« zusammenbekommen, dann könne »man« darüber reden. Nicht zuletzt der Hartnäckigkeit des spateren Betreuers Manfred Liemann, war es zu verdanken, dass der Coup gelang.

Schon damals zog der Name FC St. Pauli. Es gelang, auch Spielerinnen anderer Vereine zum Millerntor zu lotsen. Um die Ecke am Hamburger Berg lag damals das »Camelot«. Dass aus dem Umkreis des als »Frauenkneipe« verschrieenen Ladens ebenfalls einige »Damen« an-heuerten, befeuerte bestehende Vorbehalte gegenüber den kickenden Frauen noch. »Es war ein echtes Problem, Mädchen zu bekommen, die spielen konnten und durften«, so Aßmuteit.

Zusätzliche Hilfe kam aus der ebenfalls kulturrevolutionierten Musik. Die Gruppe »The Kids« hatte sich im Sommer 1966 zusammengefunden, und spielte u. a. mit Monika Aßmuteit (damals Hoppe – Gesang, Gitarre, Bass) und Regina Gronenberg (Schlagzeug) so gekonnt, dass sie schnell als »Norddeutschlands bekannteste Damen-Beatband« gefeiert wurde. »Unser Repertoire reichte von den Rattles über die Beatles bis hin zu Aretha Franklin«, so Aßmuteit. Auch der Punk-Urknall »Wild Thing« von den Troggs durfte bei keinem Konzert fehlen. Mit solchen Spielerinnen war der FC St. Pauli natürlich ein gefundenes Fressen für Medien und Öffentlichkeit.

Die wilde Fußballzeit konnte beginnen. Mit Regina Gronenberg wurde nicht nur die Schlagzeugerin, sondern auch eine der besten Hamburger Fußballerinnen jener Zeit vom SC Sperber abgeworben. Mit Birgit König, die später sogar ein Angebot von Lazio Rom ablehnen sollte, Heidrun Spangenberg, Karin Maskos oder Ingrid Hemmann fanden weitere starke Spielerinnen den Weg ans Millerntor. Das Team wurde kurzzeitig zur »ewigen Zweiten« des Hamburger Frauenfußballs hinter Lorbeer Rothenburgsort. Ein Gefühl, das den Männern des Klubs ebenfalls nicht fremd gewesen sein dürfte.

Andere Gefühle schon. Dass mit den „Damen aus dem Camelot, gegen die in sportlicher Hinsicht nichts einzuwenden war", wie es von offizieller Vereinsseite hieß, auch Lesben den Weg ans Millerntor gefunden hatten, stürzte den Verein in schwere Nöte. Einerseits wurde im Stillen vergeblich versucht, die »Camelot-Damen« wieder loszuwerden, andererseits wandelte sich die Duldung des Frauenfußballs langsam zur sparsamen Unterstützung. Die Heimspiele fanden oft ein zahlenmäßig größeres Publikum als die der ersten Amateur-Männermannschaft.

»Uns wurde sogar ein Saunatag pro Woche genehmigt. An diesem Tag wurde alles abgeriegelt und aufgepasst, dass kein Mann hinein kam und keine gemischte Sauna stattfand«, so Aßmuteit über die Entweihung der legendären Katakomben des FC-Klubheims. Die Atmosphäre im Verein sei damals noch sehr verklemmt gewesen, bei Männern und Frauen gleichermaßen.

Bei den ersten auftauchenden Schwierigkeiten, genügend Spielerinnen zusammen zu bekommen, zeigte sich jedoch, dass der Verein nur auf eine Gelegenheit gewartet hatte, seine »Schmuddeltruppe« wieder loszuwerden. Sie wurde postwendend vom Spielbetrieb abgemeldet und im Dezember 1972 aufgelöst. »Letztendlich waren sie froh, dass es soweit war«, war sich Aßmuteit sicher. An Nachwuchsarbeit war nie auch nur ein Gedanke verschwendet worden.

Vergeben wurde damit auch die einmalige Chance, zumindest im Frauenfußball am mittlerweile unerreichbar entrückten Rivalen aus Stellingen vorbeizuziehen. Nachdem zunächst die FSV Harburg und Lorbeer Rothenburgsort, später der SC Poppenbüttel und Grün-Weiß Eimsbüttel eine dominierende Rolle in Hamburgs Frauenfußball gespielt hatten, beherrscht der HSV die Szene seit mehr als zehn Jahren konkurrenzlos.

Uwe Wetzner, gekürzt aus »Fußball Lexikon Hamburg«, Verlag die Werkstatt 2007

SSG BERGISCH-GLADBACH 09

Der Rekordmeister

Der Startschuss für das bis heute trotz der großen Erfolge des 1. FFC Frankfurt erfolgreichsten Frauenfußball-Projekts fiel 1976: Im Vorstand der SSG Bergisch-Gladbach 09 wurde Hans

Hans Gronewold

Gronewold auserkoren, die Frauenfußball-Abteilung zu leiten. Gronewold erfüllte diese Aufgaben mit zu diesem Zeitpunkt wohl kaum für möglich gehaltenem Erfolg: Als er 1995 sein Amt aufgibt, hat die SSG neun deutsche Meistertitel, drei DFB-Pokalsiege und zwei inoffizielle Weltmeisterschaften gewonnen, an denen der Klub als deutscher Vertreter in Taiwan 1981 und 1984 teilnehmen durfte. Auch wenn der heutige Vorzeigeklub 1. FFC Frankfurt mit seinen sieben Meisterschaften und Pokalsiegen sowie drei UEFA-Cup-Triumphen im ersten Jahrzehnt des neuen Jahrtausends eine ähnliche Erfolgsbilanz aufgebaut hat, so ist Bergisch-Gladbach dennoch weiterhin Rekordmeister.

Hans Gronewold war der eine Motor dieser Entwicklung im Bergischen. Der Kaufmann warb unermüdlich Sponsoren für die Frauenmannschaft des Vereins und steckte wohl auch die ein oder andere Mark aus seinem Privatvermögen in das Team. Außerdem hatte er die Unterstützung der Lokalpolitik: Die meisten Spielerinnen des Erfolgsteams der 70er und 80er Jahre waren beruflich durch eine Stelle im öffentlichen Dienst abgesichert, der die Fußballerinnen voll bezahlte, aber zur Hälfte freistellte für den Sport.

Der zweite Motor war Anne Trabant (-Haarbach), die den Klub von 1976 bis in die 90er Jahre hinein als Spielerin und Trainerin prägte und zu den großen Erfolgen führte. Trabant, die in der Kindheit in Jungenmannschaften mitspielte, aber bei Erreichen der Altersgrenze aus Mangel an einer Frauenfußballmannschaft in ihrer emsländischen Heimat mit dem Fußballspielen aufhören musste, begann ihre Frauenfußball-Laufbahn, nachdem sie fürs Sportstudium nach Mainz umgezogen war. Durch ein Werbeplakat wurde sie auf ein Frauenfußballteam des TV 1817 Mainz aufmerksam. Sie kickte einige Wochen bei den nicht gerade sehr leistungsorientierten Freizeitsportlerinnen mit. Dort wurde sie schließlich auch von Bärbel Wohlleben entdeckt, als

Anne Trabant (rechts) als
Spielführerin beim ersten offiziellen
Länderspiel der Deutschen National-
mannschaft 1982 gegen die Schweiz

die Spielerin der TuS Wörrstadt kurzzeitig als Trainerin bei dem Verein aushalf. »Sonst war das eine Truppe an Damenfußballerinnen, wie sie damals dem Klischee entsprachen: Eher dickliche Frauen und fast durchweg untalentiert«, erinnert sich Wohlleben. »Ich habe deshalb nach kurzer Zeit wieder aufgehört, aber der Anne habe ich nahegelegt, dass sie mit nach Wörrstadt kommen soll.«

Anne Haarbach folgte dem Lockruf und wurde schnell zu einer der Korsettstangen des damals führenden Klubs im deutschen Frauenfußball – nebenbei agierte sie übrigens zwei Jahre lang auch mal im Ingelheimer Handball-Team Wohllebens als durchaus talentierte Torhüterin. Stärker aber noch war sie auf dem Fußballfeld, wie sich die ehemalige Wörrstädter Mitspielerin Bärbel Petzold erinnert. »Die Anne war sicher die beste Fußballerin unter uns«, sagt die heutige Frauenfußballchefin des Südwestdeutschen Fußballverbands. »Sie hatte einfach alles, was man für eine Spielmacherin brauchte.«

Auch dank dieser Fähigkeiten gewann TuS Wörrstadt 1974 die erste offizielle Deutsche Meisterschaft. 1975 gewann die seit ihrer kurzen Ehe mit Udo Trabant als Anne Trabant schnell zur bekanntesten deutschen Fußballspielerin aufsteigende Offensivspielerin nach dem Ab-

Das erste DFB-Pokalfinale gewinnen die Bergisch-Gladbacherinnen gegen TuS Wörrstadt am 2. Mai 1981.

schied aus Wörrstadt als Spielertrainerin mit dem Bonner SC erneut den Titel, ehe sie als Spielertrainerin in Bergisch-Gladbach anheuerte und 1977 mit dem dritten Klub den Meistertitel erkämpfte. Hier entwickelte sich Trabant endgültig zur wichtigsten Persönlichkeit im deutschen Frauenfußball und führte die SSG von Erfolg zu Erfolg. Auch die Medien erkannten Trabants Sachverstand mittlerweile an. Sie schaffte es zu einem Auftritt im *ZDF-Sportstudio*, viele andere Medien wie beispielsweise auch *Die Zeit* setzten sich ebenfalls mit ihrer Trainingsarbeit und ihrem Fußballsachverstand auseinander, statt die immer gleichen Geschichten vom Kuriosum Frauenfußball zu wiederholen.

Innerhalb der SSG Bergisch-Gladbach, deren Männer immerhin 1953 einmal Deutscher Amateurmeister wurden, hatten die Frauen Anfang der 80er Jahre einen so großen Stellenwert, dass selbstverständlich sie das Eröffnungsspiel bei der Einweihung des neuen Stadions bestritten – die Zuschauerränge waren ja schließlich notwendig geworden, weil die SSG bis zu 10.000 Zuschauer zu ihren Spielen anlockte.

Gemeinsam mit Hans Gronewold kämpfte Trabant neben dem Spielfeld auch für Verbesserungen der Strukturen im Frauenfußball. Die beiden SSG-Motoren forderten nachdrücklich die Einführung eines DFB-Pokalwettbewerbs für die Frauen, den der Verband 1980/81 erstmals organisierte, und auch die Einführung einer Nationalmannschaft. Die Gründungsgeschichte der DFB-Auswahl war folglich ebenfalls eng verbunden mit den Namen des Erfolgsduos. Die Weichen wurden endgültig gestellt, als der DFB Trabant 1981 zu einem Gespräch in die Frankfurter Verbandszentrale einlud. Vordergründig ging es um die Teilnahme von Trabants Mannschaft an

Die Anzeigetafel im Stuttgarter Neckarstadion wird zum Schluss ein 5:0 anzeigen.

der inoffiziellen Weltmeisterschaft in Taiwan. Der DFB wollte die Einladung aus Taiwan vermutlich aus politischen Gründen nicht unbeantwortet lassen und die SSG Bergisch-Gladbach mangels einer eigenen DFB-Auswahl als deutschen Vertreter nach Asien schicken. Am Rande des Gesprächs, bei dem der DFB durch den damaligen Schatzmeister und späteren Präsidenten Egidius Braun, Horst R. Schmidt und Gero Bisanz vertreten war, wurde vereinbart, dass Anne Trabant als spielende Assistentin von Bisanz die Spielerinnen für einen Sichtungslehrgang für ein erstes Länderspiel zusammenstellen sollte.

Auch die Einführung der Bundesliga gehörte seit jeher zu den Träumen der Bergisch-Gladbacher Macher. Als die zweigleisige höchste Spielklasse Realität wurde, begann jedoch schon der Abstieg der SSG. Im letzten Meisterschaftsendspiel vor der neuen Epoche im Frauenfußball wird der Machtwechsel durch einen 3:0-Sieg der Emporkömmlinge vom TSV Siegen besiegelt. In der Premierensaison der Bundesliga wird der Altmeister dann immerhin noch Dritter der Gruppe Nord, 1993/94 verabschiedet sich das einstige Aushängeschild des deutschen Frauenfußballs jedoch sang- und klanglos aus dem Oberhaus. Ein Jahr später gibt auch Hans Gronewold auf. Die Frauenfußball-Abteilung der SSG wandert 1996 zur TuS rechtsrheinisch Köln ab, die immerhin die Rückkehr in die Zweite Bundesliga schafft. 2008 schließen sich die Kölner dann dem Zeitgeist im Frauenfußball folgend dem Männer-Bundesligaklub Bayer Leverkusen an. Möglicherweise kann der Erbe in zweiter Generation in naher Zukunft wieder an die Bergisch-Gladbacher Erfolge anknüpfen.

WEGMARKEN DES FRAUENFUSSBALLS

Ein Sport braucht seine großen, medial inszenierten Momente, um sich im kollektiven Gedächtnis der Sportfans zu verewigen. Im deutschen Frauenfußball sind solche Momente an einer Hand abzuzählen – immerhin. Bärbel Wohllebens Tor des Monats im Jahr 1974 zeigte der Männerwelt erstmals, dass es auch etwas anderes als Fußballspieler gibt, nämlich Fußballspielerinnen. Vor allem aber bewies Wohlleben mit ihrem Tor vor Millionen Zuschauern im Rahmen der Torauswahl, dass Frauen sehr wohl den Ball über eine Distanz von mehr als 16 Metern unter die Latte hämmern können. Der Frauenfußball hatte mit der Wörrstädter Spitzenspielerin erstmals ein austrainiertes und sehr leistungsorientiert arbeitendes Gesicht.

Danach dauerte es bis 1989, ehe der Frauenfußball wieder eine TV-Sternstunde erlebt: Als Marion Isbert im Halbfinale der Europameisterschaft 1989 in Siegen gegen Italien drei Elfmeter hält und ihren fußballerischen Fertigkeiten entsprechend – die Nationaltorhüterin spielte bei ihrem Klub Ahrbach zu jener Zeit gegen unterlegene Teams meist im Feld – den entscheidenden Elfmeter auch noch verwandelte, sahen acht Millionen Menschen bei der ersten Liveübertragung eines Frauenfußballspiels in Deutschland zu. Der Frauenfußball hatte mit Isbert seine erste Heldin.

In der Folge internationalisiert sich die Wahrnehmung des Frauenfußballs in Deutschland. Die ersten Weltmeisterschaften der Frauen werden immerhin wohlwollend wahrgenommen, wenngleich Live-Übertragungen von einem Turnier fern deutschen Bodens noch Utopie sind. Wirklich großes Aufsehen erregt der Frauenfußball Ende der 90er Jahre – wegen eines Torjubels.

Als Brandi Chastain den entscheidenden Elfmeter im Endspiel um die Weltmeisterschaft 1999 gegen China verwandelt, gibt es kein Halten mehr für die damals 31 Jahre alte Spielerin. In ihrer Emphase zieht sie ihr Trikot über den Kopf – und entblößt ihren durchtrainierten Oberkörper samt in Sport-BH gehüllter Brust. Das Foto dieser Jubelszene schafft es anschließend auf die Titelseiten der großen amerikanischen Magazine und wird weltweit in nahezu jedem Sportteil abgebildet. Bis heute gilt der Schnappschuss als das meistabgebildete Foto einer Fußballspielerin. Natürlich steckt hinter der Bildauswahl der Sportredakteure in aller Welt eine gehörige Portion Chauvinismus, auch bedient das Bild sicher voyeuristische Gelüste der Leserschaft. Zugleich beweist das Foto aber auch eindrücklich, dass unter den zu jener Zeit meist noch unvorteilhaft auf männliche Körperproportionen geschneiderten Trikots durchtrainierte Athletinnenkörper stecken. Damit widerlegt Chastain eindrücklich die noch immer weit verbreiteten Vorurteile, dass der Frauenfußball eine Ansammlung konditionsschwacher und nicht ernstzunehmender Sportlerinnen sei.

Brandy Chastain jubelt nach ihrem entscheidenden Elfmeter im WM-Finale 1999 gegen China. Das Foto avanciert zum meistgedruckten Frauenfußballfoto weltweit.

Simone Laudehr nach ihrem entscheidenden 2:0 gegen Brasilien
bei der WM 2007

Chastain wird nicht nur zu einer der Ikonen des Frauenfußballs, sondern profitiert auch materiell von dem Foto
ihres Lebens: Sie schließt einen hochdotierten Vertrag mit
dem Sportartikelhersteller Nike ab. Ihre Website begrüßt
die User natürlich noch heute ebenfalls mit dem Bild, das
Chastain berühmt gemacht hat. Dort wirbt sie mit dem
Schnappschuss für ihre Autobiographie »It's Not About the
Bra (Es geht nicht um den BH)« ...

Ähnliche Effekte wie Chastains Foto erzielen wenige
Jahre später die Spielerinnen der australischen National-
mannschaft. Die »Matildas« genannten Spielerinnen wollen
im Herbst 1999 mit Blick auf die anstehenden Olympischen
Spiele im australischen Sydney ein bisschen die Werbe-
trommel für den in Australien seinerzeit völlig unbeachteten
Frauenfußball rühren. Zu diesem Zweck lassen sie für einen Kalender komplett ihre Hüllen fallen.
Die Nacktfotos gehen in großer Geschwindigkeit um die Welt und sorgen für erregte Diskussionen.

Frauenrechtlerinnen und Fußballspielerinnen weltweit echauffieren sich indes, weil sich
die Australierinnen dem Sexismus unterwürfen. Der Kalender wird in jedem Fall zu einem Ver-
kaufsschlager, und bei den Olympischen Spielen sind die Stadien vermutlich deutlich voller als
ohne die öffentlichkeitswirksame Werbeaktion. Wie schon bei Chastain haben die »nackten
Tatsachen« in der Öffentlichkeit wieder den positiven Nebeneffekt, dass die Fußballspielerinnen
nicht nur als gutaussehende Nacktmodels, sondern nebenbei auch als durchtrainierte Leistungssportlerinnen wahrgenommen werden.

Während Amy Taylor im Anschluss an ihr erstes Shooting noch weitere Jobs als Model annimmt, haben sich einige Teamkameradinnen später eher von der Aktion distanziert.

In Deutschland ist unterdessen die Zeit reif für den medialen Durchbruch der Nationalmannschaft: 2001 findet die Europameisterschafts-Endrunde in Deutschland statt. Die Spiele
der deutschen Elf werden allesamt in ARD und ZDF live übertragen, beim Endspielsieg gegen
Schweden schauen fünf Millionen Menschen zu und sehen, wie Claudia Müller mit einem Golden Goal den Sieg sichert. Auch Müller zieht beim Jubel das Trikot über den Kopf und gibt
dem Erfolgsmoment sein Bild. Aber mehr denn je wird in Deutschland auch die sportliche
Leistung der Frauen-Nationalmannschaft und auch die erstaunliche Zuschauerresonanz von
durchschnittlich 12.000 Besuchern bei den Spielen der Gastgeberinnen gewürdigt. Der Frauenfußball hat sich mit diesem »Heimsieg« etabliert.

Und er liefert zwei Jahre später mit dem »Golden Goal«-Kopfball Nia Künzers im Weltmeis-
terschafts-Finale in den Vereinigten Staaten das nächste Bild für die Ewigkeit.

INTERVIEW MIT HANNELORE RATZEBURG

»Wir werden von den anderen Frauenmannschaftssportarten beneidet.«

Starke Frau im DFB: Vorstandsmitglied Hannelore Ratzeburg

Frau Ratzeburg, wie fühlt man sich als Vorkämpferin des deutschen Frauenfußballs?

Vorkämpferin klingt mir zu dramatisch. Sicher stelle ich auch, wenn ich wie in diesem Gespräch darauf angesprochen werde, für mich fest: Wow, wenn 2011 die Weltmeisterschaft in Deutschland stattfindet, dann gibt es in Deutschland 40 Jahre Frauenfußball und ich war wirklich von der ersten Stunde an dabei. Aber am Anfang hatte das nichts von Vorkämpferin: Ich wollte einfach nur spielen und habe mich dafür engagiert, dass das mir, meinen Mitspielerinnen und anderen Teams in Hamburg möglich war.

Können Sie sich eigentlich erklären, warum es Frauen so lange schwer gemacht wurde, wie beispielsweise durch das DFB-Verbot von 1955?

Ich kann es letztgültig nicht erklären. Aber ich denke, dass es in Deutschland sehr viel damit zu tun hatte, dass die deutschen Männer wie geprügelte Hunde aus dem verlorenen Krieg zurückgekehrt sind. Sie wollten deshalb nach dem Wirtschaftsaufschwung am liebsten die vermeintlich heile Welt, wie sie sie vor dem Krieg kannten, zumindest in ihrem näheren Umfeld wieder aufbauen. Und dort passte der Frauenfußball nicht hinein, vielleicht sogar besonders nach dem Sieg der Männer bei der Weltmeisterschaft von 1954. Wenigstens der Fußball sollte den Männern dann als letzte Domäne bleiben, wo die Frau höchstens als Anhängsel des Mannes auf den Fußballplatz mitkommen durfte. Und man darf nicht vergessen, dass in jenen Jahren der Mann noch in bürokratischen Angelegenheiten als Familienvorstand geführt wurde. Frauen durften beispielswiese nicht ohne Zustimmung ihrer Männer arbeiten. Ich denke, dass man nur vor diesem Hintergrund dieses Verbot von 1955 verstehen kann. Die schrägen Thesen des Psychologen und Anthropologen Buytendijk zur Gesundheitsschädlichkeit und Wesensfremdheit des Fußballs für die Frauen taten ein Übriges. Hinzu kommt, dass Verbände eben schon immer Organisationen von Männer für Männer waren.

Wie haben Sie sich aus diesem Joch befreit?

Ich bin erstmal den von mir als Frau gewissermaßen erwarteten Weg gegangen und habe nach der Realschule eine Ausbildung zur Krankenpflegerin gemacht. In dieser Zeit Ende der 60er Jahre kam ich aber durch meinen damaligen Freund viel mit Studenten zusammen und merkte, dass sich mir ein ganz neuer Horizont eröffnet. Das hat mir viel Selbstvertrauen gegeben und ich habe mich entschlossen, auf dem zweiten Bildungsweg Sozialpädagogin zu werden. Dadurch kam ich in den Schuldienst und habe dort erfolgreich arbeiten können.

Und mit diesem Selbstbewusstsein sind Sie dann als erste Frau in die Männerdomäne DFB vorgedrungen. Wie ging das?

Erst einmal habe ich mich in Hamburg dafür eingesetzt, dass wir für die Frauenmannschaften einen Spielbetrieb aufbauen konnten. Der Hamburger Verband hat dann diskutiert, wie er uns überhaupt in den Spielbetrieb integrieren soll. Üblich war es damals, dass die Landesverbände den Frauenfußball einfach dem Jugendfußball untergeordnet haben. Wir haben den Verantwortlichen dann einfach gesagt, dass wir das auch selbst regeln könnten, wenn sie nicht wüssten, wo sie uns hinstecken sollten. Und darauf haben die sich tatsächlich eingelassen. Deshalb gab es in Hamburg direkt einen Frauen- und Mädchenfußballausschuss, den wir mit sieben oder acht Männern und Frauen geführt haben, ich wurde Vorsitzende. Zum Glück wurden wir von Ernst Posorske und Günther von Behren, zwei sehr netten Herren aus dem Spielausschuss, von Anfang an sehr wohlwollend unterstützt.

Halfen Ihnen dann auch solche wohlwollenden Männer in den DFB-Zirkel?

Das hatte eine gewisse Eigendynamik: Ich habe von Anfang an immer Anfragen an den DFB gestellt mit Forderungen nach einem bundesweiten Pokalwettbewerb oder der Einführung einer Nationalmannschaft. Dadurch kannten die meinen Namen und haben mich irgendwann mal eingeladen zu einem Jugendobleutetreffen, bei dem ich über Frauenfußball referieren sollte. Und als auch der DFB im Spielausschuss eine Frau brauchte für den Posten der Referentin für Frauenfußball, da kam man eben wieder auf mich zurück, weil ich zu der Zeit die Einzige war, die in Verbänden Verantwortung trug.

Waren Sie dann Alibifrau?

Man könnte das meinen, aber ich hatte zumindest immer eine ganz klare Aufgabe, der ich mich widmen konnte.

Aber es heißt, dass man Ihnen nahegelegt hat, dass Sie zu den Spielausschusssitzungen in Frankfurt nur zu kommen brauchten, wenn Frauenfußball auf der Tagesordnung stand?

Das ist richtig. Aber ich bin trotzdem immer hingefahren, was sehr lehrreich war. Das half mir dann, im Falle eines Falles Mehrheiten für meine Anliegen zu erarbeiten.

Wann hatten Sie denn erste Erfolgserlebnisse für den Frauenfußball?

Ein erster Meilenstein war sicher Bärbel Wohllebens »Tor des Monats« im Jahr 1974. Niemand hätte für möglich gehalten, dass ein Tor einer Frau dort die Mehrheit bekommen kann. Dieses Tor verschaffte dem Frauenfußball erstmals Respekt und machte uns Frauen viel Mut. Bis dahin haben wir von Männern ja nur erlebt, dass die am Platz standen und dumm unsere Spiele glotzten und dabei abfällige Bemerkungen machten.

Was waren aus Ihrer Sicht die weiteren Meilensteine?

Ganz wichtig war 1980/81 die Einführung des DFB-Pokals und des Länderpokals für Auswahlmannschaften. Dadurch haben wir weitere Wettbewerbe bekommen, in denen sich die Spitzenspielerinnen messen konnten. Die Gründung der Nationalmannschaft war sicher genauso wichtig. Die Entstehungsgeschichte ist witzig, weil der DFB-Spielausschuss-Vorsitzende Walter Baresel und ich bei einer UEFA-Frauenfußball-Konferenz eine EM anregten, obwohl der DFB selbst noch keine Auswahl unterhielt. Ich habe den damaligen DFB-Präsidenten Hermann Neuberger später damit konfrontiert und er sagte: »Machen!« Also gründeten wir die Nationalmannschaft.

Was hat den als Machtmenschen bekannten Neuberger motiviert?

Er hatte vier Töchter in meinem Alter und deshalb zu Hause sehr wohl mitbekommen, dass die voller Tatendrang waren. Das dürfte ihn stark beeinflusst haben zugunsten des Frauenfußballs.

Sie heben stets die Erfolge als Meilenstein hervor, die in der Verbandsarbeit erzielt wurden. Waren die Ereignisse in der Öffentlichkeit wie das erste Länderspiel oder die EM 1989 in Deutschland von untergeordneter Bedeutung?

Nein, absolut nicht. Bei diesen Ereignissen stand immer wieder sehr viel auf dem Spiel: Ich habe immer gehofft, dass es gutgeht und der Frauenfußball keine Pleite erlebt.

Und, hat es geklappt?

Ja, irgendwie ging es immer wieder gut. 1982 haben wir das erste Länderspiel gegen die Schweiz gewonnen, 1989 wurden wir Europameister. Das hat sich immer gut gefügt. Und wir haben uns organisatorisch weiterentwickelt.

Und Sie sind persönlich in immer mehr Kommissionen aufgestiegen. Waren Sie überall die erste Frau?

Ich war zumindest immer eine Frau der ersten Stunde. Unvergesslich ist auch, wie im Oktober 1990 erstmals eine Frauenfußballkommission der FIFA zusammentrat. Ich ging in den Saal und drehte mich erst einmal wieder um, weil ich sicher war, den falschen Raum betreten zu haben. Draußen stand aber angeschrieben, dass ich richtig war. Es saßen dort nur Männer.

In vielen Ländern dürfte es noch heute so aussehen. Glauben Sie, dass der Frauenfußball in diesen Gesellschaften wirklich etwas für Frauen bewegen kann?

Ja, da bin ich sicher. Ich kann als Beispiel eine Geschichte aus Pakistan erzählen. Dort haben Muslima anfangs mit Gewand und langen Hosen sowie mit Schleier spielen müssen. Dann baten sie um die Ausnahmeregel, beim Fußball die Gewänder ablegen zu dürfen, weil das doch sehr hinderlich ist. Es wurde ihnen erlaubt. Dann haben sie sich das Recht erkämpft, Trikots anziehen zu dürfen. Irgendwann haben sie selbst das Kopftuch in Frage gestellt. Mittlerweile spielen sie fast wie unsere Frauen in Deutschland, außer dass sie in langärmligen Trikots und etwas längeren Hosen aufs Feld gehen.

DFB-Präsident Theo Zwanziger hofft, dass der Frauenfußball auch in Deutschland noch etwas für das Ansehen der Frauen erreicht, vor allem für die Emanzipation von Migrantentöchtern. Ist das realistisch?

Es gibt in Hamburg ein ganz tolles Beispiel dafür. Der 2006 gegründete 1. FFC Wilhelmsburg integriert Mädchen aller Nationalitäten und hat sich genau dieser Aufgabe verschrieben mit toller Jugendarbeit. Sie haben schon den Integrationspreis dafür bekommen. Ich bin mir sicher, dass dieser Verein sehr viel bewegt in den Familien von Kindern mit Migrationshintergrund.

Der Bundesliga steht ein tiefgreifender Wandel bevor. Immer mehr Männer-Bundesligavereine drängen mit ihren professionellen Strukturen in den Frauenfußball. Traditionsreiche Frauenfußballvereine dürften verdrängt werden. Verfolgen Sie es mit Wehmut, dass die Vereine bald nur noch Bayern, HSV, Bayer Leverkusen, Werder Bremen und TSG Hoffenheim heißen könnten?

Sicher geht immer etwas verloren, wenn man die Entwicklung vorantreiben will. Da kann man sicher ein bisschen sentimental sein. Aber das ist ähnlich wie beim Schuhekaufen. Wenn ich mir ein neues Paar kaufe, dann muss ich ein anderes Paar aussortieren. Es ist für die Entwicklung des Frauenfußballs unerlässlich, dass wir die Professionalisierung vorantreiben und den Klubs Standards abverlangen, die einige nicht mehr erfüllen können.

Und wo bleiben die Frauenfußballklubs?

Das werden wir sehen. Aber erst einmal ist doch festzustellen, dass alles seine Zeit hat: Vor zwei Jahrzehnten haben die Klubs die Szene beherrscht, die von einem kleinen Männerverein unterstützt wurden. Dann kam die bis heute anhaltende Epoche der selbständigen Frauenklubs wie 1. FFC Frankfurt oder Turbine Potsdam. Und jetzt kommt eben die Zeit der Kooperationen von Frauenklubs mit etablierten Männermarken. Solche Kooperationen sehen im Idealfall so aus, dass sich die Frauenvereine in diesen Kooperationen wiederfinden.

Was ist denn genau der Vorteil von Kooperationen mit Männerklubs? Ist es nur das zusätzliche Geld, das hilft?

Männer-Bundesligaklubs bringen Knowhow mit und starke Strukturen. Außerdem gibt es eine enorm große Identifikation von Kindern mit diesen Vereinen. Deshalb kamen zum Schnuppertraining anlässlich der Gründung einer Frauenmannschaft von Werder Bremen 270 Mädchen und Frauen. Das deutet an, welches Potenzial in so einer Zusammenarbeit steckt.

Was halten Sie davon, die Männer-Bundesligavereine zu solchen Kooperationen zu zwingen?

Das lehne ich ab. Wenn Sie etwas essen müssen, was Sie nicht essen wollen, dann schmeckt es auch nicht. Statt Zwang aufzuerlegen, sollten wir lieber Vorteile aufzeigen, die ein Männerverein haben kann, und etwas schaffen, von dem beide profitieren.

Nach Ansicht der amerikanischen Nationaltrainerin Pia Sundhage können Männer und Frauen im Fußball noch viel direkter profitieren, wenn sie sich bei der Betreuung von Teams ergänzen würden. Was halten Sie von solchen Vorschlägen?

Ich denke, dass Pia Sundhage Recht hat. Wir sehen ja, welche Qualitäten unsere Trainerinnen haben.

In dieser Hinsicht steht der DFB ja sehr gut da.

Ja, wir werden von den anderen Frauenmannschaftssportarten in Deutschland richtig beneidet für unser weibliches Trainerwesen. Diese Bilanz zeigt, dass der DFB in Wahrheit viel weniger konservativ ist, als viele denken. Stattdessen ist er in dieser Hinsicht extrem innovativ, weil er sich seiner gesellschaftlichen Verantwortung stellt und Frauen Aufgaben überträgt.

In einem Punkt ist der Verband aber noch etwas zurückhaltend. Würden Sie sich wünschen, dass der DFB mit seiner Medienmacht das im Frauenfußball an sich völlig normale Thema Homosexualität enttabuisiert?

Es ist nicht Aufgabe des DFB, Spielerinnen zu einem Coming-out zu motivieren. Das muss eine Spielerin schon für sich selbst entscheiden, dann, davon bin ich vollkommen überzeugt, würde der DFB ihr auch den Rücken stärken. Ich würde aber dennoch jeder Spielerin, die so etwas vorhat, raten, ganz genau über die Folgen nachzudenken. Das steht dann in den Medien und plötzlich weiß es jeder – auch entfernte Bekannte oder Verwandte, denen man es vielleicht nicht erzählen wollte.

Hat sich der Kampf in der Höhle des Löwen gelohnt?

Ja, heute ist es so viel einfacher für Frauen, wenn sie Fußball spielen wollen. Auch für mich als Verbandsfrau ist die Arbeit heute leichter. Da kann man gerne auf den Reiz verzichten, ständig gegen Widerstände anrennen zu müssen.

2011 geht nun Ihr Traum einer WM im eigenen Land in Erfüllung. Sind für Sie damit alle Ziele erreicht?

Es war tatsächlich immer mein Traum, die WM im eigenen Land erleben zu können. Deshalb merke ich nun, dass wir wirklich sehr viel erreicht haben. Uns sind mittlerweile auch Funktionäre wohlgesonnen, die lange gegen uns gearbeitet haben. Einer sagte kürzlich zu mir: »Wir sind manchmal schon verdammt gemein zu Euch gewesen, oder?« Ich habe nur gelächelt und dann gesagt: »Ich könnte Euch problemlos einige Gemeinheiten nennen.« Schon dieser Wortwechsel zeigt, dass sich verdammt viel getan hat.

VEREINSFUSSBALL

Der 1. FFC Frankfurt ist 1999 erstmals Deutscher Frauenfußballmeister.

DIE BUNDESLIGA

Was für eine Aufregung! Damenfußball-Bundesliga! Sogar der *Ki-cker*, traditionell eher ein Altherren-Magazin, lässt sich mitreißen. Zur Premierensaison 1990/91 gibt es ein 68 Seiten starkes Sonderheft. Und es ist gar nicht mal schlecht, was die Männer, die von Frauenfußball im Grunde keine Ahnung hatten, da produziert haben. Gut, über manche Überschrift (»Frauen kommen langsam, aber gewaltig«) kann man streiten. Aber neben den Infos über die 20 Klubs der in Nord und Süd zweigeteilten Liga gibt es interessante Storys. »Fußball in der Provinz«, »Die Hochburgen der Bundesliga«, »Aus dem Leben eines Bundesligatrainers« oder über Sandy Friz, die erste Legionärin des deutschen Frauenfußballs, die zu Fiamma Monza nach Italien gegangen ist. Und prominente Sportler wie Hans-Peter Briegel, Sepp Maier oder Fechterin Anja Fichtel äußern sich begeistert.

Die Euphorie hat einen Grund: Europameisterschaft 1989. Bei der EM im eigenen Land hat sich die deutsche Nationalmannschaft ein Jahr vor Bundesligastart in bis dahin nie erlebtem Ausmaß in das Bewusstsein der Öffentlichkeit katapultiert. Erstmals war das Fernsehen dabei und transportierte das dramatische Elfmeterschießen im Halbfinale gegen Italien in die deutschen Wohnzimmer. Später strömten zum Endspiel gegen Norwegen 22.000 Zuschauer ins Osnabrücker *Stadion an der Bremer Brücke*. Bis Mai 2008, als knapp 28.000 zum UEFA Cup-Endspiel zwischen dem 1. FFC Frankfurt und Umeå IK ins Stadion kommen werden, Rekord für ein Frauen-Spiel in Deutschland. Ein paar Hundert mehr waren dann in Duisburg beim letzten UEFA-Cup-Finale des FCR gegen Perm. Und im Frühjahr 2009 sorgte das Nationalteam gegen Brasilien für einen neuen Europarekord in Frankfurt. Fast 45.000 kamen und sorgten so für WM-2011-Vorfreude, auch wenn dieses Spiel von der DFB-PR mehr gepuscht wurde als je ein Frauenspiel zuvor.

Die Bundesliga scheint anfangs von diesem Boom zu profitieren. Auch wenn die Entscheidung dazu schon vor der EM gefallen war, so kommt der Anschub durch das Turnier auf deutschem Boden genau zur rechten Zeit. Sportlich ist die neue Liga zweifellos ein Gewinn und eine sportliche Notwendigkeit. Die bis dahin existierende Ligastruktur sorgte für mehrmonatige Langeweile in fast allen Oberligen. In fast allen Landesverbänden des DFB stand der Meister quasi schon zu Saisonbeginn fest, weil ein Team die Liga über Jahre hinweg dominierte. Vereine wie die SSG Bergisch-Gladbach, der TSV Siegen, KBC Duisburg, der FSV Frankfurt, Bayern München, SC Klinge Seckach oder TuS Niederkirchen standen beispielsweise fast komplett in

TuS Niederkirchen wird 1993 sensationell Meister. Kanzler Helmut Kohl gratuliert seinen Landsfrauen.

jedem einzelnen Spieljahr der 80er Jahre im Achtelfinale um die Deutsche Meisterschaft, weil sie in ihrer Heimatliga höchstens einmal eine Überraschungsmannschaft zu fürchten hatten.

»Die Einführung der Bundesliga war ein lange gehegter Traum von uns, weil wir wussten, dass wir nur auf diese Weise die Qualität des Frauenfußballs in Deutschland nachhaltig verbessern konnten«, sagt die heutige DFB-Vizepräsidentin Hannelore Ratzeburg, die einer der Motoren der Bundesligaeinführung war. Und Spielerinnen der ersten Bundesligastunde bestätigen die Einschätzung der Funktionärin. »Die ganze Saison war für ein Spitzenteam unglaublich langweilig und eigentlich war sie für uns nur Vorbereitung auf die Endrundenspiele im Sommer«, erinnert sich Sissy Raith, die zunächst bei Bayern München und später beim TSV Siegen spielte. »Für die sportliche Entwicklung musste einfach was passieren, damit wir Spielerinnen endlich das ganze Jahr über gefordert wurden.«

Mit der Einführung der zweigleisigen Bundesliga, die bereits 1987 vom DFB beschlossen wurde, ist dieses Ziel wenigstens ansatzweise erreicht.

Andererseits ist freilich die Exotik der frühen Jahre des Frauenfußballs mit seinen vielen regionalen Prestigeduellen verloren gegangen, die Zuschauerzahlen sind bis auf wenige Ausnahmen ernüchternd. So hat der Rekordbesuch aus dem Premierenjahr zwischen der SG Praunheim (später 1. FFC Frankfurt) und dem FC Bayern München mit 2.200 Zuschauern über zehn

Jahre Bestand. Nach einem Jahr ist auch beim *Kicker* die Begeisterung dahin. Das »Sonderheft 90/91« ist das erste und letzte, das die Nürnberger Fußballfachmänner bis heute zum Frauen-fußball produziert haben.

Dabei gibt es in den Jahren von 1990 bis 1997 durchaus sportliche Highlights. Obwohl der TSV Siegen die Mannschaft der frühen 90er ist, gibt es manche Überraschung. Etwa 1993, als die Dorfmannschaft des TuS Niederkirchen mit der überragenden Heidi Mohr (zwischen 1991 und 1995 ununterbrochen Torschützenkönigin) den TSV Siegen vor den Augen des Lands-manns und damaligen Bundeskanzlers Helmut Kohl in die Knie zwingt. Oder 1995, als der FSV Frankfurt »Fußball vom anderen Stern« zelebriert und ungeschlagen Deutscher Meister wird.

Der FSV ist auch Vorreiter in der gesamten sportlichen Entwicklung. In Wechselwirkung mit der Nationalmannschaft, wo moderne Trainingsmethoden und Spielsysteme Einzug halten, mo-dernisiert sich auch die Bundesliga. Das hängt zunächst mit den Spielerinnen zusammen. Die junge Generation um die späteren Weltmeister wie Birgit Prinz, Sandra Smisek, Maren Meinert, Bettina Wiegmann, Sandra Minnert, Steffi Jones oder Inka Grings, um nur einige zu nennen, ist die erste, die schon in der Kindheit mit dem Fußball angefangen hat. Die Grundausbildung und den Schliff holen sie sich dabei zunächst in Mannschaften mit Jungs. Diese Generation ist nicht nur fußballerisch weiter, sie hat auch ein besseres taktisches Verständnis.

Gleichzeitig wird auch ein neuer Trend bei den Trainern eingeleitet. In der Vor-Bundesligazeit und auch noch in deren Anfängen stehen oft Hobbytrainer an der Linie, manchmal war der Ver-einsvorsitzende in Personalunion auch noch der Fußballlehrer. Männliche Koryphäen haben indes entweder kein Interesse am Frauenfußball oder sind schlichtweg nicht bezahlbar. Eine Frau wie Monika Koch-Emsermann, lange Jahre Trainerin beim FSV Frankfurt, ist die Ausnahme von der Regel. Doch Anfang der 90er Jahre folgen die ersten Frauen dem Weg Tina Theune-Meyers und machen wie die erste Fußalllehrerin Deutschlands ihre Ausbildung zum lizenzierten Profitrainer. Mitte der 90er Jahre stehen drei Frauen dieser Generation in der Bundesliga in der Verantwor-tung: Monika Staab bei der SG Praunheim (später 1. FFC Frankfurt), Margret Kratz (jetzt saar-ländische Verbandstrainerin) beim VfR Saarbrücken und Ulrike Ballweg (Klinge Seckach), mittler-weile zweite Bundestrainerin neben Silvia Neid. Auch bei den männlichen Trainern verändert sich etwas. Dieter Richard (TSV Siegen) und Hans-Jürgen Tritschoks von Grün-Weiß Brauweiler (später Meister-Trainer beim 1. FFC Frankfurt) sind ausgewiesene Experten. Genauso wie Jürgen Strödter vom FSV Frankfurt, dessen besondere Stärke der psychologische Umgang mit den Frauen ist.

Der Generationswechsel auf und neben dem Platz erlaubt nun ein schnelleres, vor allem aber technisch besseres Spiel. Denn Tatsache ist: Das Niveau in den 70er und 80er Jahren ist sehr dürftig und ähnelt mehr einem Gebolze. Ab den 90ern, besonders ab 1995/1996 entsteht die Legende, dass Frauen den technisch besseren Fußball als die Männer spielen. Legende deshalb, weil in dieser Zeit der Männerfußball als zu physisch wahrgenommen wird,

Grün-Weiß Brauweiler holt 1991 den Meistertitel.

während die Frauen (noch) körperlos spielen. Technisch besser ist er in der Breite dennoch nicht. Dazu ist die Ausbildung bei den Jungs und Männern nach wie vor besser, während bei den Frauen nur die Elite um die National-mannschaft hohes technisches Niveau be-sitzt.

Dennoch stellt sich schnell heraus: Auch in den beiden Zehner-Gruppen der zweigeteil-ten Liga ist die Leistungsdichte zu gering, der deutsche Frauenfußball hat noch lange nicht 20 bundesligawürdige Teams. Im Norden sind nur der TSV Siegen und Grün-Weiß Brauwei-ler ernsthafte Anwärter auf die beiden Plätze im Meisterschaftshalbfinale, im Süden ist der FSV Frankfurt gesetzt, dahinter balgen sich die SG Praunheim und TuS Niederkirchen um Rang zwei. Folgerichtig entscheidet der DFB-Bundestag 1995 relativ zügig, 1997/98 die eingleisige Bundesliga einzuführen.

12 Teams sind nun dabei. Das Fachblatt *DIEDA* listet weitere Zahlen auf: »264 Spiele ... 300 Spielerinnen ... 60 Nationalspielerinnen aus acht Nationen ... 75.000 Reisekilometer ... Gesamtbudget der Klubs: 2,4 Millionen Mark.« Es könnte durchaus mehr Geld sein, doch ein vom DFB in Aussicht gestellter Liga-Sponsor wird nie Realität. 500.000 Mark setzt der DFB als Minimalbetrag für ein Sponsorenengagement an, doch der weltgrößte Fußballverband kann kei-nen seiner zahlreichen Wirtschaftspartner dafür interessieren. »Schließlich wollten wir nicht nur jemand, der bezahlt und fertig«, so der damalige DFB-Abteilungsleiter für Frauenfußball, Willi Hink. »Ein Sponsor soll die Liga ja auch positiv für den Frauenfußball vermarkten.« Und dann reicht er den schwarzen Peter zum Teil an die Klubs weiter: »Vielleicht ist es auch besser so, denn in vielen Vereinen gibt es noch gar nicht das Umfeld, um einen großen Sponsor zu präsentieren.«

An einen Ligasponsor denken die meisten Klubs ohnehin nicht, entsprechend realistisch bleiben die Ziele. Immerhin: »Die eingleisige Liga ist fällig«, sagt Bernd Schröder, schon damals Trainer des FFC Turbine Potsdam. Vor allem der zum 1. Januar 1999 aus der SG Praunheim hervorgegangene 1. FFC Frankfurt ist der große Profiteur der neuen Liga. Die jahrelange Kärr-

nerarbeit von Manager Siegfried
Dietrich im Bereich der Professionalisierung zahlt sich nun aus. Der
Verein bindet viele wichtige Nationalspielerinnen an sich. In der Premierensaison »lässt« er noch dem
Lokalrivalen FSV Frankfurt den Vor-
tritt und »begnügt« sich selbst mit
Rang zwei, nach der Umbenennung
zum 1. Januar 1999 kennen die FFC-
lerinnen aber kein Erbarmen mehr.
Umgehend sichern sie sich das Triple aus Meisterschaft, Pokalsieg und
Hallencup, bis 2003 lassen sie sich

Monika Staab, einst Meistertrainerin, arbeitet heute für die
FIFA in der Entwicklungshilfe, z.B. 2007 in Bahrain.

in Pokal und Meisterschaft nur einmal im Jahr 2000 vom FCR Duisburg eine der beiden begehr-
testen Trophäen wegschnappen. Der FFC mit seiner Trainerin Monika Staab und Spielerinnen
wie Birgit Prinz, Steffi Jones, Renate Lingor, Pia Wunderlich oder Nia Künzer, Doris Fitschen,
Sandra Minnert und zu Beginn auch noch Stürmerinnenlegende Heidi Mohr dominiert die junge
Liga zwischen 1999 und 2003 nach Belieben. 2002 krönt der Klub zudem gleich im ersten Jahr
nach Einführung des UEFA-Women's-Cups seine Erfolgsgeschichte mit dem Premierensieg im
internationalen Vereinswettbewerb.

Erst 2004 schaffen es die Spielerinnen von Turbine Potsdam, aus der Rolle des Under-
dogs heraus den Abonnementsmeister zu stürzen. Die hochmotivierte junge Truppe von Trainer
Bernd Schröder sichert sich gleich das Double – und sorgt in Frankfurt für große Dissonanzen:
Monika Staab wird aus dem Traineramt gedrängt und auf den Präsidentenstuhl weggelobt. Sie
muss den Weg freimachen für Hans-Jürgen Tritschoks. Der Abschied Monika Staabs aus dem
Tagesgeschäft ist das Ende der gemeinsamen Aufbauarbeit der Trainerin und des Managers
Siegfried Dietrich.

Die Trennung ist nicht nur das Ende einer erfolgreichen Zusammenarbeit und der Schluss-
punkt der Bundesligatrainerkarriere von Monika Staab. Es ist auch die Entscheidung gegen
eine Bewahrung des familiären Charakters des 1. FFC Frankfurt und für Dietrichs Weg der
weiteren Professionalisierung des Frauenfußballs. Unter dem neuen Trainer Tritschoks erobert
sich der FFC die Vorherrschaft in der Bundesliga zurück. 2005 muss der Klub dem Rivalen aus
Potsdam allerdings noch UEFA-Cup und DFB-Pokal überlassen. 2006 bleibt dem FFC im Duell
lediglich der UEFA-Cup als Trostpreis, ehe die Rivalität zwischen dem Talentschuppen im Osten
und dem »Profiklub« im Westen eskaliert.

Petra Wimbersky folgt 2006 als erste Potsdamerin den finanziell attraktiveren Lockrufen aus Frankfurt. Im Jahr darauf wechselt mit Conny Pohlers das erste Potsdamer Eigengewächs an den Main und bringt das Fass für Schröder zum Überlaufen. Er setzt Pohlers nach Bekanntgabe des Wechsels im Frühjahr 2007 als Retourkutsche nur noch sporadisch ein. Die Abschiedswelle kann er durch sein schroffes Verhalten indes nicht bremsen: In den nächsten Jahren wechseln auch noch Karolin Thomas, Stephanie Ullrich, Ariane Hingst und Nadine Angerer die Fronten – sehr zum Ärger von Turbine-Coach Bernd Schröder, der jeden einzelnen Abschied als persönliche Niederlage auffasst und die Spielerinnen in Ungnade verabschiedet. Der Ost-West-Konflikt eskaliert schließlich im Dezember 2007, als die Spielerinnen des 1. FFC Frankfurt bei einem Pokalspiel in Potsdam mit für Frauenfußball höchst ungewöhnlichen Hasstiraden von den Tribünen bedacht werden. Schröder hat das Duell in den Tagen vor dem Spiel zu einem »Kampf der Frauenfußballkulturen« stilisiert. Dass Turbine Potsdam in den Jahren seiner bis dato größten Erfolge selbst auch kräftig auf dem Transfermarkt tätig war und beispielsweise Nadine Angerer, Britta Carlson, Navina Omilade oder auch Petra Wimbersky oder auch die mittlerweile zur Weltklassespielerin gereifte Brasilianerin Cristiane nicht nur mit der Aussicht auf das tolle Lebensgefühl am Rande der Metropole Berlin zu Turbine lotste, lässt Schröder dabei indes gerne unter den Tisch fallen.

Ungeachtet jeder moralischen Bewertung des Frankfurter Erfolgswegs bleibt jedenfalls festzuhalten: Der 1. FFC holt bis 2008 je sieben Mal die Meisterschaft und den DFB-Pokal sowie dreimal den UEFA-Cup – eine Bilanz der Vorherrschaft, wie sie bei den Männern nicht einmal der FC Bayern je erzielt hat.

Erst 2009 wandelt sich das Bild

Neben Frankfurt und dem wieder aufstrebenden Potsdam treten Bayern München und der ewige Zweite, FCR 2001 Duisburg, auf den Plan. Wachablösung oder nicht – das soll hier nicht diskutiert werden. Jedenfalls sind die Duisburgerinnen 2008/09 lange Zeit ein Triplekandidat, nachdem Frankfurt und Potsdam bereits Triples geschafft haben. Meister aber wird Turbine Potsdam. Die Potsdamerinnen haben am Ende einer zum Schluss hochdramatischen Saison die Nase vorn, mit einem Tor Vorsprung vor den punktgleichen Frauen des FC Bayern und einen Punkt vor Duisburg. Die Frankfurter werden abgeschlagen Vierte. Dass die Millionentruppe vom Main leer ausgeht, ist interessant und hängt mit den Erfolgskonzepten der drei anderen zusammen: junge Leute heranziehen, Aufbauarbeit betreiben und perfektionieren.

»Wer immer Erfolg hat, der entwickelt sich nicht mehr«, sagt Birgit Prinz. »Ich sehe es als große Herausforderung an, ein Tief zu meistern.« Der Krisenzustand beunruhigt die Frankfurterin nicht. »Es hat doch auch was Positives, dass wir nicht immer alles so einfach gewinnen. Jahrelang wurde immer moniert, dass die Bundesliga langweilig sei, ich persönlich finde es gut, dass nun mehr Spannung herrscht.« Mit dieser Meinung steht Birgit Prinz nicht allein. In der gesamten Frauenfußballszene herrscht Erleichterung, dass erstmals in der Geschichte des Sports gleich vier Vereine lange Zeit ernsthafte Anwärter für den Meistertitel sind.

»Die WM 2011 gibt dem ganzen Frauenfußball in Deutschland einen Riesenschub«, sagt Dietrich. »Und ich halte es für sehr förderlich, dass jetzt eine tolle Konkurrenzsituation in der Bundesliga auch die Attraktivität der Liga erhöht.« Der Frankfurter Macher ist überzeugt, dass sein FFC auch dann von diesem Aufschwung profitiert, wenn die Titelsammlung sich nicht mehr so schnell erweitert wie in den vergangenen Jahren. »Die fetten Jahre sind für uns vielleicht vorbei, aber jetzt kommen dafür die fetten Jahre für den Frauenfußball überhaupt und da sind wir sicher dabei.«

2009 jedenfalls sorgt das Spitzenquartett für noch nie da gewesene Spannung, zieht dabei Tausende in die Stadien. Wo immer die Topteams auflaufen, auch gegeneinander, schnellen die Besucherzahlen bis an die 3.000er-Marke. Eine Zuschauer-Explosion, die jedoch nicht vorschnell als künftig normal betrachtet werden sollte. Nichtsdestotrotz: Die neue Spannung hat der Marke Frauenfußball sicherlich gut getan. Am Ende gewinnt Turbine Potsdam hauchdünn bei Punktgleichheit vor Bayern München mit einem Tor Vorsprung den Titel. Beide Teams siegen am letzten Spieltag mit 3:0, Turbine gegen Wolfsburg und München in Crailsheim. Dort dauert alles fünf Minuten länger. Welch eine Tortur in Potsdam. Die Nerven. Mucksmäuschenstill ist es im Karli. Gefühlte fünf Stunden dauert die Erlösung – und dann brechen alle Dämme. Beim harten Hund Bernd Schröder fließen die Tränen. Auf der Tribüne meint Brandenburgs Ministerpräsident Matthias Platzeck: »Das war die irreste Saison im Frauenfußball, die ich je erlebt habe. Das Warten waren für mich die schlimmsten Fußball-Minuten der letzten Jahre.« Wenig später übergibt Platzeck mit Oberbürgermeister Jann Jacobs die Insignien an das erfolgreiche Turbine-Team.

Turbine vor Bayern und dem FCR. Siegfried Dietrich, jahrelanger ehemaliger Ligasprecher vom leer ausgegangenen Frankfurter FFC, dem entthronten Titelträger: »Für mich ist der FCR Duisburg die Mannschaft des Jahres und Turbine Potsdam als neuer Meister das Überraschungsteam des Jahres. Großer Respekt, denn Turbine hatte niemand richtig auf der Rechnung. Es ist toll, wie die sich nach oben gezogen haben. Da kann man nur gratulieren.«

Karin Danner, Managerin von Vizemeister Bayern München: »Wir haben alles gegeben in diesem Kopf-an-Kopf-Rennen. Unsere Mannschaft und unsere Fans, die für über 1.600 Zuschauer in Crailsheim gesorgt haben. Wenn es nur um ein Tor geht, ist das für die Verlierer besonders bitter. Unser Manko war die torlose erste Halbzeit. Aber Glückwunsch an Turbine Potsdam. Die haben eine tolle Rückrunde gespielt.«

Torschützenkönigin und »Fußballerin des Jahres« wird Duisburgs Inka Grings, 29 Treffer und damit acht Tore vor den gleichauf liegenden Anja Mittag, Potsdam, und Martina Müller, Wolfsburg, mit je 21.

Turbine Potsdam wird Deutscher Frauenfußballmeister 2009. Stefanie Draws (li.) und Isabel Kerschowski küssen die neue Scheibe.

Auch darüber hinaus ist 2009 eine spezielle Saison, die einen Einschnitt bedeutet. Denn im Rahmen der Verhandlung um die TV-Rechte schießt der DFB enorme Summen in die Frauenelite. 2006 schon profitierten die Vereine von der Männer-WM und Theo Zwanzigers gutem Herzen. Der nämlich gab das nicht mehr benötigte PR-erfahrene Personal aus dem WM-OK an die Frauen-Bundesliga weiter. Gemäß ABM-Prinzip mit zunächst voller Gehaltsübernahme. Innerhalb von drei Jahren sollten die Vereine dann selbst zahlen. Was weitgehend zum Flop wurde. Zwar nahmen die Klubs die Geschenke gerne an, professionalisierten so ihre Strukturen zu weiten Teilen. Doch dann war es aus. Nur in Frankfurt floss genügend Geld, um das Personal sogar noch aufzustocken. Alle anderen Manager mussten neue Jobs suchen. Und wieder reagierte Zwanziger wohlwollend, verdreifachte ab 2009 das Fernsehgeld auf immerhin 180.000 Euro pro Klub mit der Auflage, nicht in Spielergehälter, sondern in weitere Professionalisierung zu investieren. Stichwort: Vollzeittrainer und Vollzeitmanagement. Die Philosophie: Mit aller Gewalt soll die Liga im Vorfeld der WM 2011 aufgewertet werden.

2009: DER POTT WIRD GEGEN EINE SCHEIBE AUSGETAUSCHT

Eine Premiere in der Frauen-Bundesliga wurde erst kurz vor dem letzten Spieltag bekannt: Der Deutsche Meister 2009 erhält erstmals eine neu gestaltete Meisterschale. Die Trophäe löst den altehrwürdigen Pokal ab, der den Titelträgern seit 1974 überreicht wurde. Eine Art Frisbee oder Diskus gibt es jetzt.

Die Neugestaltung der Meistertrophäe soll dazu beitragen, die Frauen-Bundesliga als Top-Marke zu positionieren. Die Schale, deren Design angelehnt ist an das der Trophäen in der Bundesliga und 2. Bundesliga der Männer, wird die Bedeutung der höchsten Spielklasse der Frauen unterstreichen, meint der DFB. Und gleicht den Frauenfußball gewaltsam an den Männerfußball an. Wo er doch sonst die Parallelen oder Ähnlichkeiten meidet und in seiner Strategie gerne auf eigenständige Entwicklung setzt.

Die ansteigende Attraktivität der Frauen-Bundesliga wurde nicht zuletzt in der laufenden Saison unter Beweis gestellt, in der der Kampf um den Titel so spannend wie nie zuvor war. Markenbildend, Tendenzen verstärkend. Nie zuvor waren es fast bis zum Schluss vier Mannschaften, die im Prinzip auf Augenhöhe waren, wenn nicht die UEFA-Cup-bedingten ständigen Spielverlegungen für ein fast bis zum Schluss schiefes Tabellenbild gesorgt hätten.

Die neue Meisterschale hat einen Durchmesser von 500 Millimetern, wiegt 7,1 Kilogramm und besteht aus 925er Sterlingsilber. Sie trägt den Schriftzug »Deutscher Fußballmeister Frauen« - und enthält, nunmehr völlig unhistorisch und unkorrekt, die Namen aller Deutschen Meister im Frauenfußball seit 1974.

Siegfried Dietrich vom 1. FFC Frankfurt, sieht das anders: »Die Tradition wird so mit eingepflegt. Generell ist es so wie mit der Champions League. Durch die Meisterschale erfahren wir eine Aufwertung, weil sich die Schale durch den Männerfußball als Meistertrophäe etabliert hat. Die Eigenständigkeit unseres Sports geht nicht verloren. Die pflegen wir auf dem Rasen.«

Bernd Schröder, Macher bei Vizemeister Turbine Potsdam, ist eher gegen die Schale. Weil sie keine Tradition im Frauenfußball habe. Insbesondere kritisiert er die Verfahrensweise der Einführung: »Bei den Männern könntest du nicht kommen und einen Spieltag vor Schluss die Trophäe austauschen. Das ist für mich auch eine Frage des Umgangs. Wir werden überhaupt nicht informiert, geschweige denn wurden wir gefragt. So eine Idee kommt doch nicht über Nacht, sondern wächst.« Nichtsdestotrotz haben sie sich in Potsdam unbändig über das Frisbee gefreut und bis tief in die Nacht gefeiert. Meistertitel ist halt Meistertitel. ∎

Der Angriff der Großklubs

Waren nach Einführung der eingleisigen Liga der 1. FFC Frankfurt, der FCR Duisburg und Turbine Potsdam durchweg tonangebend, ergibt sich spätestens seit dem WM-Gewinn 2007 und der Vergabe der WM 2011 nach Deutschland ein neuer Trend: Der Angriff der Großklubs. Bis 2009 steht es 17:0 für die anderen. Denn seit Gründung der Bundesliga 1990 im Frauenfußball hat es noch kein Ableger eines Männer-Bundesligisten geschafft, auch im Frauenfußball Meister zu werden. Dass es Frauen in männlichen Domänen schwer haben, ist nichts Neues, im Fußball ganz besonders. So ist die Bilanz der Frauenabteilungen des FC Bayern München, Hamburger SV, VfL Wolfsburg und SC Freiburg gemessen an ihren Namen verheerend: Besser als Rang vier hatte in der Bundesliga bis 2009 keiner der kleinen Ableger der Großen abgeschnitten. Doch es deutet einiges darauf hin, dass sich an diesem Siechtum etwas ändert. Bayern München hat diesen Wandel in der Spielzeit 2008/09 als Vizemeister schon angedeutet. So mancher reine Frauenklub zittert sogar schon vor dem Angriff der Großklubs auf den Frauenfußball.

Auslöser ist ausgerechnet ein Verein, der bislang überhaupt noch keinen Frauenfußball im Programm hatte: der SV Werder Bremen. Dabei hat die erste Ankündigung der Norddeutschen, es nach über 30 Jahren wieder mit dem Frauenfußball zu versuchen, noch bei niemandem Angstschweiß auf die Stirn getrieben. Viele haben da noch in Erinnerung, dass Eintracht Frankfurt 2004 die Frauen ins Programm nahm und seitdem immer noch nicht über die Niederungen hinausgekommen ist. Ins Grübeln kommen die Ersten aber, als sich 2007 bei Werder 270 Mädchen und Frauen zum ersten Sichtungstraining einfinden, der Klub kurz darauf den bundesligaerfahrenen Frank Schwalenberg als Trainer holt und der Bremer Fußball-Verband zustimmt, dass Werder in der obersten Bremer Klasse, der Verbandsliga, antreten darf. Von dort sind es in die Bundesliga nur noch drei Sprünge. 2009 schon klopfen die Bremer nicht nur an das Tor zur zweiten Liga, sondern steigen tatsächlich auf. Werder ist von der Resonanz selbst überrascht: »Da gab es eine Nachfrage, die wir so nicht erahnt haben«, sagt Präsidiumsmitglied Klaus-Dieter Fischer.

Jetzt machen sie allerdings in Bremen Nägel mit Köpfen. Neben (Ex-)Trainer Schwalenberg arbeitet Birte Brüggemann hauptamtlich für die Frauenabteilung, in der auch so illustre Spielerinnen wie die Töchter der Werder-Legenden Benno Möhlmann und Mirko Votava kicken. Um den kleinen Klubs nicht die Nachwuchsarbeit zu zerstören, werden in der Jugend nur Mädchen angenommen, die noch bei keinem anderen Verein waren. Zudem soll das U17-Team bei den U15-Jungs antreten. »Werder will mit allen Teams erfolgreich sein, auch mit den Frauen«, sagt Klaus-Dieter Fischer, »aber wir machen uns keinen Druck.«

Dafür spüren andere den Druck. So verfolgt man beim HSV, der bislang alleine die Hoheit in fast allen der vier nördlichen Bundesländer hatte, die Entwicklung in Bremen mit Argusaugen. Zumal die eigenen ehrgeizigen Ansätze im Frauenfußball wegen interner Querelen zuletzt etwas versandeten. Neuerdings ist Frauenfußball beim HSV aber Chefsache. Die übrige Konkurrenz ist weniger von den Bremer Bemühungen irritiert, sondern davon, dass auch andere Großklubs plötzlich aktiv werden.

So hat Schalke 04, wo Rudi Assauer noch vor einigen Jahren gesagt hat: »So lange ich hier das Sagen habe, wird es keinen Frauenfußball geben«, unlängst eine Kooperation mit dem Viertligaklub 1. FC Recklinghausen vereinbart. Vor diesem Hintergrund gewinnt der (dann aber nicht berücksichtigte) Schalker Vorschlag, das Frauen-Pokalfinale künftig in Gelsenkirchen auszutragen, eine ganz neue Qualität.

2008 hat Bayer Leverkusen den Zweitligaklub TuS Köln rrh. übernommen, 2009 ging Hertha BSC eine Kooperation mit Regionalligist FC Lübars ein. »Das Niveau ist erstaunlich hoch. In der ganzen Welt wird Frauenfußball gespielt. Ich find die Kooperation sehr gut.« Hertha BSC Berlins Coach Lucien Favre sagt das beim Pressegespräch anlässlich der Vertragsunterzeichnung mit Lübars im Februar über die zunächst einmal für drei Jahre unterzeichnete Kooperation. Wie sich der neue Weg entwickelt, ist unklar.

Hinter dem Hertha-Engagement stehen ohne Zweifel Aspekte der Sportpolitik und des Images. In Bezug auf die WM 2011 mit Eröffnungsspiel in Berlin steht Hertha besonders im Rampenlicht. Dort galt Frauenfußball bislang keinesfalls als trendy.

Auch Bayer Leverkusens Übernahme des Zweitligisten TuS rrh Köln stehe in diesem WM-Zusammenhang, wird kolportiert. Die Bayer-Frauen haben eine recht anständige Zweitligasaison hingelegt, schwächelten am Ende jedoch.

Der 1. FC Köln und der FFC Brauweiler haben sich im April 2009 verbändelt. Und zwar dergestalt, dass Brauweiler als Verein aufgelöst wurde und komplett am Abend jener historischen Versammlung dem 1. FC Köln beigetreten ist. Kölns Frauen übernehmen in der Saison 2009 / 10 den Brauweiler-Platz in der 2. Liga, in der die Spielerinnen als FFC noch aufgestiegen waren. Prominenteste Zugänge: Nationalspielerin Sonja Fuß vom FCR Duisburg und Ex-Nationalspielerin Melanie Hoffmann von der SG Essen. Klare Anzeichen, dass dort schlagkräftig mit dem Ziel der Nachhaltigkeit ein neuer Bundesligist entstehen soll.

Auffällig rüstet auch der VfL Wolfsburg auf. Zuerst half Nationalspielerin Martina Müller dem Klub auf die Sprünge. Danach folgten Nationalspielerinnen Shelley Thompson (HSV) und Navina Omilade (Potsdam) sowie die heutige WM-Botschafterin und VFL-Co-Trainerin Britta Carlson als Stützen um junge Talente aus den U-Nationalteams. Das Experiment mit Brasiliens Weltklasse-Fußballerin Cristiane missglückte allerdings. Zwar wird beim VfL nicht über Zahlen gesprochen, aber es verrät einiges über die Pläne, wenn Sportdirektor Bernd Huneke sagt: »In Wolfsburg gehört die Frauenabteilung zum Profibetrieb.«

Kein Wunder, dass bei den reinen Frauenfußballklubs die Alarmglocken läuten. So sagt Bayern-Managerin Karin Danner auch: »Ein Topstar macht noch keinen Champion. Aber wenn ein Topstar fehlt, um Meister zu werden, dann könnten wir uns den leisten.«

Bayern München wird in der Saison 2008/09 punktgleich Vizemeister, mit einem Tor Differenz.

Lediglich Klubs wie Energie Cottbus, Eintracht Frankfurt, Borussia Mönchengladbach oder Arminia Bielefeld tanzen derzeit noch aus der Reihe und begnügen sich bislang mit einem Dasein in der breitensportlich ausgerichteten Viertklassigkeit. Hannover 96 sträubt sich sogar regelrecht gegen ein Pushen seiner Frauen in der 6. Liga. Präsident Martin Kind betonte mehrfach auf Frauenfußball-Veranstaltungen in der Region: »Bevor die Schulden für den Umbau der AWD-Arena nicht getilgt sind, ist daran nicht zu denken.« Arminia Bielefeld will aber nun angeblich bis zur WM 2011 Zweitligaklub werden. Immerhin ist Bielefeld einer der fünf Spielorte bei der U20-WM im kommenden Jahr. Der VFL Bochum, Partner für TuS Harpens Fußballerinnen, ist nicht nur Kulturhauptstadt 2010, sondern spielt im Konzept der U20-WM eine hervorstechende Rolle.

In Mönchengladbach wird ebenfalls Gas gegeben. »Wir haben den Frauenfußball auf professionellere Beine gestellt und einen Koordinator eingestellt«, sagt Pressesprecher Markus Aretz. »Wir haben gemerkt, dass sich auf diesem Gebiet vieles tut. So ist der Anteil weiblicher Zuschauer höher geworden und der Zulauf beim Mädchenfußball wird immer größer.« Schritt für Schritt soll es in die 1. Liga gehen. Seit Oktober 2008 ist der 33 Jahre alte US-Amerikaner Kyle Berger zu diesem Zweck hauptamtlich eingestellt. Bis Dezember 2010 läuft der Vertrag. Nicht nur hinter vorgehaltener Hand hat Borussenpräsident Rolf Königs bereits angedeutet, wie wichtig ihm der Frauenfußball geworden sei. Der DFB dankt es mit einer prominenten Rolle des Gladbacher Stadions bei der WM 2011.

Noch gänzlich ohne Frauen sind unterdessen der VfB Stuttgart, Mainz 05 und Borussia Dortmund. Borussenpräsident Reinhard Rauball schließt dieses auch für die Zukunft aus, weil es ein Zuschussgeschäft sei. Deswegen stünden auch der weibliche Handball-Erstligist und der Tischtennis-Zweitligist im Verein auf der Kippe.

Große Ambitionen in Hoffenheim

Ganz anders geht unterdessen die TSG Hoffenheim mit dem Thema Frauenfußball um. Der Klub von Mäzen Dietmar Hopp greift vehement an. Bis Herbst 2009 wird in St. Leon-Rot ein Mädchen- und Frauenfußball-Zentrum aus dem Boden gestampft. Und die Frauenmannschaft ist gerade souverän in die Regionalliga Süd aufgestiegen. 2007 wurden die B-Juniorinnen sensationell als erstes badisches Team Meister der Oberliga Baden-Württemberg. Und dies mehr als souverän bei nur einem Unentschieden und ohne Niederlage. Bei der Süddeutschen Meisterschaft belegten die B-Mädchen den 3. Rang und verpassten so recht unglücklich die Qualifikation zur Deutschen Meisterschaft. Aber nicht nur der 4:2-Erfolg gegen den Nachwuchs des Deutschen Serienmeisters 1. FFC Frankfurt zeigte, dass man im Juniorinnenbereich bereits angekommen ist, wo man nun auch mit den Frauen, wenn auch unter neuem Namen, noch hin möchte - nämlich zur Spitze im deutschen Frauenfußball. 2007 wurde auch der offizielle Wechsel zur TSG Hoffenheim vollzogen. Ganz nebenbei hat sich Hoffenheim mit seiner neuen Rhein-Neckar-Arena in Sinsheim auch erfolgreich als WM-Spielort für 2011 beworben und zudem als Ausrichter für den Hallencup ins Gespräch gebracht.

Nicht nur deshalb bietet die TSG für den Mädchen- und Frauenfußball nahezu einzigartige Bedingungen. Die Platz- und Trainingsbedingungen sind vom Allerfeinsten, erst recht, wenn das neue Förderzentrum fertig gestellt ist. Noch wichtiger ist aber, »dass wir im Nachwuchsbereich Top-Trainer haben«, so Projektleiter Ralf Zwanziger, Sohn von DFB-Präsident Theo Zwanziger, »in jenem Alter, wo das Fußballkönnen entscheidend geprägt wird.« Und die Trainingsintensität etwa der B-Juniorinnen oder der Frauenmannschaft »entspricht Bundesliga-Niveau«, ist sich Zwanziger sicher.

Doch es geht nicht nur um Sport. Zwar bietet die TSG Hoffenheim kein Internat an, aber dafür »Hausaufgabenhilfe, Unterstützung bei der Prüfungsvorbereitung, Bewerbungstraining für Jobs«, so Ralf Zwanziger. Und das von Lehrern oder Studenten, alles auf bestem Niveau. »Gerade der Frauenfußball ist ja noch nicht so weit, dass selbst Top-Spielerinnen später ausgesorgt haben. Gerade deshalb ist für uns die Befähigung für das übrige Leben sehr wichtig«, erläutert der Leiter der Mädchen- und Frauenfußball-Abteilung. Im neuen Zentrum in St. Leon-Rot wird Platz für 200 Frauen und Mädchen sein.

Eines ist allerdings auch klar. Die TSG Hoffenheim will auch im Frauenfußball »ganz nach oben.« Ralf Zwanziger scheut sich zwar noch, einen Zeitplan zu präsentieren, aber: »2010 oder 2011 in der 2. Liga zu sein, ist unser Ziel. Und in die Bundesliga wollen wir natürlich auch. Da will ich nicht

drumherum reden. Aber wir machen dem Team keinen Druck.« Nun, der Aufstieg in die Regionalliga ist geschafft und dort ist die ernsthafte Konkurrenz für einen Zweitliga-Aufstieg dünn gesät.

Noch baut die TSG Hoffenheim auf eigene Talente. Der Altersdurchschnitt der ersten Mannschaft liegt bei 18,5 Jahren. »Wir wollen schließlich keiner unserer starken Juniorinnen den
Aufstieg in die erste Mannschaft verbauen. Das würde unserem Nachwuchskonzept wider-
sprechen«, sagt Ralf Zwanziger, »bis 2010 wird es sicher keine externen Verstärkungen geben.«
Und danach? »In der zweiten Liga muss man abwarten, wie weit der Ehrgeiz bei den Einzelnen geht. Vielleicht werden wir dann ein oder zwei erfahrene Spielerinnen brauchen. Aber wir
wollen kein Team aus Legionären«. Das aktuelle Budget wird aus der von Mäzen Dietmar Hopp
finanzierten Initiative »Anpfiff ins Leben« bestritten, auf höherem Liga-Niveau dürften auch die
Frauen der Profiabteilung der TSG Hoffenheim angeschlossen werden. Neben finanzieller Sicherheit »können wir in unserer Region auch Studien-, Ausbildungs- und Arbeitsplätze bieten«,
sagt Ralf Zwanziger. Das ist im Frauenfußball oft immer noch mehr wert als der schnelle Euro.

Zwischen Sorgenfalten und Gelassenheit

Eng würde es für die traditionellen Frauenklubs werden, wenn ein Großklub mit Gewalt nach
oben will und nicht mit einem, sondern fünf Geldkoffern kommt. Keine unberechtigte Befürchtung. Von den rund 300 Bundesliga-Akteurinnen erfüllen lediglich rund 100 gehobene Ansprüche. Von denen sind aktuell rund 50 auf die vier Top-Klubs 1. FFC Frankfurt, Duisburg, Potsdam und Bayern München verteilt. Wollte ein fünfter Klub mit aller Macht nach oben, gäbe es
erdrutschartige Verschiebungen. Und auch, wenn es manche nicht wahr haben wollen: Geld
regiert mittlerweile auch im Frauenfußball die Welt. Derzeit gibt es vielleicht ein Dutzend Spielerinnen, die vom Fußball leben können und somit Profis sind. Würde das Angebot nach oben
schnellen, wäre es mit der Heimatverbundenheit schnell vorbei. Denn das Produkt Frauenfußball ist durch seine Sehnsucht nach Profitum anfällig für dicke Geldbündel.

Sorgen müssten sich dabei weniger die etablierten Spitzen-Klubs machen: »Duisburg,
Potsdam und Frankfurt haben sich den Erfolg jahrelang hart erarbeitet, machen nachhaltige
Nachwuchsarbeit und haben so viel Erfahrung und Insiderwissen gesammelt, dass sie nicht so
schnell verdrängt würden«, so der ehemalige Duisburger Geschäftsführer Ferdi Seidelt. Gefähr-
det sind alte, traditionelle Standorte. Schon jetzt ist der Frauenfußball-Darwinismus längst im
Gange. So haben 2007 zwei »Urgesteine« die Liga verlassen, der FFC Heike Rheine und der
FFC Brauweiler, immerhin vor zehn Jahren noch Meister. Ehemals dominierende Klubs wie der
TSV Siegen oder der FSV Frankfurt sind längst von der Landkarte verschwunden.

Erstaunlich gelassen nimmt Frankfurts Manager Siegfried Dietrich den neuen Trend auf:
»Für mich ist das eine Aufwertung des Frauenfußballs, wenn jetzt auch die renommierten Klubs
in Deutschland ihr Interesse für diesen tollen Sport entdecken. Das wurde ja auch langsam Zeit.

Das Beispiel des UEFA-Cup-Siegers Arsenal London oder des französischen Meisters Olympique Lyon zeigt, dass der neue Trend im Ausland schon längst erkannt wurde.« Als Bedrohung für seinen eigenen Klub und sein Geschäft empfindet er das nicht: »Keiner wird plötzlich mit Millionen um sich werfen, das ist unrealistisch.« Gelassen ist Dietrich auch deswegen, weil er selbst gelernt hat: »Im Frauenfußball zählen auch die so genannten weichen Faktoren. Wer nicht die Sensibilität im Umgang mit den Spielerinnen hat, wird scheitern.« Und dieses spezifische Knowhow lässt sich auch mit Geld nicht kaufen.

DFB-Präsident Theo Zwanziger strebt wie immer den Kompromiss an. Nicht jeder Bundesligaverein müsse Frauenfußball anbieten. »Aber es ist gut, wenn sich immer mehr dieser Frage annehmen.« Der Präsident möchte nicht, dass gewachsene Strukturen gefährdet werden, sagt aber auch, Tradition alleine reiche nicht aus, sondern das Prinzip Leistung bestimme das Zeitgeschehen. »Wir wollen ein Nebeneinander zwischen ehrlich interessierten Männer-Bundesligavereinen, die Frauenfußball wollen und fördern, und den klassischen Klubs wie den Frauenklubs 1. FFC Frankfurt, Turbine Potsdam und FCR Duisburg.«

Dennoch: Der neue Trend ist unverkennbar. Ob er der Popularität des Frauenfußballs voran hilft, ist eine andere Frage. Zu den Frauen des VfL Wolfsburg oder FC Bayern München kommen trotz jüngster Erfolge höchstens 500 Zuschauer im Schnitt, zu etablierten Frauenklubs wie Duisburg, Potsdam oder Frankfurt über 1.000. Spitzenspiele locken bis zu 3.000 Neugierige. Und im UEFA-Cup sogar mehr als 5.000. Ob dem Frauenfußball die professionellen Strukturen und die großen Namen der Männerklubs tatsächlich mehr helfen als der zumindest bescheidene Ruhm der Frauenfußball-Traditionsklubs wird sich erst erweisen.

»Die Entwicklung wird dazu führen, dass Frauenfußball mehr in den Fokus der Öffentlichkeit kommen wird«, sagt Dietrich. Dann freilich könnte es aber auch endgültig mit der Herrlichkeit der weiblichen Traditionsklubs wie Potsdam und Frankfurt vorbei sein. Auch wenn Dietrich die Bedenken gerne aus dem Weg räumt, so droht das Schicksal von einstigen Serienmeistern: Der deutsche Rekordmeister SSG Bergisch-Gladbach zum Beispiel existiert nicht mehr.

»Ich weiß noch nicht, wie sich das letztlich entwickeln wird«, sagt Duisburgs Trainerin Martina Voss, einst selbst beim TSV Siegen aktiv, der sich nach einem Absturz in die Verbandsebene gerade wieder zu erholen beginnt. »Noch sehe ich auch Vorteile für einen reinen Frauenverein wie uns, der über Jahre etwas Gewachsenes aufbauen und Talente entwickeln kann«, so Voss. »Wenn die Tendenz aber zu Profivereinen geht, die Spielerinnen mit Geld locken können, dann müssen wir sicher reagieren und vielleicht Unterschlupf suchen bei einem Männerklub.« Die Spielerinnen des kleinen FCR, die sich stolz *Die Löwinnen* nennen, könnten dann vielleicht als weibliche Zebras im Trikot des MSV Duisburg auflaufen.

Matthias Kittmann

TSV SIEGEN – EINE DEKADE DES ERFOLGES

Siegerländer gelten als störrisch, eigen und manchmal etwas hinterwäldlerisch. Dennoch sind sie 1970 weltoffen und voll auf der Höhe der Zeit. Gegen alle Widerstände gründet sich beim BC Eintracht Siegen in jenem Jahr nämlich die erste Frauenfußballabteilung in der Stadt im Siegerland. Nach der Auflösung des Vereins zwei Jahre später wechseln die kickenden Frauen zum Siegener SC. 1974 setzt sich die junge Erfolgsgeschichte mit der Gründung der Frauen-fußballmannschaft des TSV Siegen fort, zu der die SC-Kickerinnen übersiedeln. Der TSV startet also nicht von null, sondern übernimmt ein schon sehr gutes Team aus der Region, das schnell in der Westfalen-Szene eine starke Rolle spielt.

Zu Beginn führt Dieter Lehmann als Trainer beim TSV Regie, Abteilungsleiter ist Hermann Stuth, bis 1986 Gerd Neuser übernimmt und der Klub zu einem ungeahnten Höhenflug ansetzt. Zuerst agiert Neuser als Abteilungsleiter, in der Saison darauf wird er auch Trainer. In dieser Position führt er den Klub in eine Dekade des Erfolgs. »Eigentlich wurde ich überrumpelt in jener Versammlung. Ich wollte das gar nicht. Als sich dann aber keiner gefunden hat, habe ich zugesagt«, erinnert sich Neuser, der damals selbst noch in der Verbandsliga kickte.

Siegens Gerd Neuser (li.) mit seiner Co-Trainerin Karin Gabriel

Damals Spielmacherin,
heute Bundestrainerin:
Silvia Neid (li.) 1990 gegen
Fortuna Sachsenross Hannover.

Wichtige Wegbegleiter werden unter anderem Karin Gabriel, später Jürgen Krust, im technischen Bereich, Ex-Spielerin Manuela Kozany als Funktionärin oder Norbert Schmitz, lange Jahre die rechte Hand Neusers, der sich um Wasserflaschen genauso kümmerte wie um den Ergebnisdienst für die Presseagenturen. »Unser Norbert« bringt es sogar zu bundesweiten Schlagzeilen, als er seine Reise zur Männer-WM in den Vereinigten Staaten unterbricht, um seine TSV-Girls zu sehen. Heute ist Norbert Schmitz Fanklub-Boss beim SC Bad Neuenahr. Seine Siegener Tätigkeiten dringen im Umgang mit der Mannschaft immer noch durch. Der Mann mit dem ewigen Bürstenhaarschnitt, dieses Frauenfußball-Unikum, hat auch an der Ahr alles im Griff.

Die Erfolgsgeschichte des TSV Siegen ist ohne Zweifel geprägt von Erfolgen und Triumphen, aber auch von Rückschlägen und Hürden. Dennoch schafft es Blumengroßhändler Neuser, Nationalspielerinnen wie Sissi Raith, Petra Bartelmann, Beate Henkel, Andrea Haberlass, Doris Fitschen, Jutta Nardenbach, Britta Unsleber, Martina Voss, Marion Isbert (geborene Feiden), Michaela Kubat, Claudia Klein, Bettina Wiegmann, Sandra Minnert oder Silke Rottenberg an die Sieg zu lotsen. Alte Größen mit Bergisch-Gladbacher Vergangenheit sind neben Bartelmann, Henjel und Raith auch die Nationalspielerinnen Rosi Neuser und Rosi Eichenlaub. Die wohl bekannteste Siegenerin ist indes die jetzige DFB-Trainerin Silvia Neid, die Neuser aus dem Badischen von Klinge Seckach über den Umweg SSG Bergisch-Gladbach ins Siegerland holt, wo

Doris Fitschen (li., Wolfsburg) im Duell mit Sissy Raith

sie auch heute noch in einer Nachbargemeinde lebt, aber längst über den Dingen von damals steht. Auch Neuser ist aus der Fußballszene heraus. »Das ist Geschichte. Man muss Schluss-striche ziehen können«, sagt Gerd Neuser. »Dat Silv sehe ich allerdings auch heute noch des Öfteren. Wir spielen im gleichen Klub Golf.«

Internationales Flair gewinnt der TSV durch Topspielerinnen wie die Ungarin Edit Kern, die Niederländerinnen Loes Camper und Marion Veldhuizen, die Däninnen Louise Hansen und Me-rete Pedersen oder die Exotin Michelle Cox aus Neuseeland. Deren Geschichte ist kurios: Wie ihre Mutter ist das Kiwi-Girl in den Achtzigern Nationalspielerin. Als damals Helmut Kosmehl, frühere Handball-Legende aus Magdeburg und Gummersbach, Trainer der neuseeländischen Fußballerinnen war, fällt ihm bei einem Turnier in Taiwan die blonde Michelle auf, die nach ihrem Schulabschluss unbedingt in Deutschland die Sprache lernen will. Kosmehl informiert seinen Kumpel Neuser, dessen Blumengroßhandel im Prinzip auch Büro, Finanzquelle und Jobmaschi-ne für das Frauenteam ist. Fertig ist der Deal. Von Auckland nach Siegen, wo Kosmehls Hand-ballkumpel Günter Schmidt, ein Nieten-Fabrikant, mit einer Wohngelegenheit aushilft. Michelle Cox selbst ist keine Niete, holt sogleich den DFB-Pokal, in dessen Finale sie ein Tor schießt. Heute ist ihr Name bei den Kiwis durch die Organisatorenrolle der U17-Weltmeisterschaft 2008 wieder in aller Munde und Michelle Cox längst bei der FIFA hoch angesehen.

Zwischen 1986 und 1996 ist der TSV Siegen bundesweit das Nonplusultra im Frauenfußball. 1986 holt der TSV erstmals den DFB-Pokal, im Jahr darauf die erste Deutsche Meisterschaft und leitet damit eine Wachablösung ein. Die SSG Bergisch-Gladbach ist fortan Geschichte. Die Erfolge werden in der Öffentlichkeit honoriert. Zu Tausenden strömen die Zuschauer nicht nur zu den Meisterschaftsfinals ins Stadion, sondern sie kommen auch zu den K.-o.-Rundenspielen. Damals spielen noch die 16 Verbandsmeister beginnend mit dem Achtelfinale den Deutschen Meister aus. Auch mit Einführung der zweigeteilten Bundesliga 1990/91 gibt es noch Halbfinals und ein Endspiel, ehe die heutige Bundesliga diesen stets die Öffentlichkeit anziehenden Entscheidungscharakter ablöst.

Jahr für Jahr herrscht in Siegen in jener Zeit Jubel, Trubel, Heiterkeit. 1988 wird sogar so feste gefeiert, dass der TSV beinahe für einen Eklat gesorgt hätte: Nach dem Finale gegen Bergisch-Gladbach feiern beide Teams im kleinen Klubhaus im Siegener Stadtteil Trupbach. Feuchtfröhlich und ziemlich ausgelassen geht es zu. Plötzlich fehlt der Pokal. SSG-Vertreter haben ihn entführt, bei ihrer Abreise einfach mitgenommen. Tagelang wird verhandelt. Der TSV muss ein Lösegeld zahlen. Gerd Neuser lacht noch heute über derlei Nonsens. Noch mehr über diesen Coup lacht natürlich das Gronewold-Lager bei der SSG. Ein letztes Mal ärgern sie auf diese Weise ihren Konkurrenten, der schon länger Erzrivale war, mit dem man sich ansonsten aber gut versteht. Episoden dieser Art werden gerne und oft kolportiert. Nein, ruhig ist es in der TSV-Dekade nie. Die Frauen verstehen zu genießen. »Die frühen Titelgewinne waren im Nachhinein auch die schönsten«, sagt Neuser.

Gerd Neuser macht den TSV Siegen auch zum Vorreiter, was die Vermarktung des Erfolges im Frauenfußball betrifft. Durch die erfolgreichen K.-o.-Runden in den Meisterschaften und durch den DFB-Pokal ist immer Geld in der Kasse. Genug, um die nächste Saison zu finanzieren und mehr als andere hatten. Dementsprechend lässt sich das Sponsorengeschäft besser an als andernorts, die Medien interessieren sich für die Stars. Die Spielerinnen werden Kult. »Besonders Silvia Neid und Martina Voss waren zweifelsohne Vorbilder, vielleicht sogar für den einen oder anderen Idole«, sagt Gerd Neuser. »Aufgrund gefüllter Kassen konnten wir immer neue Topspielerinnen holen und ihnen eine professionellere Struktur bieten als andernorts. Bei uns wurde damals schon fünf Mal pro Woche trainiert. Das gab es sonst in keinem Verein. Wer mehr machen wollte, tat das. Deshalb wurden wir für leistungsorientierte Spielerinnen zur Topadresse.« Bei Neuser heißt es mitziehen. Nur dann kann man profitieren. Und Leistung honoriert Neuser als Geschäftsmann und Unternehmer gerne. Paradebeispiel ist Silvia Neid, die im Blumengroßhandel genauso unverzichtbar wird wie auf dem Fußballrasen. Neusers rechte Hand im Blumen-Business arbeitet hart. Morgens um sechs Uhr ist sie längst im Geschäft. Manchmal sitzt die heutige Bundestrainerin auch im LKW, um frische Blumen aus Holland zu holen.

Auch im Sport wird reiche Ernte eingefahren: Zu den sechs Meisterschaften zwischen 1987 und 1996 und den fünf Pokalsiegen gesellt sich noch der Super-Cup. Alles unter der Regie Gerd Neusers. Sein Traineramt gibt er zur Saison 1994/95 an Dieter Richard ab. Doch auch der bringt keine Ruhe in die stürmischen Zeiten, die das Schiff schlingern lassen, bis es 1996 zum Exodus kommt. Richard wird gut bezahlt, bezieht über Sponsoren sein Gehalt, nachdem der Vereinsvorstand den Qualitäten Neusers nicht mehr so recht vertraut. »Wir wurden gegen Brauweiler damals nicht Meister und verloren im Pokalfinale '91«, betreibt Neuser eine sehr knappe Ursachenforschung für seine spätere Demission. Am Ende »ihrer« Epoche siegen sich die Siegenerinnen dann förmlich tot. Die sportlichen Ziele sind ausgereizt, nicht zuletzt aufgrund interner Querelen beginnt dann der Absturz. Wegen finanzieller Sorgen wechselt die komplette Fußballabteilung 1996 zu den Sportfreunden Siegen. In der Saison 2001/02 folgt der sportliche Abstieg in die Regionalliga, ehe zwei Jahre später der Abstieg in die Verbandsliga nicht mehr zu verhindern war. Der direkte Wiederaufstieg in die Regionalliga gelingt dann unter Trainer Bernd Morgenschweis. Ab 2006 werden die »Sportfreundinnen«, wie sie liebevoll genannt werden, von Frank Baxmeier trainiert. Abteilungsleiterin ist Gudrun »Emmi« Winkler, die dem Siegener Frauenfußball seit 1972 die Treue hält. Der Bundesligamannschaft des TSV diente sie in der Erfolgsepoche über zehn Jahre hinweg als Betreuerin und »gute Seele«. Von den bedeutenden Namen aus dem TSV-Team verweilt lediglich noch Britta Unsleber im Klub. Bis 2005 spielt sie noch selbst. Seit 2006 unterstützt die 1975 geborene zweifache Europameisterin (54 Länderspiele) Trainer Frank Baxmeier als Co-Trainerin. Das heutige Team spielt nun in der Regionalliga West.

1996 gewinnt Siegen (weiß) im Halbfinale der Deutschen Meisterschaft gegen den FSV Frankfurt mit 2:1.

FSV FRANKFURT

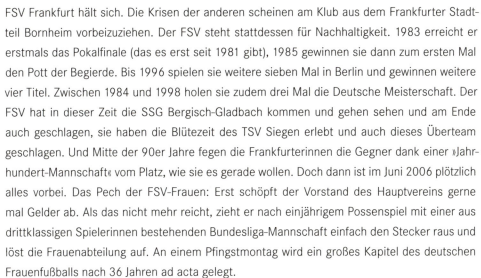

Schon in den frühen 80er Jahren gehören sie zum Establishment im Frauenfußball. Und was auch immer aus den anderen Spitzenteams wird: Der FSV Frankfurt hält sich. Die Krisen der anderen scheinen am Klub aus dem Frankfurter Stadtteil Bornheim vorbeizuziehen. Der FSV steht stattdessen für Nachhaltigkeit. 1983 erreicht er erstmals das Pokalfinale (das es erst seit 1981 gibt), 1985 gewinnen sie dann zum ersten Mal den Pott der Begierde. Bis 1996 spielen sie weitere sieben Mal in Berlin und gewinnen weitere vier Titel. Zwischen 1984 und 1998 holen sie zudem drei Mal die Deutsche Meisterschaft. Der FSV hat in dieser Zeit die SSG Bergisch-Gladbach kommen und gehen sehen und am Ende auch geschlagen, sie haben die Blütezeit des TSV Siegen erlebt und auch dieses Überteam geschlagen. Und Mitte der 90er Jahre fegen die Frankfurterinnen die Gegner dank einer »Jahrhundert-Mannschaft« vom Platz, wie sie es gerade wollen. Doch dann ist im Juni 2006 plötzlich alles vorbei. Das Pech der FSV-Frauen: Erst schöpft der Vorstand des Hauptvereins gerne mal Gelder ab. Als das nicht mehr reicht, zieht er nach einjährigem Possenspiel mit einer aus drittklassigen Spielerinnen bestehenden Bundesliga-Mannschaft einfach den Stecker raus und löst die Frauenabteilung auf. An einem Pfingstmontag wird ein großes Kapitel des deutschen Frauenfußballs nach 36 Jahren ad acta gelegt.

Als der DFB 1970 das Verbot des Frauenfußballs aufhebt, haben die Frauen beim FSV Frankfurt schon ihre eigene Abteilung – einen Monat zuvor gründeten sie sich im Gesamtverein. Fast alle Mitglieder kommen aus der Leichtathletikabteilung des FSV, mit dabei ist auch Monika Koch-Emsermann, die ab 1971 für über 20 Jahre erst als Abteilungsleiterin und später als Trainerin (sie war zugleich die erste Frau mit B-Lizenz in Hessen) den FSV-Frauenfußball prägen und den Bornheimer Hang zu einer der ersten Adressen des deutschen Frauenfußballs machen wird. »Wir konnten zwar alle damals nur mäßig kicken, aber rennen wie die Teufel«, erinnert sich Monika Koch-Emsermann, später lange Herausgeberin der Frauenfußball-Magazine *Dieda* und *FF-Magazin*, des größten deutschen Frauenfußball-Periodikums.

Das erste Spiel des FSV hat im Nachhinein etwas Schicksalhaftes. Gegen die Mannschaft der Bundesbank, aus der sich später die SG Praunheim entwickelt, gab es ein 1:3. 36 Jahre später wird der Praunheim-Nachfolger 1. FFC Frankfurt wieder eine Rolle spielen: Gegen den alten Rivalen gibt es kurz vor dem pfingstlichen Todesstoß beim 0:17 die höchste Niederlage der Vereinsgeschichte. Doch der eigentliche Lokalrivale der 70er Jahre ist erst einmal die Schützengemeinschaft Oberst Schiel, das damals bestimmende Team in Süddeutschland mit seinem engagierten Trainer Ferdi Stang. Von 1972-79 verliert der FSV regelmäßig das Verbandsfinale gegen Oberst Schiel, bei denen die spätere Praunheim/FFC-Trainerin Monika

Staab als eine der jüngsten Spielerinnen unter anderem auch beim größten Erfolg der Vereins-geschichte, dem Erreichen des Meisterschaftsfinals 1977 gegen Bergisch-Gladbach, mitwirkt. Weil die Verbandsrunden aber sonst zu langweilig werden, reist der FSV in jenen Jahren durch ganz Europa: Holland, Schweiz, Skandinavien, Frankreich, Ungarn oder Tschechien. »Damals gab es noch keine Terminprobleme, wir waren jung und abenteuerlustig und die Welt gab es für uns fast umsonst«, erzählt Koch-Emsermann. Höhepunkt ist 1982 der inoffizielle Europapokal für Vereinsteams in Holland, den der FSV ohne Punktverlust gewinnt.

In den 80er Jahren geht die Erfolgsstory des FSV dann aber erst richtig los. Die besten Spielerinnen des Lokalrivalen Oberst Schiel schließen sich den Bornheimerinnen an, von 1980 bis 1990 (Gründung der Bundesliga) werden die fusionierten Frankfurterinnen konkurrenzlos Hessenmeister. Auch beim ersten Auftritt einer deutschen Frauennationalmannschaft ist eine FSV-Spielern dabei: Rieke Koekkoek, das Herzstück der Bornheimerinnen in jenen Jahren – bis zum bitteren Ende des FSV werden weitere 20 Nationalspielerinnen folgen.

1985 fliegt die FSV-Mannschaft sogar auf Einladung des ehemaligen FIFA-Präsidenten João Havelange zum Südamerika-Cup der Frauen nach Rio de Janeiro und gewinnt dort vor 40.000 Zuschauern das Endspiel gegen den US-College-Meister Ajax Los Angeles. Im Turnierverlauf hat der FSV unter anderem die Nationalteams von Brasilien und Argentinien geschlagen. Mit entsprechend viel Samba im Blut läuft der FSV wenig später ins Pokal-Endspiel in Berlin ein und schlägt dort den KBC Duisburg im Elfmeterschießen – der erste von fünf Pokalsiegen. Ein Jahr später folgt der erste Meistertitel.

Dieser erste große Triumph ist aber zugleich auch Spiegelbild der wirtschaftlichen Schwie-rigkeiten der Frauenabteilung. Im Vorfeld des Pokalfinales hat der FSV einen Trikot-Werbever-trag mit dem Toom-Markt über 10.000 Mark abgeschlossen. Letztlich landen davon nur 2.000 Mark in der FSV-Kasse, der Rest versickert bei der vermittelnden PR-Agentur. Zwei Jahre zuvor hat der FSV als erstes Frauenteam überhaupt einen Trikotsponsor, den Immobilienmakler Wer-ner Schleich. Doch ausgerechnet im – wegen der Fernsehpräsenz so attraktiven – Pokalfinale 1984 ist Werbung verboten, das Logo muss abgedeckt werden und der Sponsor zieht sich ent-täuscht zurück. 2001 steht der FSV erneut im Mittelpunkt eines »Sponsoren-Skandals«. Die Botschaft »Ja zum Flughafenausbau« wird vom DFB als »politische Aussage« untersagt.

Diese Probleme verhindern jedoch nicht, dass der FSV in den 90er Jahren Dauer-Meister TSV Siegen als bestes deutsches Team ablöst und unter Trainer Jürgen Strödter den vielleicht bis heute schönsten Fußball in Deutschland spielt. Birgit Prinz, Steffi Jones, Sandra Smisek, Sandra Minnert, Katja Bornschein, Anouschka Bernhard oder das jetzige HSV-Präsidiumsmit-glied Katja Kraus sind nur einige der Namen, die an der Geschichte des Teams mitschreiben. Zwischen 1990 und 1996 wird der FSV viermal Pokalsieger und 1995 und 1998 Deutscher Meister.

Der FSV Frankfurt holt 1985 gegen den KBC Duisburg den DFB-Pokal.

Doch im Erfolg liegt auch schon der Niedergang begründet. Der FSV kann seine Topstars nicht mehr halten, die Abteilung verstrickt sich in waghalsige Finanzierungsmodelle, der Dauer-streit mit dem Hauptverein eskaliert. Im Sommer 2005 tritt praktisch die komplette Mann-schaft zurück, nachdem ihr letzter guter Trainer, Frank Fahle, vom Hauptverein entlassen wird. In der folgenden Saison tritt der Klub mit einem Haufen Hobby-Fußballerinnen an und steigt ohne einen einzigen Sieg ab. Dem sportlichen Aus folgt die Abmeldung.

Matthias Kittmann

1. FFC FRANKFURT

Die Großen sind nicht immer groß und auch Traditionsvereine fangen einmal klein an. Gerade im Frauenfußball. Groß soll der 1. FFC Frankfurt im ersten Jahrzehnt des neuen Jahrtausends werden. Zwischen 1999 und 2008 erringt der Verein sieben Meisterschaften, sieben Pokalsiege, dreimal den UEFA-Cup, zweimal das Triple mit allen drei möglichen Titeln in einer Saison – eine unfassbare Bilanz. Die Saison 2008/09 wirkt da wie ein Bruch: kein Titel, und in der Meisterschaft nur Vierter. Doch der Weg dahin ist steinig und voller Umwege. Als Stadtteilklub SG Praunheim rennt der Verein jahrelang verzweifelt hinter dem großen Lokalrivalen FSV Frankfurt her. Der Sprung auf die große Bühne lässt sich an mehreren Faktoren festmachen. Zum sportlichen Knowhow gesellt sich in den 90er Jahren Manager Siegfried Dietrich. »SIDI« erkannte zum richtigen Zeitpunkt die Zeichen der Zeit: Mit Frauenfußball kann man Geld verdienen – wenn man es richtig anstellt.

Diesen Spürsinn belegt auch eine Anekdote, die im Februar 2009 Johnny Klinke zum Besten gibt. Der Frankfurter 68er-Weggefährte des ehemaligen Hausbesetzers und späteren deutschen Außenministers Joschka Fischer hat damals den 1. FFC Frankfurt in sein Varieté-Theater »Tigerpalast« eingeladen und sein Verhältnis zum Frauenfußball dargelegt: »Ich habe zum 1. FFC eine besondere Beziehung«, erzählt er. »Vor 14, 15 Jahren kam ein gewisser Siegfried Dietrich zu mir und fragte, ob ich nicht als Sponsor für die SG Praunheim einsteigen wolle. Da musste ich lachen: Hey! Ich könnte selbst Sponsoren für mein neues Theater gebrauchen.« Klinke hat sich dann doch breitschlagen lassen, »weil ich geahnt habe, dass hier etwas Großes möglich ist.« Es muss eine Vision gewesen sein. Ahnen konnte das Mitte der 90er Jahre niemand.

Am Praunheimer Hohl, einer Sackgasse, an deren Ende der Sportplatz liegt, geht es zu wie auf dem Lande. In der Vereinsgaststätte gibt es Binding-Bier und Pommes, in den Umkleidekabinen regiert die Kargheit. Überdachte Presseplätze? Haha! Es gibt überhaupt keine Presseplätze. Immerhin: Siegfried Dietrich ist im Frauenfußball der Erfinder des VIP-Raumes. In der Halbzeit werden in der Vereinskneipe die Stammtische beiseite geräumt und es gibt leckere Schnittchen mit Lachs. Die Konkurrenz aus Siegen, München oder Bergisch-Gladbach lacht sich tot. Zwei dieser drei Klubs gibt es nur zehn Jahre später nicht mehr.

In einem Märchen verwandeln sich Frösche in stolze Prinzen, hässliche Entlein in stolze Schwäne. In der Realität kommen Märchen selten vor, doch manchmal werden sie wahr. So wie im Fall der Wandlung vom kleinen Frankfurter Vorstadtverein zum führenden Klub des europäischen Frauenfußballs. Dieser märchenhafte Aufstieg erfolgt weder mit Hilfe eines Zauberstabs noch mit der einer guten Fee. Der Erfolg fällt nicht vom Himmel, er ist eine Bestätigung der harten und guten Arbeit, die in der Main-Metropole seit einem Dutzend Jahren geleistet wird.

1999 beginnt mit dem ersten Meistertitel die glorreiche Zeit des 1. FFC Frankfurt.

Je erfolgreicher der 1. FFC Frankfurt wird, umso mehr bestätigt sich die Richtigkeit des Weges von der SG Praunheim zum 1. FFC. Ob Frosch, Ente oder Schwan. Monika Koch-Emsermann, lange Trainerin des übermächtigen Lokalrivalen FSV Frankfurt, schwant schon Ende der 90er Jahre: »Irgendwann wird die erste Gans von der zweiten überholt.«

Und Beachtliches wird schon beim FFC-Vorgänger SG Praunheim geleistet. Dort wird Frauenfußball seit 1973 gespielt. 1990 qualifiziert sich die Elf um die jugendlich unbekümmerte Torjägerin Steffi Jones und die routinierte Spielführerin und Regisseurin Monika Staab, die 1977 schon als 18 Jahre altes »Küken« mit dem inzwischen ausgestorbenen Frankfurter Frauenfußball-Dinosaurier Oberst Schiel im Meisterschaftsfinale stand, etwas glücklich auf Anhieb für die neu gegründete Bundesliga. Dieter Hochgesand, damaliger Trainer und langjähriger Sportredakteur der *Frankfurter Rundschau* erinnert sich: »Mitten im Torschusstraining blieben meine Damen stehen. Eine deutete gen Himmel. Ich war verblüfft. Dort oben sah ich einen wunderschönen Regenbogen.« Aber auch Hochgesand verblüfft seine Mädels. Im Aufstiegsjahr muss er beruflich zu einem Spiel von Eintracht Frankfurt, Männer-Bundesliga. Was tun? Also bespricht er eine Kassette mit taktischen Anweisungen und lässt sie vor dem Spiel seiner Frauen abspielen. Sie gewinnen.

Ein Meilenstein in der Entwicklung ist die Saison 1993/94. An die Spitze der Fußballfrauen kommt Monika Staab als Abteilungsleiterin und Trainerin sowie der erfolgreiche Eiskunstlauf-Promoter Siegfried Dietrich als Manager. Die Legende sagt, dass ein verlorenes Tennismatch von Dietrich gegen Staab der Auslöser war. Das Duo sorgt schnell für frischen Wind. »Meine erste Maßnahme war, dass ich eine Werbebande für meine Agentur aufgestellt habe«, sagt Dietrich im Rückblick. »Und dann habe ich dafür gesorgt, dass hinter den Toren eine Bande nach der anderen dazukam.« Erstmals in der Geschichte des deutschen Vereins-Frauenfußballs wird ein professionelles Konzept erarbeitet, das nicht nur den sportlichen, sondern auch den finanziellen und gesellschaftlichen Erfolg bringen soll. Die Entwicklung ist positiv, die Leistungskurve geht auf dem Rasen wie im Umfeld kontinuierlich nach oben.

Doch irgendwann erkennen Monika Staab und Siegfried Dietrich, dass die notwendige Explosion in den beengten Verhältnissen der SG Praunheim nicht möglich ist. Und so wird der riskante Schritt in die Unabhängigkeit gewagt: Die Frauenfußballabteilung verlässt die SG Praunheim und gründet am 27. August 1998 den 1. Frauenfußball-Club Frankfurt, vom 1. Januar 1999 an übernimmt der Klub auch formell die Bundesligalizenz der SG Praunheim und spielt ab der Rückrunde unter neuem Namen. Das damals kreierte neue Vereinslogo wird übrigens nicht nur von einer stilisierten Fußballspielerin, sondern auch von der Frankfurter Skyline mit dem Commerzbank-Tower im Zentrum geziert – eine wegweisende Skizze für den weiteren Werdegang des Klubs bis in die 2005 besiegelte Partnerschaft mit der Großbank.

Das Resultat des Imagewandels von 1999 übertrifft schnell selbst die kühnsten Erwartungen. Unter dem neuen Namen und mit der Präsenz im zuschauer- und mediengerechten Stadion am Brentanobad entwickelt sich der 1. FFC Frankfurt zum erfolgreichsten Frauenfußballverein des bisherigen 21. Jahrhunderts. Sponsoren sind nun nicht mehr der Bäcker von nebenan, sondern die Commerzbank als großzügiger Hauptsponsor oder die Generali-Versicherung. Und Dietrich kann es sich – bislang einmalig in der Bundesliga – leisten, mit seiner Agentur *SIDI-Sportmanagement* dem Verein 1. FFC Frankfurt ein jährliches Budget zu garantieren. Gegenleistung ist die Abtretung der Vermarktungsrechte an die Agentur des Managers, die mit der Vermarktung ihre Brötchen verdient. Zudem ist der 1. FFC der erste Klub, der 2008 die Millionen-Euro-Marke beim Jahresbudget überspringt.

Der FFC-Kader liest sich über die Jahre längst wie das »Who is Who« des deutschen Frauenfußballs. Doris Fitschen, Heidi Mohr und Claudia Müller in den Anfängen, später Renate Lingor, die dreimalige Weltfußballerin Birgit Prinz, »Golden Girl« Nia Künzer, Kerstin Garefekes, Sandra Smisek, Sandra Minnert, Conny Pohlers, Silke Rottenberg, Nadine Angerer, Ariane Hingst, Petra Wimbersky, Saskia Bartusiak, Steffi Jones, jetzt Ok-Präsidentin für die WM 2011 in Deutschland – nahezu alle auch Weltmeisterinnen.

Das bringt dem 1. FFC den Ruf einer »Legionärs-Mannschaft« ein und Siegfried Dietrich jahrelange Auseinandersetzungen mit dem großen Rivalen Bernd Schröder aus Potsdam, der sich seinem angeblich mit den Geldscheinen nur so wedelnden Frankfurter Widersacher »moralisch um Lichtjahre voraus« sieht. Tatsache ist: Viele der Korsettstangen des FFC sind alles andere als geldgierige Legionärinnen, sondern entwickeln erst beim 1. FFC ihre Talente und spielen

Der 1. FFC ist mit dem Gewinn des UEFA-Cups auf dem europäischen Thron.

anschließend jahrelang in Frankfurt. Tina Wunderlich etwa bestreitet alle zehn Pokalendspiele des 1. FFC zwischen 1999 und 2008 komplett. Doch der Neidfaktor ist im Frauenfußball nicht minder groß als bei den Männern. Weil die Konkurrenz nicht mithält, regieren Häme und Vorurteile. Etwa darüber, dass Siegfried Dietrich auch Berater von Spielerinnen ist, die nicht beim 1. FFC spielen. Ob Dietrich manche Anfeindung stört? Wenn ja, lässt er sich das zumindest nicht anmerken. Er handelt nach dem Motto: »Neid muss man sich verdienen.« Etwa, als es der 1. FFC Frankfurt schafft, zum UEFA-Cup-Endspiel 2008 gegen Umeå IK rund 28.000 Zuschauer in die Frankfurter Arena zu locken – damals Weltrekord im offiziellen Vereinsfußball.

Keine Frage: Der Erfolg des 1. FFC Frankfurt hängt in starkem Maße von einer Person ab. Damit unterscheidet er sich aber nicht von anderen großen Klubs der Vergangenheit. Dass Monika Staab 2004 nach einer Saison ohne Titel ausscheidet – sie ist mittlerweile für die FIFA tätig – kann der FFC verschmerzen. Ob er den Abgang eines Siegfried Dietrich aushalten kann, lässt sich kaum beantworten. Dietrich selbst wirkt allerdings kein bisschen müde – auch nicht nach der enttäuschenden Saison 2008/09. Den Angriff der Großklubs wie Bayern München, Werder Bremen, VfL Wolfsburg, Bayern Leverkusen, Hertha BSC oder der TSG Hoffenheim dürfte er mit seinem Knowhow jedenfalls noch eine ganze Weile abwehren können.

Matthias Kittmann

INTERVIEW MIT SIEGFRIED DIETRICH

»Der Frauenfußball ist nicht mehr abhängig von einem WM-Resultat.«

Siegfried Dietrich ist so etwas wie der Uli Hoeneß des deutschen Frauenfußballs. Der 50 Jahre alte Manager des 1. FFC Frankfurt vermarktet mit seiner Sportmarketing-Agentur SIDI-Sportmanagement nicht nur den führenden deutschen Frauenfußball-Club, sondern auch die prominentesten Spielerinnen des aktuellen Deutschen Meisters. Ins Sportmarketing fand der frühere Physiotherapeut über die Organisation von Eiskunstlauf-Revues und durch Einblicke in die Tennisbranche, die er seiner physiotherapeutischen Zusammenarbeit beispielsweise mit Boris Becker oder Gabriela Sabatini zu verdanken hat. Dietrich sichert dem 1. FFC als Investor jährlich einen stattlichen sechsstelligen Betrag für den Klubetat zu, als Gegenleistung hält er die Rechte an der Vermarktung des Klubs. Im Gespräch schildert er seine Erwartungen für die Zukunft des Frauenfußballs und seine Hoffnungen für die WM 2011 in Deutschland.

Im Kreis der Mächtigen: Siegfried Dietrich, Theo Zwanziger und Klaus-Peter Müller, Sprecher vom Sponsor Commerzbank (v. li.)

Herr Dietrich, wie steht es um den deutschen Frauenfußball?

Gut, weil wir mit der WM vor der Tür und dem DFB als dem durch die WM 2006 und auch durch sein Frauenfußball-Verständnis denkbar besten Ausrichter dieses Turniers eine große Chance auf eine Weiterentwicklung in den kommenden Jahren haben.

Müssen Sie und die anderen Vereine nun also nur abwarten, was die WM an Vorteilen bringt?

Nein, im Gegenteil: Jetzt müssen wir besonders hart arbeiten. Ein Bauer legt sich ja auch in der Zeit der Ernte nicht auf die faule Haut, sondern fährt seine Erträge ein. Die Bundesliga-vereine müssen die Gunst der Stunde und den Schub nutzen, den die WM im Bemühen um Öffentlichkeit und Sponsoren gibt.

Die WM ist jetzt der große Motor für den Frauenfußball. Sind Erfolge der Nationalmannschaft deshalb nicht mehr das Lebenselixier, wie es noch vor wenigen Jahren war?

Der Frauenfußball ist in Deutschland zwar nicht mehr ganz so abhängig von einem tollen Resultat der Nationalelf wie noch 2003 beim ersten WM-Titel. Mittlerweile reichen gute Resultate wie ein zweiter oder dritter Platz auch schon, um die Ernsthaftigkeit, mit dem wir Frauenfußball betreiben, zu untermauern. Der WM-Sieg 2007 hat dem Frauenfußball in Deutschland aber natürlich dennoch einen neuerlichen gewaltigen Schub verliehen.

Eine der wichtigsten Fragen der Zukunft wird sein, ob wir es schaffen, Spielertypen zu verkaufen, die den Frauenfußball auch in der Bundesliga repräsentieren. Schon in der Vergangenheit haben wir den Sport am besten verkauft durch besondere Persönlichkeiten wie Doris Fitschen, Steffi Jones, Birgit Prinz, Nadine Angerer oder Nia Künzer. Sicherlich müssen da noch mehr Spielerinnen für die Medien interessant werden.

Nervt Sie eigentlich der ewige Vergleich mit dem Männerfußball?

Nein. Wir treiben schon denselben Sport, deshalb müssen wir uns dem Vergleich stellen. Wir profitieren ja auch von der Faszination dieses Spiels. Wir müssen nur deutlich machen, dass Frauenfußball andere Qualitäten hat als Männerfußball. Frauenfußball ist etwas spielerischer und technischer, dafür logischerweise etwas weniger körperlich und das Verhalten der Ladys auf dem Platz ist einfach sympathisch!

Was muss denn im Frauenfußball konkret passieren, damit die Bundesliga einen Schub bekommt?

Die Bundesliga muss einen deutlichen Schritt vorankommen auf dem Weg zum Profitum. Der Frauenfußball darf auf keinen Fall den Anspruch haben, auf ewig ein Amateursport zu bleiben. Die Spielerinnen müssen sich mehr auf ihren Sport konzentrieren können, indem wir den Spielerinnen helfen, ihren Sport, Werbemöglichkeiten und berufliche Ausbildung optimal zu verbinden. Da wird es dann nicht wie bei den Männern um Millionen gehen, es muss aber zumindest so sein, dass die Spielerinnen nach ihrer Karriere einen wirtschaftlichen Puffer für ihre berufliche Orientierung haben. Und im Umfeld der Vereine muss mehr Professionalisierung einziehen. Es geht nur noch voran, wenn der Bundesligabereich der Vereine hauptamtlich geführt wird. Das sollte künftig von den Klubs auch zu finanzieren sein, wenn der DFB statt bislang 67.000 künftig 180.000 Euro pro Jahr und Verein aus dem Fernsehgeldtopf den Bundesligaklubs zur Verfügung stellt.

Von einigen Männer-Bundesligaklubs spielen schon Frauenteams in der Bundesliga, andere wollen sich stärker im Frauenfußball engagieren. Werden die traditionellen Frauenfußballklubs in wenigen Jahren verdrängt sein?

Ich bin mir sicher, dass die Männervereine sich mehr und mehr engagieren werden. Es wird sehr schwer werden für die reinen FF-Klubs, da mitzuhalten, da die Männer-Bundesligavereine doch von der Infrastruktur und auch den Investitionsspielräumen ganz andere Möglichkeiten haben, auch wenn sie den Frauenfußball sicher nicht mit unrealistischen Millionenbeträgen durcheinanderwirbeln werden. Ich schätze, dass in fünf Jahren nur noch drei klassische Frauenfußballklubs in der Bundesliga mithalten können.

Wer wird das sein?

Wir in Frankfurt, Potsdam und Duisburg.

Führt das nicht zu einem Verlust an Tradition, wenn in wenigen Jahren die Duelle in der Frauenbundesliga genauso lauten wie bei den Männern?

Es wird die Aufgabe der »überlebenden« traditionellen Frauenfußballklubs sein, sich konkurrenzfähig zu managen und für Spannung zu sorgen. Das hat dann auch seinen Reiz. Wir müssen eben die Chance nutzen, uns als eigene Marken im Wettstreit mit den Marken der Männervereine zu etablieren.

Und wie wollen Sie dann Ihren FFC gegen Bayern München, Hoffenheim und Werder Bremen positionieren?

Die klassischen Frauenfußballklubs müssen vor allem ihren Knowhow-Vorsprung als Alleinstellungsmerkmal im Verein nutzen, um die strukturellen Vorteile der Männer-Bundesligaklubs aufzuwiegen. Wir kennen uns in der Frauenfußballszene aus, die Spielerinnen wissen bei Vereinen wie Duisburg, Potsdam oder Frankfurt, worauf sie sich einlassen, welche Ziele über Jahre im Mittelpunkt stehen und wer die handelnden Personen sind.

Die weiblichen Mannschaftssportarten hat der Frauenfußball schon lange in der Gunst von Medien und Publikum abgehängt. Wo kann sich der Frauenfußball denn in der gesamten Sportlandschaft einordnen?

Ich vergleiche die Sportarten ungern miteinander. Entscheidender ist für mich, dass der Frauenfußball eine eigene Marke geworden ist mit einer eigenen Zielgruppe. Frauenfußball hat das Image eines sauberen und fairen Sports, man kann mit der ganzen Familie ins Stadion gehen, ohne dass man ein Vermögen wie bei den Männern ausgeben oder irgendwelche Randale befürchten muss. Auch deshalb ist die Entwicklung unaufhaltsam und hat ihren eigenen Charme.

Woraus speist sich dieser Optimismus?

Ein nettes Beispiel: Bislang hieß es zu Hause immer, »dass Papa früher auch mal Fußball ge-spielt hat«. Jetzt kommt die Generation an Kindern, die hören wird, »dass Mama früher ebenfalls Fußball gespielt hat«. Deshalb wird es jetzt erst recht selbstverständlich für Mädchen, auch dem Ball hinterherzujagen. Außerdem hat der Frauenfußball ein großes Potenzial, wenn wir es jetzt auch noch schaffen, mehr Stars heranzuziehen. Wir müssen unterstreichen, dass wir im Vergleich zum Männerfußball eben andere Typen hervorbringen.

Sie distanzieren sich bewusst vom Männerfußball?

Nein, ganz und gar nicht, da wir ja den gleichen Sport betreiben. Aber bei uns geht es in vielerlei Hinsicht sympathischer zu. Im Männerfußball gibt es oft ein Hauen und Stechen und es geht vorrangig um Macht und Geld.

Heißt das, dass Sie persönlich auch keine Ambitionen hätten, mal im Männerfußball zu arbei-ten?

Ich habe andere Ziele als Macht und Geld. Ich nehme lieber eine Vorreiterrolle im Frauen-fußball ein. Das motiviert mich und hier gibt es noch endlos viel Entwicklungspotenzial!

Sie verdienen aber damit natürlich auch Ihr Geld ...

Natürlich, von irgendwas muss ich ja leben, wenn ich mich 12 bis 16 Stunden am Tag für den FFC und den Frauenfußball engagiere. Dafür muss ich mich nicht rechtfertigen, auch wenn Bernd Schröder das offenbar manchmal erwartet, wenn er uns Frankfurter für unsere finanziel-len Möglichkeiten attackiert, die wir uns selbst hart erarbeitet haben.

In Frankfurt verdienen die Spielerinnen aber angeblich schon wie Profis ...

Das sind Gerüchte, die von Neidern gestreut werden. Beim Verein verdienen die Spielerin-nen wahrscheinlich nicht mehr als in Potsdam oder Duisburg. Es mag sein, dass wir unseren Spielerinnen bessere Zusatzverdienste ermöglichen durch unsere Betreuung in Bezug auf per-sönliche Verträge. Auf das Gesamtpaket und die perspektivischen Möglichkeiten kommt es an.

Ärgern Sie sich über die Neider, die den Erfolg des FFC nur aufs Geld reduzieren?

Ich ärgere mich grundsätzlich, dass in Deutschland so viel Neid herrscht auf Erfolgreiche. Warum gönnen wir einander nicht einfach Erfolge? Stattdessen wird gerne übersehen, dass wir uns in Frankfurt alles in Kleinstarbeit aufgebaut haben. Ich habe von 1993 bis 1999 nur investiert in den Verein. Als ich mich damals von der Organisation von Tennisturnieren und Eis-kunstlauf-Events verabschiedet habe und sagte, dass ich im Frauenfußball was aufbauen will, da wurde ich belächelt. Aber wir, der Vereinsvorstand, Monika Staab als der sportliche Motor und ich als ehrenamtlicher Manager haben uns von Anfang an immer klare Ziele gesetzt und diese bekanntlich Schritt für Schritt erreicht.

Was war Ihre Motivation zum Einstieg in den Frauenfußball?

Als ich mit der SG Praunheim, dem Vorgängerverein des 1. FFC Frankfurt in Kontakt kam,

Der Gewinn des UEFA-Cups 2008 soll für den 1. FFC Frankfurt nicht der letzte Titel bleiben.

stand da keine einzige Werbebande am Spielfeld. Ich habe die erste Bande vermarktet und gesagt, dass ich noch weitere Sponsoren an Land ziehen will. Und dann war da einfach der Wunsch in mir, etwas bewegen zu wollen in einem Sport, der in den Kinderschuhen steckte. Das Geldverdienen war da noch überhaupt kein Ansporn.

Ab wann hat sich das dann ausgezahlt?

Mit den ersten Triumphen, Pokalsieg und Meisterschaft 1999, wurde es mir mehr und mehr möglich, mich auf Frauenfußball zu konzentrieren. Ab da war dann auch kaum noch Zeit für die anderen Betätigungsgebiete. Seitdem ich als Investor in Verbindung mit sehr guten Werbeverträgen dem Verein ein festes Jahresbudget garantiere, ist je nach Erfolg auch ein wirtschaftliches Auskommen möglich.

Inwiefern verändert die amerikanische Profiliga WPS die Rahmenbedingungen für die Bundesliga?

Meines Erachtens ändert sich nichts. Die WPS ist für eine ambitionierte Nationalspielerin derzeit keine Attraktion, vor allem vor dem Hintergrund der WM 2011. Wenn wir uns als Vereine richtig um die Vermarktung unserer Spielerinnen auch außerhalb des Rasens kümmern, dann kann sie hier mehr für ihre finanzielle und berufliche Absicherung nach der Karriere tun als in Amerika. Sportlich bietet die WPS lediglich eine Saison von fünf Monaten mit nur einem Wettbewerb. In Deutschland haben wir bis zu drei sportliche Ziele und eine attraktive Nationalmannschaftspräsenz im Jahr.

Darunter ist der nun zur Champions League beförderte UEFA-Cup. Kommt er als Gegenentwurf zur WPS zur rechten Zeit?

Ja. Der Begriff Champions League adelt den bisherigen UEFA-Cup. Dadurch, dass die starken Ligen zwei Startplätze bekommen, wird der Reiz für die Klubs enorm erhöht. Ich bemängele lediglich die Entscheidung, das Finale jeweils am Ort des Männerendspiels zwei Tage vor deren Spiel auszutragen. Da befürchte ich Geisterspiele.

Haben Sie diese Angst auch bei den DFB-Pokalendspielen?

Ja. Der Schritt in die Eigenständigkeit ist mir viel zu früh. Meine Einschätzung ist, dass wir in drei bis fünf Jahren wieder in Berlin spielen werden. Es ist nicht nur für mich das größte deutsche Sportereignis, wenn das Frauen- und Männerfinale im Berliner Olympiastadion stattfinden.

Aber gerade Ihre Frankfurter Spielerinnen haben lautstark kritisiert, dass die Atmosphäre beim »Vorspiel« der Männer vor meist nur sehr spärlich gefüllten Rängen im Olympiastadion sehr zu wünschen übrig ließ ...

Ja, vielleicht waren unsere Spielerinnen nach zehn Pokalendspielen in Folge etwas verwöhnt. Ich habe ihnen aber immer versucht klarzumachen, dass vor den Fernsehgeräten beispielsweise beim Endspiel 2008 viereinhalb Millionen Menschen saßen. Die muss man sich als Spielerin hinzudenken. Auch das Frauenspiel wurde von über 30 Kameras in einer Topqualität in die Wohnzimmer transportiert. All das darf man nicht unterschätzen. Das werden wir bei einer eigenen Veranstaltung, womöglich noch an einem neutralen Ort, niemals hinbekommen.

Fürchten Sie in Franfurt überhaupt nicht, irgendwann von der Bildfläche zu verschwinden wie die früheren Serienmeister Bergisch-Gladbach, TSV Siegen oder FSV Frankfurt?

Ich hoffe, dass wir uns mit der ständigen Professionalisierung weiter etablieren und keine Furcht aufkommen muss. Aber das höchste Ziel von Vorstand und Management ist es, den FFC so zu führen, dass er auch nach der Zeit der momentanen Verantwortlichen erfolgreich weiterarbeiten kann. Das wäre für mich genauso bedeutsam wie eines der beiden Triple, die wir 2002 und 2008 gewonnen haben.

Wann kommt denn der Zeitpunkt Ihres Abschieds?

Ich bin jetzt Anfang 50. Es wäre unsinnig, jetzt auszusteigen, wo der Frauenfußball gerade so viel Fahrt aufnimmt und auch dank Theo Zwanziger eine tolle Entwicklung nimmt. Beim FFC sind wir dank der Kooperation mit der Commerzbank und anderen Sponsoren auch in eine neue Dimension vorgestoßen. Nicht zuletzt mit Blick auf unsere Erfolgsstory und die wirklich interessanten Perspektiven gibt es für mich wirklich keinen Grund, eine andere Herausforderung zu suchen.

MARTINA VOSS UND DER FCR DUISBURG

Im Nationalteam bestritt Martina Voss bis ins Jahr 2000 exakt 125 Länderspiele. Sie wurde Vizeweltmeisterin und vier Mal Europameisterin, hat folglich auch die entsprechende Anzahl an Silbernen Lorbeerblättern erhalten. 1984 bereits debütierte sie. National sprangen mit dem KBC Duisburg (bis 1989), TSV Siegen (bis 1993) und FCR Duisburg samt Vorgänger FC Rumeln Kaldenhausen bis zum Karriereende 2003 sechs deutsche Meistertitel und vier DFB-Pokalsiege heraus. Das Karriereende ist in gewissem Sinne fast tragisch. Mit ihrem ersten Eigentor der Karriere entschied Martina Voss das DFB-Pokalendspiel mit dem FCR gegen den 1. FFC Frankfurt zugunsten der Macht vom Main.

15 Jahre international gespielt. Das ist DFB-Rekord. Rekordspielerin war Martina Voss auch, zwischen 1998 und 99. Dann kam die Suche nach einer Zukunft. Martina Voss wurde Trainerin.

Der DFB hat bei seinen Spielerinnen schon immer darauf geachtet, dass sie diesbezügliche Lehrgänge absolvieren. Während Silvia Neid zur Nationaltrainerin herangezogen wurde, wurde

Martina Voss mit Bike – schon immer war sie etwas Besonderes.

Vier Jahre lang führte sie beim TSV Siegen Regie.

für Martina Voss der Weg zur Verbandstrainerin geebnet. Sieben Jahre beim FV Niederrhein in Duisburg bedeuten natürlich, dass Martina Voss über die Jahre zur exzellenten Kennerin der Szene wurde, insbesondere beim niederrheinischen Nachwuchs.

Voss hat diese Schaltstelle als solche erkannt und für sich genutzt. Natürlich machen Verbandstrainer bestimmte Vereine stark, geben Empfehlungen an Talente, steuern Entwicklungen. Es ist nur allzu naheliegend, dass Voss irgendwann Trainerin beim FCR Duisburg werden würde. Vor zwei Jahren war es dann so weit. Wieder einmal ist hochgradig Unruhe in dem längst als Zirkus- und Karnevalsverein bekannten FCR Duisburg, in dem manches anders läuft als sonst in der Republik. Jedenfalls wird Martina Voss von der Vereinsführung als Trainerin und technische Direktorin installiert, gibt ihren Verbandsjob auf und sorgt in der Folge für die jüngste Blüte beim FCR.

Als Trainerin ist die Zeit beim Fußballverband Niederrhein nicht spektakulär, aber wichtig. Es sind die ersten Fußstapfen. Nachwuchssichtung, sich ein Bild machen, nicht zuletzt die eigene Persönlichkeit formen. Das alles im Hintergrund, quasi ungestört. Als im Februar 2008 Voss dann den wieder einmal schwankenden FCR Duisburg übernimmt und den Verband verlässt, mutet das nach einem kleinen Putsch an.

Die Machtübernahme hat Erfolg. Und was für einen. Martina Voss schreibt Geschichte in der Saison 2008/09. Nein, der zuletzt ewige Vizemeister holt nicht die Meisterschaft, son-

Zum 100. Länderspiel gab es vom DFB eine Trophäe.

dern wird Dritter. Vom möglichen Triple aber gelingt der DFB-Pokalsieg und gleich im ersten internationalen Anlauf der Gewinn des UEFA-Women's-Cups. Der größte Erfolg bisher in der Vereinsgeschichte. Auch das deutsche Pokalfinale war nicht ohne: 7:0 wurde Turbine Potsdam aus dem Berliner Olympiastadion gefegt. Das ist ein neuer Rekordsieg in der Geschichte des Wettbewerbs. Martina Voss erklärt diesen Triumph so: »Das ist für mich die Bestätigung meiner Arbeit und Zielsetzung. Ich habe vor knapp einem Jahr den Verantwortlichen des FCR einen Drei-Jahres-Plan vorgelegt, in dem am Ende auch ein Titel stehen sollte. Jetzt haben wir schon im ersten Jahr die Möglichkeit, ein oder zwei Titel zu holen. Das zeigt, dass wir auf einem guten Weg sind. Für mich ist es aber zudem die Bestätigung meiner ganz persönlichen Leistung. Für die Gedanken, die ich mir mache, die Entscheidungen, die manches Mal auch aus dem Bauch heraus getroffen wurden. Ich glaube, ich habe einen ganz großen Vorteil: Ich bin authentisch, weil ich das alles schon als Spielerin erlebt habe. Ich lebe den Leistungsgedanken und Leistungswillen.«

Der FCR 2001 Duisburg galt bislang immer auch als eine Mannschaft, der in wichtigen Spielen die Nerven versagten. Das ist jetzt anders. »Einerseits hat sich die Qualität der Mannschaft noch einmal erhöht, zum anderen hat sich aber auch jede einzelne Spielerin weiterentwickelt. Vor allem, was das Selbstbewusstsein angeht. Wenn ich etwa eine ganz junge Spielerin bringe, braucht die schon mal 20 Minuten, um in die Partie zu finden. Das ist ein ganz normaler Prozess. Und diesen Prozess haben wir in der aktuellen Saison auch als Mannschaft durchlebt«, analysiert Voss, wie immer in geschliffenem Ausdruck. »Wir sind von Woche zu Woche stärker geworden. Dabei hat uns das Vorrundenturnier im UEFA-Cup in der Ukraine sehr geholfen. Ich kann immer nur betonen, dass dieses Turnier weit weg von zu Hause ganz wichtig war. Als wir gegen drei Meisterteams gespielt haben, nicht wussten, was auf uns zukommt, und diese dann dominierten - das hat uns sehr viel Selbstbewusstsein gegeben. Wir haben gesehen: Wir können mithalten, wir sind sogar besser, und das haben wir für die ganze Saison mitgenommen. Auf jeden Fall. Wir haben Respekt, aber keine Angst.« Diese mannschaftliche Stärke ist für Voss der Schlüssel zum Erfolg.

Pfingsten 2009: Das Sahnehäubchen auf zehn traumhafte Tage, mit denen sich der FCR 2001 für immer in den Archiven des deutschen Frauenfußballs verewigt hat: Nach dem erstmaligen Gewinn des UEFA-Women's-Cup und dem sensationellen 7:0 (2:0) im deutschen

2009 ist der ewige Vize Duisburg dann das beste europäische Team.

Pokalfinale gegen Turbine Potsdam wurden die Löwinnen am Tag nach dem Triumph von Berlin von fast 3000 begeisterten Fans im Duisburger Seehaus-Biergarten an der Wedau empfangen. Als die Meister-Kickerinnen im schmucken Ausgehanzug gegen 16.30 Uhr mit dem Bus nach durchzechter Nacht und langer Fahrt aus der Hauptstadt in die Bertaallee einbogen, kannte der Jubel keine Grenzen mehr: »Ihr seid nach dem FC Barcelona nun die erfolgreichste Fußballmannschaft von Europa und Ihr seid das geilste Team überhaupt«, jubelte ein begeisterter Vorsitzender Guido Lutz.

In der Tat hat die Truppe Geschichte geschrieben: Ungeschlagen wurde der FCR Duisburg europäischer Vereinsmeister – und zerlegte kurz darauf im Olympiastadion in Berlin vor mehr als 10.000 Besuchern die Truppe von Turbine Potsdam regelrecht. »Die Löwinnen«, wie sie sich nennen, zeigen richtig Zähne und haben nicht nur Samba im Fuß, sondern setzen das auch erfolgsorientiert in Titel um. Nur die Deutsche Meisterschaft fehlt noch. »Es ist unser Ziel, oben mitzuspielen. Wir wollen mit Duisburg auch einmal international Fußball spielen und wieder Titel gewinnen«, sagt Voss. »Das geht nur über eine gesunde Aufbauarbeit. Wir haben zahlreiche Nachwuchstalente und stellen neben Potsdam die meisten Spielerinnen für die Juniorinnen-Nationalmannschaften. Es muss der Weg der Zukunft sein, diese Spielerinnen an den Verein zu binden und eine Identifikation zu schaffen, um ihnen das Gefühl zu geben, dass sie sich hier weiterentwickeln können.«

Keine Frage, dank Martina Voss trennt sich der FCR von seinem Image des Ewigen Zweiten. Wenngleich vier deutsche Vizemeisterschaften in Folge und mehrere dritte Plätze keinesfalls als negativ gelten sollen. Zumal der etwa 400 Mitglieder starke Verein über exzellenten Nachwuchs und eine Zweitliga-Reserve verfügt. Auch die internen Kapriolen, ständiger Begleiter schon aus Rumelner Zeiten, von Jahr zu Jahr sich steigernd, scheinen im jetzt ruhigeren Fahrwasser keine Chance mehr zu haben.

Als FCR und selbständig firmieren die Duisburger Kickerinnen seit 2001. Ihre Wurzeln haben sie jedoch im KBC Duisburg, dem Kasslerfelder Ballsport Club. Dort gründete 1970 die Vereinswirtin Paula Schmitz die Frauenfußball-Abteilung. Erster Trainer wird Gregor Grillemeier. Er ist der Vater des gleichnamigen Profis. Am Niederrhein wird der KBC schnell zu einer Macht. 1980 schaffen es die Grillemeier-Girls bis ins Endspiel der Deutschen Meisterschaft, verlieren aber gegen die SSG Bergisch-Gladbach mit 0:5. Drei Jahre später holen sie den DFB-Pokal. Im Team steht die damals 16 Jahre junge Martina Voss. 1985 wird der KBC unter Trainer Jürgen Krust Deutscher Meister, verpasst aber das Double. Denn das Pokalfinale geht im Elfmeterschießen gegen den FSV Frankfurt verloren.

Als 1990 die zweigeteilte Bundesliga gegründet wird, ist der KBC mit dabei. Doch mit dem KBC geht es bergab, während Lokalrivale FC Rumeln-Kaldenhausen immer stärker wird. Ein Jahr später steigt der KBC ab. Die Stars siedeln nach Rumeln über: Auf dem Dorf liegt die Zukunft. Martina Voss sorgt 1994/95 für einen Paukenschlag, als sie aufgrund ihrer kleinen Tochter das Pendeln satt ist und Rumelnerin wird. Auch dabei: Melanie Hoffmann, Maren Meinert als Rumelner Urgestein, 1995 kommt Inka Grings vom SV Garath, später auch Linda Bresonik. Von diesen Namen träumen andere. Grings ist mehrfache Bundesliga-Torschützenkönigin. Ihre 38 Treffer aus der Saison 1999/00 sind noch immer das Maß aller Dinge. Allerdings jagt auch aufgrund der persönlichen Veranlagungen der Protagonisten fortan eine interne Explosion die nächste. Dennoch wächst und wächst das FCR-Team. Am Ende reicht der kleine Dorfverein nicht mehr, die Frauen machen sich selbständig. Das R im Vereinsnamen zeugt immerhin noch von Rumelner Zeiten.

FC BAYERN MÜNCHEN

Männerklubs und Frauenfußball

Mitte Dezember 2008 war es plötzlich so weit: Der große FC Bayern lud die Münchner Medienvertreter zu einer Pressekonferenz in seine neuen Räumlichkeiten, um erstmals auch seinen Frauen die Gunst zu erweisen. Die deutschen Nationalspielerinnen Bianca Rech und Melanie Behringer saßen also zusammen mit Trainer Günther Wörle vor dem DFB-Pokal-Viertelfinale der Frauen an dem anthrazitfarbenen ovalen Tisch, an dem sich sonst der Chefcoach der Männer und seine Spieler den Fragen stellen. Als dann am Ende des Mediengesprächs Günther Wörle seinen Saisontraum erklären sollte, huschte ein erstauntes Zucken über das Gesicht des teilnehmenden Bayern-Pressesprechers Markus Hörwick. »Ich würde mir wünschen, dass die Meisterschaft auch am Saisonende noch so spannend ist wie jetzt«, sagte Wörle und blickte zu Hörwick, »und dass wir dann für das letzte Heimspiel gegen Duisburg im Mai in die Allianz-Arena umziehen dürfen. Vielleicht schaffen wir es ja, dass dann gegen so einen starken Gegner an die 10.000 Zuschauer kommen.«

Allein das Aussprechen eines solchen Wunsches wäre lange unmöglich gewesen für einen Trainer. Die Fußballerinnen des FC Bayern München waren über viele Jahre ein Anhängsel im Verein des Männer-Rekordmeisters, auf der vereinseigenen Website heißt es denn auch schlicht: »Seit der Legalisierung des Frauenfußballs durch den DFB (1970) können sich Fußballerinnen den Traum verwirklichen und beim FC Bayern München Fußball spielen.« Seit nun die Mannschaft von Trainer Günther Wörle erstmals seit Einführung der Bundesliga in den 90er Jahren ernste Titelambitionen hegt und nach und nach mit jungen Nationalspielerinnen wie Katharina Baunach oder Nicole Banecki auf sich aufmerksam macht, wandelt sich das langjährige Desinteresse der Männer im Verein. Früher, das gibt Werner Kern gerne zu, waren die Frauen des FC Bayern eine wenig beachtete bis verachtete Randerscheinung. Heute aber, sagt der Jugend- und Frauen-Abteilungsleiter des FC Bayern, »kannst du es dir als Bundesligaklub gar nicht mehr leisten, im Frauenfußball nicht mit dabei zu sein. Die Gesellschaft hat sich weiterentwickelt, da gehört der Frauenfußball inzwischen dazu.« Kern selbst fiebert nicht mehr nur bei Spielen der Amateure des Vereins mit, sondern auch bei den Partien der Frauen, wo er oft Bayerns Torjäger-Legende Gerd Müller als Sitznachbar mitnimmt.

Ob nun also etwa der FC Bayern oder der SC Freiburg, der Hamburger SV oder die TSG Hoffenheim, Werder Bremen oder Bayer Leverkusen – die meisten Männer-Bundesligaklubs haben längst eine Frauenfußball-Abteilung oder zumindest eine Kooperation mit einem Frauenfußball-Klub, um vor der Frauen-WM 2011 im eigenen Land nicht etwa eine Entwicklung

Das für lange Zeit letzte große Spiel verloren die Bayern-Frauen 1992 im DFB-Pokal-Halbfinale bei der SSG Bergisch-Gladbach. (Catrin Bünger (li.) und Edeltraut Grohm (Bayern))

des Fußballmarkts zu verschlafen. Und die Fußballerinnen dort sind selbstbewusst genug, sich trotz der übermächtigen Männerkonkurrenz im Verein als eigenständige Marke zu definieren. »Natürlich werden wir hier bei Bayern immer im Schatten der Männer stehen«, sagt etwa Weltmeisterin Melanie Behringer, die zuvor beim SC Freiburg gespielt hat, »aber wir können hier sehr professionell arbeiten und haben gute Bedingungen. Geld könnte man immer mehr haben, aber ein Problem mit der Finanzierung gibt es jedenfalls nicht.« Doch Geld allein ist es ja nicht, um das sich Frauenmannschaften in Männerklubs bemühen – es ist auch die Aufmerksamkeit von Fans, Unterstützern und teils eigenen Sponsoren. Immer mehr Profivereine haben begriffen, dass im Angebot von Frauenfußball mehr Chancen als Probleme liegen – schließlich liegt auf dem Feld der Frauen noch etliches Potenzial im Hinblick auf Mitgliedschaften und Fan-Merchandising.

Auch die sportlichen Ziele werden attraktiver. Ab der Saison 2009/2010 gibt es erstmals bei den Frauen eine Champions League, die den bisherigen UEFA-Cup ablöst. Neben dem Deutschen Meister darf dort auch der Bundesliga-Zweite der Frauen antreten, womit sich der Kampf um die vorderen Plätze verschärft. Ob in der Champions League der Frauen einmal Geld zu verdienen sein wird, muss sich zeigen. Doch der FC Bayern ist sich schon jetzt bewusst, dass es gut zum Klubimage passt, dass nun auch seine Frauen international spielen. »Das ist eine tolle Sache«, meint Werner Kern, »und darauf arbeiten wir natürlich auch hin.«

Unterstützung für die Fußballerinnen in Männerklubs gibt es also inzwischen, doch die Zusammenarbeit im Verein hält sich noch in Grenzen, schließlich haben die Männer genug mit sich selbst zu tun. Keine Frauenmannschaft eines großen Männerklubs etwa spielt ihre Ligaspiele in einem der großen Stadien der Männer, dazu sind die Platzbedürfnisse bei Zuschauern und Medien noch zu unterschiedlich. Beim HSV aber treffen sich die Frauen und die Profis immerhin zu gemeinsamen Foto-Shootings, bei Bayer Leverkusen hielt Profitrainer Bruno Labbadia vor Saisonbeginn ein Training für die Frauen ab, nachdem der Werksklub zuvor die Lizenz und die Mannschaft des Frauen-Zweitligavereins TuS Köln rrh. übernommen hatte. In Hoffenheim wiederum sind die Frauen kein Anhängsel, sondern Motor einer ganz eigenen Entwicklung: Im Oktober 2009 soll im benachbarten Sankt Leon-Rot das neue Frauenfußball-Förderzentrum mit Rasenplätzen, Flutlichtanlage, Physiotherapiebereich und einem Unterrichtsbereich für die schulische Förderung fertiggestellt sein.

In München haben sie einstweilen immerhin den Respekt des eigenen Vorstands erkämpft, der das zunehmend professionelle und erfolgreiche Auftreten seiner Fußballerinnen im Verein allmählich zu schätzen weiß. Karl-Heinz Rummenigge, Vorstandsvorsitzender des FC Bayern München, hatte in der Vergangenheit nie mit großem Interesse für Frauenfußball auf sich aufmerksam gemacht. Als die Bayern-Frauen im Frühjahr 2009 aber noch immer im Meisterschaftsrennen waren, nahm auch der ehemalige Nationalstürmer die Leistungen zur Kenntnis: »Wir sind alle angenehm überrascht, dass unsere Frauen so erfolgreich sind«, meinte Rummenigge. Und noch etwas war ihm aufgefallen: »Die Mannschaft ist sehr jung und im Gegensatz zu den Herren auch noch günstig.« Und Uli Hoeneß reagierte auf Sticheleien, dass möglicherweise die Bayerinnen eher den Meistertitel holen könnten als das damals kriselnde Klinsmann-Team, professionell und zugleich mutig: »Unser Ziel sind beide Meistertitel.«

Leidenschaft und guten Fußball kann man sich eben nicht kaufen, man muss sie sich erarbeiten. Nichtsdestotrotz profitieren die Bayern-Frauen unter dem Dach der Profis neben dem imageträchtigen Namen in erster Linie davon, dass sie keine Geldprobleme kennen und sich auch kaum um die Generierung eigener Sponsoren sorgen müssen. »Der FC Bayern war immer unser Sponsor«, sagt Sissy Raith, frühere Spielerin und Trainerin der Bayern und mittlerweile im Männerfußball als Trainerin aktiv. So war es den Frauen des FC Bayern in den vergangenen Jahren möglich, rund um die erste Bayern-Nationalspielerin Bianca Rech einen Talentschuppen aufzubauen, aus dem sich mittlerweile mehrere Junioren- und A-Nationalspielerinnen entwickelt haben. Die Liga aus der Portokasse der Profis aufzumischen, ist aber auch nach dem Trainerwechsel und der Verpflichtung einer Weltmeisterin wie Melanie Behringer im vergangenen Sommer nicht das Konzept der Bayern-Frauen. Mehr Geld als nötig nämlich bekommen die Frauen auch nicht, und gute Spielerinnen zusammenzukaufen, »das ist nicht unser Ansatz«, sagt Teammanagerin Karin Danner. Sie setzt vielmehr auf den Nachwuchs und die Region, die natürlich über Bayern hinausgeht, Richtung Schwarzwald, Schweiz und Österreich. Sollten die Münchnerinnen mit diesem Konzept weiter Erfolg haben und für Schlagzeilen mit einem Titel, Pokalfinale oder dem Einzug in die Champions League sorgen, wissen auch die Herren Hoeneß und Rummenigge, dass das gut für den Gesamtverein und damit unterstützenswert ist.

Das war bei der Gründung der Frauenfußball-Abteilung 1970 noch anders. Der damalige Vereinspräsident Wilhelm Neudecker wurde zwar 1974 vom *Spiegel* als ein Förderer des Frauenfußballs ausgemacht, weil er seinerzeit die Frauen mit offenen Armen und ohne Vorbehalte aufnahm. Aber selbst der damalige Damenwart Preß scherzte in der gleichen Ausgabe: »Für einen Titelgewinn wird unser Präsident vielleicht jedem Mädchen die Pille spendieren. Jedenfalls wird er sich bestimmt nicht lumpen lassen.« Auch die prominenten Spieler dachten damals noch anders: Gerd Müller etwa, der heute selbst schon mal ein Spiel besucht, verbot seiner Ehefrau das Fußballspielen, »oder ich versohle ihr den Hintern«. Andere Profis zeigten sich offener. Sissy Raith, beim Titelgewinn der Bayern-Frauen 1976 im zarten Alter von 16 Jahren mit von der Partie, erinnert sich, »dass Spieler wie der Kurt Niedermayer oft beim Training und auch manchmal bei Spielen zuschauten«. Immerhin holten die Bayern-Frauen 1976 den ersten Deutschen Meistertitel (4:2 n.V. über Tennis Borussia Berlin in Siegen), daneben gab es zweite Plätze in den Meisterschaften 1975, 79, 82 und 85. Die DFB-Pokalfinals 1988 und 1990 aber gingen verloren, anschließend folgte eine lange Phase des sportlichen Niedergangs, bis 2000 der Wiederaufstieg in die erste Liga gelang.

Derzeit aber erringen die Fußballerinnen ihre Erfolge trotz des sportlichen Stellenwerts noch an Nebenschauplätzen. Heimstätte der Bayern-Frauen ist die recht abseits gelegene Ortschaft Aschheim vor den Toren Münchens. So beschaulich und blass alles dort wirkt: Es wird alles getan, damit die Bayern-Frauen sich als Nummer eins in Aschheim wohlfühlen. Sie haben reichlich Trainings- und Rasenzeit sowie eine eigene Kabine. Keine Profiteams verdrängen die Frauen oder engen den Fokus ein. Nur so können sie den Schatten der Profis derzeit ablegen. Ob die Fußballerinnen des FC Bayern jemals aus ihm heraustreten können? Vermutlich nur kurzfristig, falls sie eine Saison mal besser abschneiden sollten als die männliche Millionentruppe. Mithalten aber können sie derweil schon. In der Saison 2008/09 waren sie nicht schlechter, aber auch nicht besser als die Männer. Sie wurden ebenfalls Vizemeister, allerdings nur mit einem Tor Unterschied. Und auch mit dem letzten Heimspiel in der Allianz-Arena wurde es nichts – die Frauen mussten draußen in Aschheim spielen.

Kathrin Steinbichler

UEFA-KLUB-WETTBEWERB

Champions League löst Women's Cup ab

Der Durchbruch kommt 2001. Nach mehreren Vorstößen genehmigt die UEFA den Frauen einen Vereinswettbewerb. Der UEFA-Women's Cup ist offen für alle nationalen Meister.

Der erste Pokal geht im Frühjahr 2002 an den 1. FFC Frankfurt. Gegner ist Umeå IK aus Schweden. Das Endspiel ist somit der Beginn einer Dauerrivalität, die dem europäischen Vereinsfrauenfußball so etwas wie einen ersten Klassiker beschert. Vor etwa 12.000 Zuschauern im Frankfurter Waldstadion gewinnt der 1. FFC mit 2:0 und feiert ein rauschendes Fest. FFC-Manager Siegfried Dietrich macht den Event zum gesellschaftlichen Ereignis samt rauschendem Feuerwerk. Erst auf dem Rasen, wo 650 FFC-Länderspiele auf 300 UIK-Länderspiele treffen, später am Frankfurter Himmel. Steffi Jones und Birgit Prinz schießen ihr Team auf Wolke sieben.

Ein berauschender Auftakt für den neuen Wettbewerb, den die UEFA großzügig unterstützt. Denn in den Miniturnieren, mit denen zunächst bis zum Viertelfinale die Spreu vom Weizen getrennt wird, bekommt der Ausrichter jeweils 25.000 Schweizer Franken. Ab den K.-o.-Runden wird jedes beteiligte Team pro Runde mit 25.000 Franken belohnt. Es ist also pro Spieljahr ein maximaler Bonus von 100.000 Franken drin, mit denen der Wettbewerb subventioniert wird – zur Freude der Klubs natürlich.

Ein Jahr später holt Umeå IK den Pokal. Im Halbfinale gegen Frankfurt steht es 1:1. Keine Entscheidung in der Verlängerung. Auch das Elfmeterschießen dauert etwas länger. 18-mal wird vom Punkt geschossen. Am Ende steht es 6:7 im Shootout, weil Patrizia Barucha im neunten Paar nicht trifft, Hanna Marklund sich aber nicht beirren lässt.

Und 2004 treffen die beiden großen Teams, dieses Mal in Hin- und Rückspiel als zweiteiligem Finale, erneut aufeinander. Umeå demütigt Frankfurt dieses Mal mit einem 3:0-Heimsieg und einem 5:0-Triumph auf deutschem Boden.

Mit Turbine Potsdam gibt es 2005 einen neuen Cupsieger. Es ist die dritte Mannschaft, die die Kobra holt. Kobra ist der Spitzname für die Trophäe, deren geschwungenes Styling ein wenig an eine aufgerichtet drohende Schlange erinnert. Gegner Djurgarden Stockholm ist in den beiden Finals eine Nummer zu klein. Potsdam legt mit 2:0 auswärts vor und gewinnt daheim mit 3:1. Conny Pohlers mit zwei Toren und Petra Wimbersky machen alles klar. 9.000 Fans feiern im *Karl-Liebknecht-Stadion* zu Babelsberg die Pottsdamen und ihren größten Triumph in der Vereinsgeschichte. Das Team feiert ausgelassen. Im offenen Doppeldeckerbus gibt es einen Autokorso vom Stadion zum Potsdamer Rathaus, wo die Mannschaft sich ins Goldene Buch der

Der größte Tag von Turbine Potsdam: 2005 holen sie die europäische Krone.

Stadt einträgt und den jubelnden Menschen vom Balkon aus den Pokal präsentiert. Während Brandenburgs Ministerpräsident als Turbine-Fan feixt, zeigt Turbine-Trainer Bernd Schröder Lokalpatriotismus, widmet den Pokal den Potsdamern, dem deutschen Fußball und dem Osten Deutschlands. So ist er halt, der Schrödi. Und genießt das. Schließlich haben sie auf dem Weg zum Sieg im Halbfinale ein Bruchhotel, Kaltwasser inklusive, in Trondheim überstanden (4:0 und 3:1), während der Gegner die Lady Gunners von Arsenal London ausschaltet. Kuriose Randnotiz vom erfolgreichen Viertelfinale bei Energia Woronesch. Der Potsdamer Flieger wartet mehrere Stunden auf dem Flughafen. Dort hat man vergessen, jemanden zu beauftragen, der die Rolltreppe holt und zum Flieger bringt. Ansonsten ist nichts los auf dem russischen Flughafen. Erst nach langem Warten werden Team und Fans schließlich befreit.

2006 verliert Turbine Potsdam die Kobra dann an den 1. FFC Frankfurt. Der schlägt die Turbinen bereits im Babelsberger »Karli« mit 3:2 und demütigt sie dann im Heimspiel mit 5:0. Unter den 13.200 Zuschauern befindet sich auch Bundeskanzlerin Angela Merkel. Im Halbfinale schaltet Turbine die Schwedinnen von Djurgarden mit 2:3 und 5:2 aus. Zuvor muss Valur Reijkjavik mit 8:1 und 11:1 dran glauben. Die bisher höchsten Ergebnisse in der K.-o.-Phase des Wettbewerbes. Kuriosum am Rande. Es wollen so viele Fans mit nach Stockholm, dass Turbine wie schon in den Runden zuvor ein Flugzeug chartert. Es ist immer dieselbe Crew. Alte

Bekannte schon, sozusagen. Und bisher reichen die Getränke auch immer knapp. Beim Rückflug aus Stockholm aber sind die Fans so sehr in Feierlaune, dass alle Vorräte leergetrunken werden. Kein trinkbarer Tropfen befindet sich mehr an Bord. Frankfurt setzt sich gegen Montpellier durch. 0:1 und 3:2 lauten die Ergebnisse. Das ist knapp. Und beim Spiel in Montpellier fliegen die Fetzen dank einer indiskutablen Schiedsrichterinnen-Leistung auf einem europapokalunwürdigen Dorfacker. Spielunterbrechungen, Streit um Tore oder nicht. Es geht drunter und drüber. Der UEFA-Delegierte, der hätte ordnen müssen, ist nicht minder machtlos. Das Rückspiel in Montpellier wird endgültig zu einem Skandalspiel, als nach einer Schiedsrichterentscheidung die Spielerinnen des Gastgebers für fast 20 Minuten den Platz verlassen und nach dem Schlusspfiff die Frankfurter Spielerinnen bespucken, beleidigen und tätlich angreifen. Die FFC-Delegation verlässt fluchtartig das Stadion. Manager Siegfried Dietrich ist stocksauer, beklagt sich bei der UEFA und es geschieht, was immer geschieht: nichts.

Aber wiederum kann der Pokal nicht verteidigt werden. Die Frankfurterinnen scheiden 2007 im Viertelfinale gegen Kolbotn aus Norwegen aus. Potsdam, über den nationalen Platz gemeinsam mit Cupverteidiger Frankfurt im Rennen, muss gegen Bröndby Kopenhagen die Segel streichen. Das ist das schwächste Abschneiden deutscher Teams bislang. Umeå IK gilt als leichter Favorit gegen Arsenal London, kommt aber im Heimspiel nicht über ein 0:0 hinaus. In London dann gewinnen die Lady Gunners mit 1:0 und holen den Pokal erstmals nach England. Alex Scott trifft zum 1:0 in der 92. Minute und bricht so die deutsch-schwedische Dominanz. Doch auch dort steht der Pokal nicht lange.

2008 heißt die Finalpaarung wieder einmal Frankfurt gegen Umeå. Der 1. FFC hat als zweites Heimrecht in der WM-Arena für 2011, die inzwischen Commerzbank-Arena heißt. Und das ist gut so. Denn es kommen über 27.000 Zuschauer, nachdem das Hinspiel in Umeå mit 1:1 durch Marta (1.) und Conny Pohlers (6.) offen ausgeht. Das ist das Dreifache dessen, was Umeås ehrwürdiges Gammliavallen fasst. Birgit Prinz gegen Marta. Die beiden Weltfußballerinnen. Das Spiel wird auf diese beiden Superstars verengt. Prinz schlägt Marta, Frankfurt gewinnt mit 3:2. Conny Pohlers (2) und Petra Wimbersky treffen für den 1. FCC. Kuriose Auffälligkeit: Pohlers (2) und Wimbersky schießen auch 2005 Turbine Potsdam zum Pokalsieg, bis der FFC sie von dort wegkauft. Martas nickliges und riskantes Spiel führt zu Pfiffen auf den Rängen. Dass FFC-Trainer Hans Joachim Tritschoks in der Presskonferenz der Brasilianerin die moralischen Fähigkeiten abspricht, eine Weltklassespielerin zu sein, führt fast zum Eklat. So muss man den Gegner aus Nordschweden als Sieger nicht beleidigen. 1. FFC und UIK – zwei Teams, deren Führungen vermutlich ewig Erzrivalen und spezielle Freunde bleiben werden. Zwei Ausnahmeteams auf dem Kontinent.

Doch 2009 patzt Frankfurt auf dem Weg ins Halbfinale, ist bereits ausgeschieden. Umeå noch nicht. Die deutschen Farben vertritt weiterhin der FCR Duisburg, der als Vizemeister dabei sein darf, weil Frankfurt als Pokalverteidiger im Wettbewerb war und als Deutscher Meister diesen Startplatz an den Vize weitergeben durfte.

In der Tat ist der FCR Duisburg das Sensationsteam schlechthin im letzten Wettbewerbsjahr. Das Team von Trainerin Martina Voss marschiert souverän durch alle Stationen. Die einwöchige Gruppenphase in den Karpaten hat dabei das Team zusammengeschweißt. Darüber besteht allgemeine Einigkeit. Und dann wird ein Team nach dem anderen ausgeschaltet. Zuerst muss der 1. FFC Frankfurt daran glauben. Die Macht vom Main schwächelt auf ganzer Linie, steht zu Saisonende gänzlich mit leeren Händen da. Im Halbfinale wird Olympique Lyon ausgeschaltet und dann kommt das erste von zwei Sensationsfinals. Gegner Svezda Perm erhält im Heimspiel, das in Kasan ausgetragen werden muss, weil das heimische Stadion im Ural nicht den UEFA-Anforderungen genügt, eine Lehrvorführung. 6:0, und überhaupt keine Gegenwehr. Die Städtepartnerschaft zwischen Duisburg und Perm hat zweifelsohne zu komfortablen Finals beigetragen. So blieb der FCR von Lasten verschont, die zuvor Umeå in Russland zu ertragen hatte. Und das Rückspiel war über den Frauenfußball hinaus in aller Munde. Der Umzug in die MSV-Arena lohnte. 28.150 Zuschauer. Neuer Rekord. Da ist sogar die Bestmarke aus dem Vorjahr in Frankfurt beim Spiel 1. FFC gegen UIK plötzlich nur noch Geschichte. Und dem FCR genügt ein 1:1, um den größten Erfolg der Vereinsgeschichte zu feiern.

Aus UEFA-Cup wird Champions League

Die UEFA hat den Women's Cup ab 2009/10 zur Women's Champions League aufgewertet. Die Reform folgt der zunehmenden Kritik aus Eliteverbänden, dass bislang nur der Meister teilnehmen durfte. Jetzt bekommen die acht Topnationen gemäß einer Rangliste den Vize neu dazu. Diese Topnationen sind Deutschland, Schweden, England, Frankreich, Russland, Norwegen, Dänemark und Italien.

Nach der Vorrunde, weiter in Miniturnieren mit vier Teams, gibt es neu die erste K.-o.-Runde mit 32 Teams. Es folgen die Achtel-, Viertel- und Halbfinals. Die zwei Miniturniere der Runde zwei entfallen.

Mit dem Duisburger Triumph ist klar: Deutschland ist in der Champions League im Debütjahr 2009/10 mit drei Mannschaften vertreten: Deutscher Meister Turbine Potsdam, Vizemeister Bayern München und Women's-Cup-Sieger FCR Duisburg.

Das Finale ist an die Champions League der Männer angelehnt: Gleiche Stadt, aber zwei Tage früher und in einem anderen Stadion. Im Prinzip. Hier gibt es ein Sprachenproblem. Die englische Variante ermöglicht zur Ausnahme auch eine andere Lösung. Der erste Frauen-Champion wird also voraussichtlich am 20. Mai 2010 in Madrid gekürt. Da München bei den Profis für 2012 festgelegt wurde, dürfte es dann auch ein Frauenfinale auf deutschem Boden geben.

Inka Grings küsst die »Kobra«.

DER DFB-POKAL

Berlin, Berlin, wir fahren nach Berlin

Die Einführung eines nationalen Pokalwettbewerbs ist für die deutschen Fußballfrauen 1980 ein weiterer Meilenstein auf dem Weg zur Gleichberechtigung. Jahrelang haben Frauen wie die heutige DFB-Vizepräsidentin Hannelore Ratzeburg wie für andere Errungenschaften auch für dieses Zugeständnis des DFB an seine Frauen gekämpft. Schon die Tatsache, dass der Verband den Frauen einen zweiten Wettbewerb neben der Deutschen Meisterschaft genehmigt, ist von großer Bedeutung für den Frauenfußball. Sportlich bietet sich durch den Pokalwettbewerb für die Topteams die Gelegenheit, neben der im Sommer beginnenden Endrunde um die Deutsche Meisterschaft wenigstens das ein oder andere weitere Spiel mit sportlichem Stellenwert während des restlichen Kalenderjahrs zu bestreiten.

»Das war einfach ein tolles Gefühl und auch ein Zeichen der Anerkennung, dass wir Frauen plötzlich auch einen DFB-Pokal ausspielen durften«, sagt Bärbel Petzold, die im ersten Finale in Stuttgart für Wörrstadt dem Ball hinterherjagte. Petzold gehört an jenem 2. Mai 1981 zur erlesenen Schar von vier Spielerinnen, denen das Kunststück gelingt, nach der Teilnahme

am ersten Meisterschaftsendspiel im Jahr 1974 auch im ersten Pokalendspiel als spielender Teil mitwirken zu dürfen. Neben Petzold spielen auch Regine Israel und Uschi Demmler noch immer für den ersten Deutschen Frauenfußballmeister, während die ehemalige Mitspielerin Anne Trabant-Haarbach mittlerweile als Spielertrainerin für den schier unbezwingbaren Krösus SSG Bergisch-Gladbach aufläuft und mit dem vierten Treffer beim 5:0 auch ihren zählbaren Teil zum Premierentriumph des Vorzeigeteams des deutschen Frauenfußballs beiträgt. Bergisch-Gladbach hat damit einen Wettbewerb gewonnen, der anfangs vom Achtelfinale an bundesweit ausgetragen wird. Ab der Wiedervereinigung 1990 qualifizieren sich 48 Teams für die Hauptrunde des DFB-Pokals, mittlerweile könnten sich theoretisch bis zu 62 Teams über die Zugehörigkeit zur Ersten oder Zweiten Bundesliga beziehungsweise als Sieger der 21 Verbandspokalwettbewerbe qualifizieren. Diese Zahl wird jedoch aufgrund des Ausschlusses der zweiten Mannschaften nie erreicht.

Fast genauso wichtig wie die Einführung des Pokalwettbewerbs ist 1981, dass die Frauen am selben Tag im selben Stadion wie die Männer ihr Endspiel austragen, quasi als Vorspiel für das »richtige Finale« zwi-

oben: GW Brauweiler gewinnt 1997 in Berlin den heute noch aktuellen Pokal.
links: Der erste, auch »Staffelholz« genannte, »DFB-Vereinspokal Damen«.

schen der Frankfurter Eintracht und dem 1. FC Kaiserslautern. »Auch wenn das Stadion natürlich zu drei Vierteln leer war, so hatten wir doch viel mehr Zuschauer als bei normalen Spielen«,
erinnert sich Bärbel Petzold. »Und wir haben das schon damals als große Chance zur Werbung
für unseren Frauenfußball aufgefasst.« Noch ist die gemeinsame Austragung der Pokalendspiele ein Zufallsprodukt, das 1982 und 1984 eine Wiederholung erfährt. Lediglich 1983 bekommen die Frauen keine Einladung zum Vorspiel, weil das Kölner Derby-Finale zwischen dem
FC und Fortuna die ganze Stadt am Rhein so mobilisiert, dass der DFB keine Karten für die
Anhänger der beiden Finalteilnehmer FSV Frankfurt und KBC Duisburg zurückhalten will. Die
Teams weichen deshalb an den Bornheimer Hang in Frankfurt aus, wo 1.200 Zuschauer den
3:0-Triumph des KBC Duisburg verfolgen.

1985 wird die Doppelveranstaltung aus Frauen- und Männerfinale dann aber mit der langfristigen Vergabe der Pokalendspiele an Berlin vom DFB vorgeschrieben. Wie es dazu kommt,
dass die Frauen mit den Männern gemeinsam nach Berlin gehen, erklärt Hannelore Ratzeburg so: »Das Pokalfinale wird von den Frauen ja seit 1981 gespielt. Übrigens von Anfang an
als Doppelveranstaltung mit dem Finale der Männer. Damals wurden die Spiele noch an verschiedenen Orten ausgetragen, wie in Stuttgart oder Frankfurt am Main. Allerdings waren die

Zuschauerzahlen für die Frauen nicht zufriedenstellend und wir hatten schon zu jener Zeit das Gefühl, dass wir insgesamt einen besseren, einen anderen Rahmen brauchen. Vor allem, um für den Frauenfußball werben zu können. Denn in dieser Phase wollten wir ja noch Werbung für den Frauen- und Mädchenfußball machen. Es gab dann beim DFB Überlegungen, den Standort Berlin mit attraktivem Sport zu stützen und das Pokalendspiel längerfristig dorthin zu vergeben. Ich habe mich dann dafür eingesetzt, dass auch das Spiel der Frauen in Berlin ausgetragen wird. Das hat bei den Vereinen großen Zuspruch gefunden. Vor allem, weil man sich eine größere Resonanz in der Öffentlichkeit erhoffte. Wir hatten 1981, was die Zuschauerzahlen angeht, ja nicht so große Ansprüche. Denn zu dieser Zeit gab es noch keinerlei Erfahrungen, was mit Frauenfußball erreicht werden kann. Die Träume von einer größeren Kulisse fingen erst an, nachdem wir 1989 mit der Frauen-Nationalmannschaft im EM-Finale mit 22.000 Zuschauern ein volles Haus in Osnabrück hatten. Da wurde deutlich: Es geht durchaus etwas mit Frauenfußball. Aber Vereinsfußball war zu jener Zeit noch nicht so gut zu vermarkten. Deshalb fand ich es eine tolle Idee, dass wir die beiden Pokalendspiele als DFB-Highlight zum Ende der Serie austragen, um so auch auf Frauenfußball aufmerksam zu machen. In Berlin haben wir eine starke Medienpräsenz, die Spiele werden live übertragen, wir haben gute Einschaltquoten und viel Prominenz aus Politik, Sport und Wirtschaft im Stadion.«

Fortan entwickelt sich das Pokalendspiel zum wichtigsten Tag im Frauenfußballjahr. Mehr Geld gibt es nirgendwo zu verdienen. Der Geldfluss macht für manchen Bundesligisten lange Zeit fast einen ganzen Jahresetat aus. Zum einen ist die Teilnahme für die beiden Finalisten finanziell interessant, weil durch die – wenn auch geringe Beteiligung - an den Zuschauer- und Fernseheinnahmen Summen für die Frauenfußballklubs hängen bleiben, von denen die Teams zuvor nicht zu träumen gewagt hätten. Mit der Zeit wächst der Betrag zu einer hohen fünf- bis niedrigen sechsstelligen Summe an, die die Jahresetats der Endspielteilnehmer erheblich erhöht. Außerdem entwickelt sich der Pokalfinaltag zu einer Plattform, auf der der DFB stolz seine Angebotspalette vom Männer- bis zum Frauenfußball präsentiert. Die Frauen erreichen zudem dank der großen Medien- und vor allem Fernsehpräsenz eine Öffentlichkeit, die sie zu jener Zeit nicht einmal bei Spielen der Nationalmannschaft verwirklichen können. Diese Vorteile wiegen das Zugeständnis auf, dass die Frauen in ihrem Endspiel anders als in den Runden zuvor auf eine mögliche Verlängerung verzichten müssen. Die 30 Zusatzminuten samt der dazugehörenden Pausen würden die Pläne der übertragenden Fernsehsender stören, weshalb die Frauen nach einem Unentschieden sofort per Elfmeterschießen ihren Sieger ermitteln müssen.

Trotz dieser Abweichung von den gängigen Regeln wird die Siegerliste des Pokalwettbewerbs zu einem Spiegel der jeweiligen Leistungsverhältnisse. Anfangs hat der dreifache Pokalsieger SSG Bergisch-Gladbach bis auf das Ausnahmejahr 1983 ein Abonnement auf den »Pott«, nach einem Intermezzo des FSV Frankfurt zur Berlin-Premiere sichert sich anschließend der

2004 schlägt Turbine Potsdam erstmals den vorher fünf Mal siegreichen 1. FFC Frankfurt, und wird erst drei Jahre später wieder von den Frankfurterinnen abgelöst.

dominierende TSV Siegen vier Mal in Folge den Pokal, ein letzter Titel vor dem Untergang folgt 1993. In den 90ern schließt der FSV Frankfurt mit seinen Titeln zwei bis fünf zum Rekordpokalsieger aus Siegen auf, während Grün-Weiß Brauweiler seine Stärke auch drei Mal unter Beweis stellt.

Die wahre Pokalmannschaft wird dann aber am 27. August 1998 geboren. Von dem Tag der Abspaltung von der SG Praunheim an spielt sich der 1. FFC Frankfurt zehn Mal in Folge bis ins Berliner Finale durch, das es lediglich drei Mal von 2004 bis 2006 jeweils gegen Turbine Potsdam verliert. Erst im Herbst 2008 verliert der FFC im Auswärtsspiel bei Bayern München erstmals ein Pokalspiel außerhalb Berlins und gegen einen anderen Gegner als Potsdam – eine sagenhafte Erfolgsgeschichte, auf der der FFC seine finanzielle Stärke aufbaut. »Bis vor wenigen Jahren war das Berliner Pokalfinale finanziell unglaublich wichtig, um Mittel zur Verstärkung des Teams zu akquirieren«, sagt der Frankfurter Manager Siegfried Dietrich. »Wer Berlin erreicht hat, war fürs kommende Jahr finanziell in einer guten Position.« Erst in der jüngeren Vergangenheit hat zumindest der FFC seine Wirtschaftskraft auf mehrere Pfeiler verteilt, sodass eine

Teilnahme am Berliner Saisonhöhepunkt nicht mehr unbedingt für den wirtschaftlichen Erfolg notwendig ist. Nachdem der FFC 2009 ohne Titel bleibt und 2010 international nicht dabei ist, sagt Dietrich: »Wir greifen an, sind spätestens 2011 wieder zurück.« Der Schaden sei zwar erheblich, aber: »Wir können durchaus drei Jahre ohne internationalen Fußball leben.«

Der Schlussgong für Berlin

Unterdessen ist die Reise nach Berlin und somit auch der beliebte Schlachtruf der Anhänger von erfolgreichen Pokalmannschaften »Berlin, Berlin, wir fahren nach Berlin« obsolet geworden. Das Pokalfinale 2009 ist vorerst das letzte, das im Doppelpack mit dem Männerfinale in der Bundeshauptstadt ausgetragen wurde. Von 2010 an emanzipieren sich die Frauen mit ihrem Pokalfinale von dem Endspiel der Männer und tragen ihren Saisonhöhepunkt vorläufig an einem neutralen Ort aus. Die Überlegungen zu einem eigenständigen Finale erklärt DFB-Vizepräsidentin Hannelore Ratzeburg: »Zum einen waren die den beiden Frauen-Finalisten zur Verfügung gestellten Kartenkontingente immer schneller vergriffen. Zum anderen zeigten gerade die Spiele der Frauenfußball-Nationalmannschaft, dass das Zuschauerinteresse am Frauenfußball immer größer wurde. Vor diesem Hintergrund konkretisierten sich die Planungen. Wir wollen nach 25 Endspielen in Berlin den nächsten Schritt für die Entwicklung des Frauenfußballs gehen.« »Das ist ein Schritt nach vorne für den Frauenfußball. Ich persönlich finde es gut, sich selbständig zu machen«, sagt Duisburgs Spielführerin Inka Grings. Mangelndes Zuschauerinteresse an einem anderen Spielort befürchtet die Nationalstürmerin nicht: »Ich glaube bedenkenlos daran, dass es nächstes Jahr ein volles Stadion geben wird.«

Doch auch organisatorische Zwänge kennt Ratzeburg und begründet die »Flucht« aus Berlin zum einen mit terminlichen Schwierigkeiten im Vorfeld der WM 2011, die ohnehin eine Verlegung des Pokalendspiels im WM-Jahr notwendig gemacht hätten. Zum anderen ist die Verlegung aber auch als Reaktion auf die wachsende Unzufriedenheit im Lager der Fußballfrauen zu verstehen. Besonders die FFC-Stars wie Birgit Prinz oder Renate Lingor machten nach den Endspielen der vergangenen Jahre keinen Hehl aus ihrer Unzufriedenheit über den Vorspielcharakter ihres Endspiels. »Wir spielen da vor leeren Rängen, auf denen vielleicht 5.000 Menschen sitzen, die sich aber auch nicht für unser Spiel interessieren«, sagte beispielsweise Birgit Prinz nach dem 5:1-Finalsieg von 2008 gegen den 1. FC Saarbrücken. »Da fände ich es deutlich besser, wenn wir unser eigenes Spiel an einem anderen Ort austragen würden.«

Viele Bundesligatrainer folgen der Meinung der besten deutschen Kickerin. Bayern-Trainer Günther Wörle (FC Bayern München) findet zum Beispiel, dass »der Frauenfußball und das DFB-Pokalfinale es verdient haben, ein Hauptspiel und kein Vorspiel zu sein. Was bringt es dem Frauenfußball, Jahr für Jahr vor 5.000 bis 15.000 Zuschauern, von denen sich viele eher zufällig im Stadion verirren, das Finale auszutragen? Gerade im Hinblick auf die WM 2011 hat der DFB nun den mutigen Schritt gewagt.« Und die Duisburger Macherin Martina Voss unterstreicht, dass »die Stadion-Atmosphäre in Berlin in den letzten Jahren deutlich abgenommen hat«. So hatten die Frankfurterinnen nach ihrem Pokalsieg im vergangenen Jahr gegen den 1.FC Saarbrücken die stimmungslose Zuschauerkulisse im weiten Rund des Olympiastadions kritisiert. »Bei unserem Spiel saßen wohl noch alle in den warmen Kneipen«, meinte Conny Pohlers. Und die damalige Torhüterin Silke Rottenberg stellte fest: »Ich habe das Gefühl, es werden von Jahr zu Jahr weniger Zuschauer.«

Für eine Beibehaltung des Endspielortes Berlin spricht sich unterdessen eine ungewohnte Allianz aus: Sowohl der Potsdamer Trainer Bernd Schröder wie auch sein ewiger Rivale Siegfried Dietrich halten die Entscheidung für einen Abschied aus der Bundeshauptstadt für einen Fehler. »Für mich ist das eine der ungünstigsten Entscheidungen des DFB, die man vor einer WM im eigenen Land überhaupt treffen kann«, sagt Schröder. »Für ein Pokalfinale der Frauen in Duisburg, München oder Hintertupfingen würde sich kein Mensch interessieren, und es würde den Frauenfußball in keiner Weise populärer machen. Eine solche Entscheidung ist für mich nicht nachvollziehbar – es sei denn, der DFB garantiert nun wirklich eine Live-Übertragung.«

Falls am gleichen Tag gespielt werde, würden die Frauen allein schon organisatorisch bedingt immer im Schatten stehen. Man habe durch die Aufgabe Berlins mehr verspielt, als zur Zeit sichtbar werde. »Das Pokalfinale in Berlin ist immer etwas Besonderes. Ich bedaure diese Entscheidung nach wie vor. Wir haben im Sog des Männerfußballs profitiert«, meint Bernd Schröder, der noch auf eine Rückkehr hofft. DFB-Präsident Theo Zwanziger machte der Hauptstadt am letzten Event noch einmal Hoffnung und ruderte die allzu vorschnellen Veränderer im DFB damit zurück: »Berlin ist nicht weg. Es ist zunächst ein Test für zwei Jahre«, sagte Zwanziger. Sollte die Zuschauerentwicklung am neuen Spielort in den kommenden beiden Jahren nicht wie gewünscht verlaufen, dann würde er sagen: »Lieber wieder zurück nach Berlin.« FFC-Manager Siegfried Dietrich ergänzt, dass er seinen von der mageren Zuschauerresonanz enttäuschten Spielerinnen immer wieder vermittelt habe, »an die vier Millionen Zuschauer vor den Fernsehgeräten zu denken«. Dietrich hält den Abschied des Frauenpokalfinals aus Berlin für eine Totgeburt und wagt den Tipp, dass der DFB spätestens in fünf Jahren wieder zu schätzen wisse, dass er in Berlin sein Angebotsspektrum am besten präsentieren könne.

Das Pokalfinale 2010 wird einen ersten Hinweis darauf geben, ob der DFB auch an einem neutralen Ort eine stattliche Zuschauerkulisse anlockt. Es gab 15 Bewerber für die Ausrichtung des DFB-Pokalendspiels der Frauen. Am Ende setzte sich Köln gegen u.a. Leverkusen, Wolfsburg, Gelsenkirchen und Frankfurt/Main durch. Für das Pokalendspiel 2010 im Rhein-Energie-Stadion stehen dann 46.000 Sitzplätze zur Verfügung. Ob das Finale danach in Köln bleibt oder an einem anderen Ort ausgetragen wird, entscheidet der DFB nach der Auswertung des 2010-Endspiels. »Dass sich so viele beworben haben, hat mich überrascht und sehr erfreut. Ich

Martina Voss holt den Pokal 2009 als Trainerin des FCR 2001 Duisburg und vorerst das letzte Mal in Berlin.

werte das als deutliches Zeichen dafür, dass das Interesse an guten Frauenfußballspielen groß ist«, sagt Hannelore Ratzeburg. »Wir können natürlich nicht erwarten, dass beim ersten eigenständigen Pokalfinale der Frauen gleich 40.000 oder 50.000 Zuschauer kommen. Das muss sich erst über Jahre entwickeln. Wenn das eigenständige Finale jedoch so angenommen wird, wie es sich alle erhoffen, habe ich keine Sorge.« Beim Finale 2009 zwischen Turbine Potsdam und FCR Duisburg, dem 25. und vorerst letzten im Olympiastadion, waren zum Anpfiff keine 2.000 Zuschauer im Berliner Riesenrund verteilt. Eine klägliche, eine Trauerkulisse. Die jahrelang genannten fünfstelligen Zahlen entstammen zumeist journalistischen Einschätzungen nach Spielende.

Duisburger Rekordsieg

De facto hat der FCR Duisburg mit seinem 7:0 über Turbine Potsdam im letzten Moment noch einmal sportlich Geschichte geschrieben. 7:0 – das ist ein neues Rekordergebnis. »Das macht mich sprachlos. Wenn die zwei spielstärksten Mannschaften aufeinandertreffen, und du gewinnst 7:0, dann ist das fern aller Realität. Ich musste mich zwischendurch kneifen und konnte es gar nicht glauben«, freute sich Cheftrainerin Martina Voss nach dem höchsten Finalsieg in der Geschichte des Wettbewerbs: »Wir haben heute ein überragendes Spiel gemacht. Wir sind einfach nur stolz.« Vor dem Sieg mit perfekt herausgespielten Toren musste der FCR aber eine Zittersekunde überstehen. In der 18. Minute hatte die Potsdamer Nationalspielerin Babett Peter großes Pech mit einem Kopfball aus sechs Metern: Das Leder sprang vom linken an den rechten Innenpfosten und von dort zurück ins Feld. Doch dann legten Lira Bajramaj, Annemieke Kiesel (2) und Femke Maes den Grundstein für einen nie mehr gefährdeten Sieg, der im 7:0 durch Popp in der Schlussminute gipfelte und dann auch entsprechend gefeiert wurde. Selbst die erfahrene Kapitänin Inka Grings (2 Tore) war sichtlich beeindruckt: »Es ist unfassbar, ich bin überglücklich. Es ist ein Traum in Erfüllung gegangen. Wir haben den Frauenfußball hervorragend präsentiert.« Und dass diese konstant guten Leistungen inzwischen auch bundesweit registriert werden, zeigt die Einschaltquote bei diesem Spiel: Mit äußerst bemerkenswerten fast 2,2 Millionen Zuschauern meldete die ARD die höchste Einschaltquote des Tages – bis zum Beginn des Männerfinals.

4

DIE NATIONALMANNSCHAFT

IHRE ERFOLGE UND DER FRAUENFUSSBALLBOOM IN DEUTSCHLAND

Die Weltmeisterinnen von 2007

»PLÖTZLICH SASSEN ZEHN MILLIONEN VOR DEN FERNSEHERN«

In nackten Zahlen ausgedrückt liest sich die Erfolgsstory der deutschen Frauenfußball-Nationalmannschaft nach dem Europameisterschafts-Turnier 2009 wie folgt: 332 Spiele, 226 Siege, 45 Unentschieden, 61 Niederlagen, 912:275 Tore. Das sind nach der Drei-Punkte-Regelung 2,18 Zähler pro Spiel. Die DFB-Männer – auch wenn der Vergleich einer von Äpfeln mit Birnen sein mag – kommen in ihren mehr als 800 Länderspielen seit 1908 auf nur 1,93 Punkte pro Spiel.

Doch nicht diese Zahlen sind es, die die Bedeutung der Nationalmannschaft als Motor des Frauenfußballs in Deutschland erahnen lassen. Es sind vielmehr die vielen wegweisenden Erfolge, die dem Frauenfußball hierzulande den Weg geebnet haben hin zum Niveau heutiger Tage: Von der immens wichtigen Geburtsstunde am 10. November 1982 gegen die Schweiz bis hin zum zweiten Weltmeistertitel ein Vierteljahrhundert später im Jahr 2007 hat die deutsche Mannschaft ihren Stellenwert mit ganz kleinen Ausschlägen nach unten und den sportlichen Enttäuschungen der ersten beiden EM-Qualifikationsrunden von 1984 und 1987 immer weiter gesteigert. Und proportional zur Steigerung der Anzahl an Titeln für den DFB-Briefkopf wuchs auch das Ansehen des Frauenfußballs. Jeder der sieben Europameistertitel und beide WM-Titel haben dem deutschen Frauenfußball eine Öffentlichkeit verschafft, die der Alltag des Vereinsfußballs selbst bei einem UEFA-Pokalsieg des 1. FFC Frankfurt in einem gut gefüllten Frankfurter Waldstadion wie beim Final-Rückspiel gegen Umeå IK im Mai 2008 nicht annähernd für sich erträumen kann. Während das öffentliche Interesse an der Männer-Bundesliga oder zumindest den wichtigsten Europapokalspielen von Bayern München das Niveau des Interesses an den DFB-Herren erreicht, ist der Frauenfußball bis auf weiteres nahezu komplett angewiesen auf die Spitzenresultate seiner Heldinnen im weißen DFB-Trikot mit dem Adler auf der Brust.

Eine Studie der Sportsponsoring-Agentur *Experience* vom Januar 2009 bestätigt diese Tatsache: Die Frauennationalmannschaft ist das Zugpferd des deutschen Frauenfußballs. Während die für potenzielle Sponsoren wichtige Reichweite der Frauenfußball-Bundesligavereine nahezu marginal und selbst beim von der Sponsorengunst vergleichsweise verwöhnten 1. FFC Frankfurt mit seinem Top-Partner *Commerzbank* lediglich von einer gewissen regionalen Bedeutung ist, besitzt die Nationalauswahl eine Reichweite, die für Partner aus der Wirtschaft interessant ist. Für den Frauenfußball sprechen gemäß der Studie, dass der Sport ein klares und eigenständiges Profil hat. Frauenfußball wird bei der Umfrage deutlich differenziert zum Männerfußball bewertet und liegt vor allem bei Werten wie »fair«, »ehrlich« und »sympathisch« deutlich vor dem Männerfußball.

Diesen nahezu tadellosen Ruf hat sich der Frauenfußball bei den Auftritten der Nationalmannschaft erworben. Die eilt seit dem ersten Titelgewinn 1989 von einem Turniersieg zum nächsten und hat sich damit immer wieder in den Fokus der Öffentlichkeit gespielt. Vor allem die EM-Erfolge 1989 und 2001 jeweils auf deutschem Boden waren Meilensteine für den Frauenfußball, jeweils mit dem glücklichen Moment gesegnet, dass hochdramatische Spiele wie das Halbfinale von 1989 gegen Italien samt Elfmeterschießen und das Endspiel von 2001 mit dem Golden Goal durch die Überlänge der Übertragungszeit auch Zuschauer erreichte, die eigentlich nachfolgende Sendungen verfolgen wollten. Bei insgesamt zehn Europameisterschaften (und acht eigenen Teilnahmen an den Endrunden) haben die DFB-Frauen sieben Mal die Europameisterschaft gewonnen, obgleich eigentlich kein einziger Triumph ein Selbstgänger war. Viel stärker noch als die Männer haben sich die Frauen als wirkliche Turniermannschaft erwiesen. Immer wieder hielten die Frauen einem immensen Druck stand, der auf dem Team lastete: Denn bei fast jeder Turnierteilnahme wurde vor dem Turnier der Eindruck erweckt, dass der Frauenfußball unbedingt einen Erfolg brauche, um sich fortentwickeln zu können.

»Unsere Spielerinnen hatten sicher immer im Bewusstsein, dass ein frühes Scheitern auch Folgen für den Frauenfußball insgesamt haben kann«, sagt Hannelore Ratzeburg. »Die großen Turniere sind nun mal die besten Gelegenheiten, um für den Frauenfußball zu werben.«

Umso erstaunlicher ist es, dass die deutschen Frauen seit dem ersten Europameistertitel 1989 immer wieder dem hohen Erwartungsdruck standhielten: Nur mit dem Halbfinal-Aus gegen Italien bei der Europameisterschaft 1993 sowie dem Scheitern in der Vorrunde bei der Premiere des olympischen Frauenfußballturniers 1996 erlebten die DFB-Frauen auch mal ernsthafte sportliche Rückschläge. Sonst nutzten sie jede sich bietende Gelegenheit zur Werbung in eigener Sache.

Über die nackten Ergebnisse hinaus war aber auch entscheidend, dass die Frauennationalmannschaft immer wieder wenigstens für eine geraume Zeit Spielerinnen in den Fokus der Öffentlichkeit brachte, die als Gesicht des Erfolgs dienten: Marion Isbert war die Heldin des ersten Europameisterschaftssieges von 1989, Doris Fitschen gab eine geraume Zeit als Vorzeigefrau des deutschen Fußballs den weiblichen Beckenbauer, Claudia Müller schaffte es 2001 als Schützin des Golden Goals in die Schlagzeilen, Nia Künzer wurde 2003 durch ihren Siegtreffer im Finale gegen Schweden zu einer Ikone des Frauenfußballs und dank Eloquenz und sympathischen Auftretens zum ersten echten Medienstar, nachdem vorherige »Heldinnen« wie Silvia Neid oder Birgit Prinz meist »nur« wegen ihres sportlichen Könnens respektiert wurden. Der Frauenfußball brauchte aber spätestens beim Titelgewinn von 2003 ein fast zufällig auserwähltes Gesicht wie jenes von Nia Künzer, um wenigstens etwas Öffentlichkeit zu erreichen. Im Vergleich zu allen anderen Mannschaftssportarten standen die Frauenfußballerinnen freilich auch mit diesen bescheidenen Erfolgen im Kampf um Aufmerksamkeit schon ziemlich gut da.

Auch in dieser Hinsicht ist der Weltmeistertitel 2007 eine Wende zum Besseren: Der Titelgewinn produzierte mehrere Gesichter, die seither ein gewisses Interesse erzielen. Nadine Angerer ist seither eine weibliche Wiedergängerin Oliver Kahns, weil die »Titanin« ähnlich wie ihr ehemaliger männlicher Berufskollege bei der WM 2001 in Japan und Südkorea schier unüberwindlich war im WM-Verlauf. Simone Laudehr rückte in den Fokus, weil sie den entscheidenden Treffer zum 2:0 erzielte. Lira Bajramaj weckte das Interesse der Medien, weil das »Küken« der Endspielelf als gutes Beispiel für die Integrationskraft des Fußballs in Bezug auf Mädchen mit Migrationshintergrund dient.

Diese Geschichten schaffen eine Bindung zwischen dem Publikum und der Mannschaft, die unerlässlich ist für hohe TV-Quoten: Nur wenn sich der Fan am Fernsehbildschirm zumindest ein bisschen in die Geschichte der Mannschaft verstrickt fühlt, entwickelt sich ein gemeinsamer »Sportkulturraum«, wie die amerikanischen Politologen Andrej S. Markovits und Steven L. Hellerman das für die Erschließung einer Öffentlichkeit notwendige kollektive Sportgedächtnis einer Nation bezeichnen. Wenn auch schwach ausgeprägt, zählt der Frauenfußball dank der Isberts, Müllers, Künzers und Angerers zum kollektiven Gedächtnis der deutschen Sportnation. Keine andere Frauenmannschaftssportart kann das von sich behaupten. Nur eine sehr hockeybegeisterte Minderheit könnte eine Spielerin des deutschen Überraschungs-Olympiasiegerteams von 2004 beim Namen nennen. Keine Handballspielerin erreicht den Bekanntheitsgrad der fünf oder sechs prominentesten deutschen Fußballspielerinnen. Vom Basketball als der in Deutschland bei den Frauen am wenigsten erfolgreichen Mannschaftssportart ganz zu schweigen. Die Folge dieser Mythenbildung rund um die Frauennationalmannschaft sind die erstaunlichen Erfolge im Quotenrennen der öffentlich-rechtlichen Sender: 2003 war der sensationelle Erfolg einer Zehn-Millionen-Quote beim Endspiel um den Titel in den Vereinigten Staaten noch der dank der Zeitverschiebung perfekten Übertragungszeit auf dem *Tatort*-Sendeplatz am Sonntagabend geschuldet. 2007 schafften die deutschen Kickerinnen indes trotz deutlich weniger günstiger Anstoßzeiten am deutschen Nachmittag bei der WM in China eine weitere Steigerung und erreichten nach Angaben der *Experience*-Studie 27 Prozent mehr Zuschauer und beim Endspiel an einem Sonntagnachmittag erneut deutlich mehr als zehn Millionen Zuschauer. Damit konkurriert der Frauenfußball schon mit Europapokalspielen der Männer und kann locker mit den Publikumserfolgen der deutschen Handball-Nationalmannschaft der Männer mithalten.

Sicherlich ist die große Fernsehresonanz für den Frauenfußball in jüngeren Jahren auch der von DFB-Präsident Theo Zwanziger gerne als »Kommunikationsherrschaft« bezeichneten Machtposition seines Deutschen Fußball-Bundes geschuldet. Der Verband mit seinem Präsidenten an der Spitze nötigt den öffentlich-rechtlichen Sendern für den Erwerb der Übertragungsrechte der Männernationalmannschaft auch die Pflicht zur Übertragung von Frauenländerspielen ab.

Wer Ballack und Klose zeigen will, muss auch Angerer und Prinz übertragen.

Und der DFB schafft es mit seiner Medienmacht sogar, dass ein Nicht-Ereignis wie die Bekanntgabe der ohnehin schon vorab bekannten Spielorte der Frauenfußball-Weltmeisterschaft 2011 dank der Protektion des DFB eine Stunde lang live aus dem Kanzleramt übertragen wird. Die *Frankfurter Allgemeine Zeitung* veranlasste dies zu einem bitterbösen Kommentar gegen die Bevorzugung des Frauenfußballs durch die öffentlich-rechtlichen und eigentlich zum Dienst am Allgemeinwohl und -sport verpflichteten Sender ARD und ZDF. »Wenn man ehrlich bleiben würde, wäre Frauenfußball ohne die Macht seines Verbandes eine Randsportart und würde das gleiche Schicksal fristen wie die anderen, die es alle vier Jahre bei Olympischen Spielen mal ins Rampenlicht schaffen.«

Deshalb hat der Frauenfußball große Neider vor allem unter den olympischen Sportarten. Hatten sie früher wenigstens noch im Kampf um weiblichen Nachwuchs einigermaßen Chancengleichheit, so laufen heute dank der Medienpräsenz des Frauenfußballs auch die Nachwuchssportlerinnen wie die Jungs in Scharen zum Fußballverein über. Öffentlich halten sich die Verbandsoberen womöglich mit Beschwerden zurück, weil der DFB in der Ära Zwanziger gerne als finanzieller Förderer der finanzschwachen anderen Sportverbände eintritt. Vom Überschuss der WM 2006 zweigte der DFB beispielsweise 5,5 Millionen Euro ab, um notleidende Verbände zu unterstützen. Mancher Funktionär aus finanzschwachen Randsportarten bezeichnet diese gewaltige Summe unter der Hand als »Schweigegeld«. DFB-Präsident Zwanziger sieht hingegen angesichts des finanziellen Nutzens des DFB auch für die anderen Sportverbände den Kampf seines Verbandes um die Mädchen als gerechtfertigt an: »Wir sind nicht allein in der Welt des Sports, aber warum sollten wir nicht mit unseren Möglichkeiten um die Sport treibenden Mädchen werben. Wir bringen somit sicher mehr Mädchen zum Sport, als wenn wir das alles anderen Verbänden überlassen würden«, sagt Zwanziger. Der DFB-Boss ist überzeugt davon, dass der Fußball seiner sozialen Verantwortung nur gerecht wird, wenn er sich mit aller Kraft der Gleichberechtigung der Frauen und Mädchen auch unter Migranten widmet. Ein positiver Nebeneffekt für die Statistiker des DFB ist, dass der Verband durch die Fokussierung auf Mädchen ein Wachstumspotenzial erschlossen hat. Unter den rund sieben Millionen Mitgliedern des größten Einzelsportverbands der Welt sind bislang nur eine Millionen Frauen und Mädchen mit nunmehr stark steigender Tendenz.

Auch das Wachstum an aktiven Spielerinnen wird natürlich dem deutschen Frauenfußball beim weiteren Kampf um öffentliche Aufmerksamkeit helfen: Erstens steigt mit jedem spielenden Mädchen die Chance, auch künftig Jahrhunderttalente wie Heidi Mohr, Bettina Wiegmann oder Birgit Prinz ausbilden zu können. Zum anderen steigt die gesellschaftliche Akzeptanz des Frauenfußballs mit jeder Familientochter, die dem Leder nachjagt.

DER LANGE WEG VOM ERSTEN LÄNDERSPIEL BIS ZUM ERSTEN ERFOLG

Am 10. November 1982 ist es endlich so weit: Die deutschen Fußballfrauen erreichen eines ihrer wichtigsten Ziele auf dem Weg zu einem einigermaßen gleichberechtigten Dasein im Fußball. Der Verband gestattet seinen Frauen das erste offizielle Länderspiel – gemäß den UEFA-Vorgaben freilich nur über zweimal 35 Minuten. Gegner in Koblenz ist wie so oft an historischen Wegmarken in der Geschichte des DFB die Schweiz. Die Damen aus der Alpenrepublik sind sogar freundliche Premierengäste und gewähren den deutschen Damen vor 5.500 Zuschauern einen 5:1-Sieg zum Aufgalopp in die Länderspielgeschichte. Das Premierentor gelingt Doris Kresimon in der 25. Minute, die weiteren Treffer erzielen Ingrid Gebauer, Birgit Bormann und die heutige Bundestrainerin Silvia Neid (2).

Mit dem Kantersieg überspringt die von Gero Bisanz betreute Truppe eine nicht zu unterschätzende Hürde: Selbst polemische und im Publikum vertretene Meinungsmacher wie Max Merkel und Paul Breitner zeigen sich begeistert vom Premierensieg gegen die Schweiz. Männer-Bundestrainer Jupp Derwall hatte sogar »90 gute Minuten« gesehen, obwohl damals nur

Elf Revolutionärinnen: Die erste deutsche Frauennationalmannschaft am 10.11.1982 gegen die Schweiz.

2x35 Minuten gespielt werden. »Mir fiel ein Stein vom Herzen, dass wir dieses Spiel so ordentlich über die Bühne gebracht haben«, erinnert sich die heute als Vizepräsidentin des DFB fungierende Hannelore Ratzeburg, die schon damals die erste Frau im Fußballstaat war. »Wir alle wussten, dass wir einen ganz entscheidenden Schritt auf dem Weg zur Anerkennung hinter uns gebracht haben mit der Gründung der Nationalmannschaft und der Austragung des ersten Länderspiels. Zugleich war uns aber bewusst, dass es viele gab, die auf eine hohe Niederlage hofften, um unsere Bemühungen möglichst wieder im Keim ersticken zu können.« Entsprechend nervös waren die jüngeren und etwas älteren Frauen, die damals bei der Nationalhymne auf dem Spielfeld standen. »Einige von uns hatten Tränen in den Augen«, erinnert sich auch Silvia Neid, die bei der Premiere als Einwechselspielerin mit dem ersten Ballkontakt das 3:0 und später den letzten Treffer zum 5:1 erzielte und somit erste Rekordtorschützin der Nationalmannschaftsgeschichte wurde. »Diese Tränen waren nicht nur Zeichen der Vorfreude, sondern auch Zeichen des Drucks, den wir spürten.«

Diesen Druck müssen an jenem Abend im Koblenzer Oberwerth-Stadion vor allem Kickerinnen der SSG Bergisch-Gladbach aushalten. Zu den Nationalspielerinnen der ersten Stunde zählen mit Gaby Dlugi-Winterberg, Monika Degwitz, Brigitte Klinz, Bettina Krug, Petra Landers, Anne Trabant, Doris Kresimon und Ingrid Gebauer gleich acht Spielerinnen der damaligen deutschen Übermannschaft. Alle acht stehen auch in der Startformation. Lediglich die erst 18 Jahre alte Torhüterin Marion Feiden (spätere Isbert), Rike Koekkoek vom FSV Frankfurt und Birgit Bormann vom SC 07 Bad Neuenahr brachen in die Startelf-Phalanx der deutschen Übermannschaft ein. Später kamen dann noch Claudia Reichler vom BV 08 Lüttringhausen, Christel Klinzmann von Eintracht Wolfsburg, die Duisburgerin Birgit Offermann und die beiden damals für den SC Klinge Seckach spielenden Petra Bartelmann und Silvia Neid zu ihren Länderspielpremieren.

Diese Zusammenstellung des Kaders ist ein Beleg für die Dominanz der Klubs aus dem Bergischen, zum anderen ist die Auswahl der Spielerinnen auch ein Hinweis auf das sehr stark an den Interessen ihres Klubs ausgerichtete Handeln von Anne Trabant. Bundestrainer Gero Bisanz, der den Job als Betreuer der DFB-Frauen zunächst eher widerwillig übernommen hatte, hat Trabant als Assistentin an der Seite. Da Bisanz noch überhaupt keine Kenntnisse vom deutschen Frauenfußball hat, muss er bei der Wahl der Spielerinnen auf Trabant vertrauen. »Die Anne Trabant hat dabei schon zugesehen, dass Bergisch-Gladbach nicht zu kurz kommt«, sagt Maria Breuer, damals angesichts ihres gestiegenen Alters als Nummer drei unter den Torhüterinnen im erweiterten Kader des DFB. Diese Bevorzugung der Bergisch-Gladbacherinnen hat nicht allen Nationalspielerinnen behagt. Die Neuenahrerin Birgit Bormann, eine der drei »Auswärtigen« in der Anfangself beim Premierenspiel gegen die Schweiz, traut sich beispielsweise schon fast nicht mehr zur DFB-Auswahl, da die Übermacht der Gladbacherinnen zu groß war. »Manche Spielerin von einem anderen Verein fühlte sich schon fast gemobbt«, sagt Maria

Bereits Ende der 80er Jahre ist das Gerüst der späteren Erfolgself von Gero Bisanz (rechts) und Tina Theune-Meyer (links) um die Spielerinnen Martina Voss, Silvia Neid, Heidi Mohr und Doris Fitschen zu erkennen.

Breuer, die am 7. September 1983 gegen die Schweiz ihr einziges Länderspiel als Torhüterin bestreiten darf.

Breuer erinnert sich auch an einen Streit in der Halbzeit jenes Spiels, der die damalige Stimmung im Nationalteam gut zum Ausdruck bringt. Trabant, die die ersten der damals zweimal 35 Minuten auf der Bank sitzen musste, übte lautstark Kritik an der Aufstellung von Bundestrainer Bisanz, dem sie eigentlich als Assistentin zuarbeiten soll. »Anne hat gefordert, dass wir viel offensiver spielen müssten«, erinnert sich Breuer. »Da ging es so laut zu in der Kabine, dass wir anderen Spielerinnen ganz schüchtern den Kopf eingezogen haben.« Dem Duo Trabant/Bisanz ist deshalb auch keine allzu lange Lebensdauer vergönnt. Bald ist Trabant von ihren Aufgaben als Assistentin entbunden. Mit der Auswechslung im letzten Spiel der für den DFB wenig erfolgreichen Qualifikationsrunde für die erste Europameisterschaft im Jahr 1984, gegen Belgien am 22. Oktober 1983, endet dann nach nur acht Spielen auch schon die Nationalmannschaftskarriere der ersten großen Frau in der Geschichte der Nationalmannschaft. Offiziell zieht sich Trabant wegen der hohen Belastung als Spielertrainerin in Bergisch-Gladbach zurück. Gero Bisanz holt sich bald mit Tina Theune-Meyer eine neue rechte Hand zur Seite. Bisanz lernt Theune-Meyer als Leiter des Fußballlehrer-Lehrgangs in Köln kennen, den die spätere Bundestrainerin als erste Frau absolviert.

Die Erfolge bleiben dennoch auch in den Folgejahren zunächst aus: Auch die Europameisterschaftsendrunde 1987 geht ohne deutsche Beteiligung über die Bühne. Immerhin gelingt

Marion Isbert hält im EM-Halbfinale 1989 gegen Italien, was zu halten ist.

Bisanz der personelle Umbruch und die Verjüngung des deutschen Teams. Spielerinnen wie Doris Fitschen, Jutta Nardenbach, Britta Unsleber, Martina Voss und vor allem die Torjägerin Heidi Mohr, mehr als ein Jahrzehnt später nach ihrem Karriereende mit dem hochtrabenden Titel »Europas Fußballerin des Jahrhunderts« dekoriert, stoßen zu Leistungsträgerinnen wie Torhüterin Marion Isbert (die mittlerweile wieder ihren Mädchennamen Feiden angenommen hat) oder den Mittelfeldmotoren Silvia Neid und Sissy Raith. Das Team, das in den kommenden zehn Jahren das Gesicht der Nationalmannschaft abgibt, qualifiziert sich ohne Niederlage fürs EM-Viertelfinale. Nach dem Sieg gegen die Tschechoslowakei in der Runde der letzten acht sichert sich der DFB das Recht, als Gastgeber für die Europameisterschaft 1989 fungieren zu dürfen. Das Turnier wird zu einem Meilenstein für den deutschen Frauenfußball: Das EM-Halbfinale am 28. Juni 1989 in Siegen gegen Italien ist das erste im deutschen Fernsehen live übertragene Frauenfußballspiel.

Die ARD verzeichnet eine erstaunliche Zuschauerquote, als Marion Isbert im Elfmeterschießen zur Heldin des Tages wird: Die Torhüterin pariert zunächst drei Elfmeter, ehe sie von der Ersatzspielführerin Sissy Raith aufgefordert wird, den siebten Elfmeter selbst in die Maschen ihrer italienischen Torhüterkollegin Russo zu setzen. »Ich war eigentlich an der Reihe gewesen, aber ich habe mir das in diesem Moment nicht zugetraut«, sagt Raith heute. »Deshalb habe ich

Der Meilenstein: Gero Bisanz (in der Mitte) wird nach dem EM-Finale von 1989 umlagert.

den Schiedsrichter überredet, dass er mich zu Marion laufen und sie zum Schießen auffordern lässt.« Etwas widerwillig stimmt Marion Isbert schließlich zu, um ihre Heldentaten anschließend umso herzerweichender mit ihrem Sohn René auf dem Arm zu bejubeln. Nach dem Sieg gegen die Italienerinnen steigert sich die plötzlich aufkeimende Aufregung um die deutschen Frauen vier Tage später nochmals. Deutschland gewinnt vor der sagenhaften Kulisse von 22.000 Zuschauern im *Stadion an der Bremer Brücke* in Osnabrück gegen Norwegen mit 4:1. »Dieses Spiel gegen Italien mit seiner Dramatik und der anschließende EM-Titel waren zweifelsohne der Durchbruch«, sagt die damalige Spielführerin und heutige Bundestrainerin Silvia Neid, die von ihrer Einwechslung im ersten Länderspiel 1982 bis heute einer der prägenden Figuren der Nationalmannschaft ist. »Wahrscheinlich hätte es diesen Hype gar nicht gegeben, wenn das Halbfinale klar für uns ausgegangen wäre«, sagt Sissy Raith im Rückblick. »Gewissermaßen müssen wir deshalb dem fürchterlich schlechten Schiedsrichter dankbar sein, dass er das Spiel durch die Benachteiligung von uns spannend gemacht hat. Dadurch ist es ein richtiger Krimi mit Überlänge geworden.« Auch wenn die EM-Prämie des DFB – der Verband verzichtete aus Furcht vor steuerrechtlichen Nachteilen für seine Spielerinnen auf eine Geldprämie und wählte stattdessen ein damals als trendig beworbenes Kaffeeservice der Marke *Villeroy & Boch* – anderes vermuten lässt: Der Frauenfußball hat in diesem Moment in Deutschland tatsächlich einen großen Schritt getan.

»DANACH WAR NICHTS MEHR SO WIE VORHER«

Annette Seitz ist Journalistin, einst aus der Region Marburg/Gießen kommend bei der *Frankfurter Rundschau,* inzwischen beim DFB beschäftigt und dort neben der Bundesliga-Präsentation im Internet für die Nachwuchs-Nationalteams zuständig. Vor 20 Jahren zählte sie zu jenen Zuschauern, die im Siegener Leimbachstadion beim EM-Halbfinale der Frauen zwischen der DFB-Auswahl und Italien dabei waren. Eine Augenzeugin bei einem Ereignis, das bis heute fasziniert. Im DFB-Internet erinnert sie sich an jenen ganz speziellen Mittwochnachmittag.

»Ich war dabei. Habe die Tränen von Marion Isbert gesehen. Und hemmungslos mitgeheult. Habe geschrien, getobt, geklatscht, bis mir die Hände weh taten. Und wildfremde Menschen umarmt. Wie all die anderen, die am 28. Juni 1989 unvergessliche Momente miterleben durften. Bewegt hat uns dieses Erlebnis irgendwie alle. Denn jeder, der die Geschehnisse hautnah verfolgte, bekommt noch heute eine Gänsehaut, wenn er sich daran erinnert.«

Eine kleine Gruppe engagierter Bezirksoberliga-Fußballerinnen vom heute nicht mehr existierenden BSC Sinn machte sich an jenem sonnigen Tag auf den Weg nach Siegen.

»Wann hatte man schon einmal die Möglichkeit, Größen wie Silvia Neid, Martina Voss oder Heidi Mohr live zu erleben? Und dazu noch bei einem EM-Halbfinale dabei zu sein? Kam ja nicht so oft vor in jenen Tagen, in denen Frauenfußball noch von ›Damen‹ gespielt wurde und eine Partie nur über zweimal 40 Minuten lief. Es herrschte gewaltiger Andrang vor dem Stadion und es hat einige Zeit gedauert, bis wir schließlich drin waren. Auf der Gegentribüne haben wir uns platziert. Die Stimmung war gut. ... Die Stimmung wurde noch besser, als Silvia Neid das 1:0 erzielte, trübte sich allerdings ein wenig ein, als der Ausgleich fiel. Der Puls war auch noch in der Verlängerung im unbedenklichen Bereich. Bis zum Elfmeterschießen. Danach war vieles nicht mehr so wie vorher. Wir alle, die wir dort im Siegener Leimbachstadion ausharrten und es kaum fassen konnten, als Marion Isbert zunächst den ersten Elfmeter hielt, den zweiten und auch den dritten - wir alle werden diese Minuten nie mehr vergessen. Eingebrannt ins Gedächtnis sind vor allem jene Sekunden, als die Torfrau der DFB-Auswahl sich beim allerletzten Strafstoß den Ball selbst auf den Punkt legte. Jawohl. Marion Isbert, die Überirdische, hält mal eben in einem EM-Halbfinale drei Elfmeter und tritt dann auch noch selbst an, um zu vollstrecken. Fassungslosigkeit im Stadion. Isbert legt die Kugel hin - Isbert läuft an - Isbert verwandelt - Deutschland im EM-Finale! Es brachen alle Dämme.

Ich bin dann irgendwann wieder zu mir gekommen. Aus dem Freudentaumel aufgewacht. Und ziemlich beseelt nach Hause gefahren. ... Nach diesem Erlebnis haben wir als Fußballerin selbst irgendwie anders gespielt. Motivierter, kraftvoller, mutiger. Weil wir gesehen haben, wie es geht. Wie Frauenfußball begeistert.«

GERO BISANZ

Vom DFB-Chefausbilder zum erfolgreichen Frauentrainer

Jugendfußball und Ausbildungsfragen haben das Leben von Gero Bisanz, der in Westpreußen geboren und im Flüchtlingstreck in die Grafschaft Bentheim verschlagen wird, bestimmt. Nach dem Abitur in Bielefeld und Diplomsportstudium in Köln geht der erste offizielle, 1982 vom DFB auserkorene Frauenfußball-Bundestrainer zunächst in den Schuldienst, ehe er ab 1970 an der Kölner Sporthochschule doziert. Ab 1980 leitet er die DFB-Trainerausbildung in der Nachfolge von Hennes Weisweiler. 1981 ist Bisanz B-Nationaltrainer, ab Mitte 1982 Chefcoach und Mitbegründer der Frauen-Auswahl des DFB. Im Jahr 2000 wird der seinerzeit erfolgreichste Frauentrainer Europas zum Mitbegründer der Stiftung Jugendfußball.

Der Frauenfußball ist zunächst alles andere als eine Liebe auf den ersten Blick. »Diese Doppelbelastung über 14 Jahre hat besonders am Anfang ziemlich geschlaucht«, erinnert sich Bisanz, der vom damaligen DFB-Boss Hermann Neuberger mehr oder weniger zum Pflichtdienst

Gero Bisanz 1993 im Trainingslager

neben seiner Haupttätigkeit als Chefausbilder in Köln eingeteilt wurde. Erst im Laufe der Zeit, als sich Lohn für den Einsatz abzeichnete, begann Bisanz diesen Zweig seines Berufes wirklich zu lieben. »Es dauerte ein paar Jahre, bis mich diese Arbeit voll befriedigte«, gesteht Bisanz heute.

Seine Aufgabe ist es 1982 zunächst, die Grundlagen für den Frauenfußball beim DFB zu legen. Nicht nur fürs Nationalteam, sondern generell durch verbesserte Ausbildung und Strukturen, die die Vorbereitung eines leistungssportlich orientierten Frauenfußballs ermöglichen sollen. Dass Bisanz der richtige Mann ist, ist allen im DFB klar – außer vielleicht ihm selbst. Denn an der Sporthochschule gibt es bereits Fußball spielende Studentinnen und somit für Bisanz seit Jahren schon eine gewisse Notwendigkeit, den Fußball zweigeschlechtlich zu behandeln. Bei diesen Kursen begegnet Bisanz auch Tina Theune-Meyer, die er später zu seiner Assistentin heranzieht. Sie ist die erste Frau mit der Trainerlizenz eines Fußballlehrers, sie übernimmt die Nachwuchsauswahlen des DFB und nicht zuletzt folgt sie Bisanz 1996 als Nachfolgerin auf den Chefstuhl der A-Frauen. Da »TTM« die Bisanz-Schiene inhaltlich später fortführt, besteht kein Zweifel, dass die Kölner Sporthochschule maßgebliche Impulse für den Frauenfußball in Deutschland entwickelte.

Doch neben dem Aufbau seines Trainerteams hat Bisanz eine Hauptsorge: Er will keine Feierabendfußballerinnen im Nationalteam. Das macht er den Anwärterinnen aufs Adlertrikot schnell klar. Seine Anforderungen sind hoch und alles andere als ein Zuckerschlecken. Denn als Stratege erkennt er schnell, dass der Frauenfußball ausbaufähig ist. So fordert er mehr Trainingsqualität in den Vereinen, um das Nationalteam zügig an den internationalen Standard heranzuführen. Immer wieder muss Bisanz nach dem überzeugenden und für das Ansehen des Frauenfußballs in Deutschland immens wichtigen 5:1-Premierensieg gegen die Schweiz im November 1982 mit seinem Team Lehrgeld zahlen. Dann gewinnt die DFB-Auswahl sensationellerweise die Europameisterschaft 1989 im ausverkauften Stadion in Osnabrück. Dieser Erfolg bringt Bisanz und die Fußballfrauen mit ihrem Fußball mit Herz auf einmal schlagartig ins Rampenlicht. Die Medien rätseln, ob der Erfolg auf Bisanz' Maßnahme zurückgeführt werden kann, dass er seine Frauen am Morgen des Spiels barfuß durchs feuchte Gras hat joggen lassen, damit sie rechtzeitig zum frühen Anstoßtermin in Fahrt kommen. Es folgen Höhepunkte wie der zweite EM-Titel 1991, die Teilnahme an der ersten offiziellen Weltmeisterschaft 1991 in China, die Deutschland auf Platz vier abschließt. Dort kokettiert Bisanz zum ersten Mal damit, dass seine Mission des Aufbaus nun erfüllt sei. Doch der DFB will mehr. Und Bisanz liefert mehr, macht sich für eine breitere Struktur im Frauenfußball stark. So wird der Boden bereitet für die Nachwuchsteams. Zuerst kommt die U18, die dann zur U19 wird, später zur U20. Dann kommen die Mädchen. Allmählich wächst ein lückenloses System. 1995 erreicht die Frauennationalmannschaft das WM-Finale in Stockholm und gewinnt zum dritten Mal den EM-Titel.

Obwohl Gero Bizanz mit freiem Oberkörper einen Handstand-Überschlag neben seinen joggenden Damen im Training zelebrierte, verpasste das Team bei der EM 1993 mit Rang vier einen Medaillenplatz.

Dann nimmt Bisanz noch die Teilnahme am ersten olympischen Frauenfußballturnier in Atlanta 1996 zum Abschluss der Trainerkarriere mit, ehe er den Stab weitergibt an Tina Theune-Meyer – nach den 127 ersten offiziellen Frauenländerspielen.

Es hatte Klasse und ist einmalig, was Bisanz da geschaffen hat. Vor allem auch wegen der Vorbereitung der Zukunft des Frauenfußballs. Bis heute wirkt Bisanz' Arbeit nach: »TTM« wurde von ihm ebenso aufgebaut wie die aktuelle Bundestrainerin Silvia Neid, die vom ersten Länderspiel an dabei war und somit über die Jahre entscheidend geprägt wurde. Auch sie verkörpert die Bisanz-Schule und setzt seinen Kurs fort. Gero Bisanz ist neben seiner Ausbildungstätigkeit zweifelsohne derjenige, der die Grundlagen des Erfolges der Fußballfrauen in Deutschland legte. Selbst beim Nationalteam hat er oft exemplarische Übungen trainieren lassen, die die Spielerinnen mit in die Vereine nehmen konnten. Diese Art der Niveausteigerung lag ihm am Herzen. Dank seiner Beharrlichkeit, seines Einsatzes für die Sache, seiner Freundlichkeit und Fachkompetenz ist Bisanz bis heute ein anerkannter Mann über die Grenzen Deutschlands hinaus. Nicht zuletzt sein Charakter eines Gentlemans sorgt neben den Erfolgen für internationales Ansehen des deutschen Frauenfußballs.

Nach seinem Rücktritt 1996 arbeitet Bisanz noch vier Jahre bis zu seiner Pensionierung mit 65 Jahren als DFB-Chefausbilder. Heute ist er freiberuflich noch munter im Einsatz und flüchtet immer wieder aus dem puren Rentnerdasein. Etwa wenn FIFA oder UEFA zu Kursen rufen oder die Asiatische Konföderation, er bleibt auch nach der Trainerkarriere ein gefragter Mann.

TINA THEUNE

Die erste Frau ist bis heute die erfolgreichste Trainerin der Welt

Ist es nicht eine kuriose Vorstellung, dass Joachim Löw seine Spieler anlässlich eines Lehr-gangs der Nationalmannschaft in Freiburg kurzerhand mal in sein nahegelegenes Elternhaus im Schwarzwald bittet, wo den Jungmillionären Kaffee und selbstgebackener Kuchen im Beisein von Löws Eltern serviert werden? Nein, die Nationalspieler werden vermutlich auch in Zukunft ihr Kaffeestückchen im Fünf-Sterne-Hotel serviert bekommen.

Bei der ehemaligen Bundestrainerin Tina Theune-Meyer, die seit kurzem wieder ihren Mäd-chennamen Theune angenommen hat, kann man sich unterdessen gar nicht richtig ausmalen, dass sie sich in der oft künstlichen Atmosphäre eines Luxuspalastes wohlfühlt. Stattdessen kann man sich sehr gut vorstellen, wie vor einigen Jahren der kleine Ausflug der Frauenfußball-Nationalmannschaft ins Elternhaus der 1953 geborenen Theune vonstatten geht. Die Bundes-trainerin lässt ihre Mädels einfach mit dem Mannschaftsbus anfahren und dann ergibt sich ein netter Nachmittag im Kreis ihrer beiden Familien: Die eine ist ihre leibliche Familie, die andere ist eben für fast zwei Jahrzehnte die Nationalmannschaft, die Theune zunächst seit 1986 als Assistentin des ersten Bundestrainers Gero Bisanz mitprägt, ehe sie nach dem ersten olym-pischen Fußballturnier 1996 das Amt der Cheftrainerin übernimmt – natürlich als erste Frau.

Diese Erläuterung »als erste Frau« begleitet Theune seit ihrem Studium in den 70er Jahren. An der Sporthochschule in Köln hat die Pfarrerstochter das Glück, dass ihr späterer DFB-Vorgesetzter Gero Bisanz dort als Dozent durchsetzt, dass Fußball auch für Frauen als Wahl-fach zu belegen ist. Theune, die in jenen Jahren nach dem Ende des Frauenfußballverbots im Herrschaftsgebiet des DFB endlich ihrem Kindertraum nachgehen und bei Grün-Weiß Brau-weiler wenigstens noch ein paar Jahre im Verein mit der Spielmachernummer »10« dem Ball nachjagen kann, wagt sich als einzige Frau in diesen Kurs und wählt sogar das Sonderfach Fußball. »Ich konnte an der Uni endlich das nachholen, was mir in meiner Jugend wegen des Frauenfußballverbots verwehrt blieb«, sagt Theune, die zuvor nur in ihrer Kindheit mit ihren vier Schwestern und den Nachbarjungs dem Ball nachgejagt ist, im Rückblick. »Für mich persön-lich kam die Entwicklung allerdings ein paar Jahre zu spät, als dass ich noch richtig was hätte erreichen können.«

Stattdessen erreicht sie, die ihre Spielerkarriere 1982 nach einer Knieoperation beenden muss, eben als Trainerin einiges: Mit dem Studienabschluss im Sonderfach Fußball erhält sie die B-Trainer-Lizenz – natürlich als erste Frau in Deutschland. Da Theune-Meyer anschließend

Ein kongeniales Trio: Tina Theune-Meyer (TTM), der Fußball und ihr Lehrmeister Gero Bisanz (verdeckt)

keine richtige Anstellung im Schuldienst findet, nutzt sie die Zeit für den Erwerb der Fußball-lehrerlizenz, die sie wieder als erste Vertreterin ihres Geschlechts erwirbt. Als Gero Bisanz einige Zeit später eine Honorartrainerin für den DFB-Frauenbereich sucht, erinnert er sich an seine einstige Schülerin und vermittelt ihr den Einstiegsjob beim DFB. Ab 1987 arbeitet Theune-Meyer dann als festangestellte Trainerin für den Verband. Sie assistiert Bisanz bei der Nationalmannschaft und kümmert sich um den Aufbau von Strukturen in der Talentsichtung und –förderung. Als die Nachwuchsauswahlteams aufgebaut werden, übernimmt sie für diese Teams die alleinige Verantwortung. Und sie wächst in die Rolle der Nachfolgerin von Gero Bisanz hinein. »Ich wusste schon lange vor der Stabübergabe an Tina Theune-Meyer, dass sie die Richtige ist, um den Frauenfußball aufs nächste Level zu bringen«, sagt Bisanz heute. »Ich wusste, dass es dem Sport gut tut, wenn das eine Frau weiterführt.«

Theune tut es auf ihre Art und erringt als bis heute erfolgreichste Trainerin der Welt einen Welt- und drei Europameistertitel. Als sanfter und gutmütiger Mensch ist sie sicher nicht die Person, die es liebt, harte Entscheidungen zu treffen und sich als Chefin aufzuspielen. Auch der Umgang mit der Öffentlichkeit ist sicher nicht die große Vorliebe von »TTM«, wie sie in der Frauenfußballszene genannt wird. Manchmal wirkt die Trainerin auf ihre Spielerinnen auch ul-kig, wenn sie beispielsweise bei der Weltmeisterschaft 2003 immer wieder auf den Fahrten zu den entscheidenden Spielen den Radetzky-Marsch über die Lautsprecher im Mannschaftsbus auf die Spielerinnen niederprasseln lässt. Oder wenn sie im Taktiktraining darauf beharrt, dass sie sich gegenseitig als Signal für einen Doppelpass oder einen gemeinsamen Pressingversuch ein lautes »Zosch« und keinesfalls ein anderes Wort zurufen müssten – noch heute hauen sich Nationalspielerinnen auf die Schenkel, wenn sie an diese Szenen im Training zurückdenken. Sie tun dies freilich liebevoll, weil sie alle den Menschen Theune-Meyer, der sich in der wenigen Freizeit im privaten Domizil im Wasserturm zu Köln-Frechen musischen Dingen wie der Malerei oder der Fotografie widmet, zu schätzen gelernt haben. Außerdem macht die gewissenhafte und fachkundige Arbeit und die detailversessene Vorbereitung auf Trainingseinheiten, Spiele und Turniere Theune-Meyer nahezu unangreifbar. »Sie hat uns Spielerinnen immer beeindruckt, weil sie uns in Einzelgesprächen immer ganz detailliert mit Auflistungen und auch Zeichnungen unsere Schwächen und Stärken aufzeigen konnte«, erinnert sich Nia Künzer, die all ihre 32 Länderspiele unter Theune-Meyer absolviert hat. »Das war so überzeugend, dass Tina auch gar nicht laut werden musste.« Was die Bundestrainerin indes aufgrund ihrer leisen Art und der zarten Stimme auch gar nicht kann. Statt auf den emotionalen Auftritt vor der Mannschaft, den beispielsweise ihre Nachfolgerin Silvia Neid heute gerne einmal pflegt, setzt Theune-Meyer auf die Kraft ihrer Argumente. Nur wenn es mal wirklich schlecht läuft wie bei einem der letzten Testspiele vor der Weltmeisterschaft 2003. Nachdem die DFB-Mannschaft im April in Frankreich mit 0:1 verloren hat, nimmt Theune-Meyer jede einzelne Spielerin einzeln ins Gebet. »Sie hat diese Situation genutzt, um uns alle aufzurütteln und auch mal Härte zu zeigen auf ihre eigene Art«, sagt Nia Künzer. »Und das war vielleicht entscheidend für unsere Leistungssteigerung in den Monaten danach.« Ein wichtiger Schachzug ist in dieser Zeit auch die mutige Entscheidung, Maren Meinert und Steffi Jones vor der WM in den Kader zurückzuholen, obwohl die beiden US-Legionärinnen den größten Teil der Vorbereitung verpasst haben. Die Bundestrainerin nimmt in diesem Moment in Kauf, dass zumindest die beiden Spielerinnen, die dafür auf die WM-Reise verzichten müssen, ziemlich sauer sind. Bei der Weltmeisterschaft selbst bewältigt sie dann auch eine weitere schwierige Situation mit einer Konsequenz, die man »TTM« nicht zutraut. Als sich die wegen privater Probleme und auch der Rolle als Ersatzspielerin unzufriedene Linda Bresonik mehr und mehr zu einer Belastung für das Team entwickelt, schickt sie die »Rebellin« nach Hause.

So konsequent die Bundestrainerin in der Affäre Bresonik wie auch schon einige Jahre zuvor bei der Suspendierung ihrer Spielführerin Martina Voss zu handeln versteht, so fürsorglich ist sie mit den Spielerinnen, die ihrem Weg folgen. Als sich Nia Künzer 2002 zum dritten Mal ein Kreuzband reißt, schickt sie der deprimierten Nachwuchsspielerin einen Talisman ans Krankenbett, den die Nationalspielerin noch heute sorgfältig hütet. Vielleicht ist es ja dieser Talisman, der Nia Künzer 2003 beim »Golden Goal« im WM-Endspiel Pate steht und Theune-Meyer die Krönung ihrer Trainerlaufbahn beschert.

HEIDI MOHR

Die Schweigerin mit dem Torriecher

83 Tore in 104 Länderspielen. Fünfmal hintereinander Torschützenkönigin der Frauenfußball-Bundesliga. Es klingt nach Birgit Prinz, die Rede ist
aber von Heidi Mohr. Die am 29. Mai 1967 in Wein-
heim geborene Sportlerin setzt als erste deutsche
Spielerin Maßstäbe im Frauenfußball. Sie wird
zweimal Europameisterin (1989, 1991) und einmal Weltmeisterschaftszweite 1995, 1999 wird sie
gar – wenn auch in einer nicht uneingeschränkt

seriösen Wahl durch die dubiose Internationale Gesellschaft für Fußball-Historie und -Statistik
(IFFHS) – zu Europas Fußballerin des Jahrhunderts gekürt.

Den Auftakt zu dieser Karriere bildet das Länderspiel-Debüt 1985 in Norwegen. Bundestrainer Gero Bisanz hat die 18 Jahre alte Heidi kurz zuvor höchstpersönlich entdeckt, als er das
große Talent nach einem Testspiel seiner Mannschaft gegen die Baden-Auswahl ins Nationalteam holte. Für Bisanz ist das stille, blonde Mädchen ein Geschenk. Tore liefert die 1,67 Meter
große Stürmerin wie am Fließband. Bei der ersten Frauenfußball-Weltmeisterschaft 1991 in
China erzielt sie sieben Treffer in sechs Spielen. Zusammen mit Doris Fitschen wird sie in die
Weltauswahl gewählt. An die Zeit in der Nationalmannschaft hat sie allerdings auch eine besonders schlechte Erinnerung: den verschossenen Elfmeter gegen EM-Gastgeber Italien 1993
im Halbfinale. »Da war ich gar nicht dabei«, sagt Heidi Mohr Jahre später ganz trocken auf das
Elfmeterschießen angesprochen. Wie gar nicht dabei? »Doch, aber eigentlich hätte ich gar nicht
mehr spielen dürfen. Ich wurde gleich ganz am Anfang vom Spiel gefoult. Wir haben geführt,
dann haben sie noch ausgeglichen. Den letzten Elfmeter sollte Doris Fitschen oder Silvia Neid
schießen ...«, erzählt sie. Gehalten hat die italienische Torhüterin dann den Versuch von Heidi
Mohr. »Er war nicht gut geschossen«, gesteht die Frau, für die Nervosität ein Fremdwort war.

Die Kindheit der Torjägerin weist lange nicht auf eine große Fußballkarriere hin: In Wein-
heim wächst Heidi Mohr mit vier Brüdern und zwei Schwestern auf. Aber keiner der Brüder
infiziert die Schwester mit dem Fußballvirus. Als Kind spielt Heidi Mohr mit den Brüdern und
anderen Jungs zwar gerne Fußball, aber mehr als ein bisschen Straßenkick ist nicht. Die Eltern
müssen schon aktiv werden: »Ich war so ein Kind, das gar nichts machen wollte.« Im Verein

Heidi Mohr 1991 im WM-Eröffnungsspiel gegen Nigeria: »Sie war mit Ball schneller als andere ohne«.

geht es für sie erst einmal mit Handball los. Die Entscheidung, dass Fußball die bessere Wahl sein könnte, treffen die Eltern, als sie 15 ist. Sie melden sie gemeinsam mit der Schwester einfach beim SV Unterflockenbach an. »Auf der Fahrt dorthin habe ich im Auto geheult, weil ich nicht wollte, und habe gesagt, ich spiele nicht«, blickt sie auf den kuriosen Beginn ihrer außergewöhnlichen Karriere zurück. »Weil ich so kurze Haare hatte, einen Igelschnitt, haben dort im Verein gleich ein paar aufgehört, weil sie gesagt haben, mit Buben spielen wir nicht.« Beide Sportarten laufen zunächst parallel, Hauptsache, es ist ein Ball im Spiel. »Im Handball war ich auch gut, samstags habe ich Handball, sonntags Fußball gespielt. Weil ich im Handball in der Auswahl nie eine Chance bekommen habe, weil ich nicht so groß war, bin ich dann eben beim Fußball gelandet«, sagt die Rechtshänderin, deren starker Fuß auch der rechte ist. Bald wechselt sie aus Unterflockenbach zum SV Laudenbach.

1990 folgt dann der Wechsel zu dem Verein, der mit ihr und mit dem sie die größten Erfolge feiern wird. Für den TuS Niederkirchen, der nach einem langen Niedergang bis hinab in die Drittklassigkeit seit Mitte 2008 ein eigenständiger Verein ist und heute als 1. FFC Niederkirchen in der Regionalliga spielt, erobert sie die neue Bundesliga, die damals noch zweigleisig ist, im Sturm. Fast wäre Heidi Mohr indes in Karlsruhe gelandet. Weil die Badenerinnen den

Aufstieg knapp verpasst haben, zieht es die Weinheimerin aber zum nächstgelegen Verein, in dem sich in der neuen Liga spielen ließ. Zum großen Glück der Pfälzerinnen wechselt mit ihr die Dossenheimerin Claudia Obermeier zum TuS – die Fahrerin der Stürmerin ohne Führerschein, die gleich im ersten Bundesligajahr mit 36 Treffern Torschützenkönigin wird. Andere Vereine kommen für den heimatverbundenen Star, als der sie sich nie fühlt, nicht in Frage. Heidi Mohr ist in der Lage, nach einem EM-Halbfinale, in dem sie – wer sonst? – auf den letzten Drücker das Siegtor schoss, mittelprächtig gelaunt aus der Kabine zu kommen, um zu sagen: »So was Blödes, jetzt müssen wir noch hier bleiben.« Unterwegs ist sie nie gerne. Und trotzdem kommt sie in Länder wie China, Island, Kanada oder Norwegen. Dabei ist vor allem China – dort wird sie 1991 WM-Vierte – ein Graus für sie. Die Italienerinnen mag sie nicht sehr, weil sie stets »gekratzt, gebissen, gespuckt« haben. Als es in China aber Spaghetti bei den Dauerrivalinnen gibt, ist sie froh.

Im Verein fühlt sie sich sichtlich wohler: Niederkirchen kommt Anfang der 90er Jahre vor allem dank seiner Stürmerin zweimal hintereinander in der Deutschen Meisterschaft auf Rang zwei, als die ganz große Musik beim TSV Siegen spielt. Beim dritten Anlauf gelingt die Revanche. Bundeskanzler Helmut Kohl ist 1993 der prominenteste Gratulant, als der kleine Dorfverein an der Weinstraße seine und auch Heidi Mohrs einzige Meisterschaft feiert. Für die Kapitänin der Meistermannschaft ist Heidi Mohr ein Phänomen. Dribbeln? »Das war gar nicht nötig, sie hat sich den Ball vorgelegt und weg war sie, weil sie so schnell war, dass sowieso keiner hinterherkam«, sagt Ute Scherer. Am schnellsten ist Heidi Mohr aber, wenn Mikrofone auftauchen. Sie ist ähnlich medienscheu wie Steffi Graf, oder? »Ja, das könnte eine Schwester von mir sein«, sagt Heidi Mohr und lacht. »Ich war einfach schüchtern.« Wegen ihres Dialekts fühlt sie sich nicht akzeptiert, »bei der Nationalmannschaft haben alle Hochdeutsch gesprochen«. Schweigen ist für die zweimalige Europameisterin, die ein Mensch mit Witz und Humor ist, deshalb am ehesten Gold. »Bei der Baden-Auswahl haben sie mir deshalb einmal ein Tagebuch geschenkt. Da sollte ich reinschreiben, was ich denke«, erzählt sie schmunzelnd. Heute weiß sie, dass sie für andere nicht leicht zu verstehen war. Franz Schalk, der damalige TuS-Vorsitzende, erinnert sich: »Heidi – das war das Beste, was ich je im Frauenfußball gesehen habe«. Wenn 5:0 gewonnen wurde, hat sie vier Tore gemacht. »Wenn ein Spiel 1:0 ausging, hat sicher Heidi das Tor gemacht. Sie war schon ziemlich abgebrüht«, sagt Schalk, der sie auch als »sehr, sehr faire Spielerin« beschreibt. »Sie war mit dem Ball schneller als andere ohne.« In Niederkirchen nehmen sie sie so, wie sie ist. Deshalb ist es auch der Verein, bei dem sie die längste Zeit bleibt. Ein zwischenzeitlicher Abstecher zum TuS Ahrbach (1994/95) brachte ihr nichts, außer der Erkenntnis, dass es ohne Führerschein schwer ist, für einen Klub zu spielen, der einfache Wegstrecke von zu Hause (weggezogen wäre sie nie!) 160 Kilometer entfernt trainiert und spielt – und dass es Frauen richtig was bringt, mit Männern zu trainieren. Montags begleitet sie – in der

Im Trikot von TuS Niederkirchen.

Familie gibt es noch mehr Fußballer – während des Ahrbach-Jahres immer ihren Bruder Stefan nach Heppenheim ins Training: »In der Zeit hatte ich in der Nationalmannschaft die besten Werte.«

Training ist für Heidi Mohr immer eher ein notwendiges Übel. »Irgendwann hat man schon gewusst, was man für sich machen muss. Man kann's oder man kann's nicht.« Ein besonderes Erlebnis ist für sie das EM-Finale am 2. Juli 1989 in Osnabrück gegen Norwegen. »Da waren 22.000 Zuschauer, da hat man richtig Gänsehaut gekriegt«, sagt Heidi Mohr, die zum Glück vorher nicht gewusst hat, dass sie danach mit der Mannschaft ins *Aktuelle Sportstudio* und dort auch noch was sagen muss. Gefeiert wird der erste EM-Titel der deutschen Frauen dennoch. Zum 4:1-Sieg hat Heidi Mohr – man möchte sagen selbstverständlich – eines ihrer 83 Tore für Deutschland beigesteuert.

Das Ende der Nationalmannschaftskarriere kommt dann recht abrupt: Die DFB-Karriere der Heidi Mohr endet in den nicht eben schicken Kabinen des Koblenzer Stadions Oberwerth. Am 29. September 1996 schießt Heidi Mohr im Relegationsspiel um die – auf direktem Wege ausnahmsweise einmal verpasste – EM-Teilnahme gegen Island in Koblenz mal wieder das 1:0. Dennoch wird sie zur Pause von der nach den Olympischen Spielen im Sommer ins Amt gekommenen Trainerin Theune-Meyer ausgewechselt. Es war das letzte Zeichen der Bundestrainerin, dass sie den Generationswechsel in der Sturmspitze einzuleiten gewillt ist. Statt der 29 Jahre alten, vom ehemaligen Bundestrainer Gero Bisanz bis zuletzt uneingeschränkt verteidigten Heidi Mohr schenkt »TTM« nun Birgit Prinz das Vertrauen. Heidi Mohr fühlt sich nicht ganz zu Unrecht abgeschoben aus dem Nationalmannschaftskader. Ein würdiger Abschied bleibt der bis dahin dank ihrer Tore auffälligsten deutschen Ausnahmespielerin jedenfalls vorenthalten.

Christine Kamm

NIA KÜNZER

Das Gesicht des ersten Weltmeistertitels

Es war dieser eine Kopfball, der Nia Künzers Fußballleben verändert hat. Am 12. Oktober 2003 bugsiert sie im kalifornischen Carson aus acht, neun Metern Entfernung mit der Stirn einen Ball ins Tor. So, als ob es das Selbstverständlichste der Welt wäre für eine Spielerin, die nicht eben Torjägerin ist und zudem erst wenige Minuten zuvor eingewechselt wurde. Das Tor ist ein soge-nanntes Golden Goal. Dieses letzte Golden Goal der Fußballgeschichte – anschließend wurde der plötzliche Todesstoß im Fußball wieder aufgehoben und durch die alte Verlängerungsregel ersetzt – entscheidet das Spiel zwischen Deutschland und Schweden zugunsten von Nia Kün-zers DFB-Auswahl. Deutschland gewinnt 2:1 und ist erstmals »Weltmeisterin«.

Für Nia Künzer beginnt in den kommenden Tagen nach der Rückkehr aus den Vereinigten Staaten ein völlig neues Leben. Plötzlich ist die Ergänzungsspielerin der Nationalmannschaft

Ausgelassene Freude nach dem ersten WM-Sieg 2003: Birgit Prinz und Nia Künzer (re.)

die gefragteste deutsche Spielerin überhaupt. Selbstverständlich wird ihr Treffer zum »Tor des Jahres«, dem ersten einer Frau, gewählt. DFB-Präsident Theo Zwanziger nennt bis heute immer wieder im Überschwang Nia Künzers Golden Goal in einem Atemzug mit dem 3:2 der Herber-ger-Elf im WM-Finale von 1954. »Ich denke, dass Nia Künzers Tor in 50 Jahren einen ähnlichen Stellenwert hat wie Helmut Rahns Siegtreffer damals in Bern.«

Die Öffentlichkeit, die den Siegeszug der Frauennationalmannschaft im fernen Amerika mit erstaunlichen Zuschauerzahlen goutiert hat, verlangt nach Personalisierung des Erfolgs, nach einem Gesicht. Und Nia Künzer gibt diesem Verlangen sogar ein hübsch anzuschauendes Antlitz, und dank ihrer Geburt in Afrika samt den exotischen Vornamen Nia (»Ich will« auf Swahili) und Tsholofelo (»Hoffnung« auf Setswana) eine spannende Geschichte . »Nia hat in dieser Zeit extrem viel für den Frauenfußball bewirkt und sie tut es noch heute bei ihren Auftritten«, sagt Siggi Diet-rich, der sowohl Nia Künzers Klub 1. FFC Frankfurt als auch das »Golden Girl« persönlich managt.

Nia Künzer kann zwar nie wieder anschließen an ihren sportlich größten Erfolg, da sie sich kurz nach dem WM-Endspiel zum vierten Mal in ihrer Laufbahn ein Kreuzband reißt und nie wieder zur alten Form zurückfindet. Einmal nur noch kann die WM-Heldin im ersten Spiel nach dem Turnier gegen Portugal das Trikot mit dem Adler auf der Brust überstreifen, wenig später verletzt sie sich am Knie. Nach 34 Einsätzen ist es dann aber vorbei. Nia Künzer, die mittler-weile im Innenministerium ihres Heimatbundeslandes Hessen als Beraterin für die Aktivitäten des Landes in Bezug auf die WM 2011 arbeitet, quält sich dennoch durch eine vierte Rehazeit und spielt noch bis 2008 bei ihrem Klub 1. FFC Frankfurt, dem sie von 1997 an die Treue hielt und zu drei UEFA-Cup-Triumphen, sieben Meisterschaften und Pokalsiegen verhalf.

All die sportlichen Erfolge haben Nia Künzer einen gewissen Ruhm und dank diverser per-sönlicher Sponsoren für eine im Studium befindliche Fußballerin bemerkenswerte Einnahmen gebracht. »Ich habe sicher gut verdient während der Jahre nach der WM 2003«, sagt Künzer. »Aber es ist bei weitem nicht so, dass ich mich nun einige Jahre darauf ausruhen könnte.« Ihre realistische Einschätzung zu ihrer sportlichen Bedeutung für den deutschen Frauenfußball hat das Blitzlichtgewitter sowieso nie gestört. »Ich war eine Ergänzungsspielerin, die zur richtigen Zeit an der richtigen Stelle stand«, sagt sie. »Aber es gab eine ganze Reihe von Spielerinnen, die mehr geleistet haben als ich.«

Dieses gesunde Verhältnis zur eigenen Person mag begründet liegen in einer durchaus ungewöhnlichen Persönlichkeitsentwicklung. Nia Künzer ist nach ihrer Geburt in Botswana mit einem leiblichen Bruder und sieben Pflegegeschwistern aufgewachsen, die ihre Eltern am spä-teren Wohnsitz in einem Kinderdorf in Wetzlar aufnahmen. »Das Leben in einer großen Familie hat mich sicherlich geprägt. Ich weiß, wie man sich in einer Gruppe verhalten sollte«, sagt Kün-zer. Dass sie in Gießen Heil- und Sonderpädagogik studiert hat, verstärkt diesen Eindruck. Der Kopfball von Carson hat Nia Künzers Leben verändert – aber nicht den Menschen Nia.

NADINE ANGERER

Die unbezwingbare Titanin und ihr Rekord für die Ewigkeit

Dynamisch und entschlossen im Spiel ...

New York. Oder besser noch: Los Angeles. »Das wär's gewesen«, sagt Nadine Angerer und grinst. Ein neues Land, eine neue Sprache, eine neue Metropole hätten die deutsche Nationaltorhüterin gereizt. Und die zum April 2009 neu startende WPS, die amerikanische Frauen-Profiliga, war auf die 30-Jährige mit guten Angeboten zugekommen. »In Los Angeles hätte ich surfen gehen können, und New York ist als Stadt einfach geil«, sagt Angerer. Sie kann es sich leisten, so salopp über Angebote zu sprechen – seit der WM 2007 in China weiß schließlich die ganze Sportwelt, was sie zu leisten imstande ist. »Menschliche Mauer« tauften die chinesischen Medien Angerer vor dem WM-Finale in Shanghai in Anspielung auf die Chinesische Mauer, das schier unüberwindbare Monument im Reich der Mitte. Unüberwindbar ist Angerer natürlich nicht, dennoch ist es schwer vorstellbar, dass nochmals jemand schafft, was sie in China vollbracht hat: Sie blieb mit tollen Paraden und bewundernswerter Konzentration ohne ein einziges Gegentor im gesamten Turnier, 540 Spielminuten lang. Männerweltrekordler Walter Zenga, Italiens Torwartlegende, hatte 1990 lediglich 517 Minuten geschafft – und musste mit dem Gegentor zudem gleichzeitig das bittere Ausscheiden im Halbfinalspiel gegen Argentinien bei der WM im eigenen Land hinnehmen.

China war Angerers erstes Turnier als Nummer Eins im Tor der deutschen Frauenfußball-Nationalmannschaft, nachdem sie zuvor zehn Jahre lang auf der Ersatzbank Platz genommen hatte. Im Vorfeld hatte die Fränkin mit den exzellenten Reflexen das Vertrauen von Bundestrainerin Silvia Neid gewinnen müssen, die lieber auf eine gesunde Angerer denn auf eine angeschlagene Silke Rottenberg setzte. Im Turnier nun musste sie die Öffentlichkeit überzeugen, dass sie imstande war, dem Druck standzuhalten. Doch Angerer hielt gut, mehr noch – sie hielt exzellent. Selbst im Finale gegen Brasiliens Weltfußballerin Marta, als die in der zweiten Halbzeit per Elfmeter die Chance zum Ausgleich bekam. Angerer tauchte in die rechte Torwartecke ab, in die Marta (Angerer: »Das hatte ich mir gemerkt«) bereits im Viertelfinale gegen Australien gezielt hatte. Nach dem Abpfiff nahm DFB-Präsident Theo Zwanziger seine »Weltklassetorhüterin« lange in den Arm, und noch in der Mixed Zone vor den Journalisten ernannte er Angerer zu einer von »denjenigen Spielerinnen, die als Persönlichkeiten in Zukunft das Gesicht dieser Mannschaft prägen werden. Prägen müssen.« Es war kein Lob – es war ein Auftrag.

Als solchen versteht ihn auch Nadine Angerer, wenngleich ihr der Trubel manchmal recht viel geworden ist. Im Sommer nach der WM verließ die in Lohr in Mainfranken geborene Herzens-Berlinerin den 1. FFC Turbine Potsdam und wechselte in die schwedische Damallsvenskan zu Djurgarden Stockholm. Eine weitere Saison später packte sie nochmal die Unruhe. »Ich würde sehr gerne noch mal in ein anderes Land wechseln, wenn ich das durch den Fußball kann«, meinte Angerer im Sommer. Die Neugier und der Spaß an der Herausforderung hatten die gelernte Physiotherapeutin noch mal gepackt.

Franz Beckenbauer hätte wohl diese Lust auf ein neues Abenteuer verstanden. Der damalige Rekord-nationalspieler des DFB entschied sich Ende der 70er Jahre für die verlockende und finanziell attraktive Anonymität Amerikas und wechselte zu Cosmos New York. Dafür opferte der »Kaiser« beispielsweise seine Nationalmannschaftskarriere und auch die Teilnahme an der WM 1978 in Argentinien. Doch Nadine Angerer dachte im Sommer 2008 weniger an das Ende ihrer Laufbahn als an den nächsten sportlichen Höhepunkt: 2011 findet die Frauenfußball-Weltmeisterschaft im eigenen Land statt, und »die Zeit bis zur WM ist eine wichtige«, weiß Angerer, »nicht nur für mich, sondern für

... modisch und selbstbewusst in der Öffentlichkeit

die deutsche Liga und den Frauenfußball insgesamt«. Sie wäre gerne in die USA gewechselt, wenigstens für eine neugierige Spielzeit lang, doch bei den Verhandlungen im Herbst war das Saisonende der neuen Überseeliga noch so im Spätsommer angesetzt, dass Europas Nationalspielerinnen Schwierigkeiten mit ihrer Vorbereitung auf die EM in Finnland bekommen hätten. »Ich will die EM spielen, ich trage ja auch eine gewisse Verantwortung«, machte Angerer klar und verabschiedete sich vorerst von kalifornischer Sonne und den Straßenschluchten Manhattans. Stattdessen unterschrieb sie bei ihrem neuen Berater Siegfried Dietrich einen Vertrag beim 1. FFC Frankfurt. »Ich wollte das so«, sagt die Frau, die noch in ihrer Zeit bei Turbine Potsdam beteuert hatte, nie nach Frankfurt wechseln zu wollen. »Damals habe ich das auch so gemeint«, sagt Angerer jetzt, »aber die sportliche Situation in Frankfurt ist derzeit eine schwierige, eine herausfordernde. Genau das macht mir daran Spaß. Und – seien wir ehrlich – ich habe hier auch ein hervorragendes Angebot bekommen.« Statt mitten hinein in die Stadt, wie zuletzt in Berlin und Stockholm, hat sich Angerer nun zur Miete in einem Häuschen weit außerhalb einquartiert. »Sozusagen Landleben, das ist mal was anderes.« Für das Erwartbare, das Normale, ist Nadine Angerer eben nicht zu haben.

Kathrin Steinbichler

INTERVIEW MIT SILVIA NEID

»Ich kämpfe für den Frauenfußball, seit ich 18 bin.«

Bundestrainerin Silvia Neid ist eine Kronzeugin für die Entwicklung des Frauenfußballs in Deutschland. Als sie 1975 mit elf Jahren im Verein anfing, war das organisierte Ballspiel für den weiblichen Teil der Bevölkerung gerade erst vom DFB erlaubt worden. 1982 war Neid dann das »Küken« unter den 16 Spielerinnen, die im ersten offiziellen Frauenfußball-Länderspiel gegen die Schweiz zum Einsatz kamen. Neid erzielte als Einwechselspielerin zwei Treffer zum 5:1-Sieg. Später führte sie die Nationalmannschaft als Spielführerin und Mittelfeldmotor zu drei Europameistertiteln 1989, 1991, 1995 und zur Vizeweltmeisterschaft 1995, ehe sie nach 111 Länderspielen und 48 Toren in den Trainerstab des DFB wechselte. Dort betreute sie von 1996 bis 2005 die Nachwuchsmannschaften und war Assistentin von Tina Theune-Meyer, nach deren Rücktritt übernahm sie die A-Nationalmannschaft. In dieser Funktion feierte Neid gleich bei ihrem ersten Turnier den größtmöglichen Erfolg: Die 43 Jahre alte Fußballlehrerin coachte die deutschen Frauen am 30. September 2007 in Schanghai zum 2:0-Sieg gegen Brasilien im Finale der Weltmeisterschaft.

Mit ihren Vereinen SSG 09 Bergisch-Gladbach (1983 – 1985) und TSV Siegen (1985 – 1996) wurde sie sechs Mal DFB-Pokal-Siegerin (1984, 1986, 1987, 1988, 1989, 1993) und sieben Mal Deutsche Meisterin (1984, 1987, 1990, 1991, 1992, 1994, 1996).

Bei der WM 2007 waren Sie eine von nur drei Frauen unter den Trainern der 16 Teams, bei den Olympischen Spielen 2008 waren es sogar nur noch zwei, da Hope Powell mit England nicht an den Spielen teilnehmen durfte. Sind Triumphe wie ihrer und der von der bei Olympia siegreichen US-Trainerin Pia Sundhage damit auch wichtige Siege für weibliche Fußballlehrer?

Der DFB hat schon 1996 bei der Berufung von Tina Theune zur Cheftrainerin und meiner Einstellung als Nachwuchstrainerin klar gemacht, dass die Frauennationalteams von Frauen trainiert werden sollen. Ich glaube, dass diese Politik uns hilft, das Produkt Frauenfußball nach vorne zu bringen, weil Frauen ihren Fußball eben glaubwürdiger verkaufen können.

Sollten also die Männer, die in der Frauenbundesliga fast überall die Trainerbänke besetzen, schnellstmöglich gefeuert werden?

Nein, so schön der Grundsatz »Frauen sollen von Frauen trainiert werden« ist, so bleibt aber als Voraussetzung immer, dass die Frauen auch Ahnung vom Fußball haben. Da brauchen wir sicher noch Zeit, um genügend qualifizierte Trainerinnen zu bekommen. Außerdem habe ich nicht grundsätzlich etwas gegen Männer als Trainer von Frauenteams. Die Trainer müssen

Am Ziel der Trainerträume: Bundestrainerin Silvia Neid 2007 mit dem WM-Pokal

sich nur klar zum Frauenfußball bekennen und dürfen nicht nur auf die nächste Aufgabe im Männerbereich lauern.

Wäre es denn umgekehrt denkbar, dass mal eine Frau eine höherklassige Männermannschaft trainiert?

Aus fachlicher Sicht natürlich. Aber ich glaube, dass eine Frau da noch mit sehr vielen Widerständen zu kämpfen hätte.

Würden Sie der OK-Chefin Steffi Jones, die mal diesen Traum äußerte, also abraten von ihrem Versuch, in der Männer-Bundesliga Fuß zu fassen?

Das Problem ist ganz einfach: Wie groß ist die Akzeptanz, die eine Frau, auch Steffi Jones, bei einem Bundesligaspieler genießt? Das kann mal drei Monate gut gehen, sobald aber Misserfolge einsetzen, würde es schwierig werden. Ich glaube aber, dass es viele Frauen gibt, die vom taktischen Verständnis her mit den männlichen Kollegen mithalten könnten und in manchen Dingen vielleicht auch kreativer sind als die Männer.

Würde Sie persönlich denn grundsätzlich der Wechsel zu den Männern reizen?

Ich kämpfe für den Frauenfußball, seit ich 18 bin. Ich habe immer noch die Motivation, dass ich den Frauenfußball voranbringen will. Sollte ich jetzt nur wegen des Geldes zwang-

Bei der WM 1995 im ersten Duell mit Brasilien

haft den Sprung in den Männerfußball versuchen? Außerdem behaupten die Männer doch, dass sie genug gute Trainer haben …

Müssen Fußballfrauen der ersten und zweiten Generation diese Opferbereitschaft mitbringen? Man gewinnt den Eindruck, dass der gesamte Frauenfußball nur dank dieser Aufbauhilfe von mehreren Dutzend Spielerinnen der 70er und 80er Jahre zum heutigen Entwicklungsstand gelangt ist.

Das ist sicher so. Wir mussten uns in den Frühzeiten sehr viel blödes Zeug gefallen lassen von den dummen Trikottauschrufen von den Superklugen auf irgendwelchen Tribünen bis hin zu den Regeländerungen wie der verringerten Spielzeit. Wir haben uns durchgesetzt und unsere Ziele weitgehend erreicht. Dadurch intensiviert sich natürlich die persönliche Bindung an den Frauenfußball.

Sie haben wie auch Ihre Spielerinnen 55.000 Euro als Prämie erhalten für den WM-Titel, bei den Olympischen Spielen gab es für Bronze auch eine nennenswerte materielle Belohnung. Tilgt diese heutige Wertschätzung durch den DFB das Frusterlebnis von 1989, als Sie als Spielerin für den Europameistertitel lediglich ein Kaffeeservice erhielten?

Sicher ist es schön, dass wir heute größere Anerkennung erfahren. Das zeigt auch, dass unser Einsatz für den Frauenfußball erfolgreich war. Aber auch das Kaffeeservice war kein Frusterlebnis. Wir hatten ja damals gar nichts erwartet vom DFB, der uns mit dem Geschenk wirklich Anerkennung zollen wollte. Ich finde das Kaffeeservice übrigens auch heute noch schön. Es steht jetzt bei meinen Eltern, meiner Mutter gefällt es richtig gut. ■

FRAUENFUSSBALL UND DIE ÖFFENTLICHKEIT

Die Nationalmannschaft als Quotenhit, die Bundesliga als Sorgenkind

Frauenfußball im Fernsehen – ein beliebtes Diskussionsthema in Fankreisen. Oft wird nicht nur gemäkelt, sondern gemeckert und geschimpft. Dabei entwickelt sich die Sportart besonders in den letzten Jahren immer mehr zum Quotenhit. Allerdings nur beim Nationalteam. Die Bundesliga kommt indes nur auf geringe Sendezeiten. Dass Tore regelmäßig gezeigt werden wie im Dritten Programm von Radio Berlin-Brandenburg wegen Turbine Potsdam und beim Hessischen Rundfunk wegen des 1. FFC Frankfurt ist höchst selten. Der VfL Wolfsburg zum Beispiel ist seit Bestehen der Bundesliga im N3-Fernsehen noch nie vorgekommen. Vorstöße des DFB bei ARD und ZDF, in einschlägigen Sportsendungen mehr Frauenfußball zu bringen, scheinen nach einzelnen Versuchen durch die Sender im Sande zu verlaufen. Nicht umsonst verstärkt der DFB seit Saisonbeginn 2008/09 seinen eigenen Internetauftritt in Sachen Frauenfußball erheblich. DFB-TV greift ein, und Turbine Potsdam bietet inzwischen auch eigene bewegte Bilder auf der Vereinshomepage.

Beim DFB-Pokalwettbewerb ist das Frauenfinale bei ARD und ZDF längst Tradition, seitdem es im Duett mit den Profis in Berlin stattfindet. Was die eigenständige Zukunft des Frauenfinals fernab des Berliner Olympiastadions bringen wird, ist ungewiss. Immerhin haben es in den vergangenen zwei Jahren auch die Halbfinals schon wenigstens ins Regionalfernsehen geschafft. Bayern München gegen 1. FFC Frankfurt im Jahr 2008 gab es live beim Bayrischen und beim Hessischen Rundfunk. 770.000 Zuschauer waren bundesweit dabei. 530.000 Zuschauer hatten BR eingeschaltet, 240.000 den HR, der wegen des 1. FFC Frankfurt und seiner Erfolge das intensivste TV-Angebot im Frauenfußball hat. Als der 1. FFC Frankfurt 2008 im Finale gegen Umeå IK, im Frankfurter Waldstadion zum dritten Mal den Wettbewerb gewinnt, sind 1,24 Millionen Zuschauer dabei und sorgen für einen Marktanteil von 13,5 %.

Die großen TV-Frauenfußballhighlights bringt aber zweifelsohne weiter nur die Frauen-Nationalmannschaft. Seit der WM 2003 ist das Fernsehen voll engagiert. Alles live, sogar jedes Freundschaftsspiel. Bis zu 13 Millionen Zuschauer waren 2003 beim WM-Finale gegen Schweden dabei. Kaum zu glauben: Das nächste EM-Qualifikationsspiel im Anschluss daran gegen Portugal wird um zwei Tage verlegt, weil die ARD das so will. Im TV entwickelt sich eine Fußballgemeinde von locker 3 bis 3,5 Millionen Zuschauern bei einem Länderspiel. Spitzenevents bringen deutlich mehr. 2007 sind beim WM-Finale in China über 9 Millionen Zuschauer dabei. Sogar das Spiel um Platz drei gibt es live und den weltmeisterlichen Empfang auf dem Frankfurter Römer später ebenfalls. Unterstützt vom DFB wird sogar ein Film produziert, der den Weg der deutschen Frauen zum Titel ähnlich dokumentiert wie 2006 Sönke Wortmann das deutsche Männer-WM-Abenteuer. Die nationalen Kickerinnen werden jetzt fast richtige TV-Stars und von Talkshow zu Talkshow gereicht. N3, Kerner, Zimmer frei und so weiter. Das volle Programm, gekrönt mit dem Bambi. Marktstudien zeigen, dass das Ende der Fahnenstange längst noch nicht erreicht ist. Olympia in Peking bringt ständig Millionen an den Bildschirm. Am ersten Tag in Peking war das zweite Gruppenspiel gegen Nigeria der Quotenrenner des Tages. 40,6 Prozent Marktanteil bedeuten die 3,43 Millionen Zuschauer, die das Spiel aus Shenyang anschauten.

Eine gewaltige Entwicklung seit 1989. Damals gibt es das erste Live-Spiel. Es war das EM-Halbfinale gegen Italien mit jenem Elfmeterdrama in Siegen. Sabine Töpperwien kommentierte das Spiel und schrieb damit Geschichte. Seitdem ist das Fernsehen ständiger Begleiter und beeinflusst die Spielzeiten. Der Durchbruch gelingt dank der Erfolge nach mehreren Jahren. 1 bis 1,5 Millionen Zuschauer sind zunächst Standard. Dann werden es drei Millionen. Heute ist das Team etabliert.

Den Frauenfußball hat auch Eurosport entdeckt. Schon 2004 konnte man den WM-Titel der deutschen U19-Auswahl in Thailand dank Eurosport live verfolgen, 2005 war auch die EM dort zu sehen. Eurosport überträgt in der Folge die Junioren-Europameisterschaften und –Weltmeisterschaften. 2006 steigt der Sender sogar auch in den Algarve-Cup ein. Mit Erfolg: Beim Finale der Deutschen gegen die USA sind es in Deutschland sogar fast eine Million Zuschauer.

Motor der Entwicklung sind natürlich weiterhin die Weltmeisterschaften. War das Programmangebot in China 1991 noch mau, so sind die Steigerungen enorm. 1991 wurde zum Beispiel ein Gruppenspiel nicht live von Beginn an übertragen, sondern erst in der zweiten Halbzeit eingestiegen, weil der Bundeskanzler eine Rede im Parlament hielt. 67 Länder interessierten sich weltweit, als 1999 in den USA gespielt wurde. Das brachte den Durchbruch. 2003 waren es schon 144 Länder mit 3.000 Sendestunden und 526 Mio. Zuschauern weltweit, wie die FIFA erhebt. 2007 steigt das Interesse schon auf 200 Nationen. Kaum zu glauben, dass die Fernsehmacher in Deutschland 1991 noch allgemeine Gleichgültigkeit an den Tag legten.

Immerhin ist Bela Rethy zwei Tage fürs ZDF vor Ort und geht mit Spielerinnen über den Markt von Guangzhou, um gebratene Hunde zu besichtigen. Auch denkt sich das ZDF Rühmliches aus und lädt Doris Fitschen wenig später ins Studio, um beim DFB-Pokal die Lose zu ziehen. Moderator ist Bernd Heller. Jener Profi jedenfalls begrüßt die Blondine im Studio für die Zuschauer am Bildschirm so: »Doris Fitschas kommt gerade von der WM, vorgestern aus Hongkong, ist noch sehr müde.« Vermutlich durfte sie deshalb die gestellten Fragen des hektischen Moderators gar nicht erst beantworten. Willkommen zu Hause in der Realität. Ernüchterung dank Desinteresse und Ignoranz statt Freude über den vierten Platz beim WM-Debüt.

Die Frauennationalmannschaft modelt kurz vor der Euro 2009 für Mercedes-Benz und Cinque.

Nach der EM 2001 wird alles besser: Die ARD verpflichtet Doris Fitschen als erste TV-Expertin im Frauenfußball. Als sie dann beim DFB im Marketing unterkommt, gibt sie diesen Job auf. Nia Künzer übernimmt. Während das ZDF mit Steffi Jones kontert. Wer hätte gedacht, dass die Beziehung zwischen Fernsehen und Frauenfußball irgendwann einmal auf solch stabilen Pfeilern stehen wird?

Bei aller noch vorhandenen berechtigten Kritik der Fußballspielerinnen gegenüber den Medien bleibt aber auch festzuhalten, dass die Kommunikationsstrategie des DFB oftmals fragwürdig bleibt. Als das Modehaus *Cinque* 2008 während des Algarve-Cups am Strand Bilder für eine Fotokampagne schießt, verschweigt der DFB dieses Shooting den anwesenden Journalisten. Vor allem die Fernsehsender hätten die Geschichte sicher gerne als buntes Thema aufgegriffen. Doch wieder einmal verspielte der DFB eine Chance, seine Spielerinnen in einem hellen Licht darzustellen. Im Sommer 2009 geht der DFB mit zwei anderen Fotokampagnen im Vorfeld der EM allerdings offensiver damit um – auch der Verband lernt dazu.

VOM KAFFEESERVICE ZUR LIFESTYLE-KÜCHE

Die Bonuszahlungen an deutsche Fußballfrauen aus den Anfangsjahren der weiblichen Kickerei gehören mittlerweile zu den legendären Kulturschätzen der Frauenfußball-Historie. 1989 füllten Spielerinnen wie die heutige Bundestrainerin Silvia Neid die Geschirrschränke ihrer Eltern mit einem Kaffee- und Tafelservice.

Die heutige Spielerinnen-Generation darf auf ganze Küchen spekulieren. Die gibt es demnächst schon, wenn sich Weltmeisterinnen wie Birgit Prinz, Nadine Angerer, Simone Laudehr, Lira Bajramaj oder Kerstin Garefrekes zu Fotoaufnahmen für die Kataloge des aktuellen Hauptsponsors *Alno* der deutschen Frauenfußball-Nationalmannschaft bereit erklären.

Spätestens nach Lieferung einer solchen netten Prämie dürften auch die berechtigten Bedenken der Nationalspielerinnen verfliegen, die bei Bekanntwerden der Zusammenarbeit zwischen Küchenhersteller und Frauenfußball-Team einen Rückfall in längst vergangene voremanzipatorische Jahrzehnte befürchtet hatten, als der Fußball-Macho eben noch ein Kaffeeservice als angemessene Belohnung für spielerische Höchstleistungen erachtete und zugleich Frauen eher hinterm Herd als vor des Gegners Tor vermutete. Die Zeiten von Zeitungswerbung wie 1:0 für Dosenbier mit einer Fußballerin (1971) sind vorbei. Interessant wurde Frauenfußball mit dem WM-Titel 2003. Seitdem futtern die Frauen nicht nur *Katjes*.

Die jüngeren Sponsorendeals des DFB zeugen nun vorrangig von der weiter gestiegenen Wertschätzung gegenüber den kickenden Frauen, die zwar noch immer einige Jahre vom Vollprofitum entfernt sind, aber immer mehr auch finanziell von ihren Erfolgen profitieren. Der weibliche Kick verliert gewissermaßen langsam seine Unschuld als Amateursport, immer mehr Spielerinnen können von ihrem Sport leben, wenn sie nur zur reinen sportlichen Leistung auch etwas Stoff für die Medien liefern. »Und das ist auch gut so«, sagt DFB-Präsident Theo Zwanziger. »Wir können nicht erwarten, dass die Spielerinnen als Vorbilder für Mädchenfußballerinnen ihr Leben voll auf den Sport ausrichten, aber zugleich keine finanzielle Gegenleistung erhalten.« In Deutschland schaffen es bislang vor allem die bekanntesten Gesichter, ihr Konto dank des Fußballs ordentlich zu füllen. Die dreifache Weltfußballerin Birgit Prinz hat beispielsweise schon seit einigen Jahren Verträge mit mehreren Sponsoren und eine persönliche Vereinbarung mit einem amerikanischen Ausrüster. Die deutsche Vorzeigefußballerin ist nun vermutlich in die Preisklasse deutscher Spitzenleichtathleten vorgedrungen, im Verhältnis zu männlichen Nationalspielern hinkt sie indes noch deutlich hinterher. Gleichwohl sind Schuhverträge mittlerweile gang und gäbe. Im Nationalteam herrscht freie Auswahl.

Neben Prinz profitieren im deutschen Frauenfußball vor allem jene Spielerinnen, die sich in der Öffentlichkeit gut verkaufen, auch wenn sie sportlich schon lange nicht mehr im Mit-

3 Spielerinnen, drei Sponsoren: Fatmire Bajramaj, Renate Lingor und Birgit Prinz

telpunkt stehen. Steffi Jones ist als WM-OK-Chefin und als Strahlefrau trotz des Endes der Nationalmannschaftskarriere noch immer gefragt, die mittlerweile ebenfalls nicht mehr aktive Nia Künzer zehrt noch immer vom Ruhm ihres Golden Goals, mit dem sie den WM-Pokal 2003 nach Deutschland holte. Sie schaffte es nach der WM neben klassischen Partnerschaften wie beispielsweise mit einem Sportartikler sogar zu einer eigenen Modekollektion. »Mit Nia Künzer haben wir sicherlich eine ideale Repräsentantin gefunden, die Weiblichkeit, Natürlichkeit und sportliche Extraklasse vereint«, sagte *Vossen*-Vorstand Peter Scheid damals.

Neben Werbeverträgen mit diversen Sponsoren schließt Künzer auch noch einen Vertrag mit der ARD, für die sie die Spiele der deutschen Mannschaft als Expertin beurteilt. »Ich habe sicher großes Glück gehabt und finanziell von diesem Tor profitiert«, sagt Nia Künzer heute. »Das sind aber bei weitem nicht Dimensionen, die sich manch ein Fan vorstellt.«

Im Vergleich zu durchschnittlich bezahlten Bundesligafußballern verdienen selbst die best-bezahlten deutschen Fußballspielerinnen nach Addition aller Einkünfte von Verein bis hin zur Sporthilfe und sportaffinen Arbeitgebern wie der Bundeswehr bislang nur einen Bruchteil und setzen für die persönliche Absicherung nach dem Karriereende bis auf ganz wenige Ausnahmen wie Steffi Jones auf ein berufliches Standbein neben der Kickerei. »Selbst die Top-Verdienerinnen bewegen sich auf einem Niveau wie der Männerfußball Anfang der 80er Jahre – allerdings ohne Berücksichtigung der Inflation. Sie können gut davon leben, aber höchstens einen kleinen Puffer ansparen für die Zeit nach der Karriere und die Phase der beruflichen Orientierung«, sagt Siegfried Dietrich, Manager des 1. FFC Frankfurt und persönlicher Berater der prominenten

Ein strahlendes Gesicht des Frauenfußballs: Lira Bajramaj

Spielerinnen seines Klubs. »Deshalb wird es noch ein wenig dauern, bevor wir von Profitum reden dürfen.« Dietrich glaubt aber daran, in wenigen Jahren an der Gestaltung einer deutschen Profiliga mitwirken zu dürfen.

Immerhin werden aber schon heute auch junge Spielerinnen interessant für Sportartikler. Die aus dem Kosovo stammende Lira Bajramaj beispielsweise hat aufgrund ihres aparten Äußeren als potenzielles Glamour-Girl des Frauenfußballs schon nach wenigen Länderspieleinsätzen einen persönlichen Ausrüster-Vertrag unterschrieben mit einem Sportartikler, der eher auf Typen denn auf Leistung setzt.

Der Nationalmannschaftssponsor *Alno* legt derweil andere Maßstäbe an: Der Küchenhersteller erkennt im Partner Frauen-Nationalmannschaft ein branchenspezifisches Potenzial, das beispielsweise eine Zweitliga-Männermannschaft mit ähnlichem Werbewert nicht bieten könnte. Frauenfußball ist derzeit wohl der familienfreundlichste Sport, wie Marktforscher in ihren Studien zur Zielgruppenaffinität des Frauenfußballs herausgefunden haben.

Bei Länderspielen sitzen Väter, Mütter und Kinder vereint auf den Tribünen, weil die Eintrittspreise vergleichbar niedrig und der Spaß am Spiel annähernd so groß ist wie bei den vermeintlich »richtigen« Fußballern männlichen Geschlechts. Ähnlich dürfte es vor den Fernsehschirmen aussehen. So sehr man also dem DFB anfangs zutraute, seine Spielerinnen den Gefahren des Klischees von der »Frau hinterm Herd« auszusetzen, so stimmig scheint die Sponsorpartnerschaft auf den zweiten Blick.

Erst im Sommer 2009, zwei Jahre vor der WM 2011, tritt eine Trendwende ein. Simone Laudehr, schon von einer Musikgruppe zum Kultstar erhoben, wird Protagonistin einer Fernsehwerbung für *Mobilat*. Wer das Schmerzmittel einreibt, kann auch richtig pralle Seitfallzieher schießen. Laudehr, mit starken Auftritten bei der WM 07 und Olympia 08, hatte in der Tat in den Monaten zuvor eine langwierige Schulterverletzung zu überstehen.

Dann wird *REWE* nationaler Förderer für die WM. Und neuerdings geht DFB-Trainerin Silvia Neid einkaufen. »Sie haben aber eine große Familie?«, meint ein Verkäufer, als die Trainerin allerhand Salatköpfe in den Einkaufswagen packt. Frau Neid bestätigt in ihrer Art, mit einem sympathischen Schmunzeln. Der Star-Fotograf Horst Hamann darf sogar während einer EM-Vorbereitungswoche im Trainingslager stören und ein attraktives Schwarzweiß-Feature mit einzelnen Spielerinnen aufnehmen. Besonders gelungen sicherlich die kraftvolle Energie von Simone Laudehr und Kim Kulig und die energiereiche Lebensfreude von Lira Bajramaj, die im Herbst sogar ihre Entwicklung vom Flüchtlingskind vom Balkan bis zur

Simone Laudehr: eine der starken jungen Frauen

Weltmeisterin in Buchform veröffentlicht. Nachdem Steffi Jones mit ihrer Sportler-Biographie vorgelegt hat. Es tut sich was in Sachen öffentliche Anerkennung und Vermarktung. Selbst dieses Buch wäre früher kaum denkbar gewesen.

Auch DFB-Sponsor *Mercedes Benz* geht mit einem Foto-Feature mitten in die EM-Vorbereitung. Bekleidet mit *Cinque*-Mode, die schon seit Frühjahr 2008 das Team ausstattet und sich damals an der Algarve mit einem spannenden Bilder-Feature eingeführt hat, nutzt jetzt der Autobauer mit dem Stern die Attraktivität der Nationalkickerinnen. Einmal mehr tun sich dabei Simone Laudehr und Fatmire Bajramaj als besonders talentiert hervor.

Immerhin wird durch diese neue Generation der Werbung mit Fußballspielerinnen die bisherige DFB-Maxime durchbrochen, dass nur die Mannschaft der Star ist. Mehr und mehr wächst die Erkenntnis, dass Persönlichkeiten in der PR-Industrie interessanter sind als komplette Teams. – Und dass Attraktivität auch ohne die uralte Auszieh-Mentalität vorhanden ist. Möge das Ganze mehr sein als nur eine Momentaufnahme im Rahmen der großen Werbekampagne WM 2011.

DER HIRSCH AUF DER BRUST

Jahn Delmenhorst und Jägermeister

Als Vorreiter in Sachen Werbung gilt der TV Jahn Delmenhorst. Über viele Jahre eine Spitzen-mannschaft in Norddeutschland, schreibt der TV Jahn 1978 Schlagzeilen und Geschichte, als er die Trikotwerbung einführen will, die bei den Männern schon seit ein paar Jahren erlaubt ist. Werbung sei nur für Herrenteams erlaubt – so heißt es damals noch in den Vorschriften des DFB, die aufgrund des Delmenhorster Vorstoßes auf einmal in Frage gestellt sind. Und das bundesweit. Denn Jahn-Intimus Dietrich Köhler-Franke, ein renommierter Sportjournalist, der lange auch als Frauenfußball-Experte gilt, verschafft dem Verein einen Kontakt zu Günter Mast in Wolfenbüttel, dessen *Jägermeister*-Geweihe seinerzeit die Trikotbrust von Eintracht Braun-schweig zieren. Das Alkohol-Geweih auf der Frauenbrust – das ist neben dem formalen Vor-stoß auch noch eine zusätzliche Provokation. Dabei meint Köhler-Franke es als Betreuer der Mädels nur gut. Als Radaubruder gilt er ohnehin nicht. Aber eben als einer mit dem Gespür für Gleichberechtigung. Und nach einer *3 nach 9*-Talk-Show von Radio Bremen spricht er als Zu-schauer dort den Gast Mast an. Der erkennt sofort die Schlagzeilenträchtigkeit und zeigt sich

Mit der Jägermeister-Werbung bei Jahn Delmenhorst war Günter Mast (re.) ein weiterer Coup gelungen.

Margret Vaske (li.) mit und Angelika Mertsch ohne Hirschgeweih, aber beide Jägermeister.

aufgeschlossen. »Günter Mast hat sofort zugesagt und mich gebeten, etwas Schriftliches auf seinen Schreibtisch zu bringen«, sagt Köhler-Franke. Die Folge: Neben einem fünfstelligen DM-Betrag wird das Team nicht nur mit Trikots ausgestattet, sondern *Jägermeister* legt noch einen zweiten Bekleidungssatz oben drauf, samt Trainingsanzug. In der Tat schreiben Jahns Frauen in jenen Tagen bundesweit eine Schlagzeile nach der anderen. In den verschiedensten Zeitungen. DFB-Justiziar Dr. Wilfried Gerhardts gerät mächtig unter Druck ob der Macho-Bestimmungen. Man habe Frauen, Kinder und Jugendliche aus der Werbung heraushalten wollen, um sie zu schützen, verteidigt er sich, den Verband und seine Vorschriften. Ungleichbehandlung oder gar Niedrigschätzung liege im völlig fern. Da aufgrund des Delmenhorster Vorstoßes immer mehr Anfragen kommen, entscheidet der DFB, seine Bestimmungen zu überdenken. Das tut der DFB-Bundestag in der Tat.

Beim TV Jahn gelten die Mast-Hemden zunächst zwangsweise nur als Trainingskleidung. »Bei den sieben Spielen unserer USA-Reise 1978 haben wir natürlich die Jägermeisterkleidung benutzt. Da konnte uns ja niemand«, erinnert sich Dietrich Köhler-Franke. »Und als der Weg dann frei war, haben wir noch jahrelang den Hirschen auf der Brust gehabt.«

5

AUFBRUCH IN OSTDEUTSCHLAND
FRAUENFUSSBALL IN DER DDR
UND WAS DARAUS WURDE

Sybille Brüdgam ist die Mannschaftsführerin am 9. Mai 1990 im ersten und einzigen Länderspiel der DDR-Frauenfußballnationalmannschaft.

LANGER SCHWERER ANLAUF UND KURZE KRÖNUNG

Fußball war auch in der Deutschen Demokratischen Republik (DDR) die populärste Sportart. Doch im Gegensatz zu den Männern fristeten die Frauen lange nur ein Mauerblümchendasein. Erst Ende der 1960er Jahre gründeten sich die ersten weiblichen Vertretungen in den Betriebssportgemeinschaften (BSGen) der bis dato reinen Männervereine. Als am 9. Mai 1990 in Potsdam das einzige offizielle Länderspiel gegen die CSFR (0:3) über die Bühne ging, war der Frauenfußball im Osten auf dem Höhepunkt seines 22-jährigen Intermezzos. Zu dieser Zeit ist die DDR jedoch schon längst dabei, sich aufzulösen.

Das große Dilemma des ostdeutschen Frauenfußballs ist, dass der Sport zu DDR-Zeiten nicht olympisch ist. Frauenfußball wird erst 1996 ins olympische Programm aufgenommen, über sieben Jahre nach dem Mauerfall. Für die Spielerinnen und Trainer zu DDR-Zeiten bedeutet dies, dass sie von den großen Sportförderprogrammen weitgehend ausgeschlossen sind, so ehrgeizig und spielstark sie auch sein mögen. Sie kommen eben nicht als »Diplomaten im Trainingsanzug« für die Steigerung des internationalen Ansehens der »kleinen« DDR in Frage.

Kein Wunder, dass die Sportführung der DDR kaum Interesse an der Förderung des Frauenfußballs besitzt. Vom Ansehen rangieren die Frauen, die beim Deutschen Fußball-Verband (DFV) der DDR von 1971 bis 1989/90 der Kommission Freizeit- und Erholungssport zugeordnet sind, klar hinter dem Jugend- und Nachwuchsfußball.

»Wir waren zwar nicht anerkannt, aber im Gegensatz zur BRD auch nie verboten«, sagt Trainer Bernd Schröder, der seit der Gründung der BSG Turbine Potsdam am 3. März 1971 hautnah den Aufstieg seines Vereins vor und nach der deutschen Einheit miterlebt und steuert. Schröder sieht in der ausbleibenden Förderung des Frauenfußballs nur einen Grund: »Die Herren vom DFV hatten die Befürchtung, dass wir den olympischen Sportarten wie Handball Talente abziehen könnten. Dabei gab es genug Mädels, die auf der Straße waren. Da konnte man ganz schnell eine Mannschaft zusammenbekommen.« Laut Schröder sprach sich die Gründung einer Frauenmannschaft oft über Mundpropaganda herum. Die Presse habe dagegen kein gesteigertes Interesse gehabt, über Frauenfußball zu berichten.

Ein Visionär aus Bulgarien

Die Gründung der ersten ostdeutschen Frauenfußballvereine Ende der 60er Jahre hat Bernd Schröder noch lediglich nebenbei wahrgenommen. Die Wiege des DDR-Frauenfußballs steht damals nämlich in Sachsen. Genauer gesagt in Dresden. Dort macht sich ein junger Mann aus Bulgarien als Visionär einen Namen, der 1963 in die DDR gekommen ist: Wladimir Zwetkow.

Der Student der Elektrotechnik an der Technischen Universität Dresden spielt Mitte der 60er Jahre zunächst Fußball in der zweiten Mannschaft von Dynamo Dresden. Später übernimmt er als Trainer eine Schülermannschaft bei der BSG Empor Dresden-Mitte im Ostragehege. Auf diesem Gelände trainieren regelmäßig auch Handballerinnen, die zum Ausgleich Fußball spielen.

»Als ich die Frauen beim Fußball beobachtet habe, kam mir die Idee, eine Frauenfußball-Mannschaft zu trainieren. Und das Interesse bestand auch«, erinnert sich der 1939 geborene Zwetkow, der heute in Gelsenkirchen lebt. »Ich habe das gern gemacht. Ich liebe Fußball. Und Mädchen, die sich in anderen Sportarten nicht entwickelt haben oder keine Chance bekamen, konnten bei uns Fußball spielen.« Die bei der BSG Empor Dresden-Mitte aufgenommenen Damen um Spielführerin Gisela Rühle gelten als erste Frauen-Mannschaft der DDR.

Bis zum ersten offiziellen Frauenfußballspiel in der DDR im Sommer 1969 muss Zwetkow jedoch noch einige Klinken putzen. Aber der Bulgare, der 1988 nach Westdeutschland über-siedelt, weiß anscheinend, an wen er sich wenden muss. Er spricht mit Werner Krolikowski, dem damaligen SED-Parteisekretär von Dresden und späteren Stellvertreter des Ministerrates der DDR. Auch Karl-Eduard von Schnitzler, dem Chefkommentator des DDR-Fernsehens und Moderator der berüchtigten Sendung *Der Schwarze Kanal,* trägt er sein Anliegen vor. »Es gab zunächst Widerstände. Wir haben lange diskutiert. Und dann haben sie uns machen lassen«, berichtet Zwetkow.

Der spätere Trainer der Männermannschaften von Robotron Radeberg, Union Freiberg und Chemie Zeitz versucht sich auch in der »Werbung« für seine Frauen. Privat fährt er zu einem Oberligapunktspiel des 1. FC Union Berlin. Dort klettert er in den heute nicht mehr existieren-den Sprecherturm, um mit Heinz Florian Oertel zu reden. Der beliebteste Fernseh- und Radio-kommentator der DDR lässt sich nicht lumpen und redet seinerseits mit dem Stadionsprecher des 1. FC Union. Kurz darauf kündigt dieser in der Halbzeitpause das erste Frauenfußballspiel der DDR an.

Erstes Spiel in Possendorf

Am 4. August 1969 findet dieser Kick in Possendorf statt, einem Ortsteil von Bannewitz bei Dresden. Empor Dresden-Mitte, die Mannschaft von Zwetkow, siegt bei Empor Possendorf mit 2:0. Die *Neue Fußballwoche* der DDR berichtet darüber erst am 26. August auf der Leser-briefseite, ohne allerdings das Ergebnis zu nennen. »Anlässlich der Festtage ›50 Jahre Fußball in Possendorf‹ hatten die Veranstalter ein Fußballspiel der Frauen organisiert. Gegner war die einzige Dresdner Frauenmannschaft von Empor Mitte, die gern ihre Zusage gab. Und mehr als 1.500 Zuschauer folgten dann dem recht wechselvollen Geschehen. An Ort und Stelle wurde sofort für September ein Rückspiel vereinbart«, schrieb ein offensichtlich begeisterter Leser aus Dippoldiswalde.

Trainer der Possendorfer Frauen ist Manfred Müller, Jahrgang 1936. Müller gehört wie Wladimir Zwetkow, Bernd Schröder und Jupp Pilz aus Rostock (Post Rostock) zu den Pionieren des DDR-Frauenfußballs. Dass die BSG Empor Possendorf ab 1969 auch noch eine Frauenmannschaft bekommt, entspringt allerdings einer Partylaune.

»Da in der Vorweihnachtszeit die meisten Mitglieder unseres Vereins im Stress waren, haben wir unsere Jahresabschlussfeier immer in den Januar verlegt. So auch 1969«, weiß Müller noch so zu berichten, als ob es gestern gewesen sei. »Aus Gag ließen wir dabei einige Frauen Drei gegen Drei spielen. Ich war damals stellvertretender Sektionsleiter Fußball und habe dann zu mitternächtlicher Stunde gesagt, dass wir im August zu unserem 50-jährigen Vereinsjubiläum gegen Chemie Leipzig spielen könnten, wo sich kurz zuvor eine Frauenmannschaft gegründet hatte.«

Ob er will oder nicht: Müller wird beim Wort genommen. Im eigenen Verein und über eine Zeitungsannonce werden Mädels rekrutiert. Im März 1969 findet die erste Trainingseinheit in Hänichen, einem Ortsteil von Bannewitz statt. Brigitte Kiesel, Müllers zukünftige Frau, übernimmt als gelernte Handballerin zunächst den wichtigen Part der Torhüterin. Der Gegner beim Vereinsjubiläum heißt dann aber nicht Chemie Leipzig. Inzwischen hat es sich auch bis nach Possendorf herumgesprochen, dass es auch in Dresden schon eine Frauenfußballmannschaft gibt.

»Das Spiel gegen Empor Dresden-Mitte sollte eigentlich eine Eintagsfliege sein«, sagt Manfred Müller, den der Frauenfußball nie wieder losgelassen hat. Müller, der noch immer in Possendorf lebt, ist heute der Vorsitzende des Gesamtvereins des SV Johannstadt 90. Beim Nachfolgeverein der BSG Aufbau Dresden-Ost trainiert der 72-Jährige zudem die B-Juniorinnen genau auf jenem Platz in Hänichen, wo einst die Possendorfer Frauen ihr Fußball-ABC erlernten.

Brüste und schöne Beine als Attraktion

Obwohl es noch zum Rückspiel zwischen Empor Dresden-Mitte und Empor Possendorf (2:0) kommt, schmoren die Mannschaften der ersten Stunde im eigenen Saft. Zunächst treten sie in erster Linie nur unregelmäßig zu Freundschaftsspielen gegen die wenigen existierenden Mannschaften aus der regionalen Nähe an. Frauenfußballspiele geben Stadt-, Dorf- oder Sportfesten den Reiz des Sensationellen. Nicht immer stand der Sport im Vordergrund. Die Situation erinnert also in vielem an die Anfangszeiten des Frauenfußballs im Westen.

»Anfangs hatten wir es als Trainer sehr schwer. Die Kerle jubelten manchmal bei einer einzigen gelungenen Aktion. Viele Männer konnten sich nicht vorstellen, dass die Mädchen überhaupt den Ball treffen würden. Die wollten nur sehen, wie die Brüste wackeln. Natürlich wurde auch der Trikottausch auf dem Platz gefordert«, erzählt Manfred Müller. »Damals wurden wir oft zu Sport- und Gemeindefesten eingeladen. Wir waren gewissermaßen die Attraktion, mit der die Leute angelockt wurden. Die Veranstalter zahlten meist unser Essen.«

DDR-Auswahltrainer Bernd
Schröder (re.) und sein
Assistent Dietmar Männel

Einige Spielerinnen nutzen die Spiele, die oft vor mehreren tausend Zuschauern stattfinden, aber auch als Laufsteg. Manfred Müller: »Ich habe zur Halbzeit mal eine gefragt, warum
sie drüben immer nur an der Seitenlinie hin- und herlaufen würde, anstatt mal die Position zu
wechseln. Die sagte dann zu mir, dass dort so viele Männer sind. Denen müsste sie doch ihre
schönen Beine zeigen. Da bin ich bald aus den Schuhen gekippt.«

Andere Anlaufprobleme gibt es in Rostock. Der inzwischen verstorbene Jupp Pilz handelt
sich 26 Absagen von Betriebssportgemeinschaften ein, ehe er bei Post Rostock die Gelegenheit bekommt, eine Frauenfußballmannschaft aufzubauen.

Eine Liga in Dresden

Im Sächsischen geht das etwas leichter. Wladimir Zwetkow bleibt die treibende Kraft. »Er hatte
sich auf die Fahne geschrieben, den Frauenfußball aufzubauen«, sagt Manfred Müller. »Einige Zeit
blieb er bei einem Verein und übergab dann die Geschäfte an Mitstreiter.« Nach Empor Dresden-Mitte zieht Zwetkow in der Region Dresden weiter zur Mannschaft des Zentralinstituts für
Kernforschung (ZFK) Rossendorf, dann zu Aufbau Dresden-Ost und Motor Dresden-Übigau. »Ich
habe dort Frauen-Mannschaften gegründet, damit es zum Spielbetrieb kommt«, betätigt Zwetkow.

1970 gibt es dann mit der Dresdner Bezirksmeisterschaft wahrscheinlich die erste Frei-
luft-Punkterunde in Ostdeutschland. Diese findet unter Schirmherrschaft des Stadtverbandes
Dresden statt und wird nach sowjetischem Vorbild im Frühjahr-Herbst-Rhythmus ausgespielt.
In der *Neuen Fußballwoche* werden damals vier Teilnehmer erwähnt. Manfred Müller erinnert

sich an mindestens sechs. Laut Müller waren Empor Dresden-Mitte, Empor Possendorf, Pentacon Dresden, ZFK Rossendorf, Fortschritt Neustadt und Stahl Weißig dabei. »Es gab einen kuriosen Endstand: Empor Dresden-Mitte und Empor Possendorf waren punkt- und absolut torgleich, sowohl bei den erzielten als auch bei den Gegentreffern. Die Spiele gegeneinander gingen beide jeweils 2:1 für die Heimmannschaft aus«, berichtet Manfred Müller. »Es gab deshalb ein Entscheidungsspiel im Stadion des Friedens in Freital, das nach Elfmeterschießen 2:0 für Empor Possendorf endete.«

Dank eines Leserbriefes von Rudi Bratke, dem damaligen Sektionsleiter der BSG Empor Possendorf, können am 6. Dezember 1970 sogar die Leser der *Neuen Fußballwoche* vom ersten Dresdner Bezirksmeistertitel im Frauenfußball Notiz nehmen. In Freital sind über 700 Zuschauer Augenzeuge des Entscheidungsspiels, in dem bis zum Elfmeterschießen keine Tore fallen.

Ende der 60er und Anfang der 70er Jahre schießen dann Frauenfußball-Teams wie Pilze aus der Erde. Doreen Meier erinnert sich neben den bereits erwähnten auch an Teams wie BSG Motor Mitte Karl-Marx-Stadt (1969), BSG Motor Halle (1970), Fortschritt Neustadt, Traktor Spornitz und Hydraulik Parchim.

Für die Sache des Frauenfußballs überspringen die Mädchen und Frauen sogar vereinsideologische Barrieren der Männerwelt. Am 12. August 1969 druckt die *Neue Fußballwoche* auf ihrer letzten Seite, also an einer sehr prominenten Stelle, ein Foto der Frauenfußball-Mannschaft von Chemie Leipzig ab. In dem kleinen Text dazu ist zu lesen, dass die (bis heute grassierende) Rivalität zwischen den Erzrivalen Chemie Leipzig und Lok Leipzig den Frauen offenbar nichts ausmacht:

»Man mag sich ruhig darüber unterhalten, ob in unserer Mannschaft nur Chemie-Fans vorhanden sind. Irrtum, lieber Leser. Wir sind genau zehn Chemie-Anhänger und acht des 1. FC Lok Leipzig«, wird Spielführerin Waltraud Horn von der *Neuen Fußballwoche* zitiert. »Als Kapitän habe ich mir das Ziel gestellt, eine kombinierte Frauenmannschaft Chemie/Lok Leipzig zu bilden, um den Männern zu beweisen, dass man sich nicht nur am Biertisch, sondern auch auf dem grünen Rasen und vor allem im persönlichen Leben vertragen kann und muss.« Bis zum ersten Turnier in Dresden am 20. September 1969 wächst der Kader bereits auf 18 Frauen an.

Aufnahme in die Spielordnung des DFV 1971

Der wachsenden Popularität des Frauenfußballs muss auch der Fußball-Verband der DDR Rechnung tragen. Im Sommer 1971 existieren republikweit rund 150 Mannschaften. Nach einer Erhebung der Statistik der Volkssportkommission des DFV zum Jahresende 1971 gibt es 23.844 Freizeitvertretungen, 194 davon sind Frauenmannschaften.

Im selben Jahr wird die Spielordnung des DFV für den Frauenfußball angepasst. Teilnehmen dürfen Frauen und Mädchen, die 16 Jahre und älter sind – in der Realität spielen aber angeblich auch 14 Jahre alte Mädchen mit oder gar 13-Jährige, wenn sie ein ärztliches Gesundheitsattest vorzeigen. Die Spielzeit beträgt zwei Mal 30 Minuten. Ab minus fünf Grad ist es den Schiedsrichtern verboten, Frauenspiele anzupfeifen.

Neben der von vornherein blockierten Nachwuchsentwicklung, Kindermannschaften gibt es schließlich nicht, soll sich der geregelte Spielbetrieb auf die Kreisebene beschränken. Anmelden können sich die Frauenmannschaften über ihre Sektionen beim zuständigen Kreisfachausschuss. »Die Kreisebene ist der richtige Maßstab«, wird Hans Müller, stellvertretender Generalsekretär des DFV, in der *Neuen Fußballwoche* vom 29. Juni 1971 zitiert. Im selben Artikel versucht *Fuwo*-Redaktionsmitglied Otto Schaefer zu begründen, warum Vergleiche der Frauen den territorialen Rahmen nicht sprengen sollen: »Es darf ganz einfach nicht zur Gewohnheit werden, dass die Begegnungen von Fußball spielenden Damen zu einer wahren Reiseflut führen. Sie verstehen sicherlich, wie kostenaufwendig dann die ganze Angelegenheit wird.«

Die Ansiedlung des Frauenfußballs im Freizeit- und Erholungssport der DDR hemmt seine Entwicklung. In den Bezirks- und Stadtmeisterschaften gibt es wenig Abwechslung, in Potsdam gewinnt beispielsweise immer die BSG Turbine. Als Höhepunkte müssen das ab 1971 durchgeführte Hallenturnier in Neubrandenburg oder internationale Freundschaftsspiele herhalten. Einige Vereine stellen den Spielbetrieb wieder ein, so wie die »Pioniermannschaft« Empor Dresden-Mitte Mitte der 70er Jahre. Das liegt möglicherweise auch am gesunkenen öffentlichen Interesse. Der Reiz des Sensationellen war verflogen. Den Alltag bestimmen schlechte Trainingsbedingungen. Ballmaterial, Spielkleidung und Trainingsanzüge entsprechen in der Regel nicht dem Männerstandard.

Nur der Enthusiasmus einiger engagierter Trainer hält den Frauenfußball am Leben. Zu den unermüdlichen Kämpfern zählt Dietmar Männel. Bei Rotation Schlema bildet sich 1974 eine Frauenmannschaft, die sich 1990 nach der Schließung des Trägerbetriebes, der Papierfabrik in Schlema, dem FC Erzgebirge Aue anschließen wird. Das ahnt in der Anfangszeit freilich noch niemand. »Den Anstoß haben wir durch bereits bestehende Mannschaften wie Turbine Potsdam oder Aufbau Dresden-Ost erhalten«, erinnert sich der damals in Schlema für den Spielbetrieb verantwortliche Männel. »Es gab auch bei uns viele interessierte Mädchen und mehr Frauenmannschaften als heute.«

Im Bezirk Karl-Marx-Stadt gibt es allerdings mit Wismut Karl-Marx-Stadt und Motor Mitte Karl-Marx-Stadt, die später Numerik Karl-Marx-Stadt heißen, große Konkurrenz für Rotation Schlema. »Die ersten Spiele gegen diese Mannschaften haben wir mit 17:0 und 11:0 verloren. Das sah gar nicht gut aus«, sagt Dietmar Männel. »Aber es entwickelte sich. Viele Mädchen wollten häufiger trainieren. Wir haben aus Lust und Liebe zum Fußball gespielt und uns nicht unterdrückt gefühlt.«

DDR-Bestenermittlung hebt Frauenfußball auf eine neue Stufe

Auf dem VI. Verbandstag des Fußballverbandes der DDR 1979 wird dem gestiegenen Leistungsgedanken vieler Fußballfrauen der DDR endlich Rechnung getragen, obwohl sich Günter Schneider, Präsident des DDR-Fußball-Verbandes, Anfang des Jahres in der *Neuen Fußballwoche* noch sehr abfällig über den Frauenfußball äußert. »Auch unsere Frauen und Mädchen spielen in über 300 Kollektiven mehr oder weniger regelmäßig Fußball«, sagt Schneider anlässlich des 30. Jahres des Bestehens der DDR.

Sybille Brüdgam

Mitte Mai 1979 gibt es dann auf »Grundlage der Beschlüsse des IX. Parteitages der SED, des VI. Turn- und Sporttages des Deutschen Turn- und Sport-Bundes (DTSB) und des VI. Verbandstages des DFV« gravierende Änderungen. »Zur weiteren Belebung und Förderung des Frauenfußballs sind Bezirksbestenermittlungen durchzuführen und, beginnend mit dem Jahr 1979, erstmalig Turniere der Bezirksbesten bis zur Ermittlung der besten Frauenmannschaft der DDR zu organisieren«, heißt es in dem Beschluss.

Für die Belange des Frauenfußballs wird zudem die Arbeitsgruppe Frauenfußball in der Kommission Freizeit- und Erholungssport eingesetzt, zu der Horst Müller aus Dresden, Margit Stoppa aus Berlin, Werner Lenz aus Neubrandenburg und Bernd Schröder aus Potsdam gehören. »Ihnen ist es mit zu verdanken, dass sich ein ausgebauter Spielbetrieb sowohl in den Bezirken als auch auf DDR-Ebene entwickelte«, sagt Doreen Meier.

Die vermeintliche Förderung hat aber mehrere Haken. Zum einen bleibt der Frauenfußball weiterhin Bestandteil des Freizeit- und Erholungssportes im DFV, zum anderen darf sich der Gewinner im Republikmaßstab nicht Meister, sondern nur Bester nennen. »Der Status des Frauenfußballs sollte einfach nicht erhöht werden«, ist sich der Potsdamer Trainerguru Bernd Schröder sicher. »Außerdem hätte der Begriff Meisterschaft immer einen vernünftigen Spielbetrieb vorgegaukelt.«

Davon kann keine Rede sein. Sowohl die Spiele zur Ermittlung der Endrundenteilnehmer als auch die Endrunde selbst finden bis 1984 in der Regel in Turnierform und somit bei verkürzter Spielzeit statt. 1981 bei der Endrunde in Potsdam dauert eine Partie beispielsweise nur zweimal 20 Minuten. »Gerecht war das nicht. Zu viel hing von der Tagesform ab«, erinnert sich die Potsdamerin Sybille Brüdgam, die ab 1982 an mehreren Endrunden teilnimmt und 1990 beim einzigen Länderspiel gegen die CSFR die Kapitänsbinde tragen wird.

Dresdner Frauen fühlen sich um Sieg betrogen

Für die erste Endrunde 1979 in Templin qualifizieren sich nach vier spannenden Vorausschei-
dungen auf Bezirksebene die BSG Aufbau Dresden-Ost, Motor Mitte Karl-Marx-Stadt, Chemie
Wolfen und Post Rostock. Über 3.000 Zuschauer bejubeln am Ende den Sieg von Karl-Marx-
Stadt (5:1 Punkte) vor Dresden (4:2), Rostock (2:4) und Wolfen (1:5) Die *Neue Fußballwoche*
druckt sogar die kompletten Aufgebote der vier Endrundenteilnehmer ab. Der Frust der Dresdner Fußball-Frauen, die sich um den Sieg betrogen fühlen, wird jedoch nicht erwähnt.

Trainer Manfred Müller, der im September 1971 von Empor Possendorf zu Aufbau Dresden-
Ost gewechselt war, erinnert sich noch immer ungern an die aus seiner Sicht skandalösen
Geschehnisse von Templin. »Unsere stärkste Spielerin Brigitte Kiesel, meine spätere Frau, und
Kerstin Ullrich, die Zweitbeste, wurden im zweiten Spiel beim 0:0 gegen Chemie Wolfen schwer
verletzt. Beide mussten ins Krankenhaus gefahren werden«, erzählt Müller. »Das waren gezielte
Attacken. Ich habe ein großes Spektakel veranstaltet, weil die Schiedsrichter keine Roten Karten zeigten. Vor Ort wurde mir von den Organisatoren recht gegeben. Das Schiedsrichter-Kol-
lektiv wurde vom weiteren Verlauf ausgeschlossen. Hinterher bin ich aber vom Bezirksverband
für meine öffentliche Schelte gemaßregelt worden.«

Unabhängig davon sind die Bestenermittlungen nicht das Gelbe vom Ei. »Das Training war
auf zwei Turniere im Jahr ausgerichtet oder es war auch schon vorbei, wenn man das erste nicht
gewonnen hatte«, sagt Sabine Seidel. Die Potsdamerin gehört neben ihrer Teamkollegin Sybille Brüdgam, Doreen Meier von Uni Jena sowie Katrin Hecker und Birte Weiß (beide Rotation
Schlema/Erzgebirge Aue) zu den besten Kickerinnen aus dem Osten.

Potsdam und Schlema entwickeln sich zu Leistungszentren

Die Hochzeit des DDR-Frauenfußballs sind nach den Erinnerungen von Doreen Meier die Jahre zwischen 1979 und 1982. 1981 sollen 360 Frauenmannschaften gespielt haben. Doch an
größere Anerkennung innerhalb der DDR oder Spiele im nichtsozialistischen Ausland ist nicht
zu denken. »Gestört hat uns das aber nicht. Das war eben so. Wir waren nicht neidisch auf die
Männer oder andere Sportarten. Wir wollten einfach nur kicken«, versetzt sich Doreen Meier
noch einmal in ihre aktive Zeit bei Universität Jena zurück. Dort rekrutiert der verdienstvolle
Trainer Hugo Weschenfelder über viele Jahre seine Mannschaft ausschließlich aus Studentinnen, Ende der 80er Jahre zunehmend mit großem Erfolg.

Weitere entscheidende Einschnitte im DDR-Frauen-Fußball gibt es noch ab Mitte der 80er Jahre. Ab der 7. Bestenermittlung 1985 werden nach der Vorrunde zwei Halbfinals mit Hin- und Rückspiel ausgespielt. Das erste echte Finale gewinnt Turbine Potsdam am 6. Oktober 1985 in Markkleeberg vor 700 Zuschauern gegen Wismut Karl-Marx-Stadt mit 2:0. Die Partie findet als Vorspiel
der Männer-Zweitligabegegnung zwischen Chemie Markkleeberg und Wismut Gera (2:0) statt.

Wendezeit: Rotation Schlema wird zu Erzgebirge Aue (1991/92 mit Trainer Dietmar Männel (re.)) samt Trikotwerbung.

Eine weitere Leistungskonzentration soll ab 1987 die zweigleisige Liga bringen, deren Staffelsieger am Saisonende das Endspiel (1986, 1987) bzw. die Endspiele mit Hin- und Rückkampf (1988 bis 1990) bestreiten. Im Norden gibt es in der Premierensaison acht Vertretungen, im Süden neun. Die größeren Entfernungen sind jedoch mit Strapazen verbunden. »Die meisten Mannschaften reisten mit der Deutschen Reichsbahn. Nicht selten musste der Anpfiff verschoben werden, da diese wieder mal Verspätung hatte. Außerdem waren wir ja nicht die einzigen Reisenden, so dass wir oftmals irgendwo verstreut im Zug stehen mussten«, erinnert sich Doreen Meier an grauenvolle Fahrten.

Bis zum Zusammenbruch der DDR bilden sich mit Turbine Potsdam und Rotation Schlema zwei Leistungszentren heraus. Die Turbinen gewinnen insgesamt sechs Mal die Bestenermittlung, aber niemals den ab 1987 ausgespielten Pokal des Demokratischen Frauen-Bundes und später des Deutschen Fußball-Verbandes. Rotation Schlema, das zwei Mal DDR-Bester wird, avanciert mit drei Siegen zum Rekordpokalsieger. 1991 feiert Trainer Dietmar Männel diesen aber schon unter dem Namen Erzgebirge Aue. Peinlicherweise gibt es für den ersten Pokalsieg 1987 noch nicht mal eine Trophäe, »nur einen Blumenstrauß und einen Händedruck«, wie Männel erzählt. »Darüber haben wir uns in Berlin beschwert. Später gab es dann auch Pokale.«

Der Umbruch in der DDR bringt auch dem Frauenfußball eine späte, wenn auch kurze Anerkennung. Auf dem VIII. Verbandstag am 31. März 1990 in Strausberg bei Berlin wird Margit Stoppa, die heutige Vorsitzende des Ausschusses für Frauen- und Mädchenfußball des Deutschen Fußball-Bundes, mit der zweihöchsten Stimmenanzahl (217) als erste Frau in den DFV-Vorstand gewählt. Zudem bildet der DFV eine für den Frauenfußball eigenständige Kommission. Das »Parken« des ostdeutschen Frauenfußballs in der Kommission für Freizeit- und Erholungs-sport hat damit ein Ende. Allerdings löst sich der DFV schon wenige Monate später, am 20. November 1990, in Leipzig auf.

Die letzten Höhepunkte des DDR-Frauenfußballs vor dem Ende der DDR sind das einzige Länderspiel mit den Trainern Bernd Schröder und Dietmar Männel am 9. Mai 1990 in Potsdam gegen die CSFR (0:3) und das Double von Post Rostock. Die Mannschaft von Trainer Manfred Draheim gewinnt das Pokalendspiel in Senftenberg gegen Wismut Chemnitz mit 5:3 (0:0 n.V.) im Elfmeterschießen. In den Endspielen der 11. DDR-Bestenermittlung behält Rostock gegen den gleichen Gegner mit 6:2 in Chemnitz und mit 4:2 im Ostseestadion die Oberhand.

1990/91 wird die eingleisige Oberliga Nordost eingeführt. Meister Uni Jena und der Zweit-platzierte Erzgebirge Aue können sich für die gesamtdeutsche Bundesliga qualifizieren. Aus-hängeschild Turbine Potsdam verpasst den Sprung ins Oberhaus, weil mehrere Stammspiele-rinnen den Verein Richtung Westen verlassen haben.

Birte Weiß aus Aue bestreitet in den Wendejahren übrigens als einzige ostdeutsche Spiele-rin gesamtdeutsche Länderspiele. »Das zeigt, dass wir einfach nicht mithalten konnten, weil die Frauen im Westen uns um Jahre voraus waren«, sagt Doreen Meier heute. »Kein Wunder, dass Jena und Aue sofort wieder aus der Bundesliga abgestiegen sind.«

20 Jahre nach der politischen Wende in Deutschland hat sich von den ostdeutschen Frau-enfußball-Vereinen nur Turbine Potsdam dauerhaft bundesweit durchgesetzt. In der Spielzeit 2008/09 gibt es mit Universität Jena immerhin mal wieder eine weitere Erstligamannschaft aus den neuen Bundesländern. In der 2. Bundesliga tummeln sich noch Turbine Potsdam II, Lok Leipzig und der 1. FC Union Berlin.

Von den einstigen Pionieren des DDR-Frauenfußballs sind Bernd Schröder (66 Jahre, Trainer von Turbine Potsdam), Dietmar Männel (70, Abteilungsleiter Frauen- und Mädchenfußball beim FC Erzgebirge Aue) und Manfred Müller (72, Abteilungsleiter Frauenfußball und Trainer der B-Juniorinnen beim SV Johannstadt 90) immer noch im Amt. Gleichwertige Nachfolger wird es wohl so schnell nicht geben.

Matthias Koch

DIE DDR-FRAUENNATIONALMANNSCHAFT VERLIERT IHR EINZIGES LÄNDERSPIEL

Der 9. Mai 1990 ist ein Mittwoch, an dem der Frauenfußball in der DDR Geschichte schreibt. Um 17.30 Uhr pfeift Schiedsrichter Klaus Scheurell aus Königs Wusterhausen das erste und einzige Frauenländerspiel der DDR an. Gegner im Potsdamer Karl-Liebknecht-Stadion ist die CSFR, wie die Tschechoslowakei von 1990 bis zur Auflösung der Föderation der beiden dann eigenständigen Staaten Tschechien und Slowakei im Jahr 1992 heißt. Die Mannschaftsaufstellungen sind in den Stadionkatakomben im Treppenhaus auf einer Schiefertafel mit Kreide handschriftlich notiert. Vor knapp 1.000 Zuschauern heißt es am Ende 0:3 (0:1) nach Gegentreffern von Ivana Bulikova (22. FE), Jana Paolettikova (65.) und Olga Hutterova (71.)

Den Tschechinnen ist in den 80 Spielminuten ihre internationale Erfahrung anzusehen, seit Ende der 60er Jahre schon haben sie inoffizielle Länderspiele bestritten. Die DDR-Spielerinnen zollen indes ihrer großen Premierennervösität Tribut: zu lasche Deckungsarbeit, zu viele verlorene Zweikämpfe, zu viele Abspielfehler, zu schwache Chancenverwertung. Allein Sturmspitze Dana Krumbiegel aus Chemnitz vergibt vier klare Möglichkeiten. Auch Doreen Meier hat als Linksaußen Hochkaräter auf dem Fuß, kämpft aber auch gegen höllische Zahnschmerzen. Am Tag zuvor wurde ihr zwar ein Zahn gezogen, aber es war der falsche ... Aber nicht nur Doreen Meier, sondern

Einmaliges Gruppenbild: die DDR-Frauenfußballnationalmannschaft vor ihrem ersten Länderspiel

Länderspieltest gegen eine Berliner Auswahl auf dem Kunstrasen bei Hertha Zehlendorf am 18.4.1990

alle Spielerinnen bleiben unter Normalform. »Das war wie Regionalliga gegen Bundesliga. So viel Druck, mit dem der Gegner spielte, kannten wir gar nicht«, sagt Kapitän Sybille Brüdgam später.

Die Erwartungen sind vor dem Anpfiff noch hoch gesteckt. »Gut aussehen« wollen die Trainer Bernd Schröder (Turbine Potsdam) und Dietmar Männel (Rotation Schlema, später Wismut, heute Erzgebirge Aue), um der Mannschaft und der Sportart eine Zukunft zu geben. Der Gegner lobt die Fitness der im klassischen DDR-Fußballtrikot in blau-weiß angetretenen Ostdeutschen und betont, dass sie durchaus international bestehen könnten.

Doch das hilft den beiden DDR-Coaches an jenem Abend nicht über ihre Depression hinweg. »Die Leistung ist eine klare Enttäuschung. Das ist umso bitterer, da wir ein gutes Spiel und ein gutes Ergebnis wollten. Ich hoffe beim Optimismus unseres Verbandes, dass diese Niederlage uns eher weiterbringt als schadet«, sagt Schröder nach der Partie. »In diesem Jahr stehen noch Spiele gegen die Auswahlen aus Bayern und Hessen an, vielleicht ein Spiel in Frankreich. Wir brauchen mehr Westkontakte, um internationales Niveau zu erreichen«, zeichnet Schröder noch am Abend in der zum Pressekonferenzraum umgestalteten Stadionkneipe des im Volksmund liebevoll »Karli« genannten Stadions eine Perspektive, die sich nur noch zum Teil einlösen lässt. Immerhin spielt die DDR noch in Würzburg gegen Bayern und nimmt an einem Turnier in den Pyrenäen gegen spanische und französische Klubs teil. Doch dann ist es aus mit der jungen Herrlichkeit. Die politische Realität beendet die Existenz der Auswahl jäh. Als der Frauenfußball in der DDR richtig anerkannt wird, hört die DDR auf zu existieren.

So war die Aufbauarbeit letztlich etwas vergebens: Monatelang hatten Bernd Schröder und Dietmar Männel ihre Auswahl auf dieses erste Länderspiel vorbereitet. Die Spielerinnen staun-

ten bei den Lehrgängen in Leipzig über große Zimmer, Tango-
bälle von *adidas*, Joghurt, Cornflakes und Müsli im Überfluss.

Erstmals präsentierte sich der Kader bereits bei einem
Hallenturnier in der Deutschland-Halle in Berlin im Winter.
Die Generalprobe gibt es ebenfalls in Berlin, auf dem Zeh-
lendorfer Kunstrasen. Eine kuriose Partie, denn die damalige Berliner Frauenfußballchefin versucht nach Kräften, die
Partie unter der Woche zu verhindern. Die Berliner Auswahl
spiele nie unter der Woche, hieß es, wer spiele, werde gesperrt. Am Ende findet sich doch eine Kombination Zehlen-
dorf/Lichterfelde als Gegner. Die Vereine werden tatsächlich gesperrt, aber nur im Pokalwettbewerb. Zwar herrscht
auf dem Kunstrasen eine gewisse Zweikampfangst vor, doch
unterm Strich kommt die DDR zu einem verdienten 6:2-Er-
folg. Zur Pause hat Zehlendorf/Lichterfelde noch mit 2:1 geführt. Susanne Plenzendorf (Zehlendorf) und Andrea Kunze
(Lichterfelde) sowie Katrin Prühs (Rostock) sind die Torschützinnen. Nach der Pause zieht die DDR dank zwei weiteren

Heidi Vater von Uni Jena

Prühs-Treffern sowie Toren von Sybille Brüdgam (Potsdam), Beate Reuer (Potsdam) und Kathrin
Baaske (Rostock) davon.

Mit der CSFR als Gegner laden sich die DDR-Mädels dann aber einen zu dicken Brocken
auf – trotz vorheriger »Feindbeobachtung« durch das Trainerduo Schröder/Männel in Fridek
Mistek bei einem EM-Qualifikationsspiel gegen die Bundesrepublik mit anschließender nächt-
licher Heimfahrt im Trabi nach kräftigem abendlichen Genuss eines Wodka-flambierten Steaks
im Hotel. Schröder/Männel wollen offensiv dagegenhalten, mit drei Spitzen attraktiven Kombi-
nationsfußball zeigen. Hinter den drei Angreiferinnen steht mit Weiss und Prühs eine torgefähr-
liche Mittelfeldreihe. »Wir wollen unser Licht auf keinen Fall unter den Scheffel stellen«, teilt
Schröder im Stadionheft mit. »Wir wissen nicht, wo wir international stehen. Das heißt, im Vertrauen auf das eigene Können mit Herz Fußball zu spielen. Ohne jegliche innere Verklemmung,
sondern vielmehr mit dem guten Gefühl, mit eigenen Stärken aufzutrumpfen.«

Zwei Stunden vor dem Spiel trifft die Mannschaft schließlich an jenem 9. Mai nach zwei-
tägiger Vorbereitung in der Sportschule Lindow frisch eingekleidet im Stadion ein. »Mit schla-
ckernden Beinen«, erinnert sich Doreen Meier. »Die Aufregung war drückend. Mit tausend Gedanken im Kopf. Was hatte der Trainer gerade gesagt?«

Für die Spielerinnen ist das Länderspiel und seine Vorbereitung dennoch ein unglaubliches
Erlebnis. Linksaußen Doreen Meier, später Bundesligatrainerin in Bad Neuenahr und heute

beim Zweitligaklub Bayer Leverkusen tätig, hält später in mehreren Veröffentlichungen die Entwicklung des Frauenfußballs in der DDR fest. So ist für die Archive der Moment aufbewahrt, als es in Leipzig die Trainingsanzüge mit dem DDR-Emblem gab. »Getragen zwar, aber welch ein irres Gefühl. Tausende von Gedanken rasselten durch meinen Kopf. Gedanken an Siegerehrungen bei Weltmeisterschaften und Olympischen Spielen. Denn einen Nationalmannschaftsanzug konnte man im Unterschied zu heute nicht einfach erwerben. Das Privileg, einen tragen zu dürfen, hatte nur die DDR-Leistungselite. Sollten wir auf einmal dazugehören?«

Als Doreen Meier dann zum Länderspiel ins Stadion einläuft, scheint der Frauenfußball akzeptiert. »Die DDR-Nationalhymne erklang. Augenblicke, die unvergesslich bleiben und nicht in Worte zu fassen sind.« Auch Tauschtrikots gibt es nicht. »Die Trikots waren von den DDR-Junioren geborgt. Der Vertrag mit *adidas* begann erst ein paar Tage später«, erklärt Meier. Aber dieses Länderspiel missen möchte sie auf gar keinen Fall.

Auch dem Autor dieser Zeilen, der an der Vorbereitung des Spiels insofern mitgewirkt hat, indem er die CSFR als Gegner empfahl, bleiben bestimmte Erinnerungen. Damals hat die DDR noch eine stets besetzte eigene Telefonvorwahl. Der Spielbericht aus Potsdam an die Agenturen Sportinformations-Dienst (SID) in Neuss und Deutsche Presseagentur (DPA) in Hamburg ist einfach nicht zu übermitteln. Da hilft nur der Weg mit dem Auto über die Glienicker Brücke nach Westberlin. Wo einst Agenten ausgetauscht und Flüchtlinge über die Grenze geschleust wurden, werden in den nun friedlichen Zeiten Frauenfußballberichte in den Westen gebracht. Direkt an der Grenze liegt ein Schloss. Der Hausmeister staunt nicht schlecht, als ein Fremder klingelt und bittet, zwei Telefonate führen zu dürfen. Das Staunen wird beim Zuhören noch größer. Das angebotene Trinkgeld nimmt der gute Mann nicht an. Besten Dank im Nachhinein. So war das in der damaligen Handy- und WLAN-losen Zeit.

Der DDR-Kader von Trainer Bernd Schröder und Assistent Dietmar Männel:
Anett Viertel (Rotation Schlema), Petra Jachtner (Numerik Karl-Marx-Stadt), Heike Hoffmann (Turbine Potsdam), Beate Reuer (Turbine Potsdam), Katrin Hecker (Rotation Schlema), Petra Weschenfelder (Universiät Jena), Sybille Lange (Post Rostock), Sybille Brüdgam (Turbine Potsdam), Heike Ulmer (Rotation Schlema), Carmen Weiss (Wismut Karl-Marx-Stadt), Katrin Prühs (Post Rostock), Sabine Berger (Turbine Potsdam), Dana Krumbiegel (Wismut Karl-Marx Stadt), Doreen Meier (Universität Jena), Katrin Baaske (Post Rostock), Heidi Vater (Universität Jena), Katrin Niklas (Elfe Berlin), Maika Alex (Handwerk Magdeburg), Sabine Tannenberger (Wismut Karl-Marx-Stadt). Jachtner, Niklas und Alex kamen nicht zum Einsatz.

Mit Birte Weiß (Rotation Schlema) war eine Leistungsträgerin verletzt und kam nicht in den Kader. Sie wurde später allerdings als Einzige auch DFB-Auswahlspielerin.

TURBINE POTSDAM

Ein Silvesterscherz bringt den Ball ins Rollen

Mit einem kleinen handgeschriebenen Zettel fängt alles an. Der hängt am Schwarzen Brett im Verwaltungsgebäude der VEB Energieversorgung Potsdam. »Gründen Frauen Fußball Mannschaft. Bitte melden. 3. März 1971. 18 Uhr im Klubhaus Walter Junker. BSG Turbine Potsdam, Sektion Fußball.«

Natürlich hat dieser Zettel eine Vorgeschichte, und zwar die Jahresendfeier 1970 bei den Energieversorgern am 31. Dezember. Da fließen die Getränke, auch Hochprozentiges, wie der Strom. Die Brigade ist zufrieden, die Gespräche werden übermütig. Und irgendwann ziehen sie über die schwache Saison der Fußballer in der Betriebssportgemeinschaft her. Die Turbine, wie der Betriebssportverein heißt, hatte nichts gerissen. Was auch den Frauen auffällt. Jedenfalls führt die Häme dazu, dass der weibliche Ehrgeiz es allen mal zeigen will. Eigentlich ein Silvesterscherz.

Bernd Schröder ist damals noch neu in Potsdam. In Freiberg in Sachsen hatte er Bergbau studiert und als Torwart in der DDR-Oberliga 1967/68 bei Lok Leipzig gespielt, davor bei Stahl Silbitz und Wissenschaft Freiberg. Als Strohwitwer geht er oft abends im Klubhaus essen. So auch an jenem 3. März, dessen Bedeutung er längst vergessen hatte. Dieser Abend aber füllt

Gut beschirmt: Potsdams Macher Bernd Schröder (li.) und sein damaliger Trainer Frank Lange in der Aufstiegssaison 1994

1990 spielte Turbine Potsdam (li.) direkt nach der Maueröffnung bei Fortuna Sachsenross Hannover.

den Klubraum bis zum Bersten mit jungen Frauen, die gerade ihr Fußballteam gründen. Nur einen Trainer haben sie noch nicht. Aus der Situation heraus fasst Bernd Schröder dann einen folgenschweren Entschluss, der sein Leben in nie geahnter Weise weiter prägt. Der Mann ist zwar eckig und kantig, aber auch hochsensibel, gütig und einer, der nur selten »Nein« sagen kann. Am nächsten Tag bereits leitet er das erste Training. 38 Frauen und Mädchen sind gekommen.

Aufgrund seiner leistungssportlichen Vergangenheit ist der lange Schröder (1,95 m) nicht zimperlich. Der Respekt vor ihm ist schnell riesengroß bei den Schützlingen. Nach und nach wächst da tatsächlich ein ganzheitlich fitnessgestähltes Team zusammen. Noch heute lässt Schröder beim allgemeinen Konditionsaufbau gerne Rad schlagen. Ohne Leichtathletik, Kraftraum und Schwimmen läuft gar nichts. Schröder bietet das volle Programm aus der ehemaligen Kaderschmiede. Auch wenn er mitunter immer wieder für seinen autoritären Führungsstil und seine Trainingsmethoden angegriffen wird. Dass ihn später aber mal ein Blatt als »Bankbrüller von Babelsberg« verhöhnt, tut ihm jedoch noch jahrelang wegen der oberflächlich entstandenen Falscheinschätzung als persönliche Beleidigung weh.

»Es gab ja einige gute Ansätze«, erinnert sich Schröder an die ersten Anfänge in der Betriebssportgruppe. Von Beginn an macht er den Mädels klar, dass ohne Ernsthaftigkeit und Wille zur Leistung im Sport nichts läuft. Wie sehr Schröder die Mädels aber auch trietzt, sie geben einfach nicht auf. Über die Jahre werden sie immer besser und entwickeln sich, heute würde man sagen, zur Marke. Die ersten zwölf Spiele werden gleich gewonnen. Das Debüt bei Empor Tangermünde am 25. Mai 1971 mit 3:0. Gleich im ersten Jahr holt das Turbine-Team die Bezirksmeisterschaft.

Als es im Oktober 1981 die seit 1979 durchgeführte Bestenermittlung in der DDR erstmals in Potsdam gibt, ist Turbine dabei. Das Finalturnier findet in Babelsberg statt – und Turbine gewinnt. Vor 3.500 bis 4.000 Zuschauern. Oder waren es 6.000? Und das Fernsehen war da, erinnert sich Bernd Schröder. »Den Titel zu gewinnen, das war ein Erlebnis.« 50 Ostmark gibt es als Prämie und Schröder wird als »Aktivist der sozialistischen Arbeit« ausgezeichnet. Zwei Tage zuvor hat sich das Team in Kleinmachnow verschanzt. Trainingslager auf Feldbetten. Teamgeist tanken. Das hilft tatsächlich.

Damals bereits im Team ist Sabine Seidel. Später ist sie lange Zeit mit im Trainerstab für den Nachwuchs zuständig, eine verdiente Turbine, die anzupacken versteht. Heute arbeitet sie als Zeugwartin bei den DFB-Juniorinnen. Beim Titelgewinn 1983 sind Simone Thomas, Sybille Brüdgam, Heike Hoffmann und Michaela Hunger dabei. Namen, mit denen Turbine in den ersten 20 Jahren Geschichte schreibt. Sechs Titel holt Turbine bis zur Auflösung der DDR, wird zweimal Vize.

Dass die Turbine-Kickerinnen 1981 in Brandenburg »Mannschaft des Jahres« werden, gerät zum Eklat. Ausgerechnet eine Randsportart vor allen großen und olympischen Sportarten in der Sportstadt Potsdam. 1982 interessieren sich sogar die Wessis für die kickenden Ossi-Girls. Peter Merseburger dreht einen Bericht über Turbines Fußballerinnen fürs ZDF in der Serie »Deutsches aus der anderen Republik«. Unabhängig davon wächst das Renommée. Immer mehr Einladungen aus dem kommunistischen Ausland und darüber hinaus treffen beim Verein ein. Unweigerlich führt das zu Versuchen politischer Infiltration. Stasischnüffeleien. Mitunter hat Schröder für seine Spielerinnen auch gelogen und betrogen, um diese Leute von der Mannschaft fernzuhalten und Turnierteilnahmen zu ermöglichen. Als in Ungarn mit Landhaus Wien und Dinamo Zagreb Namen stehen, die das Interesse der Stasi wecken könnten, lässt er das in Levski Sofia und Sparta Prag ändern. Der Schmuh fällt auf, Schröder wurde ein Jahr international gesperrt. Beim Turnier in Breslau fälscht Schröder erneut das Teilnehmerfeld und fliegt auf. Die Vereinssperre wird bis 1987 aufrechterhalten. Turbine entwickelt sich dennoch zum erfolgreichsten Team im deutschen Osten. »In 22 Jahren gab es nur 12 Niederlagen gegen Ex-DDR-Teams«, weiß Schröder zu bilanzieren. Von 78 Hallenturnieren werden 55 gewonnen. 524 Großfeldspiele werden bestritten, 106 davon international. Mit Spielen in Ungarn, der CSSR. 1983 wird der AC Mailand geschlagen, 1989 der PSV Eindhoven.

Mit der Maueröffnung erweitern sich die Spielmöglichkeiten. Der erste Auftritt ist beim Hallenturnier Anfang 1990 in Hagen. Da schlagen Schröders Turbinen überraschend die Westelite, wie zum Beispiel den großen TSV Siegen. Es ist der erste Pokalsieg für Turbine im Westen gleich beim ersten Auftritt. Gleichzeitig versuchen Westvereine, Turbine zu fleddern. Es gibt Abgänge und kuriose Angebote. »Jedes Jahr ein Satz Trikots gegen eine Spielerin pro Jahr« ist das Kurioseste. Einige Spielerinnen gehen tatsächlich in den Westen. Torhüterin Ines Kulik zum TSV

Im Jahr 2006 erringt Turbine Potsdam zum dritten Mal den DFB-Pokal.

Siegen, Libero Beate Reuer und Mittelfeldwusel Jaqueline Seyde zum TuS Ahrbach und nicht zu Fortuna Sachsenross Hannover, das ebenfalls interessiert ist, die Freundschaft zum Osten gewinnbringend zu nutzen.

Wegen dieser personellen Verluste dauert es eine Weile bis zum Aufstieg Turbines in die Bundesliga. Immerhin darf der Verein seinen Namen behalten, während viele andere Betriebs-sportgruppen im Zuge der Auflösung der Betriebe ihre Namen verlieren.

1994 steigt der Verein dann in die Bundesliga auf und erlebt zum Debüt erst einmal ein Desaster. 0:11 gegen Rumeln Kaldenhausen, den heutigen FCR Duisburg. Nach den zweiten Plätzen 2001 bis 2003 gibt es dann die erste Deutsche Meisterschaft in der Saison 2003/04 und den zweiten Titel 2005/06. Als das schönste Spiel seiner Karriere bezeichnet Schröder jedoch die Partie 2002/03, als es am letzten Spieltag gegen den 1. FFC Frankfurt um den Titel geht. Turbine hätte siegen müssen, um Meister zu werden, spielt aber 0:0. Ein Wahnsinnsspiel. Petra Wimberskys Treffer in der 89. Minute zählt wegen Abseits nicht. Etwa 8.000 Zuschauer im »Karli« sorgen für einen Bundesligarekordbesuch, der heute noch steht. Dazu gibt es TV-Live vom ORB und HR 3. Und der gefühlte Meister feiert bis tief in die Nacht. Ein Spanferkel wird auf der Straße am Stammlokal gegrillt. Drinnen hängt ein riesiges Ölporträt von Navina

Bernd Schröder und seine »Torbienen« werden 2005 nach dem UEFA-Cup-Sieg auf dem Rathausbalkon gefeiert.

Omilade. Auch dabei: Brandenburgs Ministerpräsident Matthias Platzeck. Er ist seit Jahren Fan der Mannschaft, mit festem Stehplatz im »Karli«. Wenn es was zu feiern gibt, ist Platzeck gern dabei und spendiert ein Rotkäppchen oder tanzt mit den Spielerinnen. Da ist nichts gestelzt, das ist echt. Um Mitternacht wird ein Feuerwerk abgebrannt. Da staunt sogar die Polizei und ruft nicht zu Ruhe und Ordnung.

Den DFB-Pokal holt Turbine drei Mal in Folge von 2004 bis 2006. Zeiten, in denen Bernd Schröders Sangeskunst besonders gefordert ist. Denn der gelernte Bergbau-Ingenieur ist seiner Zunft auch heute noch zutiefst verpflichtet. »Im Bergbau herrscht Teamgeist. Das ist wie beim Fußball«, sagt er gerne. Und zu ganz besonderen Meisterschaften in ganz besonderen Situationen stellt er sich dann vors Team und intoniert mit Inbrunst den »Jäger-Chor« aus dem »Freischütz« von Carl Maria von Weber, mitunter auch das »Steigerlied«.

2005 wird Turbine Europapokalsieger und feiert diesen Triumph unter anderem mit einem Korso im offenen Doppeldeckerbus vom Karl-Liebknecht-Stadion zum Empfang im Rathaus durch Ministerpräsident Platzeck. Ein Jahr darauf reicht es immerhin zum UEFA-Pokalfinale. Dazu kommen drei DFB-Hallenmeisterschaften. Die B-Juniorinnen sind deutscher Rekordmeister. In allen Nationalteams ist der Klub bestens vertreten. Die Internatsschülerinnen sind derzeit Schulweltmeister. Sie werden für den WM-Gewinn vom damaligen Bundeskanzler Gerhard Schröder sowie Innen- und Sportminister Otto Schily zum Grillfest ins Bundeskanzleramt eingeladen.

Die Spielerinnen der Sportbetonten Schule Friedrich Ludwig Jahn aus Potsdam erringen 2009 zum zweiten Mal nach 2005 den Titel bei den ISF-Schulweltmeisterschaften in der Türkei. Zuerst verlieren sie das Endspiel im Penalty-Schießen knapp gegen China. Die Chinesinnen werden aber später wegen Betrugs disqualifiziert.

Alles in allem ist die Erfolgsbilanz der Turbine eine Traumbilanz für Bernd Schröder als Manager und meist auch Trainer: Den Regiestab geführt hat er immer. In den turbulenten 90er Jahren, als Kritiker vieles hinterfragten und die Arbeit im Management immer intensiver wird, holte er sich zusätzliche Trainer zur Entlastung. Eine schwere Entscheidung nach 21 Jahren, die unterm Strich auch nicht gut ging. Egal ob Peter Raupach, Frank Lange, Lothar Müller oder Ex-Nationalspieler Eckard Düwiger: Alle Externen halten kaum länger als ein Jahr durch. Schröders Rückzug auf den Managerposten misslingt, er kehrt wieder auf den Trainingsplatz zurück.

Ganz nebenbei öffnet sich Turbine im Zug der Zeit auch für ausländische Spielerinnen. Aus Polen kommen Rekordnationalspielerin Maria Makowska oder Marta Otrebska. Zeitweise hat Turbine sogar vier Russinnen im Team. Natalia Bunduki bleibt am längsten, gilt jahrelang als Leistungsträgerin. Dazu Mittelfeldass Tatjana Egorova und Torjägerin Irina Grigorieva aus dem Nationalteam sowie deren Freundin Kula Botaschowa.

Eher überraschend und am Ende äußerst knapp mit einem einzigen Tor Vorsprung bei Punktgleichheit werden die »Torbienen« 2009 Deutscher Meister.

Heute ist Dirk Heinrichs als Kotrainer der starke Mann in Schröders Schatten. Mit vier Frauenteams, darunter der Reserve in der Zweiten Liga, und sechs Mädchenmannschaften ist der Verein auch in der Breite bestens aufgestellt. Turbines Trainingsgelände ist für die Elite das Stützpunkt-Gelände am Luftschiffhafen mit Sportinternat und Olympiastützpunkt. Aber auch das Stammgelände in der Waldstadt wird noch weiter genutzt.

Erfolgsstory 2009

Turbines Bundesligateam wird überraschend Deutscher Meister. Bei Punktgleichheit entscheidet exakt ein Tor vor Bayern München. Meistermacher Bernd Schröder ist völlig mit den Nerven runter, Ministerpräsident Matthias Platzeck ist es auch. Umso schöner die Fete mit der neuen Trophäe, der Meisterschale. »Madrid, Madrid, wir fahren nach Madrid«, haben sie in der Gartenkneipe am See in der Jubelnacht gesungen. Soll heißen;: Nächstes Ziel ist der Gewinn der Champions-League. Und eine Woche nach dem Frauentriumph ziehen die B-Mädchen nach. Deutscher Rekordmeister sind sie sowieso. Jetzt holen sie ihren siebten Titel. Und zwar im Elfmeterschießen in Duisburg beim FCR Duisburg. »Wir sind jetzt national das erfolgreichste Team des Jahres«, frohlockt Bernd Schröder trotz des Pokalschocks gegen den FCR Duisburg. In der Tat hat Turbine eine echte Doppelmeisterin: Anna Felicitas Sarholz gehört schon zum Bundesligakader und wurde im Mädchenfinale zur Heldin. Erst hält sie zwei Elfmeter, dann verwandelt sie den entscheidenden Versuch selbst. War da nicht schon mal so was anno 1989 bei der EM im eigenen Lande?

INTERVIEW MIT BERND SCHRÖDER

»Nur die Eisbären Berlin und Magdeburg im Handball schafften Ähnliches.«

Bernd Schröder, Jahrgang 1942, ist Mister Turbine Potsdam. Obwohl er längst Rentner ist, lebt er jeden Tag ehrenamtlich für den Frauenfußball. Der Lautsprecher des ostdeutschen Frauen- fußballs hat mit seinen »Torbienen« alles gewonnen, was es im Vereinsfrauenfußball zu gewin- nen gibt. Er hat sich aber auch zum Gegenspieler des Frankfurter Impresarios Siegfried Dietrich entwickelt. Im Interview spricht Schröder über Unterschiede zwischen Potsdam und Frankfurt, über erste Erfolge in der DDR und die Chancen des Frauenfußballs.

Herr Schröder, seit fast 40 Jahren beschäftigen Sie sich intensiv mit Frauenfußball. Hat sich Ihr Führungsstil geändert?

Vom Prinzip her nicht, aber die Inhalte der Trainingsarbeit wurden immer flexibilisiert. Ich muss einiges richtig gemacht haben. Sechs Mal hat Turbine in der DDR den Titel geholt. Nach der Wende konnten wir den UEFA-Cup gewinnen, drei Mal die deutsche Meisterschaft, drei Mal den DFB-Pokal und vier Mal den DFB-Hallencup.

Welche Erfolge sind wertvoller für Sie? Die vor oder nach 1990?

Gesamtdeutsche Erfolge in der Meisterschaft oder im DFB-Pokal müssen eine höhere Be- wertung erfahren als Titel in der DDR-Bestenermittlung. Es gibt im Fußball keinen Verein aus den neuen Bundesländern, der nach der Wende Meisterschaften in der höchsten Spielklasse vorweisen kann. Nur die Eisbären Berlin im Eishockey und der SC Magdeburg im Handball schafften als Ostvereine Ähnliches in anderen Sportarten.

Gibt es Spiele, an die Sie sich besonders gern erinnern?

Zu DDR-Zeiten war 1981 die 3. Bestenermittlung etwas ganz Besonderes. Das Turnier fand bei uns im Karl-Liebknecht-Stadion statt. 3.000 Leute bejubelten unseren ersten Titel. Es ging sehr emotional zu. Zudem konnten wir Mitte der 70er Jahre gegen Sparta Prag in Potsdam ein 1:1 erzielen. Sparta war damals eine Nummer. Nach der Wende stehen die drei siegreichen Pokalendspiele gegen Frankfurt, die beiden UEFA-Cup-Endspiele gegen Stockholm und die ent- scheidenden Meisterschaftsspiele gegen Frankfurt über allem. 2004 haben wir Frankfurt aus- wärts mit 7:2 auseinandergenommen.

Sie verweisen immer wieder auf die besondere Psyche der Frau. Was macht diese aus?

Da spielen teilweise 15- und 30-Jährige zusammen. Das sind gewissermaßen zwei Genera- tionen und auch zwei unterschiedliche Gruppen. Das kann man nicht mit dem Männerfußball

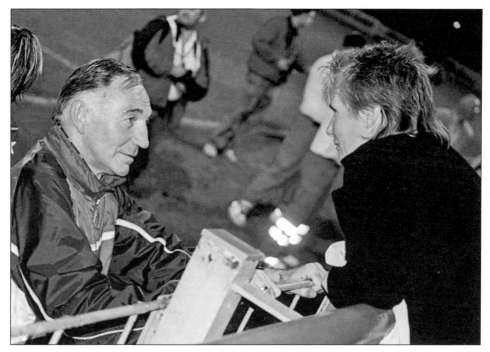

Von Trainer zu Trainerin: Bernd Schröder im Gespräch mit Tina Theune-Meyer (re.).

vergleichen. Die Frau braucht eine gewisse Wärme, die der Fußball im Ursprung nicht bietet. Es ist sehr viel Einfühlungsvermögen nötig.

Hatten Sie nie das Bedürfnis, eine Männermannschaft zu trainieren?

Nein, meine Konzentration lag vor allem auf meiner beruflichen Entwicklung. Ich war nicht umsonst fast 30 Jahre Abteilungsleiter eines großen Unternehmens. Den Frauenfußball in der DDR hat man nicht nebenbei gemacht, aber ich konnte die Logistik des Trägerbetriebes nutzen.

Gab es Offerten, Männermannschaften zu übernehmen?

Ja, ich hatte zu DDR-Zeiten Angebote von Bezirksliga-Mannschaften aus der Hennigsdorfer Ecke. Aber wer einmal eine Frauen-Mannschaft trainiert hat, steckt in einer Schublade, aus der man schwer wieder rauskommt. Aber ich hatte auch keine Ambitionen.

Warum sind Spiele gegen den 1. FFC Frankfurt immer besondere Partien für Sie?

Weil das Mannschaften mit zwei verschiedenen Philosophien sind. Das hat wenig mit meiner Person zu tun.

Was meinen Sie genau?

Wenn Frankfurt eine Spielerin braucht, wird diese gekauft. Die Mannschaft kann im Prinzip alleine spielen. Sie haben jetzt jedoch das Problem, dass einige Stars in die Jahre gekommen und verletzungsanfällig sind. Derartige Sorgen wurden früher von den guten Spielerinnen kaschiert.

...und wie läuft das in Potsdam?

Bei uns ist doch das System anders: Wir führen jede Woche Beratungen mit der Eliteschule, an der wir allein 70 Turbine-Mädels haben, und Verantwortlichen des Landesverbandes durch. Wir kümmern uns, dass die Spielerinnen ihr Abitur machen können, besorgen Lehrstellen und Universitätsplätze. Das erinnert ein bisschen an die früheren Kinder- und Jugendsportschulen der DDR. Was wir machen, geht über den Rahmen einer Bundesliga-Mannschaft hinaus. Nicht ohne Grund erhielten wir 2006 als erste Einrichtung den Titel »Eliteschule des Mädchensports«.

Ihnen wird eine besonders große Rivalität zum 1. FFC Frankfurt nachgesagt. Woher kommt das?

Die ist persönlich begründet und hängt mit den handelnden Personen zusammen. Das Leben findet nicht im Konjunktiv statt. Bei mir gilt das gesprochene Wort.

Gerade mit dem Frankfurter Manager Siegfried Dietrich können Sie nicht wirklich...

Ich spreche das als einer der wenigen aus: Er ist ein Beispiel für Leute, die die Gunst der Stunde nutzen und Geld mit dem Frauenfußball verdienen. Aber er tut so, als gäbe er sein letztes Hemd dafür. Ich bin dagegen seit fast 40 Jahren ehrenamtlich tätig. Ich spreche nicht von der Qualität, die ich Herrn Dietrich nicht abspreche. Aber moralisch fühle ich mich ihm durchaus voraus.

In den letzten Jahren wanderten ehemalige Potsdamerinnen wie Petra Wimbersky, Karolin Thomas, Stephanie Ullrich, Anne Engel, Conny Pohlers, Nadine Angerer und Ariane Hingst nach Frankfurt ab. Sind die bei Ihnen unten durch?

Nein. Man muss wissen, aus welchen Motiven sie gewechselt sind. Früher hat man entweder oder gesagt. Der moderne Mensch sagt heute sowohl als auch. Nach dem Motto: Was stört mich mein Geschwätz von gestern. Nadine Angerer hat beispielsweise ständig betont, nicht nach Frankfurt gehen zu wollen, ohne dass ihr das jemand abverlangt hat. Warum hat sie es doch getan? Andere behaupten, dass sie in Potsdam keine Chance hatten, sich zu artikulieren und es von mir nur einen Befehlston gab. Das fällt in den Bereich der Legenden.

Ist es schwieriger, Nationalspielerin in Potsdam zu werden?

Nein, das sehe ich nicht mehr so. Aber natürlich ist der 1. FFC Frankfurt durch die räumliche Nähe zum DFB noch mehr im Fokus.

Wie weh tut es, dass die Frauenfußball-Weltmeisterschaft 2011 an Potsdam vorbei geht?

Für mich ist das eine der schlimmsten Gegebenheiten, die ich je erlebt habe. Die Chance für die Stadt, Turbine und die Stadionkultur war riesig. Es tut uns sehr weh, dass diese Chance nicht genutzt wurde.

Worin liegt die Chance der Frauenfußball-WM 2011 in Deutschland für den deutschen Frauenfußball?

Das hängt davon ab, wie weit wir kommen. Für eine optimale Vorbereitung soll die Meister-

2005: Grillen beim Kanzler – Bernd Schröder (re.) mit Namesvetter »Acker« Schröder.

schaft schon Mitte März geschlossen werden. Für mich ist aber noch wichtiger, was nach 2011 kommt. Denn bis zum Beginn der WM entwickelt sich fast von allein eine gewisse Eigendynamik. Nun haben einige Männer-Bundesligisten Frauenmannschaften übernommen. Aber nach 2011 droht das wieder zusammenzubrechen. Wenn wir Weltmeister werden, hat das natürlich eine gewisse Nachhaltigkeit.

Das DFB-Pokalfinale der Frauen findet ab 2010 nicht mehr im Berliner Olympiastadion zusammen mit den Männern statt. Welche Folgen hat das?

Die gesamte mediale Verbindung zwischen Männer- und Frauenfinale bricht weg. Andere Sportarten wie Rodeln und Biathlon machen doch alles zusammen. Und wir dividieren das ohne Not auseinander. Es müssen ein neues Prozedere und eine neue Logistik aufgebaut und ein neuer Spielort gefunden werden. Vor der WM 2011 ist das ein schlechtes Signal.

Warum hat sich gerade Potsdam zum Epizentrum des ostdeutschen Frauenfußballs entwickelt?

Das Umfeld und die entsprechenden Personen waren einfach da. Man braucht aber auch ein funktionierendes Team und eine vernünftige Streitkultur. Sonst nützt es wenig, wenn man das Sagen hat.

Hätten Sie gern mal die Superstars Birgit Prinz oder Marta trainiert?

Warum nicht. Beide verdienen meinen Respekt und mit der jungen Cristiane hatten wir ja auch schon eine Brasilianerin hier. Zu Birgit hatte ich immer ein gutes Verhältnis, bis sie bei uns in Potsdam mal bei einem Spiel gegen Frankfurt ausgepfiffen und ich als Verantwortlicher dafür verdächtigt wurde.

Seit 1971 sind Sie fast ununterbrochen Trainer von Turbine. Wie lange tun Sie sich den Job noch an?

Bis 2011 ist es mein Ziel, weiterzumachen. Schließlich müssen bis zur WM im eigenen Land auch Fachleute dabei sein. Aber nicht länger. Darüber ist auch DFB-Präsident Theo Zwanziger informiert.

Übernehmen Sie im Anschluss das Präsidentenamt in Potsdam?

Nein. Ich verspreche, dass ich mich völlig zurückziehe. Es funktioniert nicht, wenn man in der Nähe steht und einen Schatten wirft. Dann können andere Pflanzen nicht mehr gedeihen. Auch eine geschenkte Dauerkarte würde ich nicht nutzen. Man muss einen Schnitt machen. Mein Leben besteht nicht allein aus Fußball. Ich kann von einem Tag auf den anderen aufhören.

Wie geht es dann mit Turbine weiter?

Ich weiß, dass es schwierig für den Verein wird. Schließlich beruhen viele Verbindungen zu Sponsoren auf freundschaftlicher Basis zu mir. Wir haben Talente. Das ist schon was. Entscheidend ist, dass wir nie die Realität aus den Augen verlieren. Frauenfußball wird immer auch eine »andere Sportart« sein.

Wer wird Frauenfußball-Lautsprecher des Ostens, wenn Sie abtreten?

Die regionalen Unterschiede werden verschwinden. Bald weiß kaum noch einer, dass es mal die DDR gab. Dann braucht es keinen Lautsprecher oder Rufer in der Wüste mehr. Ich hoffe, dass es in unserer Region immer eine Bundesligamannschaft geben wird. Früher haben wir beim DFB am Katzentisch gesessen und mussten uns drei Mal melden, um gehört zu werden. Heute wird man nach seiner Meinung gefragt, wenn man ein bisschen mit dem Stuhl rückt. Dafür waren jedoch Erfolge erforderlich. Respekt bekommt man nicht geschenkt.

Wie wird das Fazit ihrer Trainertätigkeit lauten?

Ich hoffe, dass ich dann einen Verein zurücklasse, der die Erfolge der Vergangenheit genießen und in der Gegenwart Spitzenfußball anbieten kann. Bis 2011 soll es noch der eine oder andere Titel sein, der die Nachhaltigkeit garantiert. Man soll auch in der Zukunft über Turbine Potsdam sprechen.

Interview: Matthias Koch

»OH MANN, IST DAS HEISS HIER«

Die Triumphe des deutschen Frauenfußballs in der Welt werden immer größer. Nach den DFB-Frauen und der DFB-U19 ist auch der Weltmeistertitel der Schülerinnen in Deutschland. Die Mannschaft der Sportbetonten Schule Friedrich Ludwig Jahn aus Potsdam sicherte sich 2005 den Titel bei der 19. ISF-Schul-WM im dänischen Skaerbek, nachdem es 2003 in Shanghai »nur« für die Silbermedaille gereicht hatte. Im Spätsommer waren sie zum Grillen gemeinsam mit den DFB-Europameisterinnen ins Bundeskanzleramt eingeladen worden. Gerhard Schröder und sein Innen- und Sportminister gaben sich die Ehre. Insbesondere Schröder beeindruckte. Der einstige Stürmer, Spitzname »Acker« vom TuS Talle, ackerte sich von Tisch zu Tisch. Den Mädchen erklärte er, wie sehr er früher selbst die Elfmeter gehasst habe. Umso bewundernswerter finde er den WM-Erfolg, der im Elfmeterschießen zustande gekommen war. Die Lockerheit des Kanzlers konnten die Schülerinnen noch nicht ganz zurückgeben. Sie waren halt wahnsinning aufgeregt und trugen dementsprechend beim Debüt im Kanzlergarten manchen Kloß im Hals. Der Spruch des Abends kommt dennoch von Ann-Kathrin Hübner, der es eingeklemmt zwischen Bundeskanzler (rechts) und Brandenburgs Ministerpräsident Mathias Platzeck (links) entfuhr: »Oh Mann, ist das heiß hier.« In Dänemark spielten sich die jungen Potsdamerinnen sensationell ohne Gegentor zum Titel. Die 49:0 Tore verteilen sich auf die Gruppenspiele gegen Belgien (5:0), Italien (5:0), Brasilien (16:0), Ungarn (13:0), Taiwan (1:0), Dänemark (6:0) im Halbfinale und ein torloses Finaldrama gegen China, das die Potsdamerinnen mit 6:5 für sich entschieden.   ∎

Waren bei Bundeskanzler Gerhard Schröder und Innenminister Otto Schily zum Grillen eingeladen: Potsdams Eliteschulfußballerinnen.

6

DER DFB UND SEINE FRAUEN

Lira Bajmaraj steht für eine neue Generation im Frauenfußball.

EIN MÄNNERVEREIN IM KAMPF MIT DER EMANZIPATION, ODER:

Wie die Frauen ihre eigene Isolation suchen

Warum soll es dem Deutschen Fußball-Bund in der miefigen Ära der 50er und 60er Jahre anders ergehen als der gesamten Gesellschaft? Die Frau ist in der Küche und der Mann beim Fußball. Bekanntlich ist das aber nicht nur ein deutsches Phänomen, sondern ein weltweites. So ist der DFB mit seinem Beschluss, 1970 dem Frauenfußball einen geordneten Spielbetrieb zu erlauben, zwar nicht die Speerspitze der Bewegung, aber auch nicht deutlich hinter anderen Ländern zurück. 1970 geben in einer FIFA-Umfrage nur 12 von 90 befragten Mitgliedsverbänden an, den Frauenfußball offiziell zu befürworten.

Was nicht nur der DFB unterschätzt: Dem Fußball, zumindest in seiner vorprofessionellen Phase, liegt oft eine emanzipatorische Kraft inne. Besonders für die Arbeiterklasse. Dieses Potenzial trifft nun auf die in der Bundesrepublik sich entwickelnde Emanzipationsbewegung der Frauen. Die einen suchen die Politik als ihr Feld, andere den Fußball. Das ist nicht immer eine bewusste Entscheidung, sondern einfach die Lust, Fußball als populärste Sportart der Nation auch für das weibliche Geschlecht zu erschließen. Viele oft schon ältere Spielerinnen satteln vom Handball auf Fußball um, andere kommen von der Leichtathletik. »Eine bei uns wollte damals Fußball spielen, die anderen 15 haben gesagt: warum nicht. Und dann ging es los«, erinnert sich Monika Koch-Emsermann, selbst ehemalige Leichtathletin, bevor sie später Abteilungsleiterin und Trainerin des FSV Frankfurt wird. In der Folge schießen Mannschaften wie Pilze aus dem Boden. Schon 1971 gibt es 1110 Teams, 1982 hat sich die Anzahl der Mannschaften auf 2891 mehr als verdoppelt. Viele Vereine wissen gar nicht, wo sie die ganzen Frauen spielen lassen sollen.

Auch die Strukturen halten nur mühsam den Anforderungen stand. Der männerdominierte DFB lässt die Frauen deshalb einstweilen vor sich hin kicken. Erst mit der Gründung der Nationalmannschaft kommt in den 80er Jahren mehr Ernsthaftigkeit in die Angelegenheit. Lange werden die Frauen aber noch verschämt als »Damen« bezeichnet, eine Titulierung, die vielleicht zu den noblen Sportarten Hockey oder Tennis passt, sicherlich aber nicht zum bodenständigen Kick auf den Ascheplätzen der Republik. Erst 1995, zum 25-jährigen Jubiläum des Frauenfußballs im DFB, gibt der Verband die antiquierte Bezeichnung »Damenfußball« auf.

Im gleichen Jahr verkündet der damalige FIFA-Generalsekretär Joseph Blatter: »Die Zukunft des Fußballs ist weiblich.« Das ist nicht etwa die Aussage eines Fußballbegeisterten mit Vision. Der clevere Schweizer sieht voraus, dass die Mitgliederzahlen im Männer- und Jungenfußball stagnieren werden. Tatsächlich sind beim DFB die Mädchen und Frauen dafür verantwortlich, dass 2008 erstmals die Zahl der Mitglieder auf über 6,5 Millionen steigt. Die der Mädchen und Frauen überspringt erstmals die magische Eine-Million-Grenze.

Zehn Jahre nach Blatters Satz hat der DFB dessen Motto aufgenommen und 2005 in Köln den »1. Frauen- und Mädchenfußball-Kongress« mit 400 Teilnehmern veranstaltet. Richtig neue Erkenntnisse gab es zwar keine, aber erstmals wurden (fast) alle Facetten des Frauenfußballs ausgeleuchet. Unter anderem auch der Aspekt, den Blatter wirklich meinte: Frauen als Aktive sind nicht nur eine wichtige Zielgruppe, um den Fußball strategisch gegenüber anderen Sportarten zu behaupten. Sie sind auch als Fans eine wirtschaftlich zunehmend interessante Zielgruppe, die erst in den vergangenen zehn Jahren bewusst erschlossen wurde. Bemerkenswert dabei ist, dass der Anteil der Frauen bei Männerspielen sowohl im Stadion als auch vor dem Fernsehgerät größere Zuwachsraten hat als die Zuschauerentwicklung in der Frauenfußball-Bundesliga.

Frauenfußball und lesbische Liebe

Zwischen 1970 und 1995 behindert nicht nur männliche Arroganz den Frauenfußball. 1970 postuliert Holger Radtke unter dem Künstlernamen »Rosa von Praunheim« (Ähnlichkeiten mit dem gleichnamigen Fußballverein sind reiner Zufall): »Nicht der Homosexuelle ist pervers, sondern die Situation, in der er lebt.« Das hatte für die 70er bis tief in die 80er Jahre sicher seine Berechtigung. In diese Zeit fällt auch die Phase, in der Lesben den Frauenfußball für sich als Nische entdeckten. Hier konnte man unter sich sein, sich unbeobachtet ausprobieren. Das Problem: Im großen Reservat »Frauenfußball« merken viele nicht, dass sich die Zeit der Stigmatisierung dem Ende entgegenneigt. Homosexualität wird in der Gesellschaft toleriert, später sogar die Homo-Ehe erlaubt. Der Widerspruch vom »richtigen Leben im Falschen« löst sich auf. Doch im Frauenfußball wird weiter ein großes Geheimnis gemacht um die sexuelle Orientierung. In den jeweiligen Frauenfußballorten sieht man die Paare Hand in Hand laufen, aber ein offenes »Ja, und?« bleibt aus. Der erzwungenen Isolation des Frauenfußballs durch Intoleranz seitens des Verbandes folgt die freiwillige. Was immer noch eine Privatangelegenheit wäre – wenn die Kickerinnen nicht gleichzeitig mehr öffentliche Akzeptanz für sich einfordern würden. Doch die kostet einen Preis, und den wollen viele nicht zahlen. Aber Popularität gibt es nicht umsonst.

Zickenkrieg, oder: Die Last der gleichgeschlechtlichen Liebe

Mittlerweile stehen dem Frauenfußball viele Türen offen, gesellschaftspolitisch für die Gleichberechtigung zu werben. Auch für die Integrationsarbeit soll der Frauenfußball nach den Vorstellungen des DFB wichtige Arbeit leisten: Präsident Theo Zwanziger möchte, dass möglichst viele Mädchen mit Migrationshintergrund dem Beispiel der Weltmeisterin Lira Bajramaj nach-

Spielende Emanzipationsbewegung: Die Europameisterinnen von 1995

eifern und die Fesseln ihrer oft frauenverachtenden Kulturen abwerfen, um sich mittels des Fußballs in die deutsche Gesellschaft und ihre Wertewelt zu integrieren.

Ein Thema ist indes bislang noch nicht durch den DFB enttabuisiert worden: Der offenkundig hohe Anteil von lesbischen Frauen im Fußball. Was weniger mit Moralvorstellungen zu tun hat. Schon 1980 schätzt die spätere Bundestrainerin Tina Theune-Meyer in ihrer Diplomarbeit »Einstellungen, Eigenschaften, sportliches Engagement im Damenfußball« den Lesbenanteil auf »20-40 Prozent«, im Leistungsbereich gar auf über 50 Prozent. Gemeinhin wird der Anteil an Schwulen und Lesben in der Gesellschaft auf etwa 10 Prozent geschätzt. Doch noch bis in die 90er Jahre ist Homosexualität ein gesellschaftliches Tabu, im Sport noch viel mehr als im Alltag.

Besonders der DFB tut sich mit dem Thema lange extrem schwer: 1995 kommt es dann zum Eklat. In Frankfurt finden die Euro Games der Schwulen und Lesben statt, und einige Nationalspielerinnen überlegen, dort aus Spaß mitzuspielen. Der DFB reagiert mit einer internen Direktive: Wer an den Euro Games teilnimmt, fliegt aus dem Nationalmannschaftskader. Und das kurz vor der WM und ein Jahr vor den Olympischen Premierenspielen in Atlanta. Es ist nicht allein die Chefetage des DFB, die um das Sauberfrauen-Image seiner Elf bangt, auch die eine oder andere Führungsspielerin fürchtet um ihren Ruf. Dabei gibt es im damaligen Kader so gut wie keine heterosexuelle Spielerin. Die Gefahr von Sanktionen ist also gering, der DFB müsste andernfalls das komplette Team abmelden. Nachdem die *Frankfurter Rundschau* diese interne Direktive aufdeckt, stellt sie sich für den DFB als Eigentor heraus: Damit macht der Verband selbst öffentlich, was er eigentlich totschweigen will.

Letztlich markiert dieser Vorfall den Wendepunkt im Umgang mit dem Thema. Wohl erschrocken über sich selbst, toleriert der Verband die Verhältnisse und macht den Spielerinnen auch keine Vorschriften mehr. Der Vorfall von 1995 entspringt weniger einer speziellen Homophobie als vielmehr einer allgemeinen Verklemmtheit. Denn im gleichen Jahr wird es zum Beispiel einer verheirateten Nationalspielerin bei der WM in Schweden untersagt, ihren Mann an einem spielfreien Tag in ihrem Hotelzimmer zu treffen.

Diese Zeiten sind vorbei. 2008 erklärt DFB-Präsident Theo Zwanziger, dass homosexuelle Fußballspieler, die sich »outen«, mit der Rückendeckung des DFB rechnen können. »Wir müssen ein Klima schaffen, in dem es für homosexuelle Spielerinnen und Spieler kein Problem ist, sich zu outen«, verkündet der DFB-Präsident.

Interessanterweise tut das bei den Frauen – wo der hohe Anteil von Homosexuellen im Gegensatz zum Männerfußball ein offenes Geheimnis ist – aber auch in der Folge niemand. Jedenfalls nicht während der aktiven Zeit. Nun ist das natürlich eine Privatangelegenheit. Aber eine Offenbarung wie damals im Tennis bei Martina Navratilova könnte eine reinigende Wirkung haben. Im Tennis jedenfalls ist Homosexualität akzeptiert und Spielerinnen können damit offen umgehen.

Im Frauenfußball dagegen hat man das Gefühl, die Spielerinnen haben selbst noch nicht gemerkt, dass sich die Gesellschaft um sie herum verändert hat und tolerant geworden ist. Was vielleicht auch mit der Entstehungsgeschichte des hohen Lesbenanteils zu tun hat. Denn zwischen 1970 und 1995 war der Frauenfußball eine Nische für lesbische Sportlerinnen, in der sie in Ruhe gelassen wurden und in die sie sich zurückziehen konnten. Weil sich niemand groß für ihren Sport interessierte, schaute auch niemand auf das Privatleben. Was immer noch in Ordnung und legitim ist.

Doch mit der zunehmenden Popularität des Frauenfußballs wächst auch das Interesse an den Personen. In panischer Angst, zu viel zu verraten, werden Nationalspielerinnen regelmäßig einsilbig, wenn es um ihr Privatleben geht. Wenn dann mal jemand fragt, wie es denn mit einem Freund aussieht, bekommt man jene berühmt-peinliche Antwort: »Ich habe dafür keine Zeit.« Doch Stars sind deshalb Stars, weil ihre ganze Persönlichkeit in das Gesamtbild einfließt. Wer einen großen Teil abblockt, kann nicht wirklich populär werden. Zwar wurden Spielerinnen wie Martina Voss, Silvia Neid oder Doris Fitschen über die Frauenfußball-Szene hinaus bekannt, aber es kommt nicht von ungefähr, dass 2003 Nia Künzer der erste echte Medienstar des Frauenfußballs wird. Nicht nur, weil sie im Finale der WM 2003 in den USA gegen Schweden das entscheidende Tor köpft. Sie ist auch jene unverkrampfte Person, die nicht bei jeder zweiten Frage peinlich berührt schweigt.

»Doppelpack-Wechsel«

Das selbstauferlegte Schweigegelübde im Frauenfußball führt aber auch zu anderen, manchmal kuriosen Erscheinungen. Ab 1997, als Vereinswechsel zunehmend finanziell attraktiver und deshalb üblicher werden (vorher wechselten die meisten aus anderen, meist beruflichen Gründen), kommt es vermehrt zum Phänomen des »Doppelpack-Wechsels«. Verein X will Spielerin Y – und bekommt Y-II, meist notgedrungen, mit dazu. Dahinter verbirgt sich konkret: Die gewünschte Spielerin verlangt, dass ihre Freundin (fast immer auch eine Bundesliga-Fußballspielerin) ebenfalls einen Vertrag bekommt. Weil das aber niemand offen zugeben will und kann, bekommt man von den betroffenen Klubs die absurdesten Begründungen. Die ehrlichste ist noch: »Bitte schreiben Sie das nicht, aber...«

Journalisten, die sich mit Frauenfußball beschäftigen, werden gezwungen, dieses Lügenspiel mitzumachen, weil in der seriösen Presse das ungeschriebene Gesetz gilt, niemanden gegen seinen Willen zu »outen«. Aber natürlich wird darüber gemunkelt, in den Stadien vor Ort weiß jeder Bescheid. Der Glaubwürdigkeit des Frauenfußballs – und darum geht es – dient das nicht.

Keine Liebe, kein Pass

Sonntag, 14.20 Uhr. Die gefährliche Außenstürmerin des FFC Musterstadt bekommt seit Spielbeginn keinen einzigen Pass von der Spielmacherin. In den zehn Spielen zuvor haben beide zusammen 20 Tore erzielt. Was ist geschehen? Ganz einfach: Ein paar Tage zuvor ist die Außenstürmerin aus der gemeinsamen Wohnung mit der Spielmacherin ausgezogen. Ein Witz? Nein, Alltag im Frauenfußball.

Private Liebesbeziehungen innerhalb einer Sportgruppe, das ist nicht nur im Frauenfußball ein Problem. Oft ist es der männliche Trainer, der eine Beziehung zu einer Sportlerin hat (Hockey, Volleyball, Leichtathletik) oder etwa im Eiskunstlauf. Noch viel schwieriger wird es, wenn in einem Frauen-Mannschaftssport Frauen auch sexuell in Konkurrenz zueinander treten. Das ist solange von rein privatem Interesse, so lange es nur um Hobby-Fußball geht. Im Leistungssport, wo Sponsoren und Zuschauer für ihre Investition eine gewisse Leistung erwarten, kann man auch von den Spielerinnen eine gewisse Professionalität erwarten. Das Gebilde einer Fußballmannschaft ist ohnehin kompliziert genug. Wenn dann noch der Sex dazu kommt, wird es unkontrollierbar.

Monika Koch-Emsermann, langjährige Trainerin des FSV Frankfurt, griff zu ihrer Zeit zu einem unkonventionellen Mittel: »Ich habe meinen Mädels gesagt: Ihr könnt ins Bett steigen, mit wem ihr wollt. Aber niemand aus der Mannschaft! Sonst fliegen beide raus.« Und augenzwinkernd fügt sie an: »Wer so schlau war, seine Beziehung vor mir geheim zu halten, der musste sie auch vor anderen geheim halten. Dadurch war der Schaden begrenzt.« Aber das waren die 80er und 90er Jahre. Der FSV hatte damals so viele Talente, dass sich Monika Koch-Emsermann diese strikte Politik leisten konnte.

Kim Kulig: Auch sie verkörpert die neue Generation im Frauenfußball.

Das Problem der homosexuellen Beziehungen ist also mittlerweile kein gesellschaftliches mehr, sondern eher ein selbst geschaffenes. Es lebt sich bequem in der Nische, es hat sogar Vorteile. Erst wenn die Frauen selbst unverkrampft mit diesem Thema umgehen – die Gesellschaft ist längst bereit dazu – kann der Frauenfußball die nächste Stufe erklimmen.

Die neue Girlie-Generation

Und es tut sich etwas. Piercings und Tattoos sind nur ein äußeres Zeichen. Den heutigen 16- bis 19-Jährigen ist die Geschichte der Emanzipation genauso egal wie die Probleme der Lesben in den 80er Jahren. Sie dürfen alles – und tun alles. Idol dieser neuen Generation ist Lira Bajramaj (FCR Duisburg, jetzt Turbine Potsdam), Weltmeisterin von 2007 und damals 19 Jahre alt. Sic redet offen über Nagellack, Schuhtick, Schminke und Freund. Und wenn es eine Freundin wäre: »Zack, die Bohne. Was soll´s?«, heißt das neue Motto. Kim Kulig vom HSV, Svenja Huth vom 1. FFC Frankfurt oder Mandy Islacker vom FC Bayern München sind auch solche Typen. Und wenn man damit mal auf dem »Boulevard« landet, kein Problem. Die MTV- und i-pod-Generation hat damit keine Schwierigkeiten. Frauenfußball kann sexy sein – ganz ohne die verquaste Trikottausch-Nummer.

Matthias Kittmann

GESCHICHTSLOSIGKEIT BEDINGT STRUKTURELLE SCHWÄCHE

Der Frauenfußball und seine Geschichtslosigkeit – das ist längst nicht mehr nur ein individuelles Problem, sondern mittlerweile auch ein strukturelles. Wer kann noch wenigstens drei Spielerinnen aus der EM-Elf von 1989 aufzählen, der Initialzündung des deutschen Frauenfußballs? Dagegen blamiert sich schon, wer nicht alle männlichen Fußballweltmeister von 1954 kennt. Das könnte noch als Spielerei gelten, doch warum kennen wir die Namen vieler Fußballer aus den 70er und 80er Jahren? Weil sie heute verantwortlich in den Vorständen sitzen. Die Männer nutzen das Knowhow ihrer ehemaligen Größen, die Frauen lassen es (meist) brachliegen. Dabei könnte es der Frauenfußball besonders gut gebrauchen. Doch ein weibliches Pendant zu Uli Hoeneß oder Franz Beckenbauer im Frauenfußball sucht man noch vergebens – auch wenn Bundestrainerin Silvia Neid oder WM-Organisationschefin Steffi Jones auf dem besten Weg sind, ähnliche Rollen einzunehmen.

Was haben etwa die Namen Anouschka Bernhard, Katja Kraus, Mary Harvey und Dagmar Pohlmann gemeinsam? Dreierlei. Alle vier sind ehemalige Spielerinnen des FSV Frankfurt, alle vier haben ihre post-aktive Karriere im Fußball fortgesetzt, aber alle vier nicht beim FSV. Der hatte es nicht nötig, sich die Qualitäten dieser erfolgreichen Business-Frauen zu sichern. Anouschka Bernhard koordiniert die Jugend bei Hertha BSC, Katja Kraus ist Vorstandsmitglied des Hamburger SV, Mary Harvey war lange bei der FIFA beschäftigt und arbeitet nun für die amerikanische Profi-Liga WPS und Dagmar Pohlmann beim DFB. Mit nur einer von ihnen in führender Rolle im eigenen Klub wäre der FSV wohl nicht von der Frauenfußball-Landkarte verschwunden. Typisch für den FSV, aber auch typisch für den gesamten Frauenfußball.

Nur vier Vereine in der Bundesliga (Stand: 2009) bauen auf das Knowhow ehemaliger Spielerinnen, in allen anderen dominieren nach wie vor Männer. Was kein Vorwurf an die Männer ist, sie sind mit Leidenschaft dabei – und können nun mal naturgemäß nicht auf eine Vergangenheit im Frauenfußball verweisen. Doch häufig sind die Männerengagements One-Man-Shows. Fällt der starke Mann aus oder verliert er die Lust am Hobby, so bricht der Verein oder die Abteilung zusammen – siehe SSG Bergisch-Gladbach oder TSV Siegen. Auch jetzt noch hängen viele am Tropf der einsamen Mächtigen wie beispielsweise auch Turbine Potsdam, das nach dem angekündigten Abschied von Bernd Schröder im Jahr 2011 eine ungewisse Zukunft vor sich hat. Angeblich, so hört man aus Potsdam, ist es alles andere als einfach, einen Nachfolger für den »Mädchen für alles«-Schröder zu finden.

Warum freilich das Potenzial an ehemaligen Spielerinnen nicht genutzt wird, können die wenigsten vernünftig erklären. Lediglich Ferdi Seidelt, ehemaliger Vorsitzender des Männer-

Die Europameisterinnen von 2005 beim Kanzler. Wer erinnert sich an die Namen?

Vorstands des FCR Duisburg, erläutert dezidiert, warum beim FCR so wenige Frauen in verantwortlichen Positionen stehen: »Am Anfang war es Zufall. Das Mäzenatentum unseres Vorgän-
gerklubs ist gescheitert, man kann einen Bundesligisten nicht mehr hemdsärmelig führen. Der
aktuelle Klub ist wie ein Wirtschaftsunternehmen aufgestellt. Im Aufsichtsrat wie im Vorstand
sitzen Leute, die erfolgreiche Unternehmen führen.« Tatsächlich hat der FCR eine vorbildliche
und schlagkräftige Klubstruktur, die nicht vom Wohl und Wehe eines Einzelnen abhängt. Aber
warum wurde so lange keine Ex-Spielerin eingebunden? Auch das erklärt Seidel: »Dass bei
den Männern so viele ehemalige Spieler wieder als Trainer, Manager oder Sportlicher Leiter
auftauchen, liegt vor allem daran, dass sie damit Geld verdienen können. So weit sind wir im
Frauenfußball leider noch nicht. Und Ex-Spielerinnen können es sich nach ihrer Karriere nicht
leisten, sich im Ehrenamt aufzureiben, sondern müssen sich erst einmal beruflich auf eigene
Beine stellen.«

Logische Argumente. Mittlerweile ist beim FCR Duisburg seit 2008 Ex-Nationalspielerin
Martina Voss als Sportliche Leiterin und Trainerin die starke Frau im Verein. Vorreiter für die
Frauenbewegung ist unterdessen ein Verein, wo man es nicht vermutet, weil die Abteilung zu
einem Großverein gehört: der SC Freiburg. »Bei uns sind eigentlich nur ehemalige Spielerinnen
in der Verantwortung«, sagt Abteilungsleiterin Birgit Bauer, selbst Ex-Spielerin beim legendären
Vorgänger des SC, der Spielvereinigung Freiburg-Wiehre. Neben ihr haben Kassenwartin Ute

Willaredt oder Pressesprecherin Susanne Klank früher gespielt, Ex-Nationaltorfrau Elke Walther ist Torwarttrainerin. »Wir sind ein eingeschworenes Team, dass Spielerinnen auch nach ihrer Karriere bei uns bleiben, ist eigentlich normal«, so Birgit Bauer. Die nächste wird Katja Born- schein sein – im Hauptberuf Ausbilderin bei der Telekom –, die in den Klub eingebunden wird. Sie soll die Zusammenarbeit zwischen dem Internat, dem Olympia-Stützpunkt und dem Nach- wuchsprogramm des SC Freiburg koordinieren.

Eine Ausnahme.

Die Realität in der Bundesliga ist eine andere. Beim FC Bayern, mit den Ex-Spielerinnen Karin Danner als Managerin, Ex-Nationalspielerin Sissy Raith, die mehrere Jahre Trainerin war, und der ehemaligen Bayern-Spielerin Roswitha Bindl als Nachwuchstrainerin läuft es ähnlich wie in Freiburg. Beim 1. FFC Frankfurt war Ex-Spielerin Monika Staab jahrelang Vorsitzende und Sportliche Leiterin. Das war es dann auch schon.

Tatsächlich ist das Duisburger Argument von der fehlenden beruflichen Perspektive im Frauenfußball nach der aktiven Karriere nicht von der Hand zu weisen. Uli Hoeneß (Bayern), Klaus Allofs (Bremen), Rudi Völler (Leverkusen) oder Heribert Bruchhagen (Frankfurt) wären nie dort gelandet, wo sie sind, wenn dies keine berufliche Perspektive gewesen wäre. Für Ex-Spie- lerinnen gibt es bis dato ernsthaft nur die Perspektive als Trainerin beim DFB (z.B. Silvia Neid, Maren Meinert, Ullrike Ballweg, Bettina Wiegmann). Und auch das erst seit etwa 2003, als der DFB gezielt die Trainerkarrieren ehemaliger Nationalspielerinnen vorantrieb. Aber nicht jedem ist der Trainerjob gegeben. Werden deshalb Namen wie Birgit Prinz, Renate Lingor, Inka Grings, Anja Mittag, Sandra Minnert oder Kerstin Stegemann genauso aus dem kollektiven Gedächtnis verschwinden wie Uschi Lohn, Marion Isbert oder Heidi Mohr? Doris Fitschen (Marketing und Management der Nationalmannschaft) oder Renate Lingor (Schulfußball und WM-OK) schlagen einen anderen Weg ein.

Wenn über Professionalisierung im Frauenfußball geredet wird, dann auch darüber, was mit den ehemaligen Stars und deren Knowhow passiert. Und wie man die Basis in den Frauenfuß- ballklubs verbreitern kann.

DER VERBAND UND SEINE LANGSAM MAHLENDEN MÜHLEN

Um zu verstehen, wie langsam sich der Stellenwert des Frauenfußballs innerhalb des Deutschen Fußball-Bunds seinem heutigen Niveau in der Regentschaft des »Frauenverstehers« Theo Zwanziger genähert hat, muss man eigentlich nur Bärbel Petzold lauschen, einer Frau der ersten Stunde in jeder Hinsicht: Als die TuS Wörrstadt 1974 den ersten offiziellen Titel des Deutschen Frauenfußballmeisters errang, stand Bärbel Petzold im Siegerteam. Sie war, wie sie selbst gesteht, keine der besseren Fußballerinnen im Team wie Bärbel Wohlleben oder Anne Haarbach, die nach ihrer Eheschließung unter dem Namen Anne Trabant als Spielertrainerin die Geschichte des deutschen Rekordmeisters SSG Bergisch-Gladbach prägte. Aber Bärbel Petzold hat auch ihre Verdienste für den Frauenfußball. Bis heute ist sie die wichtigste Frau im Südwestdeutschen Fußballverband, seit den 70ern saß sie dem Frauenausschuss und seinen Vorgängergremien vor, seit 1992 gehört sie dem Vorstand des Landesverbands an. Petzold kann wie sonst nur noch die heutige DFB-Vizepräsidentin Hannelore Ratzeburg von den Mühen der weiten Verbandsebene berichten. »Es ging alles sehr langsam«, sagt Bärbel Petzold. Als Belege führt sie die alle vier Jahre in Heftform erscheinenden Jahresberichte des Verbandes an. 1980, nach dem ersten Jahr der Existenz eines Frauenausschusses, wurden nur ganz kurz die Meister und Pokalsieger der Fußballfrauen im Heft aufgeführt. 1988 wurde dann erstmals ein Bild von einer Auswahlmannschaft im Heft abgedruckt. 1992 wurden dann schon zwei Teams abgelichtet, ehe 1996 die Sensation geschah: Die Frauen aus Niederkirchen schafften es erstmals aufs Titelfoto der Schrift – womöglich lag es freilich am damaligen Bundeskanzler Helmut Kohl, der auf dem Bild den Meisterpokal an die Pfälzerinnen überreicht (s. S. 72). »Kohls ewige Kanzlerschaft hat dem Frauenfußball also in unserem Land einen gewaltigen Schub gegeben, vermutlich weil er so stolz war auf seine Pfälzer Mädels«, scherzt Petzold. Im Windschatten Kohls darf Petzold 1996 auch erstmals im Verbandsheft aus dem Frauenfußballausschuss berichten. Damit ist sie rein redaktionell betrachtet am Ziel aller Verbandszeitschriftenträume angelangt. »Wir sind in vielen jahren immer nur einen winzigen Schritt vorangekommen«, sagt Petzold. »Und das, obwohl unser Verbandspräsident Walter Grünig ein sehr weltoffener Mann war, der die Chancen durch den Frauenfußball für den Verband erkannt hatte.« Aber selbst ein starker Präsident reichte offenbar damals noch nicht, um in der Männerdomäne voranzukommen. ∎

VEREINE VON DER BASIS 1

FFC Wacker München –
In der Enge der Großstadt

Ampelmasten, Stromkästen und öffentliche Sitzgelegenheiten sind in Großstädten oft mit Aufklebern übersät – die stummen Diener der Infrastruktur müssen unfreiwillig als Werbe- und Kommunikationsfläche herhalten. Wer im Münchner Stadtteil Sendling durch die Straßen schlendert, dem fällt dabei ab und zu ein an den Kanten eingerissener, hier und da verblasster Aufkleber in den bayerischen Landesfarben auf: »Münchens heimliche Liebe« steht darauf, die Buchstaben eng um einen blauen Stern auf weißem Grund geschlungen. Als »Münchens heimliche Liebe« galt in der Isarmetropole bis in die 70er Jahre des 20. Jahrhunderts der FC Wacker München, bevor der Klub, der zu seinen Glanzzeiten 1922 und 1928 das Halbfinale um die Deutsche Meisterschaft erreicht hatte, finanziell und sportlich immer mehr an Bedeutung verlor.

Doch statt der Männer von »Wacker«, wie die Münchner den Klub nur nennen, sind es nun im 21. Jahrhundert die Wacker-Frauen, die sich überregional einen Namen gemacht haben. Nicht nur, weil WM-Torhüterin Nadine Angerer in ihrer Zeit bei Wacker zur Nationalspielerin wurde: »Wir sind stolz auf das, was wir aus eigener Kraft geschafft haben«, sagt Christine Schmidt, »und dass wir uns neben dem FC Bayern etabliert haben in der Stadt und in Deutschland überhaupt.« München ist derzeit die einzige Stadt, die sowohl in der ersten als auch in der zweiten Bundesliga der Frauen einen Verein präsentieren kann. Was weniger am Sponsorengeld liegt, von dem es für Zweitplatzierte in der Stadt des Männer-Rekordmeisters nicht viel gibt, als am Spaß und Engagement der Beteiligten. »Manche haben anfangs vielleicht gedacht, dass in der Stadt nicht Platz genug ist für zwei, aber ich denke, sowohl der FC Bayern als auch wir haben uns jeweils gut etabliert«, sagt Schmidt, die langjährige Vorsitzende der Wacker-Frauen.

1970 waren die Spielerinnen aus dem Arbeiterviertel links der Isar unter den ersten in Bayern, die nach Aufhebung des Frauenfußballverbots eine Mannschaft bildeten und ein Stück vom Rasen für sich beanspruchten. Trotz vier bayerischer Meistertitel (1991, 1992, 1994, 2003) und drei Pokalsiegen (1992, 1994, 1996) mussten die Fußballerinnen des FC dennoch um jeden Ball und jede Trainingszeit kämpfen, oft erfolglos: Die Männer des FC Wacker wollten nicht einsehen, warum die Frauen, wenngleich inzwischen weit höherklassig angesiedelt als sie selbst, überhaupt Ansprüche auf ausreichend Ausrüstung und Rasenzeiten, geschweige denn auf finanzielle Unterstützung stellten. 1999 wussten sich die Fußballerinnen nicht mehr anders zu helfen, als sich vom Hauptverein abzuspalten und den FFC Wacker München zu gründen,

den ersten und bislang einzigen Frauenfußballverein in Bayern überhaupt. »90 Quadratmeter Emanzipation« titelte die *Süddeutsche Zeitung*, als sich die Fußballerinnen in den Kellerräumen der alten Vereinsgaststätte mit städtischer Unterstützung ihr eigenes Reich geschaffen hatten. 2002 wurde der FFC für seine hervorragende Jugendarbeit von der Sepp-Herberger-Stiftung ausgezeichnet, 2004 schließlich waren die Wacker-Frauen dabei, als der DFB die Zweite Frauenfußball-Bundesliga ins Leben rief. Kurz nach dem Aufstieg im Sommer 2003 gewannen Deutschlands Frauen dann in den Vereinigten Staaten ein erstes Mal die Weltmeisterschaft – und Wacker wurde plötzlich von Neuanmeldungen überrollt.

»Wir mussten einen Aufnahmestopp verhängen, weil wir gar nicht wussten, wohin mit all den Mädels«, erzählt Schmidt. Nach der WM-Titelverteidigung 2007 war es dasselbe Spiel: Weil die Räumlichkeiten und der Trainingsplatz der städtischen Bezirkssportanlage in Sendling nicht größer werden konnten, die Kladden mit den Spielerinnenpässen aber immer dicker wurden, musste der FFC erneut allen Anruferinnen und Trainingsbesucherinnen vorerst absagen. »Auf dem Land würden wir jetzt vielleicht irgendwie anbauen oder umziehen«, sagte Schmidt, aber in der Millionenstadt mit dem hart umkämpften städtischen Platzangebot stellten die erwachsenen Spielerinnen nun ihre Stollenschuhe in der Kabine neben die der Mädchen, wenn wieder einmal drei Mannschaften gleichzeitig Training hatten. Im Schatten des FC Bayern hat sich der FFC Wacker zum einerseits weiter familiären und andererseits doch ambitionierten Großverein gemausert: Mehr als 200 Frauen und Mädchen von der ersten Mannschaft bis hinab zu den Jungspunden der U11 laufen inzwischen mit dem weiß-blauen Stern im Vereinswappen der FFC-Frauen über den Platz. »Allmählich stoßen wir an unsere Grenzen«, sagt Schmidt. »Platztechnisch, vor allem aber logistisch.« Mit dem über die Jahre gewachsenen Selbstbewusstsein aber verstehen sich die Wacker-Frauen nun wieder bestens mit den Männern des FC. Als die 2003 zum 100-jährigen Klubjubiläum luden, schauten die FFC-Spielerinnen gerne vorbei. Und als die Frage kam, ob denn die ebenfalls eingeladenen Profis vom TSV 1860 München beim Jubiläumsspiel die FFC-Kabine benutzen dürften, sagten die Frauen umstandslos ja: »Seit wir uns von den Männern getrennt haben«, meint Schmidt, »verstehen wir uns richtig gut.«

Kathrin Steinbichler

VEREINE VON DER BASIS 2

VSV Hohenbostel –
die Dorfidylle vor dem Deister

Im Volkssportverein des Calenberger Bördedorfes Hohenbostel, malerisch schön am Deister gelegen, dem Hügel südwestlich von Hannover, haben die Fußballerinnen das Sagen, Mädchen und Frauen. 1762 Einwohner leben in der Ortschaft, die seit 1974 zur Stadt Barsinghausen gehört. Es gibt eine Grundschule und eine Kirche. Im Wappen des Ortes befinden sich bäuerliche Symbole und eine Grubenlampe, Zeichen von Landwirtschaft und Bergbautradition. Neben dem Sportverein gibt es die Schützen von Horrido, die Ortsfeuerwehr und eine Wetterstation. Der Sportverein existiert schon seit über 100 Jahren, hat in der Fußballabteilung rund 300 Mitglieder. Die Gruppe der Mädchen und Frauen beträgt knapp 60 Mitglieder.

Die Fußballer im VSV bilden eine große Abteilung, die aber beim Nachwuchs kaum eigene Mannschaften zusammenbringt, deshalb mit einigen Nachbarklubs in Spielgemeinschaften kickt. Zuerst als Basche United mit Barsinghausen und Kirchdorf. Streit. Dann mit Egestorf. Streit. Jetzt mit Bantorf und Wichtringhausen. Hinter den Kulissen herrscht jede Menge Stunk. Es gibt den JFC Börde als Absplitterung. Wer gedacht hätte, dass ein Ball immer nur verbindet, erlebt in Hohenbostel das Gegenteil. Auch bei den Herren Ränkespiele und Revolten.

Nur bei den Frauen und Mädchen ist das anders. Die kochen ihr eigenes Süppchen, haben mit dem restlichen Fußball diesbezüglich nicht viel zu tun. »Und das ist gut so. Wir haben uns immer rausgehalten und bemüht, eigenständig was auf die Beine zu stellen«, sagt Lothar Salchow, der als Mann der ersten Stunde im Frauenfußball des Vereins mit dabei ist, heute das Frauenteam betreut und auch sonst darüber hinter den Kulissen mit managt. Salchow ist so etwas wie der Frauen- und Mädchenbeauftragte im Verein.

Die erste Stunde ist noch gar nicht so alt: 2001 finden sich mehrere Freundinnen, die gerne als Mannschaft kicken wollen. Zuerst werden die Väter bekniet, dann der Verein und beim Sommerfest auf dem Sportgelände werden Nägel mit Köpfen gemacht. Die Tochter von Lothar Salchow, Melanie, ersteigert nämlich mit dem Geld ihres Vaters den feilgebotenen Ball mit den Profi-Autogrammen von Hannover 96. Jetzt haben die Mädels neben der Lust auf Fußball sogar schon ein Spielgerät. Da kann keiner mehr nein sagen.

Der VSV hat sein erstes Mädchenteam, geht auf dem 7er-Kleinfeld in die erste Saison. Lothar Salchow engagiert schnell Gudrun Mews als Trainerin, dann übernimmt Thomas Ewert, der inzwischen mit Ralf Ihl sogar einen Co-Trainer hat. Gestandene Kicker sind alle beide und sie lieben ihren Job bei den Girls.

Die Frauen des VSV Hohenbostel verabschieden ihre scheidenden Trainer Thomas Ewert und Ralf Ihl (im Hintergrund: Lothar Salchow).

2003 folgt ein zweites Mädchenteam. 2005 wird aus dem ersten Team die erste Frauen-mannschaft, die zwei Jahre Kleinfeld spielt, weiter wächst und dann die Zeit für reif hält, auf dem Großfeld zu elft zu spielen. Im ersten Jahr gut dabei, kommt die Truppe 2009 als Spitzenreiter aus dem Winter. Tendenz: Aufstieg in die Bezirksliga. Mit vsv-hohenbostel-frauenfussball.de haben sie inzwischen sogar ihre eigene Webseite.

Im Sommer 2009 ziehen sich Thomas Ewert und Ralf Ihl dann nach erfolgreicher Auf-bauarbeit zurück, als der Aufstieg in die Bezirksliga geschafft ist. Das Team feiert die beiden mit einer riesigen Abschiedsparty. Sogar auf einer professionell in einem Tonstudio erzeugten CD besingt die Mannschaft ihre tollen Trainer. Da wird es schwer, für das neue Duo Rüdiger Hohmeyer/Christopher Gehle, anzuknüpfen. »Wir wollen die Klasse halten«, sagt Homeyer vor-sichtig. Aber bei seiner Entscheidung, warum er sich ehrenamtlich für den VSV zur Verfügung stellt, sagt er klipp und klar: »Weil der mannschaftliche Zusammenhalt unheimlich groß und harmonisch gewachsen ist und das Umfeld stimmt. Lothar Salchow hat hier Hervorragendes geleistet.« Eine Woche später bekommt Salchow am Vereinsgeburtstag hierfür sogar die Silber-ne Ehrennadel des Fußballkreises Hannover-Land überreicht.

Lückenloses Angebot

Heute gibt es neben den Frauen mehrere Mädchenteams. B, D und E-Juniorinnen. Die D-Juniorinnen haben im letzten Sommer angefangen. Kurz vor den Ferien. Eine Flugblattaktion. Überall wird geworben. In der Schule, beim Kaufmann. Es finden sich tatsächlich genug Mädels für ein Team zusammen.

Lothar Salchow übernimmt erst einmal die Regie, bis er eine Trainerin findet. Die ist zwar nicht mehr ganz jung, hat aber eine Lizenz, weiß aus jahrzehntelangem Alltagsgeschäft, was sie tut: Gudrun Mews zum Zweiten. Sie kehrt mit Ende 50 erneut und noch einmal ins operative Geschäft an der Basis zurück. »Kein Problem«, sagt sie. »Mit den kleinen Mädchen kann ich es noch aufnehmen. Und es macht mir wieder Spaß, ganz unten an der Basis etwas aufzubauen. Ich tue das gerne.«

»Viele Vereine, in denen Frauen- und Mädchenteams wie Pilze aus dem Boden schießen, werden Probleme bekommen, wenn es altersbedingt nicht mehr weitergeht«, sagt Salchow. »Das wird zwangsläufig zu Kooperationen irgendeiner Art führen.« Im Deistervorland hat zwar fast jedes Dorf mittlerweile auch ein weibliches Fußballangebot. Aber ein lückenloses Netz wird nicht überall möglich sein. »Umso wichtiger ist es, ein breites Nachwuchsangebot zu haben. Nur dann läuft der Laden richtig. Ich bin deshalb froh, dass wir jetzt nach mehrjähriger Aufbauarbeit ein fast lückenloses Angebot hinbekommen. Uns fehlt noch die C-Jugend. Aber in einem unserer Nachbarorte entsteht gerade so ein Team genau diesen Alters. Vielleicht kommen wir da zu einer Zusammenarbeit«, erklärt Lothar Salchow. »Nur über kontinuierliche Nachwuchsarbeit können wir bei den Frauen immer wieder mit ausgebildetem Nachwuchs auffüllen. Denn irgendwann sind die Spielerinnen mal weg. Studium und Berufsausbildung sind nicht immer vor Ort. Das sind die Auswirkungen der Globalisierung.«

Globalisierung vor Ort heißt auch, dass nicht alle Spielerinnen aus Hohenbostel kommen, sondern aus den verschiedensten Gründen Spielerinnen auch aus der Nachbarschaft beim VSV mitmachen. Ein weiteres strukturelles Kennzeichen belegt die Bevölkerungsunterschiede von Stadt und Land. »Wir haben keine Ausländerin im Team. Da gibt es offenbar auf dem Land enorme Unterschiede zur Stadt, etwa in Hannover. Dort sind die Mannschaften oft sogar mehrheitlich mit ausländischen Spielerinnen bestückt und ziemlich spielstark«, fällt Salchow auf.

Noch wächst das Frauenteam aber auch in Hohenbostel stetig. »Da hat sich in den letzten Jahren schon so manche Spielerin aus der Nachbarschaft überlegt, ob sie nicht zu uns kommen sollte, wenn es im eigenen Verein nicht weitergeht«, berichtet Salchow. »Wir sind mit unserem gelungenen Aufbau bereits zu einer Macht geworden. Kurz nachdem wir begonnen haben, setzte der allgemeine Boom gerade ein. Besonders deutlich haben wir den WM-Erfolg von 2003 in den Zuwächsen gespürt.«

Die D-Mädchen des VSV-Hohenbostel

Der VSV ist auch ein Paradebeispiel dafür, dass Ältere und Jüngere durchaus miteinander harmonieren können. Die älteste Spielerin ist immerhin schon 43 Jahre alt und hat Niedersachsenliga-Erfahrung von früher. Aus dem Anfangsteam von 2001 sind nur noch Melanie Salchow und Vanessa Liebermann dabei. »Für mich ist das auch ein Zeichen dafür, dass nicht alle Mädels wirklich am Fußball hängen, sondern Interessen sich durchaus auch verändern können«, erklärt Salchow.

Als die Mädels 2001 beginnen, kaufen sie ihre Trikots noch selbst. Der Verein bietet lediglich Heimat und Bälle. Sponsoren suchen sich die Girls, beziehungsweise ihre Eltern selbst. Heute sind sie autark. Der Verein gibt immerhin Trainingsanzüge. Und auch sonst ist das Ansehen der Kickerinnen stetig gewachsen. Besonders, seitdem sie Leistung nachweisen können. »Vor zwei Jahren noch mussten wir uns ständig unterordnen. Bei Schlechtwetter wurde der A-Platz gesperrt und die Männer haben uns vom Kleinfeld vertrieben, weil sie selbst Platz zum Training brauchten«, erzählt Salchow. »Heute ist das völlig anders. Der Verein garantiert uns zwei Trainingsgelegenheiten pro Woche, auch bei schlechtem Wetter, wenn wir in unseren Fitnessraum gehen oder im Soccer Park ein Court angemietet werden muss. Das ist vorbildlich.«

Außerdem bestreiten die Frauen die Vorspiele zur 1. Herrenmannschaft. Lothar Salchow: »Es entsteht ein gemeinsames Interesse füreinander. Das ist eine gute Entwicklung. Wir fühlen uns gleichberechtigt, weil wir vom Verein die Unterstützung bekommen. Das ist nicht am Geld zu messen, sondern am allgemeinen Umgang. Man lässt uns spüren, dass wir nicht nur etwas, sondern inzwischen sehr viel wert sind. Dieses positive Miteinander ist sehr bedeutsam.« Es gebe keine Hindernisse mehr, keine Behinderungen. Nicht jeder sei glücklich über die Entwicklung, akzeptiere aber die Frauen und Mädchen immerhin. Zumal der DFB mit seiner sportpolitischen Öffnung das Miteinander unterstütze. »Gleichwohl nützen uns Starterpakete nicht viel. Das ist eine schöne Geste vom Verband und vom DFB und bei Anfängern vielleicht noch mehr. Aber für uns ist wichtiger, dass wir eines der 1.000 Minispielfelder bekommen haben. Der Soccer-Court ist Gold wert, wird oft benutzt und ins Training integriert.«

Clever, clever, Gudrun Mews

Clever und zugleich aller Ehren wert handelt Gudrun Mews vom VSV Hohenbostel zugunsten ihres Teams. Mit 58 Jahren ist sie im Sommer 2008 wieder ins Trainergeschäft zurückgekehrt, beim VSV Hohenbostel für die neu ins Leben gerufenen D-Mädchen. Der erste Punkt ist derweil erkämpft. 3:3 gegen SC Völksen mit Toren von Johanna Moritz, Vanessa Rüberg und Michelle Marin. »Wir hatten 3:0 geführt«, winkt Niedersachsens oberste Fußballfunktionärin ab. Nun denn. Auf ihren ersten Punkt sind die Girls trotzdem mächtig stolz.

Zum Fußball kommt Mews 1971 aus »Jux und Dollerei«, wie sie sagt. Mit ihrer Gymnastikgruppe beteiligt sie sich an einem Dorfturnier mit Feuerwehr und Schützenverein. Und bleibt am Ball. Zunächst als Spielerin bei Arminia Hannover, dem in den Anfängen besten Team der Region, später als Trainerin. In Hohenbostel, in Barsinghausen, in Egestorf, für die Kreisauswahl Hannover und die Bezirksauswahl Hannover. Seit 1992 ist sie Frauenfußballchefin im Bezirk Hannover und seit 1999 im NFV-Vorstand. Ihr NFV-Amt legt sie im Herbst 2008 auf dem Verbandstag nieder. Zum Dank gibt es die Goldene Ehrennadel. »Ich möchte aber viel lieber ein paar Bälle und T-Shirts für meine Mädchen«, sagt Mews und spielt ihre Position höchst clever aus. Zumal sie das Rampenlicht ohnehin nicht schätzt, Ehrungen und Bühnen vor Publikum ihr ein Graus sind. Nur eine Woche vor dem Verbandstag steht beim VSV die Einweihung eines der 1.000 Minispielfelder an. NFV-Präsident und DFB-Vize Karl Rothmund durchschneidet das Band, dann können die Mews-Girls loskicken. Und prompt überreicht Karl Rothmund zwei Säcke voller Bälle und hellblaue T-Shirts mit dem Logo der Frauen-WM 2011. Samt Nadel natürlich, die es eine Woche später auf besagtem Verbandstag gibt, auf dem Gudrun Mews zurücktritt, um künftig nur noch Basisarbeit in Hohenbostel zu machen.

VEREINE VON DER BASIS 3

Integrationsarbeit bei Türk Dormagen

Türk Dormagen hat den Integrationspreis des Deutschen Fußball-Bundes (DFB) gewonnen, weil er sich besonders durch Integrationsarbeit für Mädchen verdient macht. 2008 gründete der Verein auf Initiative einiger Mädchen und Eltern eine Mädchenfußballabteilung. Für einen Klub, dessen Mitglieder fast durchweg türkischstämmig sind, ist das in Deutschland noch sehr ungewöhnlich.

Der 40 Jahre alte Geschäftsführer Yunis Duran spricht im Interview über die Widerstände im Verein, die Eitelkeit der Mädchen vor dem Kabinenspiegel und die Bedeutung von Integrations-Vorbildern wie Nationalmannschaftsdebütant Mesut Özil, den er anders als viele populistische Stimmen in der Türkei für seine Entscheidung respektiert.

Herr Duran, derzeit ist es noch ungewöhnlich, dass ein Klub mit türkischen Wurzeln wie Ihr Verein Türk Dormagen sich im Mädchenfußball engagiert. Wie kamen Sie persönlich zu Ihrem Engagement?

Ich habe drei Töchter, die schon immer unbedingt Fußball spielen wollten. Da kann ich gar nicht anders, als das zu unterstützen. Meine Mädels wollten auch unbedingt einen Verein haben, in dem sie spielen konnten. Das war für mich die Hauptmotivation, mich für den Frauenfußball in unserem Klub zu engagieren. Meine Töchter und andere Mädchen haben sozusagen die Geschichte initiiert, wir haben nun die Grundlagen geschaffen.

War es leicht, dieses Engagement in Ihrem Verein durchzusetzen?

Es gab schon Widerstände bei uns im Vorstand, als wir das im vergangenen Jahr angefangen haben. Für viele war es ein kultureller Schock, dass wir Mädchen Fußball spielen lassen wollten. Aber letztlich hat die Mehrheit im Vorstand entschieden, dass wir es versuchen mit einer U13-Mannschaft.

Und wie war die Resonanz?

Wir wurden sofort überrollt vom Interesse der Mädchen. Das hat sich im Stadtgebiet Dormagen ganz schnell rumgesprochen. Jetzt haben wir schon 80 Mädchen in drei Mädchen- und einer Frauenmannschaft.

Spielen nur türkischstämmige Mädchen in ihrem Verein?

Nein, den größten Teil stellen zwar türkischstämmige Mädchen, wir haben aber eine gute Mischung und auch einen großen Teil an Mädchen aus klassisch deutschen Elternhäusern.

DFB-Präsident Theo Zwanziger setzt sehr viele Hoffnungen in den Mädchenfußball. Er will durch den Fußball die Integration voranbringen und vor allem auch Frauen mit Migrationshintergrund Türen in die deutsche Gesellschaft öffnen. Sind seine Ziele realistisch?

Yunis Duran

Ich denke schon: Wir haben für einige Mädchen schon einiges erreicht. Wir haben Eltern zusammen mit deren Töchtern überzeugt, dass sie spielen dürfen. Eine iranische Mutter war beispielsweise, anders als ihr ebenfalls iranischer Mann, strikt dagegen, dass ihre Töchter Fußball spielen dürfen. Letztlich haben wir auch sie überzeugt. Das geht aber nur deshalb, weil wir für alle Seiten offen sind und die einzelnen kulturellen Einstellungen respektieren. Deshalb dürfen bei uns zum Beispiel auch Mädchen im Training ein Kopftuch tragen, wenn sie das wollen.

Sorgen diese unterschiedlichen kulturellen Einstellungen für Probleme innerhalb der Mannschaften?

Nein, Probleme haben wir eher, weil wir zu wenige Spiegel haben, vor denen sich unsere Mädchen vor dem Spiel zurechtmachen können. Sie glauben gar nicht, wie lange die brauchen, um sich vor dem Anpfiff zu schminken oder die Haare fürs Spiel zurechtzumachen. Ich bin da als Trainer der U11-Mannschaft Gott sei Dank noch verschont. In der U13 wird das aber schon schwierig.

In der Frauennationalmannschaft ist Lira Bajramaj die Vorzeigefrau für eine gelungene Integration einer Muslima durch den Fußball. Sie hat sich gegen gewisse Vorbehalte ihres Vaters durchgesetzt und ihn dann von ihrem Wunsch überzeugt, Fußballspielerin zu werden. Ist die Weltmeisterin Bajramaj ein Vorbild für ihre Mädchen?

Die Mädchen kennen natürlich Lira Bajramaj und auch Ihre Geschichte. Aber als Vorbild dienen eher männliche Spieler, die sie anhimmeln.

Wer steht da hoch im Kurs?

Natürlich Jungs wie Nuri Sahin, die Altintops oder auch Mesut Özil.

Mesut Özil hat sich trotz beharrlichen Werbens der Türken für die deutsche Nationalmannschaft und gegen die türkische entschieden. Kann er dadurch zu einer Vorzeigepersönlichkeit für Integrationsbemühungen werden?

Ja, Mesut dürfte da nach seiner Entscheidung für die deutsche Mannschaft sehr gut geeignet sein. Aber es wird ja auch langsam Zeit, dass mal ein türkischstämmiger Spieler ein Star wird, der in Deutschland ganz normal anerkannt wird. Özil könnte dieser erste türkisch-deutsche Star werden.

7

DIE GROSSEN INTERNATIONALEN TURNIERE

Kraft und Dynamik bei Olympia 2008:
Kanadas Jodi-Ann Robinson erwischt den Ball
vor Argentiniens Torfrau Vanina Correa.

Der Männerfußball ist heute weitgehend globalisiert: Spiele zwischen den Boca Juniors und River Plate in Argentinien, dem FC Santos und Flamengo in Brasilien, Barcelona gegen Real Madrid, Juve gegen Milan, Arsenal gegen Manchester oder Bayern gegen Bremen sehen vom Grundprinzip her gleich aus. Durch die zahllosen internationalen Transfers haben südamerikanische Einflüsse in den europäischen Fußball Eingang gefunden, während die Heimkehrer aus Europa in Südamerika europäische Tugenden vermitteln. Bei einem WM-Turnier kennen sich die Top-Spieler aus Duellen in einer nationalen europäischen Liga oder der Champions League. Das war einmal anders: Früher begegneten sich die unterschiedlichen Fußballkulturen auf den jeweiligen Kontinenten lediglich in den internationalen Vereinswettbewerben, kontinentalübergreifend gab es den Austausch lediglich alle vier Jahre bei der Weltmeisterschaft.

Auf diesem Stand befindet sich derzeit noch der Frauenfußball – zumindest solange sich die amerikanische Profiliga nicht zu einer wirklichen Liga der Weltstars entwickelt. Bei einer Weltmeisterschaft spielen deshalb bei den Begegnungen zwischen zwei Teams von unterschiedlichen Kontinenten grundsätzlich Spielerinnen gegeneinander, die sich so gut wie gar nicht kennen. Interkontinentale Testländerspiele sind bislang noch eine ganz seltene Ausnahme, lediglich die USA und China tun sich als reisefreudige Länder in dieser Hinsicht hervor und gesellen sich in jedem Januar auch beim Algarve-Cup zur europäischen Elite. Diese weitgehende Unkenntnis von vielen anderen Teams aus der Welt führt bei Weltmeisterschaften zu interessanten Begegnungen kolossal unterschiedlicher Spielstile – und auch Qualitäten. Ein Ergebnis dieser Unterschiede kann ein Resultat wie das 11:0 der deutschen Mannschaft im Eröffnungsspiel der WM 2007 in Schanghai gegen unfassbar naive Argentinierinnen sein. Eine andere Folge sind faszinierende Spiele voller Überraschungen, beispielsweise bei den Auseinandersetzungen der Weltklasseteams aus Schweden und den Vereinigten Staaten mit den aufstrebenden und geheimnisumwitterten Nordkoreanerinnen beim selben Turnier.

Eben weil die Welt des Frauenfußballs noch nicht globalisiert ist, haben die Turniere für das Spiel und seine Fortentwicklung eine sehr große Bedeutung. Während der Männerfußball in der Champions League und in den Starensembles der zusammengekauften weltbesten Fußballartisten auf die nächste Evolutionsstufe gebracht wird, sind im Frauenfußball noch immer die Nationalmannschaften sowie die großen kontinentalen Turniere und die Weltmeisterschaften und olympischen Turniere das Maß aller Dinge.

Schon die inoffiziellen Weltmeisterschaften in den 70er und 80er Jahren erfüllten den sehnsüchtigen Wunsch der Fußballspielerinnen nach einem Kräftemessen mit anderen Fußballkulturen, um das eigene Spiel einer Probe unterziehen und mit neuen Ideen weiterentwickeln zu können. Die taiwanesischen Einladungsturniere in den 80er Jahren wurden deshalb fast schon so ernst genommen wie später die »richtigen« Weltmeisterschaften, zu denen sich die FIFA erst nach langem Drängen der Frauen Ende der 80er Jahre breitschlagen ließ. Erst als die FIFA fürch-

Eine besondere Ehre für alle Fußballerinnen ist die Berufung in die Weltauswahl (drei Spiele gab es bisher). Bettina Wiegmann (oben, stehend, Dritte von rechts) wurde 1999 in die Auswahl berufen. Im Jahr 2004 spielte die Weltauswahl anlässlich des 100. Geburtstags der FIFA in Paris gegen die deutsche Elf (unten).

tete, dass sich die Einladungsturniere zu eigenen Weltmeisterschaften außerhalb der Obhut des Weltverbandes verselbständigen könnten, machte der Weltverband den Weg frei – für eine Erfolgsgeschichte, die 2011 vermutlich einen weiteren Höhepunkt in Deutschland erleben wird.

DIE INOFFIZIELLEN WELTMEISTERSCHAFTEN

Einladungsturnier 1970 in Italien

Eine von italienischen Unternehmen wie vor allem dem Spirituosenhersteller Martini & Rossi organisierte Privat-WM mit Finale in Turin. Italien und Dänemark erreichen das Endspiel. Um Platz drei spielen Mexiko und England. Italien erkämpft sich das Finalticket mit 2:1 in Neapel über Mexiko. Doch Dänemark, das im Halbfinale Schweden ausschaltet, ist letztendlich zu stark, gewinnt durch Tore von Hansen (18.) und Sevcickova (78.) mit 2:0. Vor 35.000 Zuschauern verpassen die Italienerinnen den zwischenzeitlichen Ausgleich mit einem verschossenen Elfmeter.

Einladungsturnier 1971 in Mexiko

Nach dem internationalen Einladungsturnier in Italien organisiert im Jahr darauf Mexiko ein Einladungsturnier mit dem Aztekenstadion in Mexiko City als Spielstätte. Das Einladungsturnier wird in Mexiko auch als internationale Test-WM bezeichnet. Treibende Kraft hinter den mexikanischen Kickerinnen war damals ein Sportlehrer namens Victor Melendez, der dann aber in der Versenkung verschwindet. Dänemark, Italien, Argentinien, England und Australien werden eingeladen – der deutschen Auswahl aus Spielerinnen von Klubs wie vor allem Wörrstadt und Bad Neuenahr wird vom DFB eine Teilnahme verboten. Favorit ist Dänemark, das mit Femina Kopenhagen damals das stärkste Vereinsteam besitzt und mit einer Auswahl anreist, die der Frauenfußballverband DKFU zusammengestellt hat. Die Dansk Kvindefodbold Union wird später aufgelöst.

Weltpokal von 1970

Ihr Frauenfußball geht in den offiziellen Fußballverband DBU über. Der Titelverteidiger aus dem Vorjahresturnier in Italien ist erneut nicht zu schlagen. Das Aztekenstadion ist im Endspiel gegen Mexiko bis auf den letzten Platz gefüllt. 110.000 Zuschauer in der Riesenschüssel erleben einen 3:0-Erfolg der Däninnen. Dänemark ist zu dieser Frühzeit des internationalen Frauenfußballs das Nonplusultra nicht nur in Europa, sondern in der Welt. Leonardo Cuellar, Nationaltrainer der Mexiko-Frauen und selbst Nationalspieler mit über 100 Länderspielen, erinnert sich noch genau. »Oh ja, natürlich. Ich war damals ein junger Mann und als Zuschauer im Stadion. Ich habe das gesehen. Es war ein Riesenspaß. Und die Qualität der Spiele war recht gut. Das Ganze war ja neu und selten. Das hat viele Leute neugierig gemacht und in den Bann gezogen. Mich auch. Unsere kleinen dunklen Spielerinnen und dann diese großen blonden Frauen aus Skandinavien. Oder auch die Spielerinnen aus England und Italien. So etwas hatten wir noch nie zuvor gesehen.« Der Hochschullehrer, der beruflich meist in Kalifornien lebt, hat Mexiko dann 1999 zur ersten offiziellen WM-Teilnahme geführt.

Einladungsturnier 1981 in Taiwan

Der DFB öffnet sich dem Frauenfußball: Als Pressesprecher Klaus Koltzenburg von einem Ausflug mit der B-Jugend der Frankfurter Eintracht eine Einladung zu einer inoffiziellen WM mitbringt, leitet der DFB das Schreiben an die damals dominierende Mannschaft von Meister und Pokalsieger SSG Bergisch-Gladbach weiter mit der Bitte, doch in Ermangelung einer Nationalmannschaft als Vertreter Deutschlands nach Taiwan zu reisen. Überraschend gewinnt die SSG dann den Weltpokal. Der deutsche Vertreter siegt vor Neuseeland und Taiwan. Die Ergebnisse der SSG aus der Vorrunde lauten 0:0 gegen Indien, 5:2 gegen Haiti und 1:1 gegen Finnland. In der Finalrunde heißt es 2:1 gegen Neuseeland, 6:0 gegen Thailand, 4:0 gegen Norwegen, 4:0 gegen die Niederlande, 1:1 gegen Taiwan und 6:2 gegen die Schweiz.

Einladungsturnier 1984 in Taiwan

Die SSG Bergisch-Gladbach als deutscher Vertreter gewinnt den Weltpokal zum zweiten Mal. Silber geht an Taiwan, Bronze gewinnt Neuseeland. In der Vorrunde heißt es 3:1 gegen die USA, 1:1 gegen Japan und 0:0 gegen Australien. In der Finalrunde dann 0:2 gegen Taiwan, 4:0 gegen Taiwan II, 1:0 gegen Neuseeland und 2:0 gegen Norwegen.

Einladungsturnier 1987 in Taiwan

Die SSG Bergisch-Gladbach wird als Deutschland-Vertreter Dritter hinter Taiwan und den USA. In der Vorrunde schlägt das Team von Anne Trabant Japan, die USA und Kanada jeweils mit 1:0. In der Finalrunde werden Neuseeland mit 1:0 und Australien mit 2:0 geschlagen, aber gegen die USA und Taiwan gibt es jeweils 0:1-Niederlagen.

Die FIFA-Test-WM 1988 in China

Jetzt geht es wirklich los! In der zweiten Hälfte der 80er Jahre werden nach den privaten Turnieren auf Taiwan die Rufe nach einer richtigen, sprich: offiziellen Weltmeisterschaft immer lauter. Besonders Norwegen wird zu einem starken Wortführer. Die weltweit rapide Entwicklung des Frauenfußballs ist ein Argument, befördert im Tempo von den privatwirtschaftlichen Entwicklungen. Es ist ähnlich wie bei der UEFA. Die FIFA will den Frauenfußball nicht verlieren, also fördert man ihn. Zum anderen sieht FIFA-Präsident João Havelange nach der Einführung von Weltmeisterschaften für den Nachwuchs jetzt auch die Möglichkeit, das Angebot der FIFA um Frauenfußball zu erweitern und in gewissem Sinn abzurunden. Es fällt der Beschluss, eine

Test-Weltmeisterschaft durchzuführen. China wird ausgewählt, genauer: die südliche Provinz Guangdong mit seiner Metropole Guangzhou, ehemals Kanton. Das ist das Einflussgebiet des milliardenschweren Henry Fok. Im Waffenhandel eine weltweit dubiose Größe, hat Fok im chinesischen Fußballverband viel und bei der FIFA einiges zu sagen, zumal er später für die WM 1991 in Zhongshan sogar eigens ein Stadion bauen lässt. Das Testturnier jedoch gewinnt historische Bedeutung, weil es erfolgreich verläuft. Gut organisiert und gut besucht präsentiert sich der reiche und fortschrittlich denkende Süden Chinas mit seiner schon gut ausgeprägten Infrastruktur der Welt als WM-reif. Chinas große Erfahrung mit Einladungsturnieren seit 1983 macht sich bezahlt.

Turniersieger wurde Norwegen im Finale (1:0) gegen Schweden. Linda Medalen entscheidet vor 30.000 Zuschauern im Tianhe Stadion von Guangzhou die Partie in der 58. Minute. Auf dem Weg ins Finale werden Brasilien (2:1) im Halbfinale und davor in den Gruppenspielen die USA (1:0), Australien (3:0), Brasilien (2:1) und Thailand (6:0) ausgeschaltet.

Jetzt kann es wirklich losgehen mit der ersten Frauenfußball-Weltmeisterschaft. Zunächst mit zwölf Mannschaften, dann seit 1999 mit 16 Mannschaften. Eine weitere Aufstockung auf 24 Nationen, die dann wieder um die WM 2007 herum ins Gespräch kommt, wird kontrovers diskutiert und erreicht bei der FIFA keine Mehrheit. 2002 kommt dann die Juniorinnen-WM dazu, zunächst als U19-WM, ab 2006 dann als U20-WM. 2007 wird die Infrastruktur der Frauenfußball-Weltmeisterschaften dann komplett analog zur Jugend angepasst, als die U17-WM eingeführt wird.

DIE WELTMEISTERSCHAFTEN 1991 BIS 2007

WM 1991: Der erste weltumfassende Vergleich

Die Weltmeisterschaft 1991 ist eine sportliche Wundertüte: Anders als heute weiß kaum ein Team wirklich etwas vom anderen. Das gilt auch im Alltagserleben dieser ersten WM. Besonders in der Gruppenphase in den verschiedenen kleinen Städten südlich von Guangzhou. Jiangmen etwa oder Zhongshan, wo die Deutschen ihre Gruppenspiele absolvieren. Die vier Teams der Gruppe – Deutschland, Italien, Nigeria und Taiwan – leben in Jiangmen, drei Taxistunden von Guangzhou entfernt. Jiangmen wird so zu einer Hauptstadt auf Zeit. Die Einwohner zeigen höchstes Interesse an ihren Gästen. Geschmückte Straßen. Autogramme sammeln ist populär. Nicht nur Spielerinnen schreiben in die Bücher der Kids. Alles, was lange Nasen hatte, wird um den Namenszug gebeten. Tagtäglich. Auf diese Weise lässt sich über die Bücher sehr gut nachvollziehen, wer wo vor etwa 30 Minuten gerade die große Hauptstraße entlanggegangen ist. Jeder Schritt wird bemerkt, beobachtet und kommentiert. Haare auf den Armen werden bewundert, angefasst, daran gezogen. Denn so etwas kennen die Chinesen nicht. Aber neugierig genug ist dieser Menschenschlag. Freundlich, aufgeschlossen, interessiert – wie die Journalisten, die das deutsche Team begleiten. Ganze drei Freiberufler sind vor Ort – und die haben ihren täglichen Kampf: E-Mails gibt es damals noch nicht. Handys auch nicht. Die ersten Mobiltelefone kommen gerade auf den Markt. Fast so groß wie ein Chinese, mit noch größerer Antenne. Telefonzellen sind damals angesagt und Faxe. Die Kosten für Telekommunikationsleistungen sind enorm und summieren sich in astronomische Höhen. Dazu das Geschäftsgebaren der Gastgeber. Die FIFA hat mit so mancher Beschwerde zu tun. Und die Journalisten drohen, ihre Tätigkeit einzustellen bei den Vorstellungen, eine Telefonminute dürfe durchaus 30 DM kosten.

Episoden und kleine Erlebnisse gibt es im so fernen Reich der Mitte genug. Nicht täglich, sondern stündlich, minütlich, manchmal sogar sekündlich.

Als die sieben deutschen Fans, die bei der ersten WM dabei sind und stets als Gruppe auftreten, 22 Fahrradklingeln kaufen, diese an Stöcke schrauben und sie als Lärminstrumente ins Stadion mitbringen, sind beim nächsten Spiel rund 20.000 Chinesen mit Fahrradklingeln bewaffnet. Fußballgeräusche aus dem Reich der Mitte.

Wimpel der ersten Frauenfußballweltmeisterschaft (China 1991).

Anlässlich der Weltmeisterschaft 1991 gaben die Chinesen einen Ersttagsbrief mit Stempel heraus.

Allein die Kaufaktion war ein Erlebnis, das Detlef Manske aus Hasbergen bei Osnabrück noch heute bestens erinnert. »Wir waren in einem Fahrradladen. Dort hatten sie aber nicht ausreichend Klingeln, so dass sie von Fahrrädern noch welche für uns abgebaut haben.« Manske wird so sehr zum Fan, dass er 1994 in seinem Heimatort das Traineramt der Frauen und Mädchen übernimmt.

Zum Training der Deutschen, das sogar im chinesischen Fernsehen übertragen wird, kommen immer besonders viele Neugierige. Zu Tausenden bevölkern sie die Trainingsstadien. Pro Chinese ein Fahrrad. So viele Fahrräder auf engem Platz. Das sehen europäische Augen zum ersten Mal. In freudiger Erwartung kommentieren die Zuschauer jede Regung auf dem Platz mit Raunen. Und DFB-Trainer Gero Bisanz hat ganz offensichtlich seinen Spaß an den intensiven Aufwärm- und Dehnübungen. Da liegen sie auf dem Rücken, strecken erst das eine Bein hoch, dann das andere. Aber die Chinesen werden nach einer guten dreiviertel Stunde allmählich unruhig. Ob die Langnasen etwa die Bälle vergessen haben. Haben sie nicht. Beim abschließenden Torschusstraining gibt es ein Feuerwerk. Die Chinesen sind völlig aus dem Häuschen. Da kommen sogar die Sicherheitskräfte als Balljungen kräftig in Schweiß und freuen sich, endlich was zu tun zu haben. Jeder Schuss wird mit tosendem Applaus kommentiert. So werden die Chinesen doch noch zufrieden gestellt.

Doch nicht an allem an dieser WM haben die Einheimischen Anteil. Aus irgendwelchen Gründen ist es ihnen verboten, die Sonderbriefmarken zu kaufen, die es in einem speziellen Sammleralbum mit verschiedenen Ersttagsbriefen zu erstehen gibt. Wie viele dieser Sammelstücke kaufen wir für Chinesen, die uns darum bitten?

Oder das Freundschaftsspiel der deutschen Fans, Journalisten und Freunde, das der junge Tourismusbegleiter der Journalistengruppe an seiner ehemaligen Schule organisiert. Wir gegen die Schulauswahl. War es 12:12 oder 13:13? Hörfunk-Kollegin Sabine Hartelt jedenfalls hat gut

Das Team aus Nigeria

zu tun zwischen den Pfosten. Den Spielball übrigens spendet der DFB. Wir schenken ihn nach der Partie der Schule.

Sportlich läuft zunächst alles gut, obwohl Kapitän Silvia Neid sich so sehr verletzt, dass das Turnier im ersten Spiel schon während der ersten Halbzeit für sie zu Ende ist. Deutschland gewinnt den Auftakt gegen Nigeria (4:0), schlägt Taiwan (3:0) und holt sich gegen Italien den Gruppensieg. Kuriosität beim ersten Spiel: Die deutsche Nationalhymne wird nicht gespielt. Denn die Kassette findet sich auf einmal in Horst Schmidts Jackentasche. Der musste vor dem Spiel noch als Delegationsleiter die Richtigkeit der Musik abhören. Schmidt steckt die Kassette dann versehentlich ein. Die Hymne wird letztlich zur zweiten Halbzeit nachgeholt.

Heidi Mohr, die blonde Torjägerin, wird in China zum Star. Vier Tore hat sie vor der Partie gegen Italien auf dem Konto und führt gleichauf mit deren Torjägerin Carolina Morace die Torliste der WM an. Das merken auch die chinesischen Medien und stürzen sich auf die eher scheue und zurückhaltende, alles andere als wortgewandte Stürmerin aus dem Badischen. Die langen blonden Haare finden sich sogar in der *China Daily,* wo die 24-Jährige erklärt: »Wir wollen Italien schlagen.« Fotoreporter warten überall. Im Spiel, im Training, im Interview, beim Essen. »Das chinesische Essen liegt mir nicht so sehr. Ich habe etwas Heimweh nach einem Stück Brot und etwas Wurst«, sagt Heidi Mohr. Daher geht der DFB schon mal an seinen Vorrat und gibt seiner Heidi einen Laib und ein Stück Salami außer der Reihe. Die Extraportion für die Torjägerin. Nervennahrung für die, die keine Nerven kennt. Es hilft: Mohr trifft auch beim 2:0 über Italien. Das zweite Tor erzielt Britta Unsleber. Abends auf dem Flur wird Italien mit einer Fete verabschiedet. Die Italienerinnen überlassen ihre Vorräte den Deutschen. Im Funktionsteam ist die Freude über guten Rotwein groß.

Als die Mannschaft Anfang Dezember heimfliegt, haben die Niederkirchner so großes Mitleid mit ihrem neuen Star, dass sie ihr einen Sack mit 20 Kilogramm Weihnachtsgebäck schenken, damit sie nach all den China-Süppchen wieder zu Kräften kommt. Kommentar von TuS Niederkirchens damaligem Boss Franz-Josef Schalk: »Die Heidi ist hier wer.« Mit sieben Toren wird Mohr die herausragende deutsche Spielerin.

Im Viertelfinale geht es gegen Dänemark. Deutschland gewinnt wieder. Aber nur knapp und spät: Zwei Minuten vor Ende der Verlängerung köpft Heidi Mohr das 2:1. Gastgeber China scheidet unterdessen unter Trainer Shang Ruihua aus. Shang ist heute wieder Coach der China-Frauen. Seinen Trainerschein hat er einst vom Barsinghäuser Verbandssportlehrer Benno Hartmann bekommen, der seinerzeit auch

Mary Harvey, die Torhüterin der USA, mit der WM-Trophäe. Später steht sie für den FSV Frankfurt im Tor und war lange bei der FIFA in Zürich Managerin. Sie ist heute bei der WPS in einer Führungsposition.

Entwicklungshilfe in Afrika und Asien betrieb. 60.000 Zuschauer im Tianhestadion und Millionen darüber hinaus fallen in kollektive Trauer. Aber das Turnier geht mit Volldampf weiter. Deutschland verliert nach dem Umzug nach Guangzhou nur noch. Erst das Halbfinale mit 2:5 gegen die USA, dann das Spiel um Platz drei. Das 0:4 gegen Schweden ist ziemlich heftig. Aber die Leistung stimmt nicht mehr. Am Ende weinen die Deutschen.

Und sie weinen auch nach dem Finale, das die USA gegen Norwegen mit 2:1 aufgrund der größeren körperlichen Fitness gewinnen. Gertrud Regus aus Hallstadt ist Linienrichterin, wie die Assistentinnen damals noch heißen. Aber die Tränen rollen nicht deswegen, sondern bei dem fulminanten Feuerwerk nach der Medaillenübergabe. Eigentlich weinen sie alle im Stadion. Weil eine traumhafte Veranstaltung auf einmal zu Ende geht, urplötzlich Geschichte ist. Deutschland fliegt mit der Fair-Play-Trophäe heim, die Kapitän Marion Isbert am Perlfluss überreicht bekommt. Fast 20.000 Zuschauer pro Spiel und insgesamt eine gute halbe Million Zuschauer hinterlassen eine nachhaltige Duftmarke.

Auch Doris Fitschen wird die WM so schnell nicht vergessen. Mit Silvia Neid bildet sie das superblonde Duo, das sogar Pelé auffällt. Der lädt die beiden sogar auf seine Suite ein. Silvia Neid nennt den Edson Arantes do Nascimento einfach nur Eddi. Sportlich übernimmt Fitschen die Rolle von Neid als Spielmacherin, bis sie selbst teilweise verletzt nicht mehr voll durchspielt. Doch die Position als Libero bringt ihr mehr Anerkennung. Fitschen wird der weibliche Beckenbauer. Die rund 600 akkreditierten Journalisten wählen sie in die Turnier-Elf. Trotz des 2:5 gegen die USA und des 0:4 gegen Schweden im Bronzespiel. »Mehr war nicht drin bei unseren vielen Verletzungen und ohne Alternativen. Unter solchen Vorzeichen haben wir ein gutes Resultat erzielt«, resümiert Fitschen nach Turnierende. »Das 0:4 gegen Schweden fand ich persönlich nicht so schlimm wie das USA-Spiel. Da war ich echt tief enttäuscht. Auch, weil mir selbst so viele Fehler unterlaufen sind, die der Gegner sofort ausgenutzt hat. Aber es war schwierig, überhaupt jemanden anzuspielen«, deutet Fitschen an, warum das US-Team nicht ohne Grund Weltmeister geworden ist.

Weltmeisterschaft 1995 in Schweden: Das Spiel entwickelt sich

Technik, Taktik, Physis – alles ist in Norwegen besser als 1991 in China. Kein Wunder: Der Fußball bleibt nicht stehen. Gerade bei den Frauen entwickelt er sich vom zuvor noch niedrigen Niveau sehr schnell weiter. Vom Umfeld her ist das Turnier in Schweden eine verhältnismäßig kleine WM mit insgesamt nur 112.000 Zuschauern.

Spannend ist auch der FIFA-Feldversuch: das angedachte Experiment mit den drei Dritteln wird fallen gelassen, aber dafür werden Auszeiten getestet. Pro Halbzeit dürfen beide Teams je einmal eine künstliche Pause von zwei Minuten zücken. Die Deutschen finden das nicht gut. Die andern auch nicht. Das Thema verschwindet schnell von der Agenda.

Deutschland gehört zu jenen Nationen, die sich richtig gut entwickeln. Dass Norwegen gegen Deutschland im Finale steht und die USA gegen China um Platz drei spielen, markiert die Kräfteverhältnisse. Manch einer erwartet die USA weiter vorne. Doch im Halbfinale patzen die US-Girls gegen Norwegen knapp. Später gewinnen die USA im Bronzespiel mit 1:0 gegen China.

Deutschland tut sich unterdessen schwer, nicht nur gegen die chinesische Mauer im Halbfinale. Bettina Wiegmann knackt sie erst spät: 1:0, das reicht. Auch der Weg in die Runde der letzten Vier ist für die Theune-Meyer-Elf in der Vorrunde schwer. Ein mageres 1:0 über Japan in Karlstad. In Helsingborg kann das Team einen 2:0-Vorsprung gegen Schweden nicht halten. Die Ehefrau von Trainer Gero Bisanz kommt mit derartiger Spannung nicht gerade gut zurecht, verlässt die Tribüne und rennt vor dem Stadion hin und her, bis der Spuk ein bitteres Ende nimmt: 2:3 verloren. Ein lockeres 6:1 am Ende gegen Brasilien macht doch noch alles klar fürs Viertelfinale. In der Runde der letzten acht ist England in Vesterås mit 0:3 nach Toren von Martina Voss, Maren Meinert und Heidi Mohr ohne den Hauch einer Chance.

Deutschland toppt mit dem Finaleinzug den Debütauftritt von 1991, steht im Finale im Rasunda-Stadion in Solna, Stockholm. Bei strömendem Regen legt Norwegen los wie die Feuerwehr, drückt und schnürt die Deutschen in deren Strafraum ein. Die Gegentore fallen zwangs-

Gero Bisanz und der Handstand – immerhin hat es 1995 zur Vizeweltmeisterschaft gereicht.

läufig. Hege Riise, 0:1 (37.), Marianne Pettersen, 0:2 (40.). Während alle an der deutschen Bank versuchen trocken zu bleiben, steht einer wie festgewurzelt im Regen und hält demonstrativ zu seiner Mannschaft. Es ist Horst Schmidt. Seit den 70er Jahren eine Art Vater oder guter Patenonkel für die Fußballspielerinnen. Horst Schmidt steht da, unbeirrt. Er möchte das Spiel am liebsten selbst wenden. Stolz steht er da. Wenige Wochen später wissen alle, was zu jenem Zeitpunkt nur wenigen bekannt ist. Die Chemotherapie hilft nicht mehr. Der Mann, der Briefe stets mit »Ihr Horst Schmidt« unterschreibt, eigentlich ein Hüne von Kerl, verliert den Kampf seines Lebens. Krebs. Früher bei den Männern im Funktionsteam und unter anderem auf dem Weg zum Weltmeistertitel von 1990 hilfreiche Kraft im Hintergrund wird er 1995 Vize-Weltmeister mit den Frauen. Er weiß, dass Stockholm das letzte Finale seines Lebens ist. Kurz darauf ist Horst Schmidt tot. Ein wichtiger Fürsprecher für die deutschen Fußballfrauen lebt nicht mehr.

Weltmeisterschaft 1999 in den Vereinigten Staaten:
Aufbruch in eine neue Zeit – Frauenfußball als Massenereignis

Eines vorweg: Diese WM wird zum Turnier der Superlative, obgleich es Deutschlands schwächstes Ergebnis hervorbringt, nämlich das Aus im Viertelfinale. Allerdings erst nach großem Kampf. Die USA und Deutschland befinden sich weitgehend auf Augenhöhe. Unter den fast 55.000 Zuschauern im Jack Kent Cooke Stadion nahe Washington ist Drama angesagt. US-Präsident Bill Clinton zittert mit. Brandi Chastain bringt Deutschland mit einem Eigentor in Führung, Tiffeny Milbrett gleicht aus. Es folgt die zweite deutsche Führung durch Bettina Wiegmann. Chastain macht ihren Patzer wieder gut, 2:2. Joy Fawcett entscheidet dann nach 66 Minuten die Partie. Deutschland scheidet aus. Frust aufgrund zweier Gegentreffer durch Standardsituationen. Persönliche Enttäuschung bei Steffi Jones. Sie hätte gerne nach Jahren ihren Vater getroffen. Aber er kommt nicht. Steffi fliegt ohne diese persönliche Erfahrung nach Hause. Aber mit einer speziellen Trophäe, dem Tauschtrikot von Mia Hamm. Immerhin: Durch den Viertelfinaleinzug ist die Olympia-Qualifikation geschafft. Und das ist wichtig. Nur mit ständiger Präsenz bei den großen Turnieren kann man sich mit der Weltelite weiterentwickeln.

Schon in der Vorrunde haben die Deutschen beim amerikanischen Turnier Probleme: Nur Mexiko wird mit 6:0 locker weggehauen – dank dreier Treffer von Inka Grings und Toren durch Sandra Smisek, Ariane Hinst und Renate Lingor. Danach heißt es 1:1 gegen Italien per Strafstoßausgleich durch Bettina Wiegmann und 3:3 gegen Brasilien mit deutschen Toren durch Bettina Wiegmann, Birgit Prinz und Steffi Jones. Brasilien kann in der 94. Minute ausgleichen.

Der Enttäuschung nach dem verschenkten Sieg beim 3:3 gegen Brasilien im letzten Gruppenspieltag folgt der zweckoptimistische Blick nach vorn. Mit den USA steht der schwerste aller möglichen Gegner auf dem Programm. Brasilien ist Favorit gegen Nigeria. China gilt als Favorit gegen Russland, ebenso Titelverteidiger Norwegen gegen Schweden.

»Wir sind stark genug für ein zweites starkes Spiel«, meint Cheftrainerin Tina Theune-Meyer. »Ich bin froh, dass wir nicht reisen müssen. Bis zum Anpfiff werde ich ein Konzept haben, mit dem wir hoffen, gegen die USA zu bestehen.« Das 3:3 gegen Brasilien bezeichnet Theune-Meyer als ärgerlich. »Das Foul war unnötig. Wir hatten Chancen zum Sieg.« Theune-Meyer bezieht das in erster Linie auf die zahlreichen nicht genutzten Chancen im Spielverlauf. »Wir müssen unsere Möglichkeiten besser nutzen.« Birgit Prinz gibt sich selbstkritisch: »Ich messe mich zwar nicht an Toren, aber manche vergebene Chance muss ich mir ankreiden.« Und sie kritisiert indirekt auch die bisherige taktische Marschroute: »Wir sind in der ersten Halbzeit jeweils nicht aggressiv genug gewesen. Die Brasilianerinnen zum Beispiel hatten zunächst viel zu viele Spielräume. Die konnten sich drehen und wenden wie sie wollten.« Vor dem Spiel gegen die USA hat Prinz aber keine Angst: »Jetzt müssen wir dieses Team eben eine Runde früher schlagen. Um Weltmeister zu werden, hätten wir sie ohnehin spätestens im Halbfinale ausschalten müssen.« Vor den vielen Zuschauern hat die »Prinzessin« keine Angst. »Die können schreien und pfeifen, wie sie wollen. Das stört mich nicht. Wichtig ist nur, dass wir von Beginn an aggressiv spielen und der Gegner möglichst nicht in Führung geht. Die USA bleibt zwar der Topfavorit, ist aber kein Überflieger. Wir dürfen nur keine Angst haben.« Steffi Jones schlägt in die gleiche Kerbe: »Die USA kochen auch nur mit Wasser. Es gibt viele in unserer Mannschaft, die sich von der großen Kulisse zusätzlich werden motivieren lassen.« Die bisherige DFB-Bilanz gegen die Amerikanerinnen allerdings weist nur vier deutsche Siege, ein Remis und zehn Niederlagen bei 18:39 Toren aus.

Es kommt eine weitere Niederlage dazu: 2:3.

Die Eröffnungsfeier 1999 im Giants-Stadium von New York war der Beginn eines großen Festes.

Die anschließende Kritik an DFB-Trainerin Tina Theune-Meyer entpuppt sich bei den Beteiligten als hanebüchene Spekulation. Theune-Meyer zeigt sich am Rande des Halbfinalsiegs der USA gegen Brasilien (2:0) höchst verwundert über entsprechende und veröffentlichte Rücktrittsgerüchte. »Kritik gibt es immer, das stört mich nicht. Es prallt an mir ab«, zeigt sie Gelassenheit und ein dickes Fell zugleich. »Ich gehe den eingeschlagenen Weg weiter. Bis zu den Olympischen Spielen wollen wir ein Team mit Medaillenchancen haben«, wiederholt sie jene Äußerungen, die sie nach dem 2:3-Aus gegen die USA getätigt hatte. Sie habe lediglich gesagt, dass sie selbstverständlich jederzeit die Verantwortung für die Leistungen der Mannschaft bei der WM übernehme.

Team-Oldie und Spielführerin Martina Voss wird in der Gerüchteküche unterdessen als Nachfolgerin von Theune-Meyer ins Gespräch gebracht. Sie gibt keine konkrete Stellungnahme ab: »Wir wollen die Kirche mal im Dorf lassen. Ich war erschrocken, als ich das gelesen habe.« Rückendeckung gibt auch Berti Vogts. »Nach einem WM-Aus im Viertelfinale ist die Kritik völlig normal«, wiegelt Vogts, obwohl selbst im Jahr zuvor an einem WM-Viertelfinale gestrauchelt, ab. »Gegen Brasilien war das deutsche Team schon klarer Sieger und wurde nur durch einen individuellen Fehler in der 94. Minute bestraft«, sagt er. Vom 2:3 gegen die USA zeigt er sich ebenfalls beeindruckt. »Es müssen allerdings Überlegungen angestellt werden, um noch näher an die Weltspitze heranzukommen.« Die Schwächen sind offenkundig: Mangelnde Kompromisslosig-

Die Chinesin Sun Wen

keit im Angriff und die Verwertung herausgespielter Torchancen. Die Abwehr zeigt sich unter Druck nur bedingt sattelfest, während das Kombinationsspiel die Stärke der deutschen Frauen ist. Etwas mehr Siegermentalität täte ihrem Team gut, meinte Tina Theune-Meyer. Daran werde sie in der Zukunft arbeiten, um ein schlagkräftiges Olympiateam zu formen. Von Rücktrittsgedanken keine Spur. Auch nicht nach Olympia. Im Gegenteil: Der Vertrag mit dem DFB ist auch für das Jahr 2001 gültig.

Im Halbfinale schlagen die USA dann Brasilien mit 2:0 und Norwegen unterliegt den stärksten Chinesinnen aller Zeiten mit 0:5. Das Traumfinale ist perfekt.

Dieses Spiel muss auch eine andere Frage beantworten: Wer wird der absolute Top-Star dieser Weltmeisterschaft? Die Chinesin Sun Wen oder die Amerikanerin Mia Hamm? Beide sind Stürmerinnen. Die US-Spielerin ist zumindest in den USA längst zur Galionsfigur für den Frauenfußball aufgestiegen. So etwas wie der weibliche Michael Jordan. Ihre Leistungen stimmen auch in den Spielen. Aber Mias zwei WM-Toren stehen sieben Treffer von Sun Wen gegenüber, die gleichauf mit der Brasilianerin Sissi an der Spitze der Torjägerinnenliste liegt.

Wie Mia Hamm gilt auch Sun Wen als eher zurückhaltende Persönlichkeit. Sie spricht als eine von drei Chinesinnen aus der Mannschaft ein wenig Englisch, tut dieses aber nicht sehr gerne. Ja, sie möchte im Jahr 2001 in den USA Fußball spielen, wenn die Profiliga eingeführt ist, mit der die Amerikanerinnen ihr WM-Fieber dieser Tage in den Alltag herüberretten wollen. Und die damals 26-jährige Ausnahmefußballerin möchte in den Vereinigten Staaten Literaturwissenschaften studieren. In ihrer Freizeit schreibt die damals in Shanghai an der Universität eingeschriebene Sun Wen gerne Gedichte. Manchmal werden sie sogar in einer Zeitung gedruckt. Und Sun Wen kann singen. »Candle in the wind« gehört zu ihren Lieblingssongs. Die romantische Seite der Vollblutfußballerin, die in ihrem Spiel kaltblütig ist. Sie mache keine Gefangenen, beschreiben einige US-Medien die Fußballauffassung der chinesischen Stürmerin treffend.

»Sun Wen ist eine geniale Fußballerin. Sie ist immer im richtigen Moment an der richtigen Stelle und macht keine Fehler«, sagt das Lieblingskind der amerikanischen Öffentlichkeit, Mia Hamm, über ihren chinesischen Konterpart. US-Trainer Tony DiCicco lobt Sun Wen als große Allrounderin im Angriff. »Sie hat ein gutes Gespür und liest das Spiel wie kaum eine andere. Sie findet immer die passende Lücke zur Mitspielerin und zum Torschuss. Sie ist einfach Weltklasse.« Sun Wen selbst freut sich über solch ein Lob. Sie lächelt.

Ihre Popularität in China ist mit derjenigen Mia Hamms in den USA jedoch nicht zu vergleichen. International haben sich beide ob ihrer WM-Leistungen ins Rampenlicht gespielt. Doch national gibt es in China keine solch professionelle PR und Marketing-Maschinerie wie in den USA. »Die Medien berichten intensiv von der WM«, sagt Lu Ting auf der chinesischen Delegation. Aber sie gibt sich vorsichtig. »Allmählich erfahren die Menschen, wer wir sind. Sun Wen wird sicherlich in ihrer Bekanntheit davon profitieren. In Studentenkreisen ist sie längst bekannt.« Ein Star, dessen Namen die Öffentlichkeit kennt, ist Sun Wen längst noch nicht.

Mit dem bisherigen WM-Verlauf ist Sun Wen natürlich vollauf zufrieden. Was den persönlichen Erfolg betrifft ebenso wie für die Mannschaft. »Dass wir im Endspiel stehen, ist sehr wichtig für die Weiterentwicklung unseres Sportes und für China«, sagt sie. Ja, natürlich möchte sie Gold gewinnen.

Die chinesischen Trainer Ma Yuanan und Yan Zhongjian geben sich ebenfalls optimistisch. Die Art, in der sie Titelverteidiger Norwegen im Halbfinale mit 5:0 rausgekegelt haben, stimmt sie zuversichtlich. 50 zu 50 stünden die Chancen, meint Yan im Pressegespräch. »Wir gehen optimal vorbereitet in die Partie.« Während Yan konferiert, lässt Ma seine Mannschaft trainieren. Die »Big Red Machine«, wie das Team in Asien genannt wird, ist während der WM auf Touren gekommen. Auch »Steel Roses« werden sie zu Hause gern genannt. Die Stahlrosen. Im US-Lager haben sie höchsten Respekt bekommen vor dem chinesischen Kurzpassspiel, vor der Konterstärke, der flexiblen Abwehr, die stehen kann wie eine Mauer, und vor allem vor der Schnelligkeit und Wendigkeit, mit der die Chinesinnen ihre Fußballkünste zelebrieren. »Die USA sind zwar wie Deutschland und Norwegen körperlich und auf dem Energie-Level überlegen«, meint Co-Trainer Yan. »Wir müssen dieses durch Technik, Taktik und Geschicklichkeit wettmachen. Aber Fußball ist nun einmal mehr, als den Platz hoch und runter zu laufen.« Nach diesem Satz setzt der wie Cheftrainer Ma immer freundliche Yan ein breites Lächeln auf. Es ist ein stolzes und zuversichtliches Lächeln vor dem WM-Finale.

Im US-Team sorgt unterdessen das Team-Baby für Schlagzeilen: Die 20 Jahre junge Lorrie Fair malt ihre Fingernägel golden an. Zudem macht sie durch ein WM-Tagebuch im Internet auf sich aufmerksam. Lorrie Fair, deren Zwillingsschwester Ronnie zu jener Zeit im U21-Team der USA spielt, studiert in North Carolina Kommunikationswissenschaften. Im Herbst steht sie in ihrem Senior-Year, verschiebt dieses aber um ein Jahr wegen der Olympia-Vorbereitungen. Lorrie stammt aus Kalifornien, exakt: aus Los Altos. Das ist ein Vorort von Palo Alto südlich von San Francisco, wo das Stanford Stadium steht. Also die Stätte, an der das US-Team mit 2:0 über Brasilien am 4. Juli, dem Nationalfeiertag, ins WM-Endspiel einzieht. Sechs Minuten vor Schluss holt US-Coach Tony DiCicco seine Starstürmerin Mia Hamm vom Feld und bringt Lorrie Fair. Die Verteidigerin darf stürmen. Ungewohnt, aber eine nette Geste an die Spielerin und die Region.

Mia Hamm setzt sich im Finale gegen zwei Chinesinnen durch.

Im Internet-Tagebuch erfahren die Leser anschließend, dass Zeugwart Dainis Kalnins vor dem Eröffnungsspiel gegen Dänemark jeder Spielerin eine rote Rose aufs sorgsam gefaltete Trikot gelegt hat. Und neulich haben sie sich alle fürs Foto die Finger- und Fußnägel in blau-weiß-rot gemalt. Lorrie Fair hat die Hände fotografiert, nicht die Füße.

Lorrie Fairs Fingernägel beim Halbfinale nehmen die Journalisten höchst persönlich in der Mixed Zone in Augenschein: Jeder zweite ist mit der Nationalflagge bemalt – »flagnailed« nennt Lorrie Fair das. Die anderen Nägel waren golden. Ausdruck von Sehnsüchten und Träumen. Das Gold der Medaille trägt Lorrie Fair bereits auf ihren Fingern.

In echt folgt es wenige Tage später in der legendären Rose Bowl oberhalb von Los Angeles. Die Gastgeberinnen und China liefern sich das Spiel ihres Lebens. Torlos und mit wenigen guten Chancen auf beiden Seiten, aber äußerst spannend. Kristine Lilly kratzt in der 100. Minute einen Kopfball von Fan Yunjie von der Linie. Es gibt das legendäre Elfmeterschießen mit Brandi Chastain als Matchwinnerin. Sie schießt den letzten Elfmeter, trifft und liftet anschließend ihr Trikot – die Sportseiten der Zeitungen und Magazine haben ihr Titelbild. »Ich bin völlig außer Kontrolle gewesen«, weist Chastain später von sich, das Ganze sei aus der Werbewirtschaft befördert worden, um ihren Sport-BH zu zeigen.

Die US-Mannschaft – Weltmeister 1999 im eigenen Land

90.125 Zuschauern feiern den US-Titel. Das ist neuer Publikumsweltrekord für die Fuß-ballfrauen. Die Rose Bowl ist zum Überquellen gefüllt. Ein brodelnder Hexenkessel, in dem ein neuer Mythos begründet wird. 0:0 nach 90 und 120 Minuten. Elfmeterschießen. Nach dem Shootout wird US-Trainer Tony DiCicco sagen: »Wir haben gewonnen, weil es heute nicht er-laubt war, zu verlieren.« Xie Huilin und Carla Overbeck treffen. Qiu Haiyan und Joy Fawcett tref-fen. Liu Ying scheitert an Briana Scurry. Die hält raubkatzenartig. Das Stadion tobt. Das Ner-vendrama nimmt seinen Lauf. Kristine Lilly trifft. 3:2 für die USA nach drei Paaren. Das riecht nach Hollywood. Zhang Ouying und Mia Hamm treffen. Sun Wen eröffnet das fünfte Paar. Tor. Der TV-Sender schätzt 16 Millionen eingeschaltete Haushalte in den USA. Das ist mehr als bei der Männer-WM. In Peking sind 68 % aller TV-Sender morgens um vier Uhr Ortszeit live dabei, stellt eine Zeitung dort fest. Alle Augen richten sich auf Brandi Chastain und die chinesische Torhüterin Gao Hong. Brandi Chastain trifft. Sie läuft Mia Hamm fast den Rang ab. Nicht nur in dieser Szene. Es ist Chastain, die vor dem Finale schon in der David-Letterman-Show auftaucht. Die Weltmeisterin von 1991 und Olympiasiegerin von 1996 hat offenbar in ihrem kommunika-tionswissenschaftlichen Studium besonders gut aufgepasst und bringt offensiver denn je den Erotikfaktor im Frauenfußball zum Einsatz. Warum Brandi Chastain bei Letterman ist? Weil sie zuvor in einem großen Wochenmagazin nackt abgelichtet zu besichtigen ist. Pardon, nicht ganz nackt. Sie hält im Profil aufgenommen einen Fußball vor ihre Brüste. Und Trainer Tony DiCicco ist keineswegs entrüstet. Im Gegenteil. »Das Foto ist interessant«, sagt er. »Brandi bleibt im Kontext dessen, was Frauen als fit, athletisch, stark und dennoch hübsch herausstellt.« So kurbelt DiCicco die Neugier noch mehr an. Eine Episode, die in die Gesamtstrategie genau so passt wie die Gesamtentscheidung, die WM nicht nur regional im Nordosten der USA durchzuführen, sondern in die sogenannten High-Density-Areas im ganzen Land zu streuen. Einzig Mia Hamm als Barbie-Puppe floppt in der WM-Industrie. Denn die Girls, die Fußball spielen, spielen nicht mit Puppen. Sie wollen eine Soccer-Ausrüstung und Trainingstipps. Zumal Präsidententocher Chelsea selbst in einem Team kickt und auch Monika Lewinski mit einem Foto noch bekannter wird, das sie im roten Trikot der AYSO zeigt, der kalifornischen Jugendfußball-Organisation. Lewinski, nun ja. Aber über die Soccer-Barbie lächeln die Soccer-Girls im Lande nur wehleidig. Wer auf eine so dumme Idee überhaupt kommen kann.

Ansonsten ist die WM ein voller Erfolg: Entsprechend spektakulär wird nach dem gewonnenen Finale auch der Titel der US-Girls gefeiert. Mit einer Parade vor mehr als 100.000 jubelnden Fans im Disneyland. Die WM wird zum totalen Triumph, weil sie in den wirtschaftlich prosperierenden Flecken des Landes zum Event gemacht wird. High-Density-Zones sind das an der Ost- und Westküste mit ihren Megastadien. »Erst dadurch ist die WM zum Event geworden. Es war risikoreich, aber die Wirtschaft ist aufgesprungen«, erklärt die WM-OK-Chefin Marla Messing. Denn nur big crowds interessieren die Wirtschaft und die Öffentlichkeit, befördert durch einen Medienapparat, der ebenfalls neue Maßstäbe setzt. Die Frauen auf Rekordjagd. Bestmarken purzeln, en masse und mit Leichtigkeit. Mit einem Lächeln auf den Lippen. Diese WM schreibt richtig fette schwarze Zahlen und hebt den Frauenfußball in eine neue Dimension.

Weltmeisterschaft 2003 in den Vereinigten Staaten: Deutsche Festspiele im Paradies

Die Fußballwelt gerät in Deutschland aus den Fugen. Bundeskanzler Gerhard Schröder: »Ich bin begeistert.« Bundespräsident Johannes Rau: »Das ist ein großer Tag für den deutschen Fußball.« DFB-Boss Gerhard Mayer-Vorfelder: »Ich freue mich wahnsinnig. Das ist ein stolzer Tag für Deutschland.« Uwe Seeler: »Mein Kompliment.« Jürgen Klinsmann ist sogar persönlich im Stadion. Schließlich wohnt er nur eine halbe Autostunde entfernt in Huntington Beach: »Die deutsche Mannschaft hat ein gigantisches Turnier gespielt. Das ist ein wirklich traumhaftes Team. Es hat Riesenspaß gemacht, ihr zuzuschauen.« Es gibt niemanden mehr, der sich andere, chauvinistische Aussagen leisten kann. Ja, Deutschland ist Weltmeister im Frauenfußball. 2:1 nach Verlängerung gegen Schweden vor 27.000 Zuschauern in Carson, einem Stadtteil im Süden der Megacity Los Angeles. So gefährlich sieht die entscheidende Situation in der Verlän-

Nia Künzers Golden Goal:
Per Kopfball entscheidet sie
das WM-Finale 2003.

gerung gar nicht aus. Der diagonale Freistoß von Renate Lingor ist lange unterwegs. Die in der 88. Minute eingewechselte Nia Künzer schraubt sich hoch, setzt sich im Luftkampf durch, trifft den Ball und bugsiert ihn ins Tor. Golden Goal. Nia, das Goldköpfchen der Deutschen. Noch Jahre danach wird die Karriere der blonden Frankfurterin auf diesen einen Moment reduziert. Jenes Tor, das das WM-Gold bedeutet.

Arme Schwedinnen. Bei der EM 2001 verlieren sie das Finale gegen Deutschland per Golden Goal. Und jetzt verpassen sie den Weltmeistertitel wieder durch den »plötzlichen Tod«. Aber die deutschen Girls verdienen sich ihren ersten WM-Stern auf dem Trikot. Das Gedränge in der Mixed Zone zwischen Spielerinnen und Journalisten nimmt gar kein Ende. Während des Turniers war nur der harte Kern zugegen, der weiß, was er tut. Doch jetzt kommen viele fachfrem-

Ausgelassener Jubel nach dem Spiel

de Kollegen über den Teich, von irgendwelchen Magazinen, die auf ihre Exklusivstory hoffen. So sehr ist das Interesse angestiegen. Und obwohl es heißt, dumme Fragen gibt es nicht, hagelt es nur von solchen. Eine der dümmsten kommt von einer Kollegin neben mir, die es schafft, Nia Künzer zu fragen, wann sie geboren sei und das wievielte Länderspiel sie gerade bestritten hat. Da gerät selbst die freundliche Nia fast aus der Fassung. Für Bettina Wiegmann und Maren Meinert ist der Weltmeistertitel ein Abschiedsgeschenk. Sie beenden ihre Karrieren. Damit geht ein kongeniales Mittelfeldduo verloren. Beide werden später Trainerinnen im DFB-Nachwuchs. Wiegmann steigt sogar in die Riege von Fritz Walter, Uwe Seeler, Franz Beckenbauer und Lothar Matthäus auf und wird erste Ehrenspielführerin des DFB.

Wegen des frühen Finalbeginns gibt es schon mittags um 1 Uhr den ersten Sekt für die neuen Weltmeisterinnen. Alle Welt gratuliert nun. Am späten Nachmittag beginnt dann die WM-Fete im Hilton-Hotel, bei der DFB-Pressemitarbeiter Michael Herz seine Haare verliert. Die Amis lassen ihn aber auch glatzköpfig ausreisen. Eine bayerische Blaskapelle heizt ein. Später verlieren auch die Schwedinnen ihren Frust. Es wird gefeiert bis zum Abwinken und darüber hinaus auch im Flieger zurück nach Hause. Der startet bereits am nächsten Morgen. Sie singen und tanzen während des Fluges. Die Stewardessen haben ihre liebe Mühe, das Team zu bändigen. Mitunter hilft nur das Anschnallzeichen. So sehen Sieger aus. Und auf dem Frankfurter

Verhaltene Freude nach der Feier

Römer wandelt Frankfurts Oberbürgermeisterin Petra Roth hochpolitische Worte um. Sie ruft: »Männer, schaut auf diese Frauen!«

Das WM-Turnier 2003 sind die Festspiele im Paradies. Zuschauermassen füllen die Stadien, wie schon 1999. Aber irgendwie wird 2003 die perfekte Steigerung von 1999. Ein Turnier mit Atmosphäre, obwohl es sehr kurzfristig organisiert ist. Denn eigentlich hätte in China gespielt werden sollen. Die SARS-Epidemie verhindert das. Die USA springen ein. Gerade im richtigen Moment nach der Pleite der Profiliga WUSA, die ein Jahr zuvor an wirtschaftlicher Fehlkalkulation der Manager zu Grunde geht. Es wird von einem Deal zwischen US-Soccer und FIFA gesprochen. Mit der Vergabe in die USA helfe die FIFA den Amerikanern wieder auf die Sprünge. In der Tat wird danach kolportiert, es fehle nur noch ein Großsponsor für ein Teamfranchise. Aber es dauert bis 2009, ehe ein Neubeginn als WPS dann Wirklichkeit wird.

Sportlich nimmt die Qualität der Teams auch 2003 weiter zu. Die Spitze wird größer und spielt flexibel. Wer gut ist, muss mehr als nur ein System beherrschen und topfit sein.

Der deutsche Weg zum Titel beginnt mit einem Schock im Auftaktspiel. Gegner Kanada führt schnell 1:0, ehe Bettina Wiegmann, Steffi Gottschlich, Birgit Prinz und Kerstin Garefrekes das 4:1 in Columbus klarmachen. Es folgt an gleicher Stelle ein 3:0 über Japan. Deutschland steht vorzeitig im Viertelfinale, schiebt zum Gruppenabschluss in Washington D.C. ein 6:1 über

Argentinien nach und zieht um in den Westen. Portland im Bundesstaat Oregon hat eines der besten US-Uniteams. Eine Frauenfußballhochburg. Im benachbarten Beaverton liegt die Nike-Zentrale. Was im Halbfinale noch von Bedeutung wird. Aber zuvor wird Russland noch mit 7:1 versenkt, ehe es zum Halbfinale gegen die USA kommt, zum vorweggenommenen Endspiel.

Der PGE-Park platzt aus allen Nähten. Deutschland fühlt sich stark, sinnt auf Revanche für das Viertelfinal-Aus von 1999. Die USA fühlen sich stark wie immer, gelten als Titelverteidiger vor eigenem Publikum als Favorit. Die Anspannung ist unvorstellbar, der deutsche Siegeswille auch. Schon beim Frühstück haben sie den Tunnelblick. Auf der Fahrt ins Stadion ist es mucks-mäuschenstill im Bus. Im Stadion spielen sie Nena auf Deutsch und Englisch. 99 Luftballons, 99 red balloons. Im Stadion hallt es dann immer wieder aus 33.000 Kehlen: »USA! USA!«

Die DFB-Frauen nehmen die Herausforderung an, die Anfeuerungsrufe verstärken ihren Sie-geswillen nur noch, und das enorm. Es ist ein zusätzlicher Kick. Das 1:0 von Kerstin Garefrekes nach einer Viertelstunde hat lange Bestand. Silke Rottenberg liefert im Tor der Deutschen das Spiel ihres Lebens ab und bringt die Amerikanerinnen zum Verzweifeln. In der 90. Minute er-löst dann das 2:0 von Maren Meinert die DFB-Anhänger und in der Nachspielzeit schießt Birgit Prinz sogar das 3:0. Deutschland steht im Finale, die USA spielen nur um Bronze. Sie tun sich schwer, ihre Niederlage einzugestehen. Eigentlich hätten sie ja nur 0:1 verloren, meint Presse-sprecher Aaron Heifetz später im Hotel. Die beiden anderen Tore seien ja zu spät gefallen.

Kleine Begebenheit am Rande: Die USA-Mannschaft, die während der WM ihren eigenen Flieger hatte mit Massagebank und mehr Komfort als die »Air-Force-One« des US-Präsidenten, residiert im Hotel gegenüber einem Nike-Outlet. Weil Adidas WM-Sponsor ist, muss Nike sich etwas Besonderes einfallen lassen, stellt lebensgroße Spielerinnenattrappen ins Schaufester mit dem nicht WM-geschützten Schriftzug USA 03. Genauso ist es: 0:3. Pikanterie: Während des Halbfinals kommt es im Stadion zu einem Zwischenfall. Die Partie wird kurz unterbrochen, weil zwei vollbusige Flitzerinnen übers Feld laufen. »Stop adidas« tragen sie auf einem Schild, so lange, bis sie von der Security eingefangen werden. Der Weltöffentlichkeit bleibt das alles verborgen. Denn die TV-Kameras blenden geschlossen zur Seite weg.

Der folgende 12. Oktober mit dem Endspielsieg gegen Schweden ist nicht nur ein Insider-datum von Bedeutung. Nein, er ist ein Meilenstein in der weiblichen Sportgeschichte Deutsch-lands. 38 Stunden nach Spielende bejubeln 8.000 Menschen auf dem Frankfurter Römer die »Nationalelfen«. Die Polizei hatte nur mit der Hälfte gerechnet. Deutschland einig Frauenfuß-ballland. Die TV-Quote ist der Beweis. 12,71 Millionen Menschen zittern daheim vor dem Bild-schirm beim Finale mit. Doch mit dem WM-Titel ist es nicht genug. Birgit Prinz wird Turnier-torschützenkönigin und beste Spielerin der WM. Silke Rottenberg räumt den Titel der besten Torhüterin von der FIFA ab. 15.000 Euro bekommt jede Spielerin. Der WM-Titel ist ein Türöffner. Jetzt hat sich die Sportart wirklich emanzipiert.

Weltmeisterschaft in China 2007:
Weitere Professionalisierung

Trainerin Silvia Neid weiß: »Gejagte haben es besonders schwer.« Auch DFB-Präsident Theo Zwanziger, der fast während der ganzen WM beim Team ist, sagt, dass es keine leichten Gegner mehr gibt. Weshalb Cheftrainerin Neid auch ganz klar die Parole ausgibt: »Wir sind nicht in China, um den Titel zu verteidigen, sondern um ihn neu zu gewinnen.«

Die Entwicklung bei Argentiniens Fußballfrauen, die den Gegner fürs Eröffnungsspiel des Turniers stellen, ist zwar fortgeschritten, aber auch noch nicht abgeschlossen. Der erstmalige Finalsieg (2:0) bei den Südamerikameisterschaften im Jahr zuvor im heimischen Mar del Plata über die bisher Führenden aus Brasilien, WM-Dritter und Olympia-Zweiter, gilt als Meilenstein. Der historische Titel gibt dem Frauenfußball im Lande Maradonas Rückenwind und dem Nationalteam Selbstbewusstsein. Eine der Routiniertesten im Team, Mariela Coronel (26) von Klub San Lorenzo, meint mutig: »Wir haben uns mannschaftlich und individuell stark verbessert. Unser Ziel ist es, die Vorrunde zu überstehen. Der Abstand zu den Topteams ist auf jeden Fall kleiner geworden.« Trainer Carlos Borrello (51) bleibt vorsichtiger: »Das Team hat an Erfahrung gewonnen.«

Das alleine nutzt aber gegen den Titelträger nicht viel. Die Argentinierinnen, die vor dem Spiel noch in dem parallel zum deutschen Mannschaftsbus geparkten Gefährt zum Zweck der Einschüchterung der Deutschen wild schreien und tanzen, tun einem vielmehr beim Debakel in Shanghai am Ende leid. 11:0, pardon 0:11. Für Statistiker: Rund 28.000 Fans sehen Tore von Melanie Behringer (2), Kerstin Garefrekes, Birgit Prinz (3), Sandra Smisek (3) und Renate Lingor (2). Das ist das höchste Ergebnis aller Zeiten bei einer WM und dokumentiert einen Klassenunterschied, der später die Frage aufwirft, was solche Gegner bei einer WM zu suchen haben. Die Ernüchterung folgt schon im nächsten Spiel. Deutschland gegen England bleibt in Schanghai torlos. Es ist das einzige Vorrundenspiel, in dem sich zwei europäische Teams gegenüberstehen, die sich beide bestens kennen. Entsprechend neutralisieren sie sich taktisch, das Ergebnis ist ein spielerischer Langweiler nahezu ohne Torraumszenen. Die deutsche Mannschaft offenbart erstaunliche spielerische Mängel, die um einen erfolgreichen weiteren Turnierverlauf fürchten lassen. Immerhin gelingt weitere drei Tage später der Sprung in Runde zwei: Das 2:0 über Japan in Hangzhou ist ein Arbeitssieg. Birgit Prinz mit frühem und Renate Lingor mit spätem Tor sorgen für den Sieg. Deutschland ist in der richtigen Spur zum Titel, fliegt zum Viertelfinale nach Wuhan und hat Glück mit diesem Flug. Wenige Stunden später jagt ein Taifun durch Schanghai. In der Stadt am Yangtse müssen die Deutschen ein heikles Match gegen Nordkorea bestreiten. In den Tagen vor dem Anpfiff spürt man die Anspannung im Team. Die Truppe von Silvia Neid weiß nach der durchwachsenen Vorrunde noch nicht genau, zu welchen Leistungen sie imstande ist. Zudem sind die konditionsstarken Nordkoreanerinnen spätestens seit dem U20-Weltmeistertitel im Jahr 2006 eine gefürchtete Unbekannte im Frau-

Die Titanin: Auch die Brasilianerinnen können Nadine Angerer nicht überwinden.

enfußball und der Geheimfavorit für den Titel. In der Gruppenphase lehrten sie sogar die USA beim 2:2 das Fürchten und warfen Schweden aus dem WM-Rennen.

Auf dem Platz präsentiert sich Deutschland aber dann in Topform und avanciert plötzlich zum Titelanwärter. Das Team ist bestens eingestellt auf Nordkorea. Kerstin Garefrekes, Renate Lingor und Annike Krahn lassen beim Sieg vor fast 40.000 Zuschauern nichts anbrennen. Nadine Angerer, als Nachfolgerin von Silke Rottenberg die Nummer eins zwischen den Pfosten, bleibt weiter ohne Gegentor. Mit diesem Viertelfinalsieg beginnt die WM erst richtig und die erste K.-o.-Runde ist überstanden. Sie löst Hoffungen aus. Wird die nächste Runde auch überstanden, steht die Mannschaft im Endspiel. Unter diesen Vorzeichen fliegt die Mannschaft nach Tianjin. Das liegt eine Autostunde von Peking entfernt.

Das Spiel ist schnell erzählt. Deutschland ist stärker, kommt zu einem verdienten Sieg in der ultramodernen Schüssel. Auch dank des Glücksbringers, den DFB-Präsident Theo Zwanziger in Schanghai von einem Taxifahrer bekommen hat und der fortan die Mannschaft von Sieg zu Sieg treibt. Norwegen wird 3:0 geschlagen. Wiederum verdient. Nadine Angerer bleibt weiter ohne Gegentreffer, mittlerweile seit 450 Minuten – rekordverdächtig! Nur Italiens ehemaliger Nationaltorwart Walter Zenga hat noch 67 Minuten mehr bei einer WM ohne Gegentreffer überstanden. Trine Rönning mit einem Eigentor, Kerstin Stegemann und Martina Müller treffen vor 54.000 Zuschauern.

Simone Laudehr ist nach ihrem entscheidenden Tor zum 2:0 nicht mehr zu halten.

In Hangzhou kommt es unterdessen zu einer faustdicken Überraschung im zweiten Halbfinale. Brasilien schießt die USA mit 4:0 aus dem Wettbewerb. Die weibliche »Seleçao« steht
zum ersten Mal in einem WM-Finale.

Das Finale von Schanghai liefert schließlich am 30. September 2007 Weltklasse-Frauen-
fußball. Birgit Prinz trifft früh zum 1:0 für Deutschland. Tapfer halten die deutschen Frauen
den Angriffen der wild anrennenden brasilianischen Stürmerinnen Marta und Cristiane stand.
Immer wieder beweist auch Nadine Angerer ihre Spitzenform, in der 63. Minute wehrt sie sogar einen Elfmeter von Weltfußballerin Marta ab und hält somit den Titel für Deutschland fest.
Simone Laudehr erhöht kurz vor Schluss zum 2:0-Endstand. Die WM-Trophäe reist wieder mit
zurück nach Deutschland. Und Nadine Angerer schafft etwas, was es noch bei keiner Weltmeisterschaft gegeben hat, auch nicht bei den Männern: Sie wird Weltmeisterin ohne Gegentor.
Die FIFA-Auszeichnungen gehen an Marta als Torschützenkönigin, Marta als beste Spielerin
vor Birgit Prinz und Cristiane sowie Nadine Angerer als beste Torhüterin. Die Fair-Play-Meriten
gehen an Norwegen, Brasilien wird das Most Entertaining Team und die USA gehen leer aus.
Nicht nur deshalb muss Trainer Greg Ryan kurz darauf seinen Hut nehmen.

Technisch und taktisch ist das Niveau weiter gestiegen. Global. Die Spitze ist breiter geworden. Die Intensität der Spiele ist gestiegen, das Zweikampfverhalten immer besser und
auch der Spielrhythmus und das Tempo steigen. Schnelles Umschalten. Körperliche Fitness.

Die Zuschauer haben das honoriert. Fast wäre sogar der Rekord von 1999 gebrochen worden. Damals waren es 1.214.209 Personen, also 37.944 pro Spiel. 2003 waren es 21.240 pro Spiel und 2007 37.218. Dafür ist in der Medienberichterstattung erneut eine neue Dimension angebrochen. Interessant ist, dass trotz des allumfassenden Niveau-Anstiegs mehr Tore fallen als 2003. 111 Tore statt 107 bei gleicher Anzahl der Spiele. Weil auch die Kreativität der Offensivspielerinnen steigt. Und es gibt neue Stars nach Mia Hamm, die die Welt begeistern können. Marta und Nadine Angerer zum Beispiel.

China zeigt sich unterdessen noch einmal von seinen so grundverschiedenen Seiten. Derjenigen des freundlichen Gastgebers und derjenigen eines militaristischen Polizeistaates. Bei allem Jubel um das deutsche Team ist das Sicherheitsgehabe, das der WM-Gastgeber am Mannschaftsbus abgibt, erschreckend. Da werden Journalisten gewaltsam an ihrer Arbeit gehindert. Etwa 50 Fans werden bedrängt, später weggedrängt. Ein Verhalten, als sei das Leben der vor dem Bus tanzenden und Autogramme schreibenden Spielerinnen akut gefährdet. Die ausgelassenen Gesänge Marke »So seh'n Sieger aus!« werden zügig eingedämmt. Als der Bus abfährt, entspannen sich auch die Gesichter der Weißhemden aus der Abteilung Sicherheit, deren rigoroser Auftritt sogar von der Polizei zunächst bestaunt wird. Selbst Spielerinnen signalisieren den Kräften, was denn dieser mitternächtliche Spuk-Einsatz solle, sie mögen sich doch bitte mäßigen.

Das Angenehme ereignet sich anschließend bei der Fete im Fünf-Sterne-Hotel Hua Ting, zu der DFB-Boss Theo Zwanziger auch die Journaille, Eltern und weitere Gäste der DFB-Reise, den Konsul von Schanghai sowie die Mitglieder des Sportausschusses im Bundestag einlädt, die den schon wieder auf dem Rückflug befindlichen Innenminister Dr. Wolfgang Schäuble auf dem Weg ins Reich der Mitte begleitet hatten. Bis in die Morgendämmerung wird im dritten Stock ausgiebig bei Disco, Rock und Live-Musik einer bayerischen Oktoberfestmusik gefeiert. Auf dem Piano steht stolz der Pokal. Locker geht es zu, und international. Denn die Norwegerinnen feiern mit mehreren Spielerinnen mit, Englands Trainerin Hope Powell ist da. Nur Amerikanerinnen sind nicht dabei, schon gar keine Brasilianerinnen. Doch das stört in der Party-Laune niemanden. Ganz besonders genießt Nadine Angerer natürlich ihr neues Stardasein. Wie gewohnt mit Cord-Mütze. Anja Mittag wuselt kreuz und quer über die Tanzfläche, mal mit, mal ohne Deutschlandfahne, auf jeden Fall aber im internen Wettbewerb mit Lira Bajramaj um die Gunst der schärfsten Tanzmaus ganz vorne. Bereits im Schanghaier Morgengrauen nach dem Finale auf dem Weg ins Hotelbett ist die fünfte WM der Ladykicker tatsächlich Geschichte. Zigtausende füllen darauf nach dem Heimflug der Mannschaft den Frankfurter Römer, feiern die Mädels und den Erfolg. Das Fernsehen ist live dabei. »Wir sind Weltmeisterin«, titelt die *Bild-Zeitung*. Ganz Deutschland ist aus dem Häuschen. Es ist, als wäre Männer-WM.

VERKEHRTE WELT –
DIE FRAUEN BESTIMMEN DAS GESCHEHEN

Die Frauenfußball-WM 1999

Sie sind Fußballfan im WM-Jahr 1999? Dann kennen sie das: Die Männer bestimmen das Geschehen, die Frauen werden, wenn überhaupt, nur am Rande beachtet. Die Bundesliga der Männer boomt, zu den Spielen der Frauenbundesliga kommen kaum mehr als 300. Heute, ein Jahrzehnt später kommen bis zu 1.500 Fans im Schnitt. Zu Länderspielen der DFB-Frauen sind es damals immerhin ein paar tausend, heute locker 15.000. Nationale Pokalfinale sind ein Zuschauerdebakel. Maximal 15.000 Zuschauer sind meist beim Frauenspiel im Olympiastadion, das bis 2009 als Vorspiel zum Cup-Final der Männer ausgetragen wird.

Bei der Frauen-WM in Amerika ist das genau umgekehrt. Zu den beiden Halbfinals kommen mehr als 100.000 Zuschauer. Über 70.000 sitzen allein im idyllischen Riesenrund der Stanford University in der kalifornischen Sonne von Palo Alto. Pardon: Sie sitzen nicht, sie schreien sich die Lunge aus dem Leib: USA! USA! Rot-weiß-blaue Kriegsbemalung in friedlicher Absicht am 4. Juli. Was für ein Nationalfeiertag! Die US-Frauen ziehen ins WM-Endspiel ein.

Die US-Mannschaft in Disneyland

Auf ihre Feiern zum 4. Juli sind die Amerikaner ohnehin besonders stolz. Aber diese Fußball-feier anno 99 setzt alles außer Kraft, was sich deutsche Fußballfans überhaupt vorstellen kön-nen. Was ist schon ein Berliner Pokalendspiel, das bekannt ist für seine friedlich feiernden Fans, gegenüber dem Familien-Happening auf dem Sport-Campus der Stanford-University! Massen-weise haben sie Verkaufsstände aufgebaut. Fan-Artikel, WM-Devotionalien, Getränke, Sand-wiches, Hotdogs. Wer weniger investieren will, brutzelt sich seine Würstchen auf dem Parkplatz.

Ein buntes Treiben der über 70.000 Zuschauer vor dem Spiel. Dreieinhalb Stunden vor dem Anpfiff beginnt das sogenannte Fan-Fest mit Dribbelwettbewerben, jede Menge Torwände (mit größeren Torlöchern wohlgemerkt), und, und, und. Sein Gesicht in den gewünschten Natio-nalfarben schminken zu lassen, ist selbstverständlich kostenlos. Fußballbegeisterung bei den Kleinen, den Teenies und den Erwachsenen. Nicht nur bei den Eltern. Selbst ältere Männer und Frauen schmücken sich blau-rot-weiß. Eine kleine Schleife im Hut oder was auch immer. Erst allmählich wird diese Festivalstimmung in den kommenden Jahren zur Normalität im Frauen-fußball. 1999 macht den Anfang.

Über allem thront Mia Hamm. Vier junge Männer, um die 20 Jahre alt, drängen mit freiem Oberkörper durch die wuselige Masse. Auf die Bäuche gepinselt ist zu lesen: »We love Mia«. Nein, mit sexuellen Lustgefühlen habe das nicht viel zu tun, meint einer. Wenngleich Mia wirk-lich hübsch sei.

Beim Spiel der USA gegen Nigeria in Chicago ereignet sich Folgendes: Die Spielerinnen sitzen bereits im Mannschaftsbus. Der setzt sich langsam in Bewegung, kommt nur mühsam im Stau vorwärts. Zum Glück für ein zwölfjähriges Mädchen, das laut schreiend hinter dem Bus her läuft. Nach einer halben Meile bemerken die Spielerinnen die Situation und stoppen den Bus. Mia Hamm steigt aus, schenkt dem Mädchen ein Trikot und ein paar Fußballschuhe. Mia Hamm freut sich über die Begeisterung, die der Frauenfußball dieser Tage in ihrem Land ent-facht. »Wohin ich schon überall Autogramme gegeben habe, ist unglaublich«, zählt sie nicht nur Schuhsohlen als Kuriosität auf und sagt: »Ich mache es einfach.« Von solcher Popularität, wie sie Mia Hamm genießt, träumt so mancher Bundesliga-Profi.

Hamms Sturmpartnerin Tiffeny Milbrett beschreibt die WM-Situation treffend. »Das ist hier wie in Hollywood beim Film: Du musst dich präsentieren und dann bist du dabei. Du musst sportlich und als Person attraktiv sein. Wir arbeiten noch daran, den Frauenfußball entspre-chend rüberzubringen. Es hat sich schon viel getan. Aber gleichberechtigt sind wir längst noch nicht.« Milbrett bemüht sich erneut um einen Vergleich mit Hollywood: »Wo ein männlicher Schauspieler 360 Dollar erhält, bekommen wir erst 90.«

Jener 4. Juli 1999 im Stanford Stadium hat ein wenig vom Berliner Pokalfinale, nur um-gekehrt: 73.000 Fans sehen das Frauenspiel und feiern ihr Fest. Zum anschließenden Spiel der Major League Soccer zwischen San Jose Clash und DC United aus Washington bleiben

Enthusiastische Fans: ABC - America Beat China.

nur noch knapp 20.000 Eiserne im Stadion. Gleichwohl benutzt die offizielle MLS-Statistik auf-grund des Ticket-Verkaufs dieser ungewohnten Doppelveranstaltung mit der Frauen-WM deren Zuschauerzahlen. Fußball verkehrt in Amerika? – Nein, keinesfalls. Sie setzen ihre Prioritäten nur anders. In Amerika akzeptieren sie den Frauenfußball zu jener Zeit einfach nur stärker und sie feiern ihn als beliebte Familienveranstaltung in Stadien mit attraktivem Freizeitangebot.

Das Endspiel wird dann zum bis heute größten Frauenfußball-Spektakel. »Nur der Papst zieht mehr Leute ins Stadion«, kommentiert die *Los Angeles Times* damals. Das Konzept der Amerikaner, nicht kleckern, sondern klotzen, geht vollkommen auf. Zumal sie in den USA die WM nicht nur als Zeichen ihrer Allmacht sehen, sondern ihre Demonstration von Stärke auch als pädagogisches Alltagskonzept nutzen. »Diese Frauen sind Vorbilder. Ich möchte meiner Tochter zeigen, welche Leistungen möglich sind und wie schön es ist, einen Mannschaftssport zu betreiben. Man kann davon fürs Leben lernen«, wird ein Vater in der *L.A.-Times* zitiert. Und ein anderer: »Hier sieht man, was man mit einer I-can-Mentalität im Sport erreichen kann.« Und im Werbespot legt Mia Hamm die Basketball-Legende Michael Jordan flach: »You can do, but I can do better.«

DIE OLYMPISCHEN SPIELE

Ende 1991 beginnt die große Welt für den Frauenfußball mit der ersten WM in China. Im Jahr darauf lädt die FIFA die Nationalverbände und interessierte Journalisten zum Brainstorming für zwei Tage nach Zürich. In verschiedenen Arbeitsgruppen wird die Welt des Fußballs analysiert. WM-Aufarbeitung, Entwicklungsstände und Hilfsmöglichkeiten, Themen für die Zukunft überhaupt. Globales Brainstorming. Die FIFA zeigt damit, wie wichtig ihr der Frauenfußball inzwischen ist. Nein, halbe Sachen gibt es nicht mehr. Ein besonders interessanter Aspekt ist der Blick nach vorne. Denn die Experten diskutieren die Frage, ob Frauenfußball bereits 1996 olympisch sein soll oder erst im Jahr 2000. Ob es einen Testwettbewerb geben soll und dergleichen mehr. Die Realität überholt dann sehr schnell diese Fragestellungen: 1996 in Atlanta sind die Frauen dabei, und zwar mit acht Mannschaften. 2000 bleibt es bei den zwei Vierergruppen mit Halbfinale und Endspiel. 2004 dürfen zehn Mannschaften mitspielen. Nach der Vorrunde mit drei Gruppen gibt es absurderweise erstmals ein Viertelfinale, für das sich mit Japan sogar ein Gruppenletzter qualifiziert. 2008 erfolgt die Aufstockung auf zwölf Mannschaften in drei Gruppen, mit Viertelfinale, Halbfinale und Finale.

Atlanta 1996: Tiffies Tor zum Gold
Der DFB reißt nichts

»Jetzt beginnt das Spiel zu explodieren«, sagt Tony DiCicco nach dem Goldgewinn von Atlanta. 2:1 endet das Finale gegen China. Der US-Trainer analysiert bereits vorausblickend, was da in den vorausgegangenen 90 Minuten an Zeitgeschichte im Stanford-Stadion gelaufen war vor den 76.481 Zuschauern an jenem Abend des 1. August 1996. Die reinen Fakten: In der achten Minute staubt Shannon Mac Millan einen Pfostenschuss von Mia Hamm ab. Der chinesische Star Sun Wen gleicht nach 32 Minuten mit einem Heber aus. China legt die Nervösität ab. Es entwickelt sich eines der besten und spannendsten Frauenfußballspiele in der Geschichte. Zwei Teams auf Augenhöhe. In der 68. Minute steiles Spiel auf Mia Hamm, Querpass auf Joy Fawcett, die für Tiffeny Milbrett auflegt. »Tiffie« trifft aus kurzer Distanz zum 2:1 und öffnet das Tor zum Gold. Chinas Trainer Ma Yuanan gratuliert und spricht von einem gerechten US-Sieg. Norwegen schlägt Brasilien mit 2:0 und holt Bronze.

Deutschland spielt keine Rolle in dem Turnier, scheidet als Dritter in der Gruppe F mit Japan aus. Ein 3:2-Sieg gegen Japan in Birmingham reicht nicht, da die weiteren Spiele in Washington 2:3 gegen Norwegen und 1:1 gegen Brasilien wieder im Legion Field von Birmingham/Alabama enden. Ein Sieg in diesem letzten Gruppenspiel hätte das Team von Gero Bisanz ins Halbfinale gebracht. Es sieht auch zunächst gut aus. Pia Wunderlich mit dem 1:0 nach nur fünf Minuten. Sissy gleicht aber in der 53. Minute aus. Nach dem Abpfiff wirkt das DFB-Team zwar traurig,

Die DFB-Auswahl im Jahr 1994 in Hygh Wycombe (England)

aber mehr auch nicht. Tief berührt zeigt sich niemand, am Handy telefonieren können sie alle, mit den Medien sprechen nur wenige. Doris Fitschen sagt tiefschürfend: »Wir haben nicht gut gespielt.« Martina Voss fasst das Turnier so zusammen: »Wir haben in allen drei Spielen nicht überzeugt. Andere Länder haben aufgeholt.« Ersatztorhüterin Katja Kraus, die heute als Vorstandsmitglied beim HSV am großen Männerfußballrad mitdreht: »Gegen Norwegen darf man verlieren. Wir waren in der ersten Halbzeit gut, aber in der zweiten Halbzeit völlig hilflos. Das war Machtlosigkeit. Gegen Brasilien haben wir den Faden verloren.« Silvia Neid, die ihre Karriere nach dem Turnier beendet, sagt: »Damit haben wir nicht gerechnet. Ich weiß auch nicht. Irgendwie habe ich den Eindruck, dass die Kraft nachließ. Man muss das so akzeptieren. Wir hatten es in der eigenen Hand, aber jeder abgefangene Ball war wie ein Bumerang. Das zermürbt.« Die Kritik an Gero Bisanz, er habe ein überaltertes Team ins Turnier geschickt, erscheint nicht ganz unberechtigt. Das Team spielt, als sei es über den Zenit hinaus. Manuela Goller, Jutta Nardenbach, Birgitt Austermühl, Kerstin Stegemann, Doris Fitschen, Dagmar Pohlmann, Martina Voss, Bettina Wiegmann, Heidi Mohr, Silvia Neid, Patrizia Brocker, Katja Kraus, Sandra Minnert, Pia Wunderlich, Birgit Prinz, Renate Lingor. Die 16 Frauen fahren nach den Gruppenspielen heim. Olympia sorgt nicht nur für den nach großen Turnieren üblichen Personalschnitt im Kreis der Spielerinnen, sondern auch für das Ende der Ära Bisanz. Nach 14 Jahren läuft der Vertrag des Chefcoaches aus. Bisanz verlängert nicht. Er betrachtet die Aufbauarbeit ohnehin als beendet und seine Assistentin als mittlerweile stark genug, um das Ruder zu übernehmen. Tina Theune-Meyer wird neue Cheftrainerin, Silvia Neid rückt von der Spielerin zur Assistentin auf.

Sydney 2000: Aprils Silber-Tränen
Der DFB strahlt über Bronze

Nicht nur Tina Wunderlich weint bitterlich. Mit ihrem sensationell-kuriosen Kopfballeigentor im Halbfinale ebnet sie Norwegen den Weg ins Endspiel. Und die Norwegerinnen sorgen auch im Finale für Tränen. Bei April Heinrichs, der US-Trainerin. Die geht mit dem typisch amerikanischen Selbstverständnis ins Spiel, dass nur eine Mannschaft gewinnen kann. Es wird aber die andere. Nach dem 2:2 nach regulärer Spielzeit mit amerikanischem Ausgleichstreffer zwölf Sekunden vor Schluss entscheidet das Golden Goal. In der 101. Minute erzielt es Dagny Mellgren. Die Partie geht wie schon das erste olympische Endspiel vier Jahre zuvor als eine der Besten überhaupt in die Geschichte ein.

Deutschland holt Bronze gegen Brasilien. Die erste olympische Medaille wirkt am Ende wie ein Trostspender. Es ist der Lohn für ein gutes Turnier. Es ist die erste olympische Medaille und die Mannschaft ist stolz darauf. Sie freuen sich wie die Schneeköniginnen über die Bronzemedaille. Es ist echte Freude. Zumal diese Olympischen Spiele in »Down Under« ein ganz spezielles Flair haben. Anders als die Coca-Cola-Spiele von 1996 ist Sydney Freude pur, Spaß, Easy Living, voller Erlebnisreichtum. Sydney – der Traum am anderen Ende der Welt. Die Matildas, so heißen die australischen Fußballerinnen, machen schon zu Jahresbeginn mit einem Nacktfoto-Kalender auf sich aufmerksam, der nicht nur rekordverdächtig, sondern auch sehr schnell über das Tankstellensystem vertrieben ausverkauft ist. Nackter geht's nimmer.

Deutschlands Olympia 2000 beginnt in Canberra, der Hauptstadt, mit einem einschneidenden Erlebnis. Canberra ist eine Stadt ohne Wolkenkratzer, in die Natur integriert, wo immer es möglich ist. Die Randgebiete und Vororte adaptieren die Umwelt. Zäune gibt es nicht, aber jede Menge Kängurus und Golfplätze. Von daher sind die Tiere die Menschen gewohnt. Diese schlagen kleine Bälle und fahren mit Elektrokarren durch die Gegend. Bei Olympia aber ist alles anders. Da gibt es Menschengruppen, die treten gegen Bälle. Und diese sind größer als Golfbälle, dafür aber nicht so hart. Was bei den Kängurus ganz offensichtlich registriert wird. Familienweise unterwegs begeben sich in den späten Nachmittagsstunden zahlreiche Kängurufamilien an den Waldrand, um den Fußballerinnen bei ihrem bunten Treiben zuzuschauen, das sich Training nennt. Hundert und mehr neugierige Kängurus als Trainingskiebitze sind keine Seltenheit.

Ins Stadion gelassen werden die Tiere aber nicht. Deutschland schlägt zum Auftakt mühelos Gastgeber Australien mit 3:0 und legt ein 2:1 gegen Brasilien nach. In Melbourne heißt es dann gegen Schweden 1:0.

Im Halbfinale in Sydney gibt es dann dieses unsägliche 0:1 gegen Norwegen und das 2:0 über Brasilien im Spiel um Platz drei. Ein Freistoßtor von Renate Lingor und ein Konter von Birgit Prinz sorgen für die Entscheidung. DFB-Delegationsleiter Engelbert Nelle darf als Offizieller zufrieden sein. Noch einige Wochen vor Olympia, als der DFB seinen 100. Geburtstag mit einem Frauenturnier feiert und die Nationalteams der USA, Chinas und Norwegens nach Barsinghausen einlädt, sieht das alles ganz anders aus. Tina Theune-Meyers Truppe, mitten in der Vorbereitung auf Sydney, offenbart in den Spielen eine schwache Form, Nelle richten sich die Nackenhaare ganz erheblich auf. Fast schwillt ihm der Kamm. Hinter verschlossener Tür heißt es, am liebsten würde er die Trainerin zum Teufel jagen. Dazu kommt es nicht. Das Team ist auf den Punkt hin fit und alle werden wieder Freunde.

Athen 2004: Mias Abschiedsgold
Der DFB mit Bronze im Soll

Das ist hart: Weil der Gastgeber immer dabei ist, müssen auch die Griechinnen mitspielen. Irgendwo unter »ferner liefen« in der Weltrangliste freuen sie sich natürlich unbändig, im Konzert der Weltelite mitzuspielen und schlagen sich auch achtbar. Es gibt keine Debakel-Ergebnisse. Deutschland geht als Weltmeister an den Start. Als zweites europäisches Land ist Schweden dabei. Olympiasieger Norwegen ist nicht qualifiziert. Es wird also einen neuen Turniersieger geben.

Die USA liefern sich mit Brasilien in Piräus einen Kampf auf Biegen und Brechen. Der Außenseiter Brasilien gewinnt die Sympathien, nicht aber das Spiel. Lange hält die Seleçao von Trainer Rene Simoes mit. Erst in der Verlängerung macht Abby Wambach das Gold für die USA klar. Mit der Silbermedaille feiert Brasilien den größten Erfolg in der Geschichte seiner Fußballfrauen. Schmankerl am Rande: Weil Marta mittlerweile in Umeå ihr Geld verdient, bereitet sich das Nationalteam im nordschwedischen Umeå vor. Die Samba am Polarkreis wird mit einer Medaille belohnt.

Deutschland bestätigt die Bronzemedaille aus Sydney. In einem echten Halbfinalkrimi auf Kreta ist das DFB-Team den USA nach Verlängerung unterlegen, die das deutsche Team dank Isabell Bachors Ausgleichstreffer in der Nachspielzeit erreicht. Doch in der 99. Minute ist Silke Rottenberg erneut geschlagen. In Piräus gegen Schweden geben die Girls im Bronzespiel aber noch mal alles. Renate Lingor entscheidet mit ihrem 1:0 die Partie schon nach sieben Minuten. Wieder einmal ziehen die »Tre Kronors« in einer entscheidenden Partie gegen Deutschland den Kürzeren. EM 2001, WM 2003 und jetzt zum dritten Mal.

Von den Deutschen wurde im Vorfeld des Turniers allgemein ein starkes Abschneiden erwartet. Zunächst bestätigt das Team diese Erwartungshaltung. Das 8:0 zum Auftakt in Patras über China wird für die Asiatinnen zum Debakel. Vier Mal trifft alleine Birgit Prinz. Das Team um

Die Sieger von Athen 2004: Gold für die USA, Silber für Brasilien und Bronze für Deutschland.

Trainer Zhang Haitao fliegt in der Vorrunde raus wie vier Jahre zuvor unter Ma Yuanan und wird sich auch in den Folgejahren nur langsam vom Verjüngungsprozess erholen, der auch durch häufige Trainerwechsel gekennzeichnet ist. Auch gegen Mexiko gibt es beim 2:0 keine Probleme. Petra Wimbersky und Birgit Prinz treffen. Im Viertelfinale wartet Afrikameister Nigeria und geht sogar in Führung. Steffi Jones und Conny Pohlers drehen die afrikanische Führung aber noch zum 2:1-Arbeitssieg. Damit ist der Weg frei zum Sieg im Bronze-Spiel gegen Schweden und vor allem für eine legendäre Feier im »Deutschen Haus« in Athen. Dort treffen die Fußballfrauen nämlich zufälligerweise auf die deutschen Sensations-Olympiasiegerinnen im Hockey – entsprechend erlebt die sonst sehr sterile und stimmungsarme Botschaft des deutschen olympischen Sports eine heiße Nacht mit lautstarkem Gesang und großem Alkoholgenuss.

Peking 2008: Pias erstes Gold
Die Deutschen wurschteln sich zu Bronze

Unternehmen Gold. Erstmals geht eine deutsche Mannschaft mit solch einem Anspruch in ein Olympiaturnier. Der Weltmeister zeigt Selbstbewusstsein, kann das aber nicht auf dem Feld bestätigen. Goldform zeigt lediglich Nadine Angerer. Sie knüpft nahtlos an die Glanz-WM aus dem Jahr zuvor an und bewahrt ihr Team vor mancher Blamage. Beim 0:0 gegen Brasilien zum Auftakt rettet sie den Punkt in Shenyang. Die Neuauflage des WM-Finales aus dem Vorjahr deutet bereits an, dass der Titelträger vor einem schweren Gang steht. Beim 1:0 über Nigeria im zweiten Spiel bestätigt sich dieser Eindruck. Kerstin Stegemann erlöst das Team in der 64. Minute. Gegen Nordkorea hält Angerer in Tianjin den Sieg fest. Das Tor durch Anja Mittag fällt erst vier Minuten vor Schluss. Im Viertelfinale, wieder in der schwülen Hitze von Shenyang,

Peking 2008: Die Frauen aus Japan und Neuseeland trennen sich 2:2.

steht es gegen Schweden nach 90 Minuten 0:0. Kerstin Garefrekes und Simone Laudehr sorgen in der Verlängerung für den 2:0-Sieg.

Dann aber folgt das Halbfinaldebakel. Es geht erneut gegen Brasilien, dieses Mal im heißen Shanghai. Brasilien kontert das Neid-Team nach dessen früher Führung durch Birgit Prinz gnadenlos aus. Vier Mal muss die zuvor in zehn Turnierpartien in Folge ungeschlagene Nadine Angerer hinter sich greifen. Ein Debakel. Und Deutschland präsentiert sich auch noch als schlechter Verlierer. Die Trainerin, die bis auf die Rückkehrer Conny Pohlers und Celia Okoyino da Mbabi nur auf Weltmeisterinnen aus dem Vorjahr baut und keine neuen Spielerinnen eingebaut hat, will den Leistungsunterschied einfach nicht öffentlich eingestehen und bringt sich allmählich an den Rand der Glaubwürdigkeit. Denn die Medien sehen manches anders. Auch einige Spielerinnen. Silvia Neid und Birgit Prinz beurteilen die Lage extrem unterschiedlich.

Die Mängel sind aber offenkundig: Eine schwache und unsichere Abwehr, zu wenig Tore, gemessen an den Chancen, die erarbeitet werden. Nur wenige Überraschungsmomente. Gewurschtel statt Geradlinigkeit. Die Anzahl an Fehlpässen ist das ganze Turnier über höher als gewohnt. Das deutsche Spiel ist durchschaubar. »Wen das nicht wurmt, der ist fehl am Platz«, motiviert sich Simone Laudehr nach dem in den Sand gesetzten Halbfinale selbst.

Es geht wieder ins Spiel um Platz drei. In Peking wird die dritte bronzene Medaille nach 2000 und 2004 mit einem Sieg perfekt gemacht. 2:0 über Japan vor fast 50.000 Zuschauern im Arbeiterstadion von Peking. Es ist das Spiel schlechthin für Fatmire Bajramaj, die von allen »Lira« genannt wird. In der 59. Minute wechselt Silvia Neid die junge Kosovo-Albanerin aus Duisburg ein und der Joker sticht. Tor in der 69. Minute, Tor in der 87. Minute. Beide Treffer erzielt Lira Bajramaj. Später in der Mixed Zone ist sie der Star im deutschen Team, genießt und sprudelt geradezu heraus im Redefluss. Und sie zeigt ihre Füße. Die Nägel sind schwarz-rot-golden angemalt. Von Kopf bis Fuß scheint das »Girlie« mit Migrationshintergrund auf Deutschland eingestellt.

Und Lira Bajramaj erzählt, wie sie einfach draufgehalten hat. Volles Risiko. Zum genauen Zielen sei sie als Typ viel zu aufgeregt. Vielleicht hat sie deshalb so genau getroffen. Wenn der Ball in die Wolken gegangen wäre? Na und! Die andern haben ja auch nicht getroffen. »Als ich eingewechselt wurde, bin ich mit der festen Absicht aufs Feld gegangen, ein Tor zu schießen. Dass es dann gleich zwei wurden, umso schöner.« Die Unbekümmertheit der Spielerin verleitet zu jenem Mut und zu jener Entscheidungsfreudigkeit, die man gerne öfter bei den olympischen Auftritten gesehen hätte. Lira Bajramaj rettet Deutschland und übertüncht höchst mäßige Auftritte ihrer Kameradinnen im alles entscheidenden Spiel.

Am Ende freuen sie sich dann doch darüber, Japan geschlagen zu haben. So sagen sie es. Bei den Jüngeren klingt es ehrlich, bei den Erfahrenen eher lakonisch. Bronze – aller guten Dinge sind drei. Nadine Angerer, Kerstin Stegemann, Saskia Bartusiak, Babett Peter, Annike Krahn, Linda Bresonik, Melanie Behringer, Sandra Smisek, Birgit Prinz, Renate Lingor, Anja Mittag, Ursula Holl, Celia Okoyino da Mbabi, Simone Laudehr, Fatmire Bajramaj, Conny Pohlers, Ariane Hingst, Kerstin Garefrekes weinen wohl dennoch der Goldmedaille nach.

Gold geht in einem völlig offenen Finale gegen Brasilien an die USA, als Carly Lloyd in der Verlängerung nach torlosem Spiel trifft. Es ist die erste Goldmedaille auf Weltebene für Pia Sundhage in ihrer Karriere. Als Trainerin der USA startet sie schwach, steigert sich dann von Spiel zu Spiel und erfüllt mit einem völlig umgekrempelten Team die Träume der USA. Innerhalb nur eines Jahres formt sie ein neues Goldteam, heilt die Wunden der Weltmeisterschaft und vertreibt Deutschland von Weltranglistenplatz eins, den das Team mit dem WM-Finale 2003 von den US-Girls übernommen hatte. US-Soccer-Präsident Sunil Gulati kündigt Pia Sundhages Vertragsverlängerung an. Ein paar Wochen später bekommt die Schwedin tatsächlich richtigen Nachschlag bis zu den Olympischen Spielen 2012 in London. Außerdem darf sie sich eine Wunschassistentin holen. Seit Januar ist das Hege Riise aus Norwegen. Interessant: Zwei Europäerinnen in der Verantwortung beim derzeit besten Team der Welt.

DIE EUROPAMEISTERSCHAFTEN

Europameisterschaft 1984

In der Periode 1982/84 werden die ersten Europameisterschaften im Frauenfußball ausgetragen. 16 Mannschaften nehmen die Gruppenqualifikationen auf. Ein Finalturnier gibt es noch nicht. Dafür ein Halbfinale mit Hin- und Rückspiel. Das gilt auch fürs Finale: Zwei Endspiele sind angesetzt. England schaltet in seinen beiden Semifinals Dänemark aus und Schweden die Italienerinnen. In den Finals gibt es Heimrecht für Schweden in Göteborg und in Luton für England. Beide Teams gewinnen ihr Heimspiel mit 1:0. Es muss also an jenem 27. Mai in Luton das Elfmeterschießen entscheiden. Bei strömendem Regen sichern sich die »Tre Kronors« den ersten Kontinental-Titel mit 4:3. Anette Börjesson, gerade erst im EM-Finale im Badminton unterlegen, will sich in ihrer Zweitsportart nicht erneut mit Silber begnügen: Sie trifft. Elisabeth Leidinge hält darauf den ersten englischen »Penalty«. 1:0 nach dem ersten Paar. Danach trifft Eva Andersson. Helen Johansson verschießt, Leidinge hält erneut, Ann Janson trifft. Den entscheidenden Elfer schießt Pia Sundhage, die heutige Olympiasiegertrainerin des US-Teams. Sie trifft platziert wie immer und sorgt so für den blaugelben Triumph. »Das war der glücklichste Moment in meiner Spielerkarriere«, sagt Pia Sundhage, die erst nach 146 Spielen in 22 Jahren 1996 von der internationalen Bühne abtritt. 71 Tore hat die damals 36-Jährige international erzielt. Auch Deutschland hat zur EM-Qualifikation ein Team gemeldet. In der Gruppenqualifikation ist jedoch bereits Endstation. Kein Wunder: Die Auswahl hat vor dem ersten Gruppenspiel erst ein Länderspiel bestritten und kann gegen die etablierte Konkurrenz vor allem aus Skandinavien noch nicht bestehen. Die Spieldauer beträgt damals übrigens nur 2x35 Minuten. Der Ball ist ein Jugendball, Größe 4.

Europameisterschaft 1987 in Norwegen

Das nächste Turnier findet bereits 1987 statt, um den großen Männerturnieren aus dem Weg zu gehen. Zudem treffen sich die besten Frauenteams des Kontinents erstmals in einem Finalturnier der vier besten Teams an einem Ort. Die vier Nationen, die sich im Juni in Norwegen treffen sind Schweden, England, Italien und die Gastgeberinnen selbst. Das Endspiel gewinnt Norwegen in Oslo mit 2:1 gegen Schweden. Trude Stendal trifft zwei Mal für das Team von Trainer Erling Hokstad. Im Spiel um Bronze schlägt Italien England mit 2:1.

Deutschland, von Trainer Bisanz konsequent verjüngt und weiterentwickelt, bleibt erneut in der schweren skandinavisch geprägten Qualifikationsgruppe stecken. Es geht gegen Finnland (1:0 und 0:1), Norwegen (2:3 und 0:0) und Dänemark (2:0 und 0:3). Wie bei der Erstauflage sind erneut vier Vierergruppen am Start, eingeteilt nach geographischen Aspekten – zum Leidwesen der Deutschen mit einer Ausnahme: Wegen der Vorherrschaft der Skandinavier wurde

Schweden in eine andere Gruppe eingeteilt, um den Skandinavierinnen zwei Endrundenplätze zu ermöglichen. Die Spielzeit ist mittlerweile auf 2x40 Minuten erhöht worden, der Ball ist nun der richtige Seniorenball, also Größe 5. Na bitte, der Frauenfußball entwickelt sich und wird erwachsen.

Europameisterschaft 1989 in Deutschland

1989 ist es so weit: Endlich dürfen die Frauen bei einer Europameisterschaft zweimal 45 Minuten lang spielen. Der Modus bleibt bestehen. 17 Mannschaften spielen in Vorrundengruppen die vier Nationen aus, die beim Finalturnier antreten dürfen. Deutschland setzt sich erstmals durch und bekommt dann auch noch das Recht zugesprochen, das Turnier ausrichten zu dürfen. Ein Glücksfall für den Frauenfußball in Deutschland. Das Elfmeterdrama der DFB-Auswahl gegen Italien in Siegen ist dann das erste Frauenfußballspiel, das live im deutschen Fernsehen gezeigt wird. Welch ein Knaller, den Sabine Töpperwien da für die ARD kommentiert. Kurios: Wenige Tage zuvor noch sind die Spielerinnen aus Siegen und Frankfurt im Berliner Pokalendspiel beschäftigt und unterbrechen dafür den EM-Vorbereitungslehrgang. »Das ist heute undenkbar, dass Nationalspielerinnen während des Trainingslagers mal kurz abhauen«, sagt die damals mit Siegen im Pokalfinale erfolgreiche Sissy Raith im Rückblick. »Unsere Torhüterin Marion Isbert nutzte die Zeit, um vor die Türen unserer Zimmer lustige Geschenke zu legen. Das hat der Stimmung im Team enorm gut getan.«

Auch dank dieser Moral schlagen die Deutschen Italien, das damals einen enorm hohen Status hatte, im Halbfinale. Zwar glücklich im Elfmeterschießen – aber immerhin. »Das Schlimme an dem Spiel war, dass der Schiedsrichter Brian Hill sich gegen uns verschworen hatte«, erinnert sich Sissy Raith. »Der hat uns nach Strich und Faden verpfiffen.« Auch deshalb geht es in die Verlängerung. Dieses Drama vor 8.000 Zuschauern im Siegener Leimbachstadion hat den Frauenfußball auf einen Schlag ins öffentliche Bewusstsein gebracht. Silvia Neid trifft vor Heimpublikum zum 1:0 (57.), Italiens Altstar Elisabetta Vignotto gleicht aus (72.). Keine Tore in der Verlängerung.

Im Elfmeterschießen wird Torhüterin Marion Isbert zum Star und zur Matchwinnerin – weil die nach Silvia Neids Auswechslung zur Spielführerin aufgestiegene Sissy Raith kneift. »Eigentlich hätte ich schießen sollen, ich hatte aber kein gutes Gefühl«, erinnert sich Sissy Raith. »Ich wollte dann Marion zum Elfmeterschießen überreden, der Schiedsrichter ließ mich aber erst nicht zu ihr laufen. Irgendwie habe ich es dann aber noch geschafft.« Marion Isbert wird deshalb zur Heldin. 4:3 endete das Entscheidungsschießen, in dessen Verlauf die Keeperin drei italienische Schüsse pariert und dann im entscheidenden Versuch selber anläuft und trifft. Adele Marsiletti schießt anschließend in diesem entscheidenden siebten Paar in die Wolken. Isberts dreijähriger Sohn Sven läuft aufs Feld und wird erster Gratulant.

Die deutschen Frauen werden 1989 zum ersten Mal Europameister. Silvia Neid freut sich im Endspiel gegen Norwegen mit Torschützin Angelika Fehrmann.

Dabei fängt das Elfmeterschießen zuvor ganz schlecht an: Martina Voss schießt den ersten Elfer übers Tor, dann trifft Feriana Ferraguzzi. Frauke Kuhlmann trifft, Marion Isbert hält den Schuss von Antonella Carta. Alles ist wieder offen. Roswitha Bindl trifft, Carolina Morace auch. Doris Fitschen trifft und Marion Isbert hält den Versuch von Elisabetta Vignotto. Ausgerechnet Vignotto, der Megastar im Angriff, versagt. 3:2 für Deutschland. Dann hält Eva Russo den Schuss von Angelika Fehrmann. Und Federica D'Astolfo gelingt der Ausgleich für Italien. Im sechsten Paar schießt Petra Landers an den Pfosten. Emma Iozzelli läuft an, Marion Isbert lenkt das Leder an die Latte. Puh, durchatmen. Aber die fliegende Hausfrau aus Ahrbach behält die Nerven, trifft und lässt keinen Treffer mehr zu.

Neue Dimensionen dann im Finale in Osnabrück. Sind es 22.000, 22.500 oder 23.000 Zuschauer? Das *Stadion an der Bremer Brücke* ist nicht nur proppenvoll, sondern es kann nicht pünktlich begonnen werden, weil immer noch mehr Leute nachdrängen. Nach dem Triumph von Siegen ist Deutschland auf einmal außer Rand und Band. Das Frauenfußballfieber grassiert. Die Medien überschlagen sich und die Endspieltickets sind binnen weniger Stunden vergriffen. Ja, das Telefonnetz ist sogar zusammengebrochen. Auf einmal wollen die Redaktionen aber auch alles wissen. Biographisches von den Spielerinnen ist höchst willkommen, ihre Berufe, ihre Lieblingsspeisen. Kurzfristig blüht der Boulevard, weil die Frauen mit Klassefußball überzeugen. Das geflügelte Wort vom »Fußball mit Herz« entsteht damals.

Im Quartier in Kaiserau steigt zwischen Halbfinale und Finale die Stimmung stündlich. Damals war die Kommunikation noch völlig anders. Keine Handys, kein WLAN. Immerhin steht in der Sportschullobby eine Telefonzelle. Die wird am Vortag des Finales lebenswichtig. Als Gero Bisanz drinnen die Mannschaftsaufstellung verkündet und das Spiel gegen Norwegen bespricht, gibt es Tränen. Der Freude und der Enttäuschung. Je nachdem, wie Bisanz aufstellt. Und die Mädels flitzen zum einzigen Telefon, berichten nach Hause. Der nächste Vormittag ist nur vom Hören bekannt. Gero Bisanz soll früh morgens um sieben Uhr die Mädels barfuß über den taufeuchten Rasen laufen gelassen haben, damit sie wach werden fürs Finale. Dann sollen sie draußen unter den Fenstern der im selben Quartier untergebrachten Norwegerinnen Gymnastik gemacht haben, um die Norwegerinnen zu schocken und herauszufordern. »Ob wir die wirklich geschockt haben, weiß ich nicht«, sagt Sissy Raith heute. »Es war eher so, dass die über uns gelacht haben.«

Später kommt der Mannschaftsbus verspätet zum Stadion nach Osnabrück, weil überall Staus und Menschenaufläufe sind wie nie zuvor beim Frauenfußball in Deutschland. Sekündlich steigt die Spannung, dann stehen die Frauen auf dem Platz bei der Nationalhymne. Der Siegeswille rauscht durch den Kopf. Sie wollen Norwegen schlagen. Diese Norwegerinnen, die schon seit Tagen ihre Mannschaftsaufstellung hinausposaunen und sich siegessicher geben, dass es an Überheblichkeit grenzt. »Wir gewinnen das Finale mit einem Tor Unterschied«, lässt Chefcoach Erling Hogstad wissen und stachelt die deutschen Underdogs damit zusätzlich an. DFB-Präsident Hermann Neuberger meint: »Unser Ziel ist es, für den Damenfußball zu werben. Das ist unserer Elf mit dem Elfmeterkrimi gegen Italien hervorragend gelungen. Die Euro ist schon jetzt in jeder Hinsicht ein voller Erfolg.« Doch sie wollen alle das I-Tüpfelchen. Neuberger natürlich auch. »Wir sind krasser Außenseiter. Das kann Vorteile haben«, sagt und hofft er. »Keine Luftkämpfe, sauberes Kurzpassspiel«, fordert der Trainer.

Uschi Lohn (2), Heidi Mohr und Angelika Fehrmann treffen für Deutschland. Sissel Grudes Tor zum 1:3-Zwischenstand bleibt bedeutungslos. Deutschland ist Europameister. Schweden holt Bronze mit 2:1 n.V. über Italien. Gero Bisanz hofft, »dass von dieser EM und der damit verbundenen Begeisterung eine Ausstrahlung ausgeht, dass wir Mädchen und Frauen für den Fußballsport interessieren. Vor allem im Mädchenbereich haben wir jetzt die Chance, eine positive Entwicklung einzuleiten.« Das Konzept geht auf. Jede EM und jede WM bringt den Sport in jeder Hinsicht weiter voran. Martina Voss kündigt an, nach Italien zu gehen. Sie bleibt brav in Deutschland. Sissy Raith will sogar nach Neuseeland auswandern. Aber nur auf Zeit. Auch sie bleibt daheim.

Die Fachzeitschrift *Fussballtraining* stellt den Weg zum EM-Titel wenig später als Lehrbeispiel für eine gezielte Vorbereitung zum Erfolg dar. Autoren sind das Trainerduo Gero Bisanz und Tina Theune-Meyer. Fußball mit Herz bezeichnen sie in ihrem Text nicht nur als Grundprinzip und

Kennzeichen jener Tage. »Vielleicht ist die Spielauffassung der Damen, die durch Begriffe wie Spaß, Spielfreude und Attraktivität charakterisiert werden kann, das Ergebnis ständiger Versuche, beweiskräftige Gegenargumente zu Vorurteilen gegenüber dem Damenfußball aufzubauen. Spaß im Training, fröhlich, aber konzentriert, immer wieder neue Perspektiven ansteckend, frech und offensiv auf dem Platz. Aber keine Cleverness in negativem Sinn: Rückpässe sind unerwünscht, ebenso unnötiges Zeitspiel, keine Meckereien, kein absichtliches Foulspiel, kein Zeitschinden.« All das ist damals Philosophie und prägt noch heute das Spiel. Nur beim Punkt »natürlicher Umgang mit der Presse und den Fans« sind im Laufe der Zeit Abstriche zu machen.

Deutschlands erste Europameisterinnen sind: Marion Isbert, Sissy Raith, Jutta Nardenbach, Petra Landers, Doris Fitschen, Martina Voss, Petra Damm, Heidi Mohr, Silvia Neid, Ursula Lohn, Elke Walther, Britta Unsleber, Angelika Fehrmann, Andrea Haberlass und Roswitha Bindl. Das Team feiert mit der Konkurrenz, der UEFA und dem DFB in höchster Prominenz im Schloss Hohensyburg. Später greift die schwedische Spielerin Pia Sundhage zur Gitarre und rockt das Haus. So etwas gab es noch nie. Die Tanzfläche ist proppenvoll. Das Besondere damals: Beim Essen der vier Mannschaften spielen die Musiker noch dezent feierlich. Doch dann ergreift Pia Sundhage, die sich bei ihrem Antritt mit Bob Dylans »The Times They Are A-Changin'« vorstellt, die Gitarre. Fortan wird gerockt. Und das Ganze wirkt damals wie eine kleine Revolution der Spielerinnen aus Norwegen, Schweden, Italien und Deutschland.

Europameisterschaft 1991 in Dänemark

Auch 1991 in Dänemark gibt es ein Finalturnier mit vier Nationen. Deutschland schlägt in der Neuauflage des 89er-Halbfinales Italien dieses Mal souverän mit 3:0 durch die Tore von Heidi Mohr (2) und Sissy Raith und trifft im Endspiel in Aalborg erneut auf Norwegen. Trotz spielerischer Überlegenheit muss das DFB-Team nach dem 1:1 nach 90 Minuten – Heidi Mohr erzielte den Ausgleich – in die Verlängerung. Dort ist Heidi Mohr dann gar nicht mehr zu bremsen. Ihr vorentscheidendes 2:1 ist ein Solo von der Mittellinie über die linke Seite. Mit dem linken Fuß hämmert sie den Ball unter die Latte. Unhaltbar. Das ist die Führung. Silvia Neid toppt zum 3:1-Endstand. Ein Flachschuss nach intelligentem Pass von Gudrun Gottschlich. 2,9 Millionen schauen am ZDF-Bildschirm zu. Beim anschließenden Bankett im gemeinsamen Mannschaftsquartier geht es hoch her.

Da der »Schweizer Käse« ausgedient hat, gibt es eine neue Trophäe. Klein ist sie, ganze 33 Zentimeter hoch, 16x24 Zentimeter in der Fläche, diese Trophäe aus dem Mailänder Designstudio Bertoni. Und mit drei Kilogramm ein wahres Leichtgewicht. Groß in Form ist UEFA-Präsident Lennart Johannsson: Der hünenhafte Schwede klimpert im Hotel Phönix ohne Mühen am Klavier und schickt die Spielerinnen bei gebackenem Lachs, Roastbeef mit Sahnekartoffeln, Kräuterbutter, Erdbeertorte und verschiedenen Weinen auf Polonäse durchs ganze Hotel. Die

1991 verteidigen die deutschen Frauen erfolgreich ihren EM-Titel.

Mannschaft kostet ihren Triumph, der sie auch für die wenige Monate später stattfindende WM in den Blickpunkt bringt, bis zur Neige aus. »Wir sind ein echtes Team, in dem jeder für jeden da ist. Da hält jeder zusammen«, jubiliert Martina Voss, damals beim TSV Siegen aktiv.

Der Fußballjournalist Roland Zorn von der *Frankfurter Allgemeinen Zeitung* hebt »Fußball mit Herz« von 1989 zwei Jahre später auf eine neue Stufe und bezeichnet ihn als »Wertbegriff«. Sissy Raith schreibt er in jenem Kommentar noch falsch mit »ei« statt »ai«. Aber er konzediert auch, dass die Frauen den Schweiß im Kampf mit der Lust am Spiel verbinden und stellt fest: »Wer da noch argwöhnisch Vorurteile gehegt haben sollte, müsste bei richtigem Hinsehen zu einem hohen Werturteil gekommen sein.«

18 Länder waren zu Beginn angetreten. Auch in anderer Sicht ist das Turnier wichtig: Die vier besten Teams sind für die erste WM im November gleichen Jahres qualifiziert. Sie findet in China statt. Für die Zukunft gilt bei Bisanz, ständig junge Spielerinnen einzubauen, »das ist das Potenzial der Zukunft«, und auf jenen Fitnessstand zu bringen, mit dem der 89er Titel verteidigt wurde. Neben technischem und taktischem Können hebt Bisanz besonders hervor: Kameradschaft, tolle Moral und mentale Frische. Dass Bisanz mit seinem Team den Titel verteidigen kann, bestätigt den Coach in seiner Arbeit. »Es ist schwieriger, einen Titel zu verteidigen. Deshalb ist die EM in Dänemark höher einzuschätzen als der Sieg im eigenen Land. Wir sind jetzt das erfolgreichste Land im Frauenfußball auf dem Kontinent. Wir haben alles erreicht, was

derzeit möglich ist. Für mich hat das eine persönliche Bedeutung, denn meine Philosophie im Fußballspiel, nämlich eine offensive Einstellung und das Kombinationsspiel, haben sich wieder einmal durchgesetzt. Mit diesem Erfolg ist unsere Arbeit für jedermann sichtbar geworden. Natürlich sind wir stolz auf unsere Mädchen.«

Nur die *Süddeutsche Zeitung* klinkt sich aus der Riege der Anerkennenden aus: Sie schimpft noch über das Minderheitenprogramm, spricht von Stammtischhochrechnungen, dass die Frauen nie einen richten Männerverein schlagen könnten und der Stehkurvenfan niemals Heidi brüllen würde. Nun denn, jeder Zeitungstext ist ein Stückchen zeitgeschichtliches Dokument. Und Geschichte ist bekanntlich stets im Fluss.

Europameisterschaft 1993 in Italien

1993 ist Italien kein gutes Pflaster für die Deutschen. Im Sportzentrum Sportilia in den Bergen oberhalb von Cesena sind Dänemark und Schweden sowie Deutschland und Italien als qualifizierte Teams einquartiert. Die Deutschen absolvieren zuvor eine Trainingswoche in Kaltern am See, fiedeln eine Südtiroler Auswahl mit 20:0 ab und sind guter Dinge. Trainer Gero Bisanz macht sogar beim Lauftraining Handstandüberschläge mit freiem Oberkörper. Also, wenn das nicht zum dritten Titel reicht!

Wieder einmal heißt es Deutschland gegen Italien im Halbfinale. Im Heimatstadion von Arrigo Sacchi in Rimini und unter den Augen des legendären Milan-Trainers schaltet die Squadra Azzurra die Deutschen aus, um später das Endspiel in Cesena gegen Norwegen zu verlieren. In Rimini geht der Kampf nach spannendem Hitzespiel und dem Tor von Heidi Mohr mit 1:1 in die Verlängerung. Keine weiteren Treffer, aber Rot gegen Jutta Nardenbach. Das Elfmeterschießen muss entscheiden. Ausgerechnet Heidi Mohr trifft beim Stande von 3:3 nicht. Emma Iozelli überwindet die deutsche Torfrau Manuela Goller und macht damit alles klar. »So ist Fußball, mal trifft die eine und die andere eben nicht«, philosophiert Gero Bisanz mit gelassener Traurigkeit in die kühle Brise, die vom nahen Strand herüber ins Stadion weht.

»Es ist echt ätzend«, klagt Silvia Neid und das 1:1 ihrer besten italienischen Freundin, Carolina Morace, bezeichnet sie als »Scheißtor«. Die Deutschen fühlen sich als das bessere Team und betrogen. Umso niedergeschlagener liegen sie auf dem Rasen. Voller Frust. Heidi Mohr, die Unglücksschützin, sitzt alleine im Mittelkreis. Irgendwie ist jede Spielerin mit sich selbst beschäftigt. Da kommt aus dem jubelnden italienischen Pulk die Abwehrspielerin Elisabetta Bavagnoli und streichelt Heidi Mohr durchs Haar, reicht ihr die Hand. Eine tolle Geste, die nicht unbedingt zu erwarten ist.

Deutschland blamiert sich im Spiel um Platz drei, verliert gegen Dänemark mit 1:3. Eine der schwächsten deutschen Leistungen seit langem. Motivation ist kaum zu spüren. Oder ist es die Bisanz'sche Gelassenheit? »Man kann nicht immer Europameister werden«, erklärt er

Die norwegischen Frauen werden 1993 in Italien Europameister.

lapidar. Das sorgt nicht gerade für Feuer in den Kickstiefeln fürs kleine Finale. Lustlos kicken die Deutschen die Partie bis zum schlechten Ende herunter und finden das auch in Ordnung. Letzter statt Erster, so kommen sie nach Hause. Bitter enttäuscht und mit der Erkenntnis, künftig mehr und besser trainieren zu müssen. 23 Nationen sind zu Beginn an den Start gegangen. Am Ende triumphiert Norwegen. In Cesena schlagen die Skandinavierinnen Gastgeber Italien mit 1:0. Mamma mia.

Europameisterschaft 1995

1995 gibt es eine Veränderung im Modus. Es wird kein finales Turnier gespielt, sondern in K.-o.-Spielen geht es bis zum Schluss. Der Grund: Im gleichen Jahr findet noch die zweite Weltmeisterschaft in Schweden statt. Erstmals gibt es nach den Gruppenspielen, an denen sich 30 Nationen beteiligen, Viertelfinals. Deutschland, das in seinen beiden Halbfinals England ausschaltet, und Schweden, als Halbfinalsieger über Norwegen, bestreiten das Finale, welches nach Kaiserslautern vergeben wird. Ein Spiel um Platz drei existiert nicht. Deutschland trifft auf Schweden und gewinnt. 3:2 heißt es am Ende. Der DFB holt den dritten EM-Titel und wird damit Rekordeuropameister.

Deutschland kann im Spiel im Fritz-Walter-Stadion dabei eine gegnerische Führung drehen. Die Kulisse ist groß, aber irgendwie fehlt der EM der ganz große Glanz, weil keine Turnier-

1995 holen sich die deutschen Frauen den Titel zurück. (v. l.: Silvia Neid, Birgit Prinz, Martina Voss, Heidi Mohr jubeln mit Bettina Wiegmann)

Athmosphäre entsteht. Die Region gibt zwar ihr Bestes. Fritz Walter zeigt sich, Stefan Kuntz ebenfalls. Beim Bankett bleiben Spielerinnen und Funktionäre aber unter sich. Auf die Presse wird kein großer Wert gelegt. Sie ist nur zur Spielberichterstattung eingeladen. Eine gute EM sieht anders aus.

Europameisterschaft 1997 in Norwegen

Um den Titel 1997 gehen 33 Nationen an den Start. Ein neuer Rekord mit neuem Modus. Die Top-16-Nationen, ermittelt nach einem Ergebnisranking, spielen in der 1. Kategorie um den Einzug ins Finalturnier. Dort spielen dann acht Nationen in zwei Gruppen mit Halbfinals und Finale. In der zweiten Kategorie spielt der Rest um den Aufstieg in eine der vier Top-Gruppen. Dieses Format wird sich künftig durchsetzen und hält immerhin bis zur Reform 2009. Als die Frage eines finalen Turniergastgebers immer drängender wird, veröffentlicht die UEFA am 16. November 1996 eine Presseerklärung, die in doppeltem Sinne bedeutsam wird: Zum einen wird mitgeteilt, dass Schweden und Norwegen als gemeinsame Gastgeber der EM-Endrunde fungieren wollen. Zum anderen wird die Einführung einer EM für U18-Juniorinnen angekündigt. 26 von 51 Nationen nehmen später an der Erstauflage teil. Außerdem regt Russland an, die Einführung eines Klubwettbewerbes für Frauen zu diskutieren. EM und Nachwuchs-EM werden kurz darauf auf Teneriffa durch die Exekutive beschlossen.

Das Finale heißt Deutschland gegen Italien. Beide trafen schon in der Gruppe aufeinander. Außenseiter Italien ringt dabei den Deutschen ein 1:1 ab. Das Team um Kapitän Carolina Morace, die später für fünf Jahre Italiens Nationalcoach wird und aktuell bei Kanada langfristig unterschrieben hat, freut sich diebisch über das Remis gegen den Titelträger, der schon seit ewigen Zeiten so etwas wie ein Erzrivale ist. Nur dass die »Squadra Azzurra« gegen die Deutschen schon lange kein bedeutendes Spiel mehr gewonnen hat. »Time to say good-bye«, singen die frechen Italienerinnen nach dem Remis. Und werden im Endspiel dafür abgezogen. Mit 2:0 gewinnt Deutschland sicher. Vor 2.221 Zuschauern in Oslo, Negativ-Kulisse für ein EM-Finale, entscheiden die Tore von Sandra Minnert und Birgit Prinz. Im Halbfinale wird einmal mehr Schweden mit 1:0 ausgeschaltet. Bettina Wiegmann lässt ihr Team bis zur 84. Minute warten. In der Gruppe überzeugt das Team zunächst nicht. Erst das Remis gegen Italien, dann nur 0:0 gegen Norwegen. Ohne das 2:0 gegen Dänemark mit späten Toren von Monika Meyer (82.) und Birgit Prinz (90.) wäre das Team frühzeitig nach Hause gefahren. So reicht es doch wieder zum Titel für das junge Team, das Richtung WM 99 und Olympia 2000 aufgebaut wird.

Notiz am Rande: Schwedens Generalsekretär Lars Christer Olsson errechnet kurz nach dem Turnier, dass erstmals eine Frauen-EM finanziell kein Zuschussgeschäft mehr ist, sondern einen Gewinn erbringt. Viel sind 450.000 DM nicht, aber immerhin ein Signal für die Zukunft. Die höchsten Einschaltquoten vermeldet übrigens das deutsche Fernsehen.

Der Zwei-Jahres-Rhythmus wird nun unterbrochen. Eine EM wird analog zu den Männern künftig alle vier Jahre gespielt. Die Etablierung der WM und die Zulassung zu Olympia zwingen zur Umgestaltung des Kalenders. Außerdem müssen die Nachwuchswettbewerbe eingefügt werden. Anstelle des gewohnten EM-Turnieres geht es also in die Qualifikation für die WM 1999 in den USA, wo Europa sechs Teilnehmer stellen darf.

Europameisterschaft 2001 in Deutschland

2001 jubelt Deutschland schon wieder. Oder immer noch? Das Finale in Ulm wird zum erneuten Triumphzug. Wie schon seinerzeit in Osnabrück erweist sich letztendlich das Finalstadion als etwas zu klein. Mit 20.000 Zuschauern platzt es aus allen Nähten, trotz strömenden Regens. Die Stimmung ist riesig. Und den Besuchern wird Spitzenklasse geboten. Gegner Schweden erweist sich als hartnäckig. Am Ende entscheidet die Verlängerung und das 3:2-Siegtor von Claudia Müller. Völlig in Ekstase feiert die eigentlich eher zurückhaltende Versicherungskauffrau ihr »Golden Goal« und reißt sich das Trikot über den Kopf. Claudia Müllers BH ist schwarz wie seinerzeit der von Brandy Chastain.

Die Spielerinnen werden um 9.000 Mark an Prämie reicher. Der Personalschnitt nach dem erneuten Titelgewinn, es ist bereits der fünfte, ist gravierend. Mit Doris Fitschen beendet eine zentrale Säule in der Verteidigung ihre Karriere. Sie wechselt in die Marketingabteilung des DFB.

Als Gastgeber der Endrunde geht der DFB in der Vermarktung neue Wege. Etwa mit Plakaten. Nett aufgehübscht lächeln in Schwarzweiß die Gesichter von Sandra Smisek und Maren Meinert den Betrachter an. Von einem dritten Plakat lächelt Inka Grings. Doch das wird kaum genutzt. Denn Grings ist nicht im Kader. Der DFB will eine große Öffentlichkeit erzwingen und setzt dabei auf die Gesichter seiner Protagonistinnen. Auch auf den Eintrittskarten gibt es den Augenaufschlag und die Wimpern von Frau Meinert. Gespielt wird in Ulm, Erfurt, Jena, Aalen und Reutlingen. Zuvor signalisiert die Mannschaft demonstrativ Lockerheit beim Abschlusstrainingslager in Kevelaer. Das ist das Heimatstädtchen von Tina Theune-Meyer. Deren Mutter lebt dort noch immer. Sie lädt die Mannschaft zum Kaffee ein. Bei Pflaumenkuchen schwört sich die Mannschaft ein, den Titel mit Haut und Haaren zu verteidigen. Zum Auftaktspiel in Erfurt sagt sich der damalige Bundespräsident Johannes Rau an. Schirmherr Gerhard Schröder lässt sich als Bundeskanzler nicht blicken, holt aber seinen Besuch beim Finale nach.

Deutschland startet aber auch ohne Schröder mit einem 3:1 über Schweden vor gut 10.000 Zuschauern erfolgreich ins Turnier, schlägt danach Russland mit 5:0 und England mit 3:0. Das Halbfinale geht gegen Norwegen. »Covergirl« Sandra Smisek entscheidet die Partie in der 57. Minute mit ihrem 1:0. Über 13.000 Zuschauer jubeln in Ulm und machen Lust auf ein glanzvolles Finale im Donaustadion gegen Schweden. Dass sie von einer Zeitung zur sympathischsten Torjägerin gewählt wird und dafür einen Wellness-Urlaub gewinnt, beflügelt Claudia Müller vielleicht zu ihrem entscheidenden Treffer, mit dem der Titel verteidigt wird.

95.000 Zuschauer kommen zur EM. Der erhoffte Boom zugunsten des Frauen- und Mädchenfußballs bestätigt sich später. Das Turnier ist also nicht nur sportlich ein Erfolg. Ganz am Rande wird in jenen Tagen die Einführung des UEFA-Women's-Cups beschlossen, also des ersten europäischen Vereinswettbewerbes für die Frauen.

Europameisterschaft 2005 in England

2005 wird der Europameister in England ermittelt. Und wieder triumphiert Deutschland. Fast wirkt der Durchmarsch des seit 2003 amtierenden Weltmeisters noch ein wenig leichtfüßiger als 2001. Nur der Auftakt gegen Norwegen ist mit 1:0 noch etwas holprig. Ein abgestaubter Sieg. Pohlers, Innenpfosten, Tor. Danach geht es gegen Italien. Beim 4:0 trifft Birgit Prinz zum 84. Mal und wird alleinige ewige DFB-Rekordtorschützin vor Heidi Mohr (83). Prinz wird König und Mohr hat ihre Schuldigkeit getan. Die Legende aus der Pfalz verschwindet zusehends mehr im Dunkel der Vergangenheit, je häufiger die Frankfurterin sich ins Rampenlicht spielt. Nach dem 3:0 gegen Frankreich ist der Durchmarsch perfekt. Halbfinale: Es geht gegen Finnland. Noch nie zuvor waren die Skandinavierinnen so weit gekommen. Der Außenseiter ist schon vor der Partie so happy, dass er ordentlich Party macht. Von nächtlichen Nacktvideos im Springbrunnen des Hotels ist die Rede. Aber sportlich werden die Finninnen geradezu vorgeführt. 4:1 im legendären Deepdale Stadion zu Preston.

Bei englischem Sommerregen heißt der Finalgegner im Stadion der Blackburn Rovers dann wie zum Turnierauftakt Norwegen. Das »Team Norge« hat sich in seinem Halbfinale mit 3:2 nach Verlängerung gegen Schweden durchgesetzt. Zwei Mal Solveig Gulbrandsen, einmal Isabel Herlovsen. Gulbrandsen zeigt beim 1:0, dass auch sie einen schwarzen Sport-BH trägt. Das gibt inzwischen Gelb. Als sie in der Verlängerung das Spiel entscheidet, bleibt daher das Trikot unten, um nicht die Endspielteilnahme zu gefährden. Dafür gibt es Tränen bei Schwedens Trainerin Marika Domanski Lyfors. Auch sie scheidet wie Tina Theune-Meyer als Trainerin aus. Wie »TTM« beim DFB hat die Schwedin seit dem olympischen Turnier 1996 das Kommando. 2007 wird »Mackan« noch mal kurzzeitig, aber wenig erfolgreich als Trainerin Chinas ein Stück Fußballgeschichte schreiben.

Das Finale ist eine klare Sache: 21.000 Zuschauer sehen im Ewoodpark das souveräne deutsche 3:1. Auch mit Norwegen ist es so wie mit all den anderen Gegnern. Wenn es ernst wird, versagen sie gegen die Deutschen. Inka Grings, Renate Lingor und Birgit Prinz treffen beim Sieger. Dagny Mellgren gelingt der Ehrentreffer zum zwischenzeitlichen Anschluss. Jene Mellgren, die 2000 in Sydney das Golden Goal beim Olympiasieg über die USA erzielt hat.

Der Turnierabschluss in England markiert aus deutscher Sicht mit dem Trainerwechsel das Ende einer Ära. So wie es 1996 in Atlanta war, als Tina Theune-Meyer die Regie von Gero Bisanz übernimmt. Jetzt gibt »TTM« mit 51 Jahren die Verantwortung an ihre Assistentin weiter. Silvia Neid (41) ist fortan die Cheftrainerin. Sie haben diese Übergabe auf dem Rasen mit einem schwarzen Dankes-T-Shirt zelebriert. »Niemals geht man so ganz« steht auf dem Rücken. Mit einem Hauch von Pathos. Auch Steffi Jones hört wenig später auf – jedenfalls international, im Verein spielt sie zunächst noch weiter.

Im Quartier wird groß gefeiert. Bis in die frühen Morgenstunden, bis zum direkten Aufbruch per Bus zum Flughafen nach Manchester ohne Schlaf. Im gedrängt vollen Saal geht es hoch her. Nicht nur feuchtfröhlich. Tina Theune-Meyer und Steffi Jones haben sogar eine Zigarre geraucht und Jones verriet, dass ihre Mutter das öfter mache als kleines Geschenk bei Titelgewinnen. Eine fette »Romeo und Julia« wird genüsslich verpafft. Wobei der Trainerin dieser Genuss zum Abschied ihrer Trainerkarriere nicht immer anzusehen ist.

Der neue DFB-Boss Theo Zwanziger ist bei der Feier wie schon zuvor während der ganzen EM so intensiv beim Team wie noch nie zuvor ein Präsident. Seine Heldinnen lässt der gute Mann aus dem Rheinland nicht allein. So sind auch die Zeiten eines Kaffeeservices als Präsent längst vorbei. Die Prämie pro Spielerin ist für Frauenfußballverhältnisse durchaus fett. 10.000 Euro pro Kopf immerhin. Entgegen gewohnten Gepflogenheiten geht Zwanziger in die Medienoffensive. Er legt Wert darauf, zu zeigen, dass die Frauen nicht irgendwie billig abgespeist wer-

Titel Nummer sechs:
Die Europameisterinnen
2005 um Birgit Prinz
werden das letzte Mal von
»TTM« gecoacht.

den. Denn das haben die Mädels nicht verdient. Und der DFB will sich nicht lumpen lassen. Das hat auch er nicht verdient bei all der Vorbereitung, die mittlerweile in Turniere gesteckt werden. Sei es eine EM, WM oder Olympia. Da geht es inzwischen um Millionenbeträge. Mit Zwanziger kehrt mehr Transparenz beim Blick hinter die Kulissen ein. Manch eine und einer sträuben sich zwar und schotten mutig weiter ab. Doch Zwanziger nennt die Summe im Marriott-Hotel mit ungewohnter Selbstverständlichkeit. Mehr Demokratie hält Einzug.

Ins Rampenlicht spielen sich bei dem Turnier in England zwei Angreiferinnen: Die erst 20 Jahre alte Anja Mittag aus Potsdam und die erfahrene Inka Grings (26), die sogar EM-Torschützenkönigin wird. Ein tolles Comeback der Duisburgerin. Kurz darauf wird sie wegen privater Eskapaden aber geschasst. Ein erneutes Comeback gibt es 2009. Während die junge Anja Mittag es mit Fassung trägt, dass Theo Zwanziger sie offiziell und immer wieder als seine Lieblingsspielerin benennt, für die er so sehr schwärmt, dass er ein Bild von ihr auf seinem Schreibtisch im Frankfurter DFB-Büro stehen hat.

Europameisterschaft 2009 in Finnland:
Das Abonnement läuft immer noch nicht aus

Man kennt das Phänomen vom alltäglichen Gang an den Briefkasten: Wenn man eine Zeitung oder Zeitschrift im Abonnement ordert, dann tut man das, weil einem das Produkt grundsätzlich zur vollen Zufriedenheit gefällt. Es kann dann natürlich mal vorkommen, dass das Druckwerk einmal aufgrund von Zeitmangel ungelesen in den Papiermüll wandert. Trotz der allgemeinen Zuneigung gegenüber dem Gesamterzeugnis kann Wertschätzung gegenüber dem Einzelprodukt auf ein sehr geringes Niveau abstürzen – ein Schicksal, das dem am Kiosk erworbenen Exemplar in der Regel erspart bleibt.

Mit dem Europameistertitel 2009 in Finnland verhält es sich für die deutschen Fußballfrauen bislang glücklicherweise noch nicht so wie mit dem ungelesenen Abonnements-Exemplar. Euphorisch feiern die deutschen Spielerinnen nach dem tollen 6:2-Endspielsieg gegen England in Helsinki den Titelgewinn, obwohl der Triumph für die Hälfte des Kaders schon fast so etwas wie Routine ist – oder eben ein Abonnement. Rekordnationalspielerin Birgit Prinz war bei allen fünf Serienerfolgen seit 1995 dabei, genau zehn Spielerinnen des EM-Kaders durften den EM-Pokal bereits zuvor einmal in Händen halten. Bundestrainerin Silvia Neid hat das Gefühl des Triumphs über die Konkurrenz aus der kontinentalen Nachbarschaft gar in den unterschiedlichen Funktionen als Spielerin, Assistentin und Bundestrainerin bei allen bislang sieben Titelgewinnen auskosten dürfen.

Trotz der Routine ist auch der Europameistertitel 2009 ein großer Erfolg, da sich die deutsche Mannschaft nach einem durchwachsenen Länderspielfrühjahr rechtzeitig zum Saisonhöhepunkt in Titelform präsentierte. Wie schon 2007 beim Weltturnier in China hat Bundestrainerin Silvia Neid auch bei ihrer ersten Kontinentalmeisterschaft ein Händchen für die passgenaue Vorbereitung auf den Saisonhöhepunkt bewiesen. Zudem dürfen es die deutschen Frauen als einen großen Erfolg ansehen, dass in Person von Bundespräsident Horst Köhler erstmals das deutsche Staatsoberhaupt zu einem Frauenländerspiel ins Ausland nachreiste. 2007 musste sich die deutsche Mannschaft beim WM-Endspiel in Schanghai noch mit der Unterstützung von Innenminister Wolfgang Schäuble »begnügen«.

Diese positiven Zeichen aus Deutschland kontrastieren freilich mit der teils tristen Realität beim Turnier in Finnland. Die Zuschauerränge sind fast durchgängig spärlich gefüllt, die Spiele der deutschen wie auch der anderen Mannschaften werden meist nur von 2000 bis 3000 Zuschauern besucht, die zudem zu einem nicht unerheblichen Teil mit Freikarten den Zugang zum Stadion geschenkt bekommen. So richtig die Entscheidung der UEFA für eine Ausrichtung des EM-Turniers in einem Frauenfußballentwicklungsland ist, so sehr belegt das Turnier, wie weit die Schere zwischen den wenigen großen Frauenfußballnationen wie Deutschland, Schweden oder Norwegen und dem Rest auseinandergegangen ist.

Inka Grings gelingen beide Treffer zum 2:1-Erfolg im Viertelfinale gegen Italien. Zum Ende des Turniers ist sie wieder Torschützenkönigin.

Dabei darf die UEFA vor Beginn der Qualifikation zu recht jubeln: Die Rekordzahl von 46 der 52 Mitgliedsverbände hat sich für die Bewerbungsphase um einen der Plätze fürs Endturnier angemeldet. Die zehnte Auflage des kontinentalen Turniers beginnt wegen dieser großen Zahl an Teams mit einer Vorqualifikation. Am Ende werden dank einer Aufstockung des Teilnehmerfelds von acht auf zwölf Teams neben Gastgeber Finnland elf Qualifikationsgewinner die Reise zum Endturnier antreten dürfen.

Die deutsche Mannschaft hat erwartungsgemäß keine Schwierigkeiten, sich gegen die Schweiz, Belgien und Wales ohne Punktverlust durchzusetzen. Mehr Mühe haben die Spielerinnen, den Vorschusslorbeer zurückzuweisen. »Die EM wird kein Selbstläufer für uns. Die Konkurrenz wird immer größer«, sagt Spielführerin Birgit Prinz vor Turnierbeginn. Und Teamkollegin Kerstin Garefrekes analysiert die Situation noch intensiver: »Ich habe den Eindruck, dass in der Öffentlichkeit die Schwere der Aufgabe ein bisschen unterschätzt wird. Wir treffen schon in der Vorrunde auf schwere Gegner wie den zweifachen Europameister Norwegen, Frankreich und Island. Das bedeutet, dass wir schon vom ersten Spiel an hundert Prozent Leistung abrufen müssen.«

Das gelingt den Titelverteidigerinnen schon zum Auftakt des Turniers. Die DFB-Auswahl zeigt sich beim starken Auftritt gegen Norwegen bereit für das Projekt Titelverteidigung: Der

Im Halbfinale bricht Simone Laudehr mit ihrem Tor zum 1:1 die Gegenwehr der Norwegerinnen.

skandinavische Dauerrivale mit der bis dahin ausgeglichenen Länderspielbilanz gegen Deutschland wird im ersten Vorrundenspiel nach hartem Kampf mit 4:0 besiegt, kurioserweise fallen gleich drei Treffer in der Nachspielzeit, nachdem Torhüterin Nadine Angerer kurz vor Ende der regulären Spielzeit mit einer Glanzparade noch den Ausgleich verhindert. Zuvor hat lediglich Linda Bresonik vom Elfmeterpunkt aus wenigstens eine von rund einem Dutzend Großchancen genutzt. Erst unmittelbar vor dem Schlusspfiff nutzen dann die Einwechselspielerinnen Lira Bajramaj (2 Tore) und Anja Mittag die zunehmende Müdigkeit der Norwegerinnen gnadenlos aus – und weisen schon mal auf einen Trend dieses Turniers hin: Immer dann, wenn der Gegner müde wird, können die Deutschen dank ihrer konditionellen Überlegenheit noch einmal nachlegen. Und mit frischem Personal von der Bank, das in anderen Teams Führungspositionen einnehmen würde. Womöglich trägt ja auch ein Neuzugang im Mannschaftsumfeld seinen Teil zum starken Auftreten der deutschen Mannschaft bei. Erstmals ist ein Psychologe während des ganzen Turniers dabei. Arno Schimpf, den Neid bei den Olympischen Spielen von Peking als Helfer der deutschen Hockey-Olympiasieger kennen lernte, darf sogar auf Anweisung von Bundestrainerin Silvia Neid die abschließende Kabinenansprache halten. »Wenn er da spricht, möchte ich mir am liebsten die Schuhe schnüren und selbst auflaufen«, lobt die Cheftrainerin ihren neuen Mitspieler. »Ich brauche selbstbewusste und positiv denkende Spielerinnen bei der EM und auch später bei der WM 2011. Deshalb will ich gerne längerfristig mit ihm zusammen-arbeiten.«

Im zweiten Vorrundenspiel in Tampere gegen Frankreich ist der zusätzliche Schub aus der Psycho-Ecke nicht nötig. Die deutschen Frauen machen es weniger spannend als im Auftakt-spiel: Bereits zur Pause führt die DFB-Auswahl nach Toren von Inka Grings, Melanie Behringer und Annike Krahn mit 3:0, Linda Bresonik mit dem zweiten Turnierelfmeter und die eingewech-selte Simone Laudehr sorgen für den 5:1-Endstand. Im letzten Gruppenspiel können es sich die bereits als Gruppensieger fürs Viertelfinale qualifizierten Deutschen dann sogar leisten, mit einer B-Elf gegen Island anzutreten. Entsprechend dürftig ist dann allerdings auch der Auftritt beim mageren 1:0-Sieg, den Inka Grings bei ihrem Kurzauftritt sicherstellt. Die treffsicherste deutsche Spielerin wird in der 50. Minute eingewechselt, verletzt sich beim Torerfolg in der 59. Minute und geht sicherheitshalber umgehend wieder vom Feld, um ihren Einsatz im Viertel-finale nicht zu gefährden.

In dieser Runde der letzten Acht gegen Italien ist es dann erneut die wieder genesene Inka Grings, die Deutschland auf die Siegerstraße bringt. Die Stürmerin des UEFA-Pokalsiegers FCR Duisburg erzielt beide Tore für die DFB-Auswahl, die anschließend nach dem Gegentreffer der Italienerin Panico den Sieg vor allem auch dank einer Glanzparade von Nadine Angerer in der Schlussminute über die Zeit rettet. Spätestens jetzt zahlt sich aus, dass Bundestrainerin Silvia Neid Inka Grings im Frühjahr nach drei Jahren des Ausschlusses aus der Nationalmannschaft wieder in den Kreis der Elitekickerinnen berief. Die charakterlich einst nicht immer ganz ein-fache Bundesligarekordtorjägerin hatte sich nach ihrem Glanzauftritt bei der Europameister-schaft 2005, wo sie sich die Torjägerkrone aufsetzte, durch diverse Skandale und Skandälchen das Tor zur DFB-Auswahl vor der Nase zugeschlagen. 2008 gipfelte die Causa Grings gar in der Peinlichkeit, dass sie angeblich vergessen hatte, die Unterlagen für den Antrag auf ein Visum für die Einreise zu den Olympischen Spielen in China rechtzeitig beim DFB abzuliefern. So lieferte sie Silvia Neid das beste Argument, auf die im Ligaalltag so durchschlagskräftige und noch vor Birgit Prinz als ewige Bundesligarekordtorschützin geführte Spielerin zu verzichten. Nach einer Aussprache einigten sich Trainerin und Torjägerin aber auf einen neuen Versuch in der Zusam-menarbeit. Silvia Neid ließ sich auf das Wagnis sicherlich auch in dem Bewusstsein ein, dass ihre in die Jahre gekommene Sturmführerin Birgit Prinz seit 2008 immer öfter mit Verletzungen und Formkrisen zu kämpfen hatte und deshalb als Alleinunterhalterin nicht mehr in jedem Spiel als Garantin für den Sieg einzuplanen ist.

Den Einzug ins Halbfinale müssen die Deutschen indes teuer erkaufen. Noch vor der Halbzeitpause verletzt sich Ariane Hingst schwer am Knie und wird mehrere Monate ausfallen. Welch eingeschworene Einheit die Mannschaft ist, zeigt sich daran, dass Ariane Hingst den Weg zur OP ins Krankenhaus verschiebt und bis zum Turnierende bei der Mannschaft bleibt.

Im Halbfinale schaffen die Weltmeisterinnen freilich auch ohne die zählbare Hilfe ihrer Topstürmerin und trotz des Fehlens der Routine von 165 Länderspielen von Ariane Hingst im Abwehrzentrum eine erstaunliche Wende nach einer schwachen ersten Halbzeit. Norwegen zeigt im Vergleich zum Vorrundenspiel ein gänzlich anderes Gesicht und zieht dem Titelfavoriten in den ersten 45 Minuten mittels körperlicher Härte und einer bemerkenswerten Eckballvariante den Zahn. Beim Führungstreffer durch Herlovsen stören gleich fünf Norwegerinnen die deutsche Torhüterin Nadine Angerer im Fünfmeterraum derart massiv, dass die Schlussfrau den Eckball der norwegischen Starspielerin Ingvild Stensland nicht vor der einschussbereiten Herlovsen abfangen kann. »Etwas merkwürdig war das schon, dass diese Aktionen nicht abgepfiffen wurden«, sagt Angerer später. Zur Pause wirken die erfolgsverwöhnten Spielerinnen der deutschen Mannschaft vor allem auch wegen dieser Standardvariante der Gegnerinnen ausnahmsweise einmal erstaunlich ratlos. Doch Silvia Neid hat noch drei Asse im Ärmel: Die drei Einwechselspielerinnen Simone Laudehr, Celia Okoyino da Mbabi und Lira Bajramaj bringen endlich Schwung ins deutsche Spiel und schießen obendrein jeweils eines der drei Tore zum 3:1-Endstand. Vor allem Laudehr, die wegen einer Knieverletzung in der Vorbereitung ihren Stammplatz im zentralen Mittelfeld vor Turnierbeginn räumen musste, wirbelt nach der Halbzeit wie aufgedreht über das Spielfeld. Mit ihrem Ausgleich sorgt sie für die Wende, beim Führungstreffer schlägt sie die Flanke auf Celia Okoyino da Mbabi und darf sich deshalb nach 90 Minuten zu recht den Pokal für die »Spielerin des Spiels« abholen – ein ungewöhnlicher Erfolg für einen 45-Minuten-Einsatz.

Spätestens in diesem Spiel beweist sich, dass der deutsche Kader auf mittlerweile mindestens 16 bis 18 Spielerinnen bauen kann, die international keine Herausforderung fürchten müssen. Vor allem aber zeigt sich wieder einmal die konditionelle Überlegenheit der Deutschen gegenüber den spielerisch oft annähernd gleichwertigen Gegnerinnen. Während Norwegen zum Ende des Spiels einbricht, können die Deutschen im entscheidenden Moment einen Gang hochschalten.

Im Endspiel wiederholt sich diese Geschichte, als die Spielerinnen von Silvia Neid die Engländerinnen immer genau dann schmerzhaft treffen, wenn sie sich nach den Anschlusstoren zum 1:2 und 2:3 gerade wieder Hoffnungen auf den ersten Sieg im 19. Duell mit Deutschland machen dürfen. Statt mit einem englischen Überraschungscoup endet das Finale folglich standesgemäß mit einem Kantersieg der deutschen Elf. Endlich trifft dabei auch die zuvor in sieben Länderspielen torlose Rekordnationaltorjägerin Birgit Prinz – und dann gleich doppelt. Beim 1:0 nach 20 Minuten profitiert Prinz auch einmal von einer Vorlage ihrer sonst eher selber

Eine befreite Birgit Prinz nach ihrem Tor zum 1:0 im Finale gegen England.

zum Torabschluss neigenden Sturmpartnerin Inka Grings und schiebt den Ball trotz höchster Bedrängnis in unnachahmlicher Prinz-Manier ein. Das Tor erinnert stark an den Führungstreffer im WM-Finale 2007, als Prinz eine ähnliche Vorlage von Sandra Smisek einnetzt. Wenn es wirklich darauf ankommt, ist auf Prinz eben immer noch Verlass. Mit ihrem Tor platzt der Knoten. Melanie Behringer sorgt knapp eine Minute später bereits für die vermeintliche Entscheidung, als sie die englische Schlussfrau Rachel Brown mit einem Fernschuss aus rund 30 Metern in den Torwinkel überrascht. Karen Carney verkürzt aber wiederum nur 60 Sekunden später zum 1:2. Ähnlich antworten die Engländerinnen auch auf den dritten deutschen Treffer durch Kim Kulig nach der Pause. Dieses Mal tanzt der englische Star Kelly Smith in ihrer unnachahmlichen Art Annike Krahn aus und vollstreckt mit ihrem linken Zauberfuß. Wenn es aber knapp wird, dann haben die deutschen Frauen ja noch ihre EM-Torschützenkönigin in der Hinterhand. Inka Grings beseitigt mit ihren Turniertreffern fünf und sechs die letzten Zweifel am siebten deutschen EM-Triumph, ehe die nach ihrem ersten Turniertor befreit aufspielende Birgit Prinz den 6:2-Endstand herstellt. Kuriosität am Rande: Prinz und Grings schließen mit ihren Endspieltreffern in der ewigen EM-Torschützenliste zur bislang alleine führenden Heidi Mohr auf - wenn das mal kein würdiges deutsches Torjägerinnentrio ist. Zudem sichert sich Inka Grings damit wieder die Torjägerinnenkanone des Turniers.

Auch deshalb ist Inka Grings wohl die Gewinnerin des Turniers im deutschen Kader. Ähnlich gut lief es auch für die 19 Jahre junge Hamburgerin Kim Kulig, die Aufsteigerin des Jahres im deutschen Kader. Kulig und auch die anderen Mitglieder der Girlie-Fraktion wie Lira Bajramaj, Simone Laudehr, Anja Mittag oder Celia Okoyino da Mbabi tun dem deutschen Frauenfußball indes nicht nur wegen ihrer Tore und Dribblings gut, die technisch nahezu perfekt ausgebildeten Spielerinnen stehen auch stellvertretend für eine neue Frauenfußballgeneration, die nicht mehr um Anerkennung kämpfen musste, sondern stattdessen mit Lockerheit für ihren Sport werben kann. Das merkt man auch am Tag nach dem Endspiel beim Empfang der deutschen Europameisterinnen auf dem Frankfurter Römer. Die Girlies stehen beim Feiern in der ersten Reihe und sorgen für die Stimmung. Die »Alten« wie Birgit Prinz, Ariane Hingst oder Nadine Angerer mischen mit, aber etwas gediegener aus der zweiten Reihe heraus. Und Kerstin Stegemann nutzte just den Tag des Triumphs, um sich nach 14 Jahren und 191 Länderspielen aus der Nationalmannschaft zu verabschieden. Mit ein paar leisen Worten, wie man es von der Frau mit den zweitmeisten Länderspielen nach Birgit Prinz gewöhnt ist. Bei ihrer letzten EM ist die in die Jahre gekommene und mehr und mehr von Verletzungen geplagte, unermüdliche rechte Verteidigerin einfach nicht mehr in Schwung gekommen.

Auffällig bei dieser EM ist das relativ schwache Abschneiden der Skandinavierinnen, vorallem der Schwedinnen, die im Viertelfinale den Norwegerinnen unterlagen. Die Däninnen überstanden nicht einmal die Vorrunde. Es ist erst das zweite Mal nach 1997, das kein skandinavisches Team ins EM-Finale vorgerückt ist. Positiv zu sehen ist dagegen das Abschneiden der Engländerinnen mit der Finalteilnahme. Der erste Halbfinaleinzug der Niederländerinnen führte gar so weit, dass sie sich für die Ausrichtung der nächsten Europameisterschaften 2013 bewerben wollen.

Bei aller Freude über den siebten EM-Sieg gibt der Triumph der deutschen Frauen aber auch zu denken: Die DFB-Auswahl hat nun seit 26 EM-Spielen und seit dem 3. Juli 1993 kein Spiel mehr bei Europameisterschaften verloren. Dieses Turnier beendete sie mit sechs Siegen und mit 21:5 Toren. Es besteht die Gefahr, dass Deutschland das EM-Turnier und die Konkurrenz aus der Nachbarschaft zu Tode dominiert. Die anderen europäischen Nationen können derzeit nicht Schritt halten mit der rasanten Entwicklung in Deutschland. Weltweit sind derzeit wohl nur die Amerikanerinnen dank ähnlich akribischer Arbeit und die Brasilianerinnen dank ihres Naturtalents im Umgang mit dem Ball, und dank ihres Stars Martha, wirklich konkurrenzfähig. Und eventuell noch die mysteriösen, weil selten außerhalb ihres abgeschotteten Landes gesehenen und deshalb von Dopingspekulationen belasteten Nordkoreanerinnen.

Die Überlegenheit der Deutschen auf ihrem Heimatkontinent ist dabei grundsätzlich nicht verwerflich: Die Nationalmannschaft erarbeitet sich ihre Erfolge immer wieder redlich. Selbstläufer sind die Turniersiege nie gewesen. Vor allem die jüngsten Triumphe sind Lohn der guten Aufbauarbeit, die der deutsche Frauenfußball im Nachwuchsbereich leistet, wo die Deutschen genauso fleißig Titel hamstern. Wie bei der Nationalmannschaft sind auch im Nachwuchsbereich fast alle Schlüssel-positionen schon lange in der Hand von Frauen.

Der DFB zeigt sich nicht nur entgegen seinem Ruf als erstaunlich emanzipiert, sondern auch klug. Es kann nämlich kein Zufall mehr sein, dass alle sieben großen Turniere wie Olympische Spiele, Welt- und Europameisterschaften seit 2000 von Teams mit Trai-nerinnen gewonnen wurden, obwohl im Weltfrauen-fußball noch immer die männlichen Coaches deutlich in der Überzahl sind. Im Finale von Helsinki standen gleich zwei Frauen, neben Neid die englische Fußball-lehrerin Hope Powell, an der Seitenlinie. Es spricht vieles dafür, dass Frauen den besseren Ton in der Be-treuung der Teams finden als ihre in der Frauenfuß-ballszene hier und da als diktatorisch verschrienen männlichen Kollegen.

Lohn gewissenhafter Arbeit: Silvia Neid gewinnt ihre erste Europa-Trophäe als Chef-Trainerin.

Der weibliche Erfolg des DFB basiert freilich nicht nur auf dem Mut zur Emanzipation. Ein wichtiger Faktor sind die Ressourcen, die der Verband seinen Frauen zur Verfügung stellt, seit der bekennende Frauenfußballfan Theo Zwanziger das Amt des DFB-Präsidenten innehat. Kei-ne andere Nation konnte es sich beispielsweise leisten, seine Nationalspielerinnen vor dem Turnierbeginn luxuriöse acht Wochen lang in Lehrgängen auf das wichtigste Turnier des Jahres vorzubereiten. In dieser Zeit arbeitete Bundestrainerin Silvia Neid mit ihren Spielerinnen unter professionellen Bedingungen, die im Vereinsalltag weltweit undenkbar sind. Zudem muss Neid nicht Kompromisse eingehen mit Spielerinnen, die ihr Geld in der amerikanischen Profiliga WPS verdienen und entsprechend für Lehrgänge außerhalb der Turniere kaum zur Verfügung stehen.

Die deutschen Spielerinnen haben sich bislang mit Blick auf die Weltmeisterschaft 2011 und ihre Chancen auf eine Teilnahme am Turnier im eigenen Land den Angeboten aus Übersee verweigert. Auch das ist ein Wettbewerbsvorteil für Neids Frauen. Entsprechend überlegen sind die Deutschen ihren spielerisch ebenbürtigen Konkurrentinnen aus Italien oder auch den englischen Endspielgegnerinnen vor allem in physischer Hinsicht.

Deshalb ist Vorsicht geboten, dass nicht nach weiteren Titelgewinnen Abonnements-Lange-weile die Begeisterung für den Frauenfußball ablöst. Irgendwann sollte der Europameistertitel vielleicht im Sinne der Attraktivität des Frauenfußballs auch mal wieder am Kiosk erworben werden können.

DIE EM-TROPHÄEN

Vom Schweizer Käse zum Telefonhörer

2009 wird die dritte Trophäe seit 1984 ausgespielt

Der Spitzname »Schweizer Käse« steht von Beginn an. Schon beim ersten EM-Finale zwischen England und Schweden 1984 ist diese Edelmetallscheibe Gesprächsstoff. Es ist der Versuch, etwas ganz Besonderes für die Damen zu haben. »In dem Bestreben, den ungewöhnlichsten Pokal zu entwerfen, hat die UEFA mit dem Cheese einen Volltreffer gelandet«, sagt Anette Bör-jesson heute, rund 20 Jahre nachdem sie den »Cheese« als Mitglied der schwedischen Siegerelf in den Händen gehalten hat. »Es war schon ungewöhnlich, aber wir haben nicht gelästert. Denn wir waren dazu alle viel zu stolz und aufgeregt als erste Europameistermannschaft im Frauen-fußball. Später setzte sich dann die Meinung durch, dass dieser Pokal doch ziemlich hässlich ist. Ich bin ebenfalls dieser Meinung.«

1987 jedenfalls geht der Käse noch an Norwegen und 1989 an Deutschland. Dann ver-schwindet er tatsächlich von der Bildfläche. Im wahrsten Sinne des Wortes erst einmal. Über mehrere Jahre weiß niemand genau, wo das Original geblieben ist. Beim DFB ist es nicht, sagen DFB-Angestellte auf Nachfrage, bei der UEFA auch nicht, heißt es von dort.

Norwegen und Schweden besitzen ihre Replika. Das schwedische Stück etwa steht ord-nungsgemäß in der Verwaltung des Fußballverbandes im Nationalstadion Rasunda in Solna/

NFV-Frauenreferentin Maria Klewe und DFB-Frauenzeugwart Heinz Dahn bewachen den EM-Pokal beim Siegerbankett 1989 auf Schloss Hohensyburg.

So sieht der neue EM-Pokal aus.

Stockholm. Inzwischen ist auch die deutsche Replika wieder aufgetaucht und glänzt in der Glasvitrine mit den anderen Trophäen in der Lobby des DFB-Verwaltungsgebäudes in Frankfurt. Wie 1984 bei den Schwedinnen, die ihren Triumph im Pool der Mannschaftskabine ordentlich mit Champagner begießen, überwiegt auch beim DFB-Triumph 1989 das Feiern. Gut bewacht von Zeugwart Heinz Dahn feiert der Cup beim Festbankett auf Hohensyburg mit.

Danach hat der »Käse« ausgedient, die UEFA hat ein Einsehen und spendiert das Geld für einen neuen Pokal. Der ist wiederum etwas Besonderes. Vor allem ist er besonders klein. Und eigentlich wieder nichts für Fußballspielerinnen. Denn es ist kein Pott. Man kann aus der Trophäe nicht trinken, sondern sie allenfalls in die Höhe recken. 1991 tat das erstmals die deutsche Mannschaft, 1993 war es Norwegen und danach nur noch Deutschland. Vier mal gewonnen, aber erst der Hattrick 1995, 1997 und 2001 sorgte dem Reglement gemäß für eine neue Trophäe. Die wiederum sieht zeitgemäß geschwungen aus und ist wesentlich größer als ihre Vorgängerin. Rund vier Kilogramm wiegt der EM-Cup, lässt sich gut greifen und ist etwa 42 Zentimeter hoch. Entworfen hat ihn der Mailänder Künstler Bertoni. Bei aller Formvollendung und Schönheit bleibt die UEFA jedoch ihrem bisherigen Prinzip treu und spendiert erneut eine Gerätschaft, aus der man wiederum nicht trinken kann. Der neue Pokal indes bestätigt bei der Siegesfeier in Preston, die das DFB-Team gemeinsam mit Finalpartner Norwegen nach vorausgegangenem UEFA-Bankett im Stadion von Blackburn und bei der sogenannten blauen Stunde im Mannschaftshotel begeht, seine Griffigkeit. Mitunter sieht die Trophäe beim Hochrecken dann wie ein etwas überdimensionierter alter Telefonhörer aus.

DER ALGARVE-CUP

Das Turnier existiert seit 1994 und erfreut sich weltweit sehr großer Beliebtheit.

Portugal ist alles andere als eine Macht im Frauenfußball. Der Algarve-Cup allerdings bürgt für Qualität. Es ist das größte privat organisierte Turnier der Welt für weibliche Nationalteams. Stets sind Spitzenteams aus verschiedenen Kontinenten am Südwestzipfel Europas vertreten. Anfang März ist ein fester Termin im internationalen Kalender: Die Weltelite trifft sich beim Algarve-Cup. Ein Blick auf 2009 zeigt, dass mit Deutschland, Schweden, Norwegen, Island, Dänemark und Finnland zahlreiche EM-Nationen dabei sind. Dazu die kleineren Teams Portugal, Polen, Wales und erstmals Österreich sowie die Großmächte China und Olympiasieger USA.

Das clevere Turniermarketing richtet sich am Wohl und den Bedürfnissen des Frauenfuß-balls in Europa aus, besonders an den skandinavischen Interessen. Denn der Algarve-Cup ist eine dänisch-schwedisch-norwegische Erfindung.

Ursprünglich trafen sich die skandinavischen Nationen in den 1980er Jahren auf Zypern, um, angesichts der kalten heimischen Temperaturen, im Süden ihre Saison vorzubereiten. Doch der »6-Tage-Krieg« zwang zur Neuorientierung: Portugal erwies sich als passende Alternative. 1994 gab es das Debüt. Zunächst mit sechs Teams, dann mit acht, seit vier Jahren mit zwölf Mann-schaften. Davon gehören die Vierergruppen A und B skandinaviengerecht zur Weltelite. Die C-Gruppe orientiert sich an den portugiesischen Bedürfnissen. Denn die Gastgeberinnen sind nicht stark genug für A oder B. Ein gemeinsames Turnier würde niemandem nutzen, nur der Sieger des »Zwergenwettbewerbs« darf sich am Ende mit einem der Weltklasseteams messen.

Trotz der weitgehenden Trennung zwischen »Gut« und »Schlecht« leistet das Turnier an der Algarve wichtige Entwicklungshilfe: Portugal betrachtet das Turnier als besonders bedeutsam für die Entwicklung seines Teams. So hat der Portugiesische Fußballverband mit dem Ja zum Algarve-Cup seinerzeit das eigene Frauen-Nationalteam wieder aktiviert, bei dem zwischen 1983 und 1993 Funkstille herrschte. Heute gibt es auch ein U19-Team. Eine neue Ligastruktur ist im Gespräch. Die Zahl der Spielerinnen hat sich zuletzt um 30 Prozent gesteigert, ist jedoch immer noch gering. Ausgerechnet in der für den Weltfrauenfußball so berühmten Provinz Algar-ve selbst zum Beispiel gibt es keine Elfermannschaft.

Rekordsieger beim Algarve-Cup sind die USA vor Norwegen und Schweden. Bisher haben mit Norwegen, USA, Schweden, Dänemark, Finnland, Portugal, Niederlande, Italien, Russland, Island, China, Australien, Kanada, Wales, Schottland, England, Deutschland, Frankreich, Griechenland, Irland, Nordirland, Mexiko, Österreich, Polen 24 Nationen an dem Turnier teilgenommen. Die

Die US-Frauen sind 2007 alleiniger Rekordsieger beim Algarve-Cup geworden.

Vielzahl von Nationen belegt bereits: Der Algarve-Cup hat sich kontinuierlich weiterentwickelt. Das geht nur mit Qualität in der Organisation und wenn sich die Mannschaften wohl fühlen. Das Renommée ist mittlerweile groß. Längst hat das Turnier den Status eines Wintertrainingslagers abgelegt. Die Teams kämpfen um eine gute Platzierung an der Algarve, veranstalten Vorbereitungsspiele, nicht zuletzt, um die Vorteile der Woche in Portugal besser zu nutzen. Kalt erwischt in der milden Sonne am Atlantik – diese Blöße will sich niemand mehr geben. Entsprechend haben die US-Girls gejubelt, als ihnen im Jahr 2000 nach vielen Anläufen der erste Turniersieg gelang!

Die Bedeutung des Turniers hat sich mit der Zeit verschoben. Faro und all die anderen Spielstätten sind Orte für taktische Experimente und konzentriertes Arbeiten an der Topform statt nur der lockere Jahres-Warm-Up früherer Zeiten. Vor vielen Meisterschaften gilt der Algarve-Cup als bedeutsame Vorbereitungseinheit. Weltmeistertrainerin Tina Theune beschreibt den Stellenwert des Algarve-Cups so: »Das ist eine einmalige Gelegenheit für wettkampforientiertes Training. Man kann an vier Spieltagen taktisch mit seinem Team arbeiten. Der Algarve-Cup ist ein ideales Taktik-Turnier und viele meiner Kollegen nutzen das auch so, probieren in ihren Spielen neue Varianten aus oder bauen junge Spielerinnen ein. Solch ein Turnier bietet immer auch dem Nachwuchs eine Chance. Ob des Klimas ist es neben der Standortbestimmung zudem auch höchst motivierend. Meine Spielerinnen jedenfalls freuen sich schon lange. Der Vergleich untereinander und die Atmosphäre sind einfach toll.«

Die anderen Nationen stimmen der Deutschen übereinstimmend zu. »Hier ist gutes Wetter. In Norwegen haben wir Schnee«, freute sich Norwegens inzwischen nicht mehr aktiver Star Hege Riise in jedem Jahr neu auf die Algarve. »Die Gegner sind vom Feinsten. Es herrscht eine relaxte, experimentierfreudige Atmosphäre.« Teamgefährtin Anne Tönnessen ergänzt: »Gutes Essen, gutes Hotel, sehr entspannt in freundlicher Atmosphäre zum Wohlfühlen.« In Norwegen gibt es dafür den Begriff »hyggelig«. Julie Foudy, jahrelang US-Kapitän, schätzte besonders die »private Atmosphäre und die Ruhe«. Im Team könne man mal etwas probieren. »Das ist eine perfect location close to the sea«, lobt sie. »Ich habe mich in jedem Jahr neu auf Portugal gefreut, auch wenn es schon anstrengend ist, alle zwei Tage zu spielen.« Foudy bekommt sofort nickende Zustimmung von der Dänin Louise Hansen. Rundum Positives auch von Tiffeny Milbrett nach mehrjähriger Portugal-Erfahrung. »It's great!« – »Einfach Klasse, diese Gegend, das gute Wetter, die guten Spielfelder. Ideal für eine Mannschaft als Trainingslager mit guten Wettkämpfen.« Auch aus China gibt es Bestnoten. »Sehr gute Hotels in schöner Landschaft, sehr gute Turnierorganisation mit vielen Spielen und vielen Trainingsmöglichkeiten. Wir kommen immer wieder gern, weil die Spiele außerhalb Asiens uns weiterbringen. Es ist wichtig für die Erfahrung der Spielerinnen, nicht immer gegen dieselben Gegner spielen zu müssen. In Asien ist ja bekanntlich die Auswahl an Eliteteams nicht sehr groß«, erklärt Teamsprecherin Lu Ting. Kanadas ehemaliger norwegischer Torwarttrainer Jerry Knudsen ist ebenfalls begeistert: »Dieses Turnier ermöglicht großartige Erfahrungen und ist bestens organisiert. Man kann sehr intensiv arbeiten und die Mannschaft lernt sehr viel, kann das im Zwei-Tage-Rhythmus auf hohem Wettkampfniveau überprüfen.« Dass die große Öffentlichkeit fehlt, ist ein weiteres Markenzeichen. Nur eine handverlesene Schar Eingeweihter ist bei den Spielen. Beim Training herrscht Ruhe. In der Freizeit bleiben die Spielerinnen, manche davon Weltstars, unerkannt. Das verleiht familiäre Atmosphäre.

Der Algarve-Cup ist also die perfekte Vorbereitung auf die Jahreshöhepunkte wie EM, WM oder Olympia. Das Turnier ist längst unverzichtbar geworden. Zumal es 2004 auch einen Fluch losgeworden ist. Nie hatte in den Vorjahren der Algarve-Sieger anschließend auch das große Turnier gewinnen können. Die USA besiegten beim olympischen Turnier von Athen aber nicht nur die Endspielgegnerinnen aus Brasilien, sondern auch die portugiesischen Dämonen.

Neben den Fußballerinnen testet übrigens auch der Weltverband FIFA seine Jahresfrühform: Er nutzt den Algarve-Cup für seine Zwecke. Seit drei Jahren gibt es dort Lehrgänge für Schiedsrichterinnen, die der Fortbildung und der Vorbereitung auf WM oder Olympia dienen. 2008 wurden aber in Portugal auch in einer Weltpremiere Torschiedsrichterinnen getestet. Ein Thema, das in jenem Jahr die gesamte Fußballwelt beschäftigte. Keiner hatte vermutet, dass die FIFA ihre Regelinnovation an diesen entlegenen Trainingsorten testen würde.

DIE U20-WELTMEISTERSCHAFTEN

Mädchen an die Macht

2002 begegnen sich in Kanada erstmals die besten Nachwuchsspielerinnen dieser Welt bei einem Turnier. Was als U19-WM anfängt, findet ab 2006 als U20-Turnier seine Fortsetzung, 2010 erleben sie in Deutschland bereits ihre fünfte Auflage, da es alle zwei Jahre um die Nachwuchskrone in der Welt geht. Wie bei den Frauen ist Deutschland auch bei den Juniorinnen von Beginn an gut vertreten.

Zum Auftakt in Vancouver und Edmonton gibt es gleich eine Medaille. Platz drei hinter Weltmeister USA und dem Endspielverlierer Kanada. Im Spiel um Bronze gegen Brasilien herrscht Dramatik pur. Keine Tore nach 90 Mi-

Die U19-Weltmeisterinnen 2004 morgens um 04.00 Uhr beim Jubelfeier-Foto

nuten. 1:1 nach Verlängerung. Elfmeterschießen. Deutschland gewinnt mit 4:3. Fast 48.000 Zuschauer sind bei dem Medaillenspiel im Commonwealth Stadion von Edmonton zugegen.

2004 in Thailand folgt dann der Triumph. Deutschland wird in Bangkok Weltmeister. Im riesigen Rajamangala-Stadion wird China im Finale 2:0 besiegt. Vor 23.000 Zuschauern treffen Simone Laudehr (4.) und Melanie Behringer (83.), die drei Jahre später gemeinsam mit ihren U19-Kameradinnen Annike Krahn und Anja Mittag als Teil der A-Nationalmannschaft die »richtige« Weltmeisterschaft gewinnen werden. Nach der Pokalzeremonie gibt es ein imposantes Feuerwerk. Auch die Tribünen werden in das Lichtermeer der Abschlussveranstaltung zuvor mit einbezogen. Und jede Menge Bananen werden an die Zuschauer verteilt. Eine pro Kopf mindestens. Die Gratis-Banane für den Frauenfußballfan – ein Stück WM-Kult wie der lustige junge Elefant als Emblem, verewigt auf zahlreichen Plakaten und als Pin.

Zum Titel gehört immer auch ein bisschen Glück. Das haben die DFB-Girls im Viertelfinale, als sie das Spiel in Chiang Mai gegen Nigeria im Elfmeterschießen gewinnen. Das Halbfinale gegen die USA in Bangkok ist kein Problem. Ihren WM-Triumph feiern die Mädels dann in einer

Die Weltmeisterinnen von 2004:

Tessa RINKES	TW	Kathrin LAENGERT	TW
Peggy KUZNIK	VT	Anne VAN BONN	VT
Annike KRAHN	VT	Elena HAUER	VT
Carolin SCHIEWE	VT	Stephanie MPALASKAS	VT
Nina JOKUSCHIES	VT		
Karolin THOMAS	MI	Melanie BEHRINGER	MI
Lena GOESSLING	MI	Celia OKOYINO DA MBABI	MI
Annika NIEMEIER	MI	Angelika FELDBACHER	MI
Carolin VEEH	MI		
Anja MITTAG	ST	Simone LAUDEHR	ST
Anna BLAESSE	ST	Patricia HANEBECK	ST

Trainerin: Silvia Neid

deutschen Kneipe. Das »Schwarzwaldhaus« hat eingeladen. Und der damalige DFB-Präsident Gerhard Mayer-Vorfelder, ohnehin als intensiver Feierer und Genießer bekannt, hält bis in die Morgenstunden durch. Irgendwann gegen vier Uhr gibt es jedenfalls vor dem Haus ein Mannschaftsfoto. Zuvor und danach wird munter weitergetanzt.

Sang und klanglos daneben geht danach die WM 2006 in St. Petersburg und Moskau: Aus im Viertelfinale mit 1:4 gegen die USA. Der Titel geht nach Nordkorea. 2008 in Chile wird alles besser. Es gibt wieder eine Medaille, die bronzene. Die USA im Halbfinale sind zu stark. Sie holen den Titel mit 2:1 über Nordkorea. Um Platz drei schlägt Deutschland die Französinnen mit 5:3.

2010 ist Deutschland Gastgeber. In diesen vier Städten werden die 16 Mannschaften spielen: Augsburg, Bielefeld, Dresden und Bochum. Als Kulturhauptstadt 2010 sei Bochum besonders geeignet, die 32 Spiele umfassende WM mit in ihren Veranstaltungsplan zu integrieren. Bochum bekommt unter anderem das Eröffnungsspiel am 15. Juli. Das Finale ist am 1. August in Bielefeld vorgesehen. DFB-Generalsekretär Wolfgang Niersbach bestätigt eine Art Kompensation für die zerflossenen WM-2011-Träume der Ostwestfalen. Augsburg und Dresden sind als Testlauf dabei, weil die Stadien neu sind.

Neben Deutschland sind bislang folgende Teams für das 16er-Feld 2010 qualifiziert: England, Frankreich, Schweiz und Schweden als Europa-Vertreter. Japan, Südkorea und China/Nordkorea für Asien.

Ohnehin gilt der Event als Testlauf für die große WM der Frauen ein Jahr später. Darin sind sich die Organisatoren einig. Dass Deutschland den Zuschlag bekommt, ist mehreren Aspekten geschuldet. Denn beworben hat sich der DFB gar nicht. Vielmehr fragte die FIFA nach, weil ihr der einzige Kandidat für die Ausrichtung des Turniers nicht zusagte. Und DFB-Boss Theo Zwanziger gibt seine Zusage. Sowohl DFB als auch FIFA finden eine geschickte Erklärung für diesen Komplott und vergleichen die Situation mit den Herren. Die bekommen im Jahr vor einer WM immer den Confederations-Cup als Wettbewerb. Den aber gibt es nicht in weiblicher Ausführung. So entschließt man sich zu einer Kopplung, die es zuvor nicht gab. Mal sehen, was geschieht, wenn die nächste WM der Juniorinnen 2012 ansteht. Oder ob die FIFA auch hier den Vier-Jahres-Rhythmus einführt. Dann könnte es vielleicht 2014 erneut nach Kanada gehen, denn Kanada gilt als Topfavorit für das Frauenturnier 2015. Vielleicht wird ja auch der organisatorische Trick hinter den Kulissen ein einmaliger Fall bleiben.

Deutsche Nachwuchsteams
Oben: U19-WM 2001

Rechts: U21-Nordic Cup 2001 mit
Nia Künzer, Conny Pohlers

Unten: Die U16 mit »TTM« 1995

DIE GROSSE WELT DES FRAUENFUSSBALLS I

GLOBALE MAGIE MIT EPOCHALEN TEAMS

Brasilien gegen Deutschland, Marta gegen Simone Laudehr bei den Olympischen Spielen in Peking 2008

INTERVIEW MIT PIA SUNDHAGE

»Der Frauenfußball ist eine Selbstverständlichkeit geworden.«

Pia Sundhage ist eine der schillerndsten Figuren des Frauenfußballs. Die Schwedin war eine erfolgreiche Nationalspielerin der ersten Generation, ist mit 146 Länderspielen schwedische Rekordinternationale und mit 71 Toren die erfolgreichste Torschützin der »Tre Kronors«. Zudem hat sie mit der schwedischen Nationalmannschaft die erste offizielle Europameisterschaft 1984 gewonnen. Nach dem Ende ihrer Karriere im Jahr 1996 schlug sie eine Laufbahn als Trainerin ein, die sie als Cheftrainerin und Assistentin in China, Schweden und den Vereinigten Staaten auf bislang schon drei Kontinente führte. Kaum jemand ist besser geeignet, die verschiedenen Fußballkulturen zu vergleichen.

Frau Sundhage, Sie haben auf drei Kontinenten in Schweden, in den Vereinigten Staaten und in China trainiert. Was sind die größten Unterschiede zwischen den Spielkulturen?

In China haben sie einen eleganten Spielstil: Die Spielerinnen sind technisch sehr stark, exzellent in engen Räumen und sie sind beidfüßig.

Chinesinnen sind generell beidfüßig?

Ja, die meisten der Spielerinnen der chinesischen Nationalmannschaft konnten mir auf Nachfrage nicht sagen, welches ihr stärkeres Bein ist. Sie haben gar kein Bewusstsein für solch eine Unterscheidung, weil sie sich diese Frage nie gestellt haben. Für sie sind beide Beine gleich, ihnen ist auch fast egal, ob sie mit Innen- oder Außenrist spielen.

Wie kommt das?

Das liegt meines Erachtens an den Balanceübungen, die Chinesen in jeder Lebenssituation machen. Chinesen sind deshalb traditionell sehr geschickt und geschmeidig in der Körperbeherrschung und folglich auch im Umgang mit dem Ball.

Müssten die Chinesinnen dann nicht haushoch überlegen sein?

Nein, denn ihnen fehlt der taktische Blick fürs Ganze. Das haben ihnen die anderen Teams voraus. Schweden steht beispielsweise seit jeher für gute Organisation im Team. Wir haben klare Aufgaben für jede Position, das lernt jeder Nachwuchskicker und jede Nachwuchskickerin von Kindesbeinen an. Das ist die Stärke und das Wesen der schwedischen Fußballkultur.

Und die Vereinigten Staaten?

Amerikanische Teams haben keinen eigenen Stil, weil dem amerikanischen Fußball Tradition nichts sagt. Das Männerteam hatte in der Vergangenheit keine Erfolge vorzuweisen, die irgendwie prägend wären. Das ist vor allem bei den europäischen Teams anders, wo der Männerfußball den Fußball so geprägt hat, dass die Frauen sich erst einmal an diesem Stil der Männer, übermittelt durch Trainer und durch die Fußballkultur an sich, orientieren.

Wenn Sie ein so großes Bewusstsein für spielkulturelle Unterschiede haben, dann können Sie uns bestimmt auch etwas über die Abhängigkeit von Frauenfußball und Religion oder Staatsform sagen. Während im Männerfußball vor allem katholisch geprägte Länder dominieren, sieht das im Frauenfußball ziemlich anders aus: Traditionell protestantische Länder gewinnen große Turniere und kommunistische Staaten wie China und das im Sport sonst völlig chancenlose Nordkorea bringen starke Frauenteams hervor.

Das ist eine wirklich interessante Beobachtung: Als ich anfing, war Dänemark das stärkste Land im Frauenfußball. Dort wie in den anderen skandinavischen Ländern haben Frauen sehr früh für ihre Rechte gekämpft. Entsprechend haben wir in Schweden als fußballverückte Mädchen auch für unser Recht gekämpft, dem Ball hinterherjagen zu dürfen. In meinem kleinen Dorf gab es freilich dennoch keine Chance auf ein Mädchenteam. Ich hatte dann das Glück, dass der Trainer eines Jungenteams mir erlaubte, bei ihnen mitzuspielen. Zwei Jahre lang war mein Vorname nicht Pia, sondern Penle. Das war wahrscheinlich nur möglich, weil sich schwedische Frauen schon in anderen Bereichen durchgesetzt haben und gesellschaftlich akzeptiert waren. Frauenfußball ist überall dort erfolgreich, wo Frauen sich ihre Rechte erkämpft haben. Frauenfußball ist dann vielleicht ein Mahnmal, dass es Frauen in eine Männerdomäne geschafft haben.

Ist guter Frauenfußball also auch ein Ergebnis einer erfolgreichen Frauenprotestbewegung?

Unsere Karrieren, egal ob von mir, Silvia Neid in Deutschland oder so vielen anderen in den restlichen Frauenfußballländern ist geprägt vom Kampf um Anerkennung für unseren Sport. Mein erstes Länderspiel bestritt ich mit 15 Jahren gegen England. Wir spielten aber nur zweimal 35 Minuten. Wir wollten aber auch 45 Minuten haben. Es war damals anders als heute nie selbstverständlich, dass Frauen genauso ein Recht auf einen Trainingsplatz haben wie die Männer. Wir haben uns durchgekämpft mit ganz schrecklichen Trainingszeiten und -plätzen. Aber wir haben den Weg überstanden. Dann haben wir für die Weltmeisterschaft gekämpft, dann für Olympische Spiele.

Dann ging es darum, dass man uns auch zutraut, dass wir Trainer werden können. Wir haben uns alles erkämpfen müssen, aber uns nie als Protestbewegung empfunden. Wir wollten nur selbst spielen dürfen. So habe ich schon als Kind gedacht: Damals mit 6 oder 7 Jahren fürchtete ich allerdings, dass ich das einzige Mädchen in der Welt sei, das Fußball spielt. Dieses Gefühl begleitete mich bis in Trainerlehrgänge. Wir waren immer darum bemüht, Anerkennung zu bekommen.

Ist der Frauenfußball heute gleichberechtigt mit dem Männerfußball?

Ich möchte es mal so sagen: Der Frauenfußball ist weitgehend eine Selbstverständlichkeit geworden. Aber er kann natürlich nicht an den Männerfußball heranreichen. Der Hauptunterschied ist die Tradition: Sportjournalisten wollen immer noch lieber über Männerfußball schreiben. Und ein Hindernis ist, dass immer noch gerne zwischen Männerfußball und Frauenfußball verglichen wird. Das liegt daran, dass jeder irgendwann mal Fußball gespielt hat und deshalb der Meinung ist, mitreden zu können. Das würden sich bei Handball oder Volleyball nicht so viele anmaßen. Tatsächlich ist Frauenfußball aber was ganz anderes als das, was Männer machen.

Pia Sundhage, Trainerin von Olympiasieger USA

Männerfußball ist besser?

Die Tatsache, dass Männerfußball die Leute mehr begeistert, liegt nicht an der vermeintlich höheren Qualität des Spiels oder an der größeren körperlichen Kraft der Männer. Männerfußball ist faszinierender für die Zuschauermassen, weil der Stadionbesucher mehr Verbindungen hat zu den Spielern. Die Akteure sind über die Medien als Charaktere bekannt, man kann als Fan eine richtige Beziehung aufbauen zu den Spielern. Zudem ist natürlich ein Stadion mit 15.000 Menschen automatisch inspirierender als ein Stadion mit 500 oder 1.000 Zuschauern. Diese äußeren Umstände machen den Unterschied aus zwischen Männer- und Frauenfußball. Das ist keine Frage der Qualität des Spiels selbst.

Was sind die Unterschiede zwischen dem Frauenfußball in Skandinavien, Mitteleuropa, China und den Vereinigten Staaten?

Vieles ist zunächst einmal gleich. Überall geht es Elf gegen Elf, man jagt einem runden Leder hinterher und viele Menschen sind involviert in das Spiel. China fehlen derzeit noch die Graswurzeln. Es gibt verhältnismäßig wenige Mädchen, die Fußball spielen. Sollte sich das ändern, würde China ganz schnell auf Jahre hinaus eine dominierende Kraft im Welt-Frauenfußball werden. In den Vereinigten Staaten herrschen im Vergleich dazu traumhafte Bedingungen. 40 bis 45 Prozent der Fußballspieler sind weiblich. Deshalb gibt es ein Riesen-Reservoir an talentierten Spielerinnen an den Colleges. Das Problem ist nur, dass es nach den Colleges nichts mehr gibt für jene Spielerinnen, die es nicht direkt in die Nationalmannschaft schaffen. Sie können nirgends hingehen, wenn sie 22 und mit dem College fertig sind. Fußball ist also ein reiner Jugendsport für Mädchen. Als Nationaltrainerin habe ich also nicht mehr als 26 Spiele-rinnen, mit denen ich zurechtkommen muss. In Schweden haben Vereine viel mehr Tradition. Schweden hat deshalb als kleines Land letztlich genauso viele WM-taugliche Spielerinnen wie Riesenländer wie die Staaten oder China.

Ist die Beobachtung richtig, dass Team Spirit bei Frauen viel ausgeprägter ist als bei den Män-nern, die stets sehr hierarchisch innerhalb von Mannschaften strukturiert sind?

Ich habe nicht so viel Erfahrungen gesammelt in Männerkabinen (lacht). Aber ich kann sicher sagen, dass wir Frauen wohl auch deshalb zusammenhalten, weil wir immer noch geprägt sind vom gemeinsamen Kampf um Anerkennung für unseren Sport. Spielerinnen meiner Generation oder auch eine Kristine Lilly und andere waren sehr damit beschäftigt, immer wieder Rechte durchzusetzen für uns Frauenfußballerinnen. Wir haben Geschichte verändert. Ein Zlatan Ibrahi-movic oder all die anderen Superstars kennt so was doch gar nicht. Er muss sich nur um seine Interessen kümmern, der Fußball an sich und dessen Image muss ihn nicht beschäftigen.

Wie sieht Frauenfußball in 20 oder 30 Jahren aus? Werden Sie dann denken: Toll, die Genera-tion nach mir hat es bequem, weil wir ihnen den Weg bereitet haben?

Ich denke, dass der Fußball herausfinden wird, dass da sehr viele gute Trainerinnen im Frauenfußball sind, die den Männerfußball voranbringen können. In 20 oder 25 Jahren werden Frauen den Männerfußball voranbringen mit neuen Ideen. Der Kampf um Gleichberechtigung wird aber auch dann noch anhalten.

Was können Frauen denn Männern beibringen?

Die Kunst des Führens eines Teams und Kommunikation. Männer und Frauen kommunizie-ren anders. Wir haben in unserem Betreuerteam ganz bewusst Männer und Frauen engagiert, egal ob es um den Torwarttrainer geht oder den Teamarzt. Warum sind bei Männerteams so wenige Frauen dabei? Eine Mannschaftsärztin oder Physiotherapeutin könnte schon ein biss-chen was Weibliches ins Team bringen, das einer Mannschaft gut tun kann. In Zukunft wird es dann vielleicht mal eine Co-Trainerin sein und irgendwann auch mal ein Chefcoach eines Proficlubs.

Welche Männernationalmannschaft wird als erste eine Nationaltrainerin haben?

Vielleicht Ihr Land, Deutschland (lacht)? Ich denke, dass es sein kann, dass man vielleicht mal Trainer-Duos bilden wird, wie es in Schweden schon mit zwei männlichen Nationaltrainern im Gespann versucht wurde. Dort könnte dann eine Frau integriert werden. Ich bin mir sicher, dass wir die kombinierte Kompetenz von Männern und Frauen brauchen. Das wird der nächste Schritt.

Sie werden also entweder mit Sven-Göran Eriksson Nationaltrainer der Schweden oder mit Klinsmann Coach der US-Männer?

(lacht) Lassen wir uns überraschen.

EPOCHEGRÜNDENDE TEAMS

Die Motoren des Frauenfußballs

Nord- und Mittelamerika: USA, Mexiko und die anderen

Das Concacaf-Gebiet ist in drei Zonen aufgeteilt. Den Norden bilden die USA und Kanada. Mittelamerika ist fest in mexikanischer Hand. Und in der Karibik gibt es viele kleine Nationen.

Das Nonplusultra von Beginn an sind die USA. Es begann 1985 unter Trainer Mike Ryan mit einem Turnier in Jesolo. 1991 schrieb das Team als erster Weltmeister erstmals Geschichte. Schon die Qualifikation in Port-au-Prince auf Haiti sagt alles, 49:0 Tore in fünf Qualifikations-spielen. Trainer Anson Dorrance wurde zur ersten Legende. Seine Dekade begann 1986 und endete 1994. Kaum geringer ist der Ruhm von Nachfolger Tony DiCicco, der mit dem Team 1996 Olympiasieger und 1999 Weltmeister wurde. Bis heute riss die Erfolgsstrecke nicht ab. Dementsprechend groß ist die Zahl an bekannten Namen, aus denen zwei Megastars heraus-ragen: Mia Hamm und Kristine Lilly. Hamm kam von 1987-2004 auf 275 Länderspiele mit 158 Toren. Lilly begann im gleichen Jahr und ist immer noch aktiv. 342 Länderspiele stehen bisher für die 37 Jahre alte »eiserne Lady« zu Buche, die dabei 129 Tore erzielte und gerade erst einen Profivertrag in der neuen WPS für Boston unterzeichnete. Dass sämtliche Spielerinnen mit über 200 Einsätzen aus den USA kommen, überrascht ebenso wenig wie die 25 Spielerinnen mit über 100 Länderspielen. Die jüngste ist Heather Mitts. Sie jubilierte an der Algarve im März 2009. Das US-Team ist aus Mangel an einer eigenen Liga eigentlich das ganze Jahr über als Nationalteam unterwegs und tingelt von Länderspiel zu Länderspiel.

Zweite Kraft im Concacaf-Raum ist Kanada, das unter Norwegens Trainer Even Pellerud innerhalb eines neunjährigen Vertrages in die Weltelite sprang.

Dritte Kraft ist Mexiko. Anfang der 70er Jahre schon im Frauenfußball aktiv, schlief der Sport dann fast vollständig wieder ein. Bis 1999 der Ehrgeiz neu erwachte – angesichts der WM im Nachbarstaat und zahlreicher Mexikanerinnen in den USA. Mit Leo Cuellar, einem Natio-nalspieler mit über 100 Länderspielen und einer Legende in Mexiko, wie es hierzulande Franz Beckenbauer ist, gelang die WM-Teilnahme. Cuellars zwölfjähriger Vertrag läuft noch immer und Mexiko ist immer wieder nahe dran an der Weltelite.

Asien: China und die anderen

Die Meisterschaftstriumphe verraten einiges, aber nicht alles. Der amtierende Asienmeister heißt beispielsweise Nordkorea und trägt den Titel zum dritten Mal. Doch China ist von Beginn an die Vormacht auf dem Kontinent und auch Rekord-Asienmeister. Insbesondere von 1986

Das US-Team, Weltmeister 1999 ...

... und ihre Stars Kristine Lilly (unten li.) und Mia Hamm

Die Chinesinnen beim Algarve-Cup 1999

bis 1999 hatten die »Steelroses« den Kontinent fest im Griff als ununterbrochener Meister. Mit dem Einbruch in der Todesgruppe von Sydney bei Olympia 2000 verblasste hingegen der Stern. Zahlreiche Trainerwechsel verhindern seither Kontinuität. Sun Wen, Liu Ailing, Wen Lirong, Gao Hong. Namen aus jener Zeit, als das Team unter Trainer Ma Yuanan in der Weltspitze richtig was zu sagen hatte. Heute ist aus dem Dreikampf zwischen Nordkorea, China und Japan mit Australien eine vierte Kraft dazugekommen, die um einen Titel spielen kann. Im Aufwind befinden sich derzeit Nordkoreas nie lächelnde Eisenmasken um Megastar Ri Kum Suk und die stets freundlichen Japanerinnen um Megastar Homare Sawa aus der »Nadeshiko«. So nennt sich Japans Auswahl seit ein paar Jahren. Nadeshiko ist eine spezielle Lilienart und bezeichnet ein klassisches Schönheitsideal. Nadeshiko hat aber auch eine gesellschaftliche Bedeutung und bezeichnet die moderne junge Frau. Stets hübsch, anmutig, dezent gekleidet und fein geschminkt. Freizügige Kleidung ist tabu. Traditionelle Kleidung ist nicht nur zu festlichen Anlässen erwünscht. Das bei der heutigen japanischen Jugend weit verbreitete Bleichen der Haare hat zu unterbleiben. Charakterlich ist eine Nadeshiko willensstark und kann sich durchsetzen. Schicksalsschläge und psychische oder physische Schmerzen erträgt sie unbewegt. Sie ist aber nicht unabhängig oder selbständig und findet auch nicht im Arbeitsleben, sondern nur in der Heirat mit einem starken Mann ihre Erfüllung. Sie bringt alle nötigen Opfer zum Wohlergehen und Schutz ihrer Familie und ihrer Heimat.

Afrika: Nigeria und die anderen

Siebenmal hintereinander waren die Falken aus Nigeria Afrikas Frauenmeister. Im Herbst 2008 aber hat es sie erwischt. Erstmals mussten sie Äquatorial Guinea den Titel überlassen. Doch an der Rangfolge ändert das im Prinzip nichts. Nigeria ist stets dabei. Und wenn es per Kontingentierung zwei Plätze gibt, geht dieser bislang an Ghana. Zwei Nachbarn übrigens, die sich gegenseitig nichts gönnen. Nigeria verfügt meist über körperlich große Spielerinnen mit großen individuellen Fähigkeiten, die mannschaftlich nicht so sehr zum Zuge kommen. Dennoch ist das Team im Regelfall dem Rest des Kontinents um Meilen voraus, Nigeria verfügt zudem über eine funktionierende Liga. Hierin mag ein Schlüssel des Erfolges stecken. Denn aufgrund der politischen Verhältnisse in der Diktatur lebt die Korruption unter den Stammesfürsten. Dass Gelder da ankommen, wo sie hingehören, ist keinesfalls sicher. Spielerinnen klagen über ausbleibende Gehälter, nicht ankommende Boni, und als besonders dreist gilt der Versuch, die FIFA zu erpressen. 2007 drohte das nigerianische Team mit einem WM-Boykott, falls der Verband die Anreise nach China nicht bezahlen wolle – obwohl die FIFA allen Teams für die Qualifikation einen nicht unbedeutenden Bonus gezahlt hatte. Sportlich war Nigeria für bislang jede WM qualifiziert. Weit gekommen indes sind die »Super Eagles« nie. Trotz stets guter Torhüterinnen, wie etwa Precious Dede. Die besten Akteurinnen spielen unterdessen nicht selten im europäischen Ausland. Das war so mit Mercy Akhide, Cyntia Uwak und manch anderer bekannter Spielerin. Faith Ikidi und Maureen Mmadu etwa im schwedischen Linköping, ChiChi Igbo im dänischen Hjörring, Perpetua Nkwocha in Skellefteå, Aladi Ayegba in Kookolan in Finnland. Stella Mbachu war sogar Farbtupfer für Tianjin in der Nationalliga Chinas.

Nigerias Frauen verlieren in Peking 2008 mit 0:1 gegen Nordkorea.

Südamerika: Brasilien und Argentinien

Die Tradition des Frauenfußballs ist in Südamerika nicht sehr groß. Erst die Weltmeisterschaften haben zu Wettkämpfen geführt. Noch heute gibt es fast keine Länderspiele außerhalb der Qualifikationen. Da allerdings ist der Kontinent dann komplett bei der Sache. Rekordsieger ist mit vier Südamerika-Titeln Brasilien. Gleichwohl seit 2006 Argentinien den Titel spazieren trägt. Doch das ist nicht sehr bedeutend. Der Vergleich gegen Deutschland trifft da schon eher. Argentinien

Brasiliens Stars Marta und Cristiane

verliert bei der WM 2007 mit 0:11, Brasilien schlägt die DFB-Auswahl bei den Olympischen Spielen 2008 mit 4:1. Ein Klassenunterschied.

In Brasilien hat sich der Frauenfußball in den vergangenen Jahren vor allem durch seine Vorzeigekickerin Marta gemausert: Seit 2004 gilt die weibliche Seleçao als Goldkandidat auf WM-Ebene. Im Olympiafinale 2004 gegen die USA blieb es wie später auch bei der WM 2007 und den Sommerspielen von Peking 2008 noch bei Silber. Vor allem die Erfolge von Megastar Marta sorgen für Rückenwind in der Entwicklung. Die mehrfache Weltfußballerin nutzt die Bühne in Zürich stets, um mehr Infrastruktur, vor allem aber mehr Interesse in ihrer chauvinistisch geprägten Heimat einzufordern. Immerhin wurde vor zwei Jahren mit dem Pokalwettbewerb erstmals ein nationaler Wettbewerb eingeführt. Doch das reicht längst nicht aus. Ligaspiele müssen her. Und vor allem müsse sich, so Trainer Barcellos, inzwischen von der neuen US-Profiliga nach St. Louis abgeworben, die Mentalität in den großen Klubs verändern, die über den Frauenfußball immer noch lächeln. Dass die Topstars der Nationalelf fast geschlossen in der US-amerikanischen WPS unterzeichnet haben, wird dem Sport unterm Zuckerhut nicht weiterhelfen. Zuvor waren sie im Prinzip über Europa verteilt. Schweden, Österreich, Dänemark, Frankreich und auch Deutschland. Marta, Cristiane und Co. werden in der Auswahl noch manche Nuss zu knacken bekommen.

Die Entwicklung bei Argentiniens Fußballfrauen ist zwar fortgeschritten. Der erstmalige Finalsieg (2:0) bei den Südamerikameisterschaften im heimischen Mar del Plata 2006 gilt als Meilenstein. Der historische Titel gab dem Frauenfußball im Lande Rückenwind und dem Nationalteam Selbstbewusstsein für die WM 2007. Eine der Routiniertesten im Team, Mariela Coronel

(26) von Klub San Lorenzo, meinte mutig: »Wir haben uns mannschaftlich und individuell stark verbessert. Unser Ziel ist es, die Vorrunde zu überstehen. Der Abstand zu den Topteams ist auf jeden Fall kleiner geworden.« Trainer Carlos Borrello blieb vorsichtiger: »Das Team hat an Erfahrung gewonnen«. Das alleine dürfte nicht viel nutzen. Borellos steile Karriere gilt als ein Beispiel für die Entwicklung im Lande: In dem kleinen Nest San Martin de Burzaco bei Buenos Aires coachte sein Vater das Frauenteam. Carlos half ihm dabei, machte gute Arbeit, wurde vom Fußballverband entdeckt und assistierte dort fortan dem Frauencoach Carlos Torres. Das war 1998. Noch im gleichen Jahr übernahm er alle weiblichen Nationalteams der AFA. Die Zukunft des Frauenfußballs malt er rosig: »2011 werden wir zu den zehn besten Mannschaften gehören.« »Wir arbeiten hart und wollen zeigen, dass wir mithalten können«, meint Romina Ferro. Die Torhüterin sprüht vor Ehrgeiz, will die drei Niederlagen mit 1:15 Toren aus der Debüt-WM vergessen lassen. Die Sportlehrerin spielte einst Tennis und wurde im Studium zur Fußballerin. Aufgrund ihrer Reflexe und Koordination vom Tennis geriet sie zwischen die Pfosten, gilt dort längst als großer Rückhalt. »Viele Eltern akzeptieren inzwischen, dass Fußball nicht nur Männersport ist«, will sie den Wandel im Land des Tangos mit seinen Vorurteilen aus der Macho-Kultur vorantreiben. Doch der sei erst in den Anfängen, bestätigt auch Spielmacherin Rosana Gomez von den Boca Juniors. »Wir werden einfach ignoriert«, klagt sie und erinnert sich noch an ein Meisterschaftsfinale im Verein, als man sie und ihre Kolleginnen auf der Tribüne verlachte und an den Küchenofen zurückwünschte. Die neue Generation, die Argentinien irgendwann einmal doch zu einem wirklichen Land des Frauenfußballs machen könnte, lässt sich davon indes nicht unterkriegen.

Europa: Skandinavien und Deutschland

Die Zahl der kontinentalen Meisterschaften belegt eindeutig: Deutschland ist ganz vorne. Das war nicht immer so, aber mit der Gründung des Nationalteams wird daran stetig und mit Geduld gewerkelt. Die Qualität des A-Teams steigt, der Unterbau im Nachwuchs wird ernsthaft aufgebaut. Ebenso die Infrastruktur mit Ligasystem und Vereinen. Die Bundesliga gehört zur Weltspitze. Stein für Stein entsteht ein nachhaltig gutes Gebäude, das sich durch seine Erfolge in der Spitze an der Basis selbst stärkt. Der Weg führt über die Nationaltrainer Gero Bisanz, Tina Theune-Meyer und Silvia Neid bis hin zu einem Aufbau einer leistungsfähigen Verwaltungsstruktur.

Vor dem deutschen Aufstieg bis 1989 dominierte international Skandinavien. Dänemark machte schon seit Anfang der 70er Jahre eine gute Figur. Erster offizieller Europameister wird 1984 aber Schweden, gefolgt von Norwegen. In den 80er Jahren entstanden auch die Nordic-Cup-Turniere für den Nachwuchs. Dann kam der Algarve-Cup, den ebenfalls die Skandinavier wegen ihres harten Winters als Ausweichlösung ins Leben riefen. Die schwedische nationale Liga kann es heutzutage mit der Bundesliga locker aufnehmen. Sie bezeichnet sich selbst gerne als stärkste Liga der Welt.

Das norwegische Team beim Algarve-Cup 1999

Selbst Topnationen wie England und Frankreich leiden unter zu geringer Breite. Auf der Insel kommt hinter Arsenal London mit Abstand der FC Everton und dann lange nichts. Eine angedachte Ligareform wurde wegen der Weltwirtschaftskrise verschoben. Auch in Frankreich klafft hinter Olympique Lyon ein Loch. Interessanter Boom in den kleinen Niederlanden: Die Anbindung der Klubs an männliche Profivereine hat die Zuschauerzahlen in die Höhe schnellen lassen. Die Halbfinalteilnahme bei der EM 2009 zeigt den Fortschritt. In Dänemarks National-liga ist der Modus zum Titel so: Die Topvier spielen nach der Ligasaison um den Titel. Während es in fast allen europäischen Ländern vorangeht mit dem Frauenfußball, steckt Italien seit langem in einem Tief, zumindest gemessen an der Rolle aus den 70er und 80er Jahren. Die Schweiz leidet unter ihrer geographisch geringen Dimension, obwohl sie seit Anfang der 70er Jahre mit Liga, Pokal und Nationalteam dabei ist.

Ozeanien: Australien und Neuseeland

Australiens »Matildas« dominierten lange Zeit den Kontinent. Das größte Land Ozeaniens gilt als übermächtig. Ein Ligasystem stützt die Nationalmannschaft, die sich spätestens mit Olym-pia 2000 in Sydney auf der Welt etabliert hat. Aufsehen erregten sie mit ihrem Nacktkalender zu Olympia 2000, der an den Tankstellen im Lande verkauft und flugs ausverkauft war. Seit 1995 sind die »Matildas« bei jeder WM dabei. Tom Sermanni ist der Trainer hinter dem Erfolg.

Neuseeland 1998 beim Länderspiel in Dresden

Mehrere Spielerinnen wie Rekordspielerin Cheryl Salisbury oder Anissa Tann Darby haben über 100 Länderspiele bestritten. Immer wieder tummeln sich australische Namen auch in ausländischen Ligen. Zu WUSA-Zeiten in den USA, aber auch in Skandinavien. Weil aber aufgrund der Insellage ein ernsthafter internationaler Wettbewerb kaum möglich ist, wird es Australien gestattet, sich wie bei den Männern seit zwei Jahren in den Wettbewerben Asiens zu tummeln.

Das bringt zwangsläufig Neuseeland wieder in die ozeanische Poleposition. Auch bedingt durch die Ausrichtung der U17-WM 2008 spüren und nutzen die Kiwis den Rückenwind. Für die WM 2007 und zur Olympiade 2008 bauten sie ein komplett neues Nationalteam auf, bestehend überwiegend aus U20-Girls und nur wenigen erfahrenen Stützen. Das Experiment von Trainer John Herdmann gelingt. Extreme Negativ-Ergebnisse bleiben aus. Die »Kiwi-Ferns« etablieren sich. Da wächst ein epochebildendes Team heran, das Papua Neuguinea und die kleinen Inselnationen von Tonga bis Tahiti fest im Griff hat. In den 70er und 80er Jahren war Neuseeland übrigens schon mal so stark. Gegründet wurde der Frauenfußballverband 1975, dem normalen Fußballverband angegliedert. Neuseeland war damals immer gut dabei, profitierte von den Unternehmungen im südostasiatischen Raum. Beim Debüt 1975 nahm das Team unter Trainer Dave Farrington die Konkurrenz im Sturm und wurde Asienmeister. Hongkong, Malaysia und Australien wurden aus dem Weg geräumt und Thailand im Finale mit 3:1 geschlagen. Torschützinnen: Marlyn Marshall (2) und Nora Heatherington. Unter Dave Boardman und Roy Cox folgten in den 80er Jahren weitere Erfolge. Neuseeland war auch bei der ersten WM 1991 in China dabei. Zahlreiche Spielerinnen waren damals übrigens nicht nur im Fußball erfolgreich, sondern auch in anderen Sportarten Nationalspielerinnen: Kathy Hall, Raywin Hall, Debbie Leonidas, Leslie King, Cinnamon Cghaney und Marlyn Marshall waren Softball-Internationale, Lorraine Taylor und Wendy Sharpe Nationalspielerinnen im Touch Rugby, Anne Smith war Volleyball-Auswahlspielerin.

INTERVIEW MIT LEONARDO CUELLAR

»99 Prozent des Frauenfußballs in Mexiko ist Freizeit-fußball.«

In Mexiko ist nach jahrelanger Flaute seit ein paar Jahren wieder Ehrgeiz ausgebrochen: Fuß-ball ist auch ein Sport für Mädchen und Frauen. Inzwischen geben die Mexikaner richtig Gas und werden auch mit internationalen Erfolgen belohnt. Ein 12-Jahres-Programm soll Mexikos Frauen unter der Regie von Nationaltrainer Leonardo Cuellar als Weltnation im Frauenfußball etablieren. Cuellar, der einst mehr als 100 Länderspiele für Mexiko bestritt, legt dabei Wert auf viele internationale Vergleiche. Nicht nur gegen Studententeams aus den benachbarten USA, sondern quer durch die Welt, um sich Erfahrungen gegen die verschiedenen Spielstile auf der Welt anzueignen.

Herr Cuellar, seit der WM 1999 ist Mexiko wieder ins Gespräch gekommen. Damals kamen viele Spielerinnen ihres Teams aus den USA. Die WM fand beim Nachbarn statt. Hat das zusätzlichen Rückenwind nach der Qualifikation gegeben?

Ich denke schon. 1998 hat der Verband angefangen, Frauenfußball ernst zu nehmen. Aber die WM 99 kam für uns zu früh. So schnell kann man kein starkes Team aufbauen. Wir haben natürlich von der USA-Situation profitiert. Ich selbst lebte damals auch in Los Angeles und war als Universitätstrainer tätig. Allerdings bei den Männern.

Nach der WM konnte sich Mexiko im Gespräch halten.

Wenn wir etwas tun, dann tun wir es richtig. Sonst hat es keinen Sinn. Wir bemühen uns deshalb zunächst einmal um Kontinuität beim Aufbau.

Das braucht Zeit.

Natürlich. Der Verband hat einen 12-Jahres-Plan beschlossen. Wir sind jetzt im sechsten Jahr und haben schon eine Menge erreicht.

Wie sieht es aus mit dem Schaffen von Strukturen und Ligen?

Man muss ganz klar sehen: 99 Prozent des Frauenfußballs in Mexiko ist Freizeitfußball. Noch haben wir keine national organisierte Liga mit gutem Standard, sondern verschiedene Zentren. Viele Nationalspielerinnen und Talente liebäugeln daher mit dem Ausland, am liebsten mit Europa oder einem Studium in den USA.

Vermutlich liegen Mexikos Impulsgeber oft in den Ballungsgebieten wie Mexiko City?

Nein, diese Vermutung ist falsch. Mexiko City ist viel zu groß. Zu viele Menschen leben auf zu engem Raum. Sportplätze sind da Mangelware. Um Guadalajara herum aber boomt

Leonardo Cuellar mit Nachwuchsspielerin Julia Campos

der Mädchen- und Frauenfußball, weil dort mehr Platz ist und damit mehr Gelegenheiten geschaffen werden können. Aber grundsätzlich ist der Aufschwung überall spürbar. Statt etwa 20 Teams zu der Zeit, als ich angefangen habe, sind wir inzwischen bei rund 300 Teams.

Wie sieht es beim Nationalteam aus?

Als ich angefangen habe, hieß es »open age«; also etwa zwischen 13 und 35 Jahre alt waren die Spielerinnen. Jetzt haben wir durch unseren Plan seit 2005 erstmals eine U12 und gehen den üblichen Weg mit U15, U17, U19 und A-Team.

Der Frauen- und Mädchenfußball wird also populär?

Auf jeden Fall wird er mehr akzeptiert. Unser Problem ist aber nach wie vor, dass wir in einer Macho-Kultur leben. Da geht es nur in ganz kleinen Schritten vorwärts. Aber Tag für Tag ein bisschen mehr ist auch eine Entwicklung. Das ist ein anderer Aspekt neben der Eigenentwicklung, warum Kontinuität so wichtig ist. Wir werden das bei unserer Zwischenbilanz im nächsten Jahr erleben, wenn die erste Hälfte unseres Planes verstrichen ist.

Das Fernsehen scheint bei Ihnen gut mitzumachen? Ich erinnere an Olympia in Athen und die beiden Turniere an der Algarve.

Ja, das stimmt. Das Fernsehen zeigt großes Interesse. Aber wir brauchen gute Ergebnisse, um akzeptiert und beachtet zu werden. Ohne Siege und Erfolge kein Fernsehen. Beim Algarve-Cup-Debüt zum Beispiel konkurrierten gleich zwei Sender um uns. Die sind extra aus Mexiko eingeflogen. Im Moment sind wir recht kreditwürdig. Die Medien sind natürlich eine Hilfe, wenn sie unsere guten Leistungen transportieren.

Ihre eigene Person hilft da sicherlich auch gut mit? Ein Mann mit über 100 Länderspielen übernimmt den Frauenfußball, baut einen Plan für zwölf Jahre und zieht aus Los Angeles von seinem Akademikerjob wieder zurück nach Mexiko.

Ach ja, das mit meiner Person will ich nicht so hoch hängen. Aber eine gewisse Seriösität steht schon hinter all den Handlungen. Der Verband hat sich schon etwas gedacht, dieses Programm mit mir durchzuziehen.

Mexiko hatte sich für die U19-WM 2006 beworben. Die fand in Russland statt. Ist das ein Rückschritt?

Es gab vier oder fünf Bewerber. Wichtig war uns, zu zeigen, dass wir dabei sind und bereit sind zu arbeiten. Dass wir, trotz unseren Aufstrebens, die WM noch nicht bekommen würden, damit habe ich insgeheim gerechnet. Das war in erster Linie ein Zeichen an die Welt. Man muss die Chancen wahrnehmen, die sich bieten.

Wie sehen die weiteren Planungen aus?

Wir blicken immer auf die nächste WM- und Olympia-Qualifikation. Aus ungefähr 60 Spielerinnen forme ich dann einen 25er-Kader, der sich entwickeln und einspielen wird. Das wird sehr an-

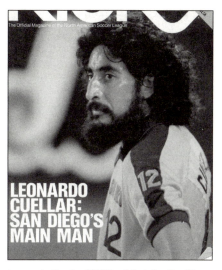

Leonardo Cuellar 1979 im Trikot der San Diego Soccers

strengend für die Spielerinnen, denn heute zählt nur noch die Leistung. Wir brauchen sehr viele Spiele und werden uns um diese auch bemühen.

Bei der WM-Qualifikation 2003 gab es dieses berühmte Relegationsspiel gegen Japan im mit 70- oder 80.000 Personen prall gefüllten Aztekenstadion. So war es auch bei der Qualifikation für 2007. Was haben Sie für Erinnerungen daran?

Wir haben uns für die WM 2003 im Rückspiel qualifiziert, zur WM 2007 nicht. Die Atmosphäre im Hinspiel zur WM 2003 war einmalig. Vielleicht waren sogar 100.000 Zuschauer im Stadion. Es gibt ja die unterschiedlichsten Daten hierzu. Es kostete keinen Eintritt. Aber es waren überwiegend fußballinteressierte Fans, die gekommen sind. Leute, die das Spiel lieben und ihren Spaß daran haben. Eine sagenhafte Atmosphäre.

1971 gab es so etwas schon einmal bei einer privat veranstalteten WM. 110.000 Zuschauer sollen gekommen sein. Haben Sie Erinnerungen daran?

Oh ja, natürlich. Ich war damals ein junger Mann und als Zuschauer im Stadion. Ich habe das gesehen. Es war ein Riesenspaß. Und die Qualität der Spiele war recht gut. Das Ganze war ja neu und selten. Das hat viele Leute neugierig gemacht und in den Bann gezogen. Mich auch. Unsere kleinen dunklen Spielerinnen und dann diese großen blonden Frauen aus Skandinavien. Oder auch die Spielerinnen aus England und Italien. So etwas hatten wir zuvor noch nicht gesehen. Aber irgendwie haben die es damals nicht geschafft, die Kurve der Kontinuität zu kriegen. Für Mexiko war das im Nachhinein schade, weil wir über 25 Jahre lang danach Stillstand hatten. Jetzt haben wir begonnen, diese 25 Jahre aufzuholen. ■

NORDKOREAS EISERNE MASKEN

Zwei Fragen oder 20 Minuten?

Die Französin Ségoléne Valentin, FIFA-Medienbeauftragte in Wuhan, hat 2007 die internationale Pressekonferenz mit Nordkorea zum WM-Viertelfinale gegen Deutschland noch gar nicht eröffnet, da schocken Nordkoreas Vertreter bereits zum ersten Mal, in dem sie im Konferenzraum im sechsten Stock des Mannschaftsquartieres erklären: »Zwei Fragen bitte, wir müssen zum Training.« Doch ließ sich die Französin nicht beeindrucken. Der Trainer und sein Übersetzer müssen die 20 Minuten auf dem Podium durchhalten. Nur nichts verraten, bleibt dabei die Devise. Dass Nordkorea nicht einmal den Cheftrainer schickt, sondern mit Kim Pong II den Co-Trainer, wirkt ohnehin brüskierend und arrogant wie ignorant gegenüber der Konkurrenz im Turnier. Ein Jahr später bei den Olympischen Spielen bietet sich das gleiche Bild. »Fragen Sie mich nach dem Spiel«, wird zur Standardantwort des Trainers neben der Huldigung des despotischen Staatspräsidenten, der selbst dem chinesischen Nachbarn nicht geheuer ist.

Über die Mannschaft, die im Training angesichts von fast stets im Gleichschritt und in furchterregender Ordnung durchgeführter Übungen den Eindruck einer Militärbrigade bei der Truppenübung hinterlässt, ist nicht viel zu erfahren. Drei Spielerinnen aus dem Weltmeisterteam der U20 vom Vorjahr sind dabei. »Die anderen sind noch nicht reif genug«, sagt Assistenztrainer Kim. Weder über Stars noch über den Stellenwert des Frauenfußballs gibt er Auskunft. Schon gar nicht über Ligen oder Vereine. Stattdessen stellt er fest, dass Deutschland ein starkes Team habe. Deutlich sichtbar wurde, wie Diktaturen funktionieren. »Ein Tor – und die Mannschaft ist im Gespräch«, meint der Übersetzer, ein junger Chinese. »Wir spielen zu allererst für unser Land, nicht für Geld«, verlautbart der Coach ungefragt. Der Militärgeneral und liebevolle Führer Kim Yong II werde stolz sein, wenn die Frauen den WM-Titel gewännen. »Das ist gut für die Zukunft.« Aber wie stolz die Menschen sein würden, »könne er nicht beurteilen«, sagt Kim. »Wir haben bisher noch nicht viel für die Bevölkerung getan, die uns voll unterstützt.« Was durchaus als Forderung nach einer Leistungssteigerung interpretiert werden darf. Zumal Erfolg gut belohnt wird, Misserfolg möglicherweise bestraft. So ist es üblich in Diktaturen.

Die Frage nach Intensität der Medienberichterstattung in TV und Presse ist damit beantwortet. Bezeichnend: Journalisten aus Nordkorea sind nicht akkreditiert. Die Berichterstattung kommt von Exil-Koreanern aus China. Das spare den Journalisten erhebliche Reisekosten, meint der Co-Trainer sarkastisch. Das Gerücht, der medienscheue Staatschef Kim Song II werde persönlich kommen, wird dementiert. Und Ségoléne Valentin war am Ende heilfroh, die geforderten 20 Minuten ohne größere Probleme moderiert zu haben. Fußball spielen können

Nordkoreas Frauen 1999 in der Sportschule Grünberg

die Mädels besser, als vor den Medien der Welt zu punkten. Die Empörung des Restes der Welt stört Trainer und Team nicht. Sie verziehen keinen Gesichtszug, sie lachen nicht (auch nicht heimlich im Keller), antworten wie ferngesteuert und erwerben sich das Attribut »Die eisernen Masken«. Es herrscht Unbehagen im Umgang mit den Nordkoreanerinnen, die mit Fug und Recht als geheimnisvollste und merkwürdigste Weltmacht im Frauenfußball gelten dürfen. Auch im Stadion erwecken die organisierten Jubeltruppen aus Pyöngyang Misstrauen. Dabei ist der nordkoreanische Frauenfußball gar nicht schlecht. Gut organisiert in der Abwehr, aggressiv nach vorne, schnelles Umschalten, Flügelspiel, Präzision im Passspiel, individuelles Können, Ballsicherheit bei höchstem Tempo, individuelles und taktisches Geschick. Fragen kommen auf, wie das geht, angesichts des allgegenwärtigen sozialen Elends im Lande. Ist Staatsdoping im Spiel? Antworten auf solche Fragen gibt es natürlich nicht.

EINE FRAGE DER WELTANSCHAUUNG

Beim Kick des weiblichen Geschlechts dominieren weitgehend andere Nationen als bei den Männern. Ein kulturanthropologischer Erklärungsversuch

Für Fußballliebhaber ist Frauenfußball eine kulturelle Herausforderung. Nicht allein wegen der doch auffälligen Andersartigkeit des Körperbaus der Spielerinnen im Vergleich zu den Männern der Schöpfung, sondern auch wegen der Akteure, die das weibliche Ballspiel dominieren. Denn ganz andere Nationen als bei den Männern geben bei den Frauen den Ton an, mithin erscheint die Dominanz im Fußball als eine Frage der Weltanschauung.

Im Männerfußball ist die Kulturfrage dabei schnell geklärt: Noch kein Land der Welt hat bislang eine Weltmeisterschaft gewonnen, das ohne kräftige katholische Wurzeln seine kulturelle Prägung erhalten hat. Bei den Weltmeisternationen Uruguay, Brasilien, Italien und Argentinien ist die katholische Dominanz in der Kultur völlig einsichtig, aber auch Deutschland, Frankreich und England sind eindeutig geprägt vom Wesen des europäischen Abendlandes, dessen Grundlage nun einmal der Katholizismus ist. Männerfußball ist also Glaubenssache. Der Rest der Welt vom kommunistisch geprägten Russland über das von Gemeinschaftssinn geprägte China oder aber das puritanische Nordamerika verstehen den Fußball in seiner ganzen fragwürdigen Ungerechtigkeit und Sinnlosigkeit bis heute nicht so ganz. Sie freunden sich maximal mit dem Spiel an, weil es ja die anderen Erdteile aus irgendeinem Grund so sehr lieben.

Die innigste Beziehung zwischen dem runden Leder und den Verehrern der Balljagd besteht jedoch in den katholischen Kulturen, die im Fußball eben das Leiden am Schicksal wiedererkennen, das der Alltag dem Menschen in seiner Ohnmacht gegenüber den Wirren des menschlichen Daseins bereithält. Ein Spiel endet wie das Leben nicht immer mit einem gerechten Resultat. Oftmals springt der Ball drei Mal gegen den Innenpfosten und wieder ins Feld zurück statt ins Netz hinein, so wie im Alltag drei Versuche zum Glücklichwerden misslingen.

Der Protestant wie der kommunistisch geprägte Mensch können mit dieser freiwilligen Auslieferung an das ungerechte Schicksal unterdessen nichts anfangen. Sie verlangen als fortschrittsgläubige Menschen von einem Spiel, dass es ein Resultat liefert, das möglichst genau den Leistungen der Konkurrenten entspricht. Spiele mit vielen Tor- oder Korberfolgen erhöhen die Chance auf ein solch befriedigendes Ergebnis, deshalb lieben die Amerikaner Football oder Basketball und eben nicht die Merkwürdigkeit eines 0:0 nach neunzigminütigem Sturmlauf.

Umso erstaunlicher ist es, dass im Frauenfußball die Machtverteilung genau umgekehrt ist. Hier gehören die Skandinavier zu den Weltmächten und haben gleich drei Teams aus Schweden, Dänemark und Norwegen in der Weltspitze etabliert. Die ebenfalls protestantisch ge-

Das erste, am 23. März 1895 im British Ladies' Football Club in Hornsey ausgetragene Frauenfußball-Spiel, North gegen South

prägten USA und Kanada zählen wie Australien ebenfalls zu den Weltmächten, die kommunistisch erzogenen Chinesinnen gehören ebenso wie die Nordkoreanerinnen zu den aufstrebenden Nationen. Während die erzkatholischen Männer-Großmächte Italien und Spanien im Frauenfußball unterdessen nur noch drittklassig sind, halten einzig Deutschland und Brasilien die Ehre der katholischen Fußballländer hoch. Während in Brasilien der anhaltende Erfolg der Weltstars wie Weltfußballerin Marta oder Cristiane von der chauvinistischen Öffentlichkeit nahezu vollständig ignoriert wird, entpuppt sich damit Deutschland als die einzig wahrhaft emanzipierte Fußballnation, in der der Wert des Spiels über der kulturellen Dominanz historischer Prägung steht.

Es gibt unterdessen eine einleuchtende Erklärung für die gänzlich andere Machtverteilung bei den Frauen: Hier dominieren jene Länder, in denen die Gleichberechtigung weitgehend vollzogen ist und die Frau einen wesentlich höheren Stellenwert als in den den traditionellen Werten noch stärker verhafteten katholischen Staaten besitzt. Diese emanzipierten Gesellschaften sind nun mal klassischerweise die evangelisch geprägten Länder sowie die kommunistischen Staaten. »Natürlich fällt das ins Auge, dass im Frauenfußball jene Gesellschaften erfolgreicher sind, in denen Frauen einen höheren Stellenwert haben«, sagt auch Silvia Neid. »Ich glaube aber auch, dass wir mit dem Fußball einen gewissen Beitrag leisten können, um das Bild der Frau positiv zu beeinflussen.« Andersherum gesprochen besteht aber auch die nicht geringe Gefahr, dass die Frauen beispielsweise in Argentinien unter den abgründigen Leistungen ihrer nach China entsandten Geschlechtsgenossinnen zu leiden haben. Während die Zeitungen vor der WM kaum Notiz genommen haben vom aktuellen Südamerikameister, wurde das 0:11 zum WM-Auftakt gegen Deutschland 2007 plötzlich als nationale Schande empfunden. Und schuld war mal wieder – die Frau.

4-4-2 FÜR FRAUEN

Von der Taktik beim weiblichen Kick

Pia Sundhage hat das größte Insiderwissen bezüglich des Frauenfußballs in aller Welt. Die ehemalige schwedische Weltklassespielerin hat nicht nur die ersten Weltmeisterschaften als Spielerin miterlebt, sie hat außerdem nach ihrer Spielerkarriere als Trainerin gearbeitet und auf diese Weise zu ihren Kenntnissen des europäischen Frauenfußballs auch Insiderwissen zu Asien und den USA erworben. »Das Spannende an dieser beruflichen Laufbahn von mir ist, dass ich wirklich erfahren habe, warum Fußball in manchen Ländern so und in anderen anders gespielt wird«, sagt Sundhage.

Sie ist sich sicher, dass beispielsweise jedes europäische Land und jede Fußballnation an sich eine spezifische Fußballkultur pflegen, an die sich der Frauenfußball von der Ausbildung im Nachwuchsbereich bis hin zur Nationalmannschaft anpasst. In Deutschland hat sich deshalb beispielsweise eine Turniermannschaft entwickelt, die stets körperlich topfit ist und mit deutschen Tugenden wie Kampfgeist und Durchsetzungsvermögen glänzt. Brasilien pflegt hingegen wie bei den Männern einen spielerischen Stil, der auf einer robusten Viererabwehrkette aufbaut, vor der sieben Künstlerinnen in einem relativ offenen System ihrem Spieltrieb nachgehen dürfen und vor allem Stars wie Marta viel Freiheiten lassen.

Länder wie die USA oder China hingegen kennen laut Sundhage eine solche Fußballkultur nicht: Deshalb seien die Frauenteams stets auf der Suche nach ihrer eigenen Identität, die sie sich nicht von den Männern abschauen. Diese Situation bietet im Einzelfall Vorteile, auf der anderen Seite sei es aber schwierig, Spielerinnen auf ein System einzuschwören, die in ihrer Jugend individuell völlig unterschiedlich ausgebildet wurden.

Sundhage hat dieses Problem bei ihrer Amtsübernahme in den USA nur in langwieriger taktischer Detailarbeit in den Griff bekommen.

Sie spielt mit ihren Olympiasiegerinnen ein klassisch europäisches 4-4-2-System mit flacher Viererkette im Mittelfeld. Dieses System mit seiner Variation hin zu einer 4-2-3-1-Grundformation wird auch von Silvia Neid und der deutschen Auswahl bevorzugt, weil es wegen der stabilen Besetzung des zentralen Mittelfelds und auch der Außenbahnen ein hohes Maß an defensiver Kompaktheit gewährleistet.

Ein offensivfreudigeres 4-4-2 in der Raute mit nur einer wirklich defensiv orientierten Akteurin im zentralen Mittelfeld wird von den Frauen hingegen eher gemieden, weil das System eine deutlich höhere, für Frauen vielleicht gar nicht zu leistende Laufintensität mit sich bringt, wie Pia Sundhage meint. In der Raute postieren sich die vier Mittelfeldspielerinnen recht zentral

Pia Sundhage (re.) stürmt 1994 in Wolfenbüttel im Länderspiel Deutschland – Schweden.

und lassen dadurch dem Gegner auf den Außenbahnen viel Raum, den er beim schnellen Umschalten von Abwehr auf Angriff für sehr effektive Konter nutzen kann.

Im internationalen Frauenfußball bewies in den vergangenen Jahren neben den ohnehin leichtsinnigeren Brasilianerinnen lediglich Norwegen den Mut zu einem offensiven System: Die Skandinavierinnen treten in einem sehr offensiv ausgerichteten 4-3-3 an, das sich in der Defensive zu einem 4-5-1 verwandelt. Dank dieser Stärkung der Außenbahnen ist Norwegen das konterstärkste Team der Welt. Möglich ist dieses System indes nur, weil das Team mit Ingrid Stensland über die vermutlich taktisch klügste zentrale Mittelfeldakteurin der Welt verfügt.

DIE GROSSE WELT DES FRAUENFUSSBALLS II

STARS UND LIGEN

Mia Hamm, Weltmeisterin 1999

WUSA

Der amerikanische Traum und seine Neuauflage WPS

Drei Spielzeiten nur währte der große Traum einer Fußball-Profiliga für Frauen – dann ist es für die besten Spielerinnen der Welt bis auf wenige persönliche Ausnahmen in Schweden, Deutschland oder als Vollzeitangestellte des amerikanischen Fußballverbands erst einmal wieder vorbei mit der Möglichkeit, in wirklich professionellem Rahmen ihrem Sport nachgehen zu können. Dabei beginnt zur Jahrtausendwende alles höchst ambitioniert: Inspiriert vom Triumph der amerikanischen Nationalmannschaft bei der Heim-Weltmeisterschaft 1999 samt der Zuschauerrekordkulisse von 77.000 Zuschauern beim Endspielsieg gegen China finden sich Investoren, die die Women's United Soccer Association, kurz WUSA, gründen. Acht Mitgliedsklubs sollen über das Land verteilt die Flamme der Begeisterung für den Kick der Frauen am Brennen halten.

Tatsächlich ist Fußball oder Soccer, wie die Amerikaner das Spiel in Abgrenzung zu ihrem Volkssport American Football nennen, bei Mädchen in jenen Jahren unvergleichlich beliebter als bei der männlichen Jugend Amerikas. In der Leistungsspitze profitieren die amerikanischen Frauen, die sowohl die erste Weltmeisterschaft in China als auch das erste olympische Fußballturnier in Atlanta für sich entschieden, vom erstklassigen Fördersystem an den amerikanischen Colleges. Während Männerfußball dort eine Schattenexistenz neben den »Big Three« – Baseball, Football und Basketball – führt, avanciert Fußball bei den sportlichen Studentinnen zum bevorzugten Sport. Zudem setzt sich Fußball landesweit auch an den Schulen bei den Mädchen als beliebteste Teamsportart durch. Fußball gilt in der amerikanischen Mittelschicht als der ideale Teamsport: Angeblich sollen deshalb mehr als 20 Millionen Mädchen und junge Frauen in Amerika regelmäßig dem Ball hinterherjagen.

Die junge Mia Hamm

Kristine Lilly

Brandy Chastain

Dazu kommen zahlreiche Afficionados, Sympathisanten des Frauenfußballs. Fast berühmter als die Spielerinnen sind beispielsweise manche Mütter von fußballverrückten US-Girls, sogenannte Soccer Mums. Die berühmtesten sind sicherlich zwei Präsidentengattinnen: Die heutige Außenministerin Hillary Clinton hat sich einst um den Kick ihrer Tochter Chelsea gekümmert. Michelle Obamas älteste Tochter Malia (10 Jahre) spielt ebenfalls Fußball, sogar im selben Team wie einst die junge Clinton an der Sidwell Friends Privatschule.

2001 sind jedoch andere Fußballspielerinnen die Stars: Die besten Amerikanerinnen, namentlich die 20 Spielerinnen des Weltmeisterkaders um die Top-Stars wie Mia Hamm, Brandi Chastain oder Kristine Lilly, bilden bei der Gründung des Unternehmens WUSA als sogenannte Gründungsspielerinnen den Grundstock für die acht Teams, die über das Land verteilt die Liga bildeten: Atlanta Beat, Carolina Courage, San Diego Spirit, BayArea CyberRays (der Meister der Premierensaison spielte ab 2002 unter dem Namen San Jose CyberRays), Washington Freedom, Boston Breakers, New York Power und Philadelphia Charge heißen die Klubs, die zunächst die besten amerikanischen Spielerinnen einigermaßen gerecht untereinander aufteilen und dann vier ausländische Spitzenspielerinnen hinzuverpflichten.

Unter diesen insgesamt rund 30 internationalen Stars sind mit Maren Meinert, Bettina Wiegmann und Doris Fitschen drei deutsche Spielerinnen, die rechtzeitig zur Geburtsstunde der Profiliga die Freigabe von ihren deutschen Klubs erhalten. Meinert und Wiegmann landen gemeinsam bei den Boston Breakers, Fitschen bei Philadelphia Charge. In den beiden

Folgespielzeiten folgen dann auch noch Sandra Minnert, Conny Pohlers, Jennifer Meier, Birgit Prinz und Steffi Jones dem Ruf des Dollars. Prinz mit Carolina Courage im Jahr 2002 sowie Jones, Minnert und Meier mit Washington Freedom 2003 gewinnen in der Fremde sogar den Titel.

Marta 2009 bei ihrer Vorstellung für Los Angeles Sol

Bezahlt werden die deutschen Spielerinnen für ihre meist rund sechsmonatigen Aufenthalte in den Staaten recht ordentlich. Ihre Gehälter bleiben zwar stets unter den Top-Gehältern von rund 80.000 Dollar, die die amerikanischen Spitzenakteurinnen kassieren, dafür können Prinz, Jones und Co. sich außerhalb der von Februar bis August dauernden Saison als Leihspielerinnen bei ihren deutschen Klubs ein paar Euro hinzuverdienen.

Damit ist es jedoch schon 2003 wieder vorbei. Obwohl die acht Klubs der WUSA teilweise erstaunliche Kulissen von durchschnittlich 10.000 Zuschauern zu ihren Spielen locken, schafft die WUSA nicht den wirtschaftlichen Durchbruch. Urplötzlich verkündet die Liga am 15. September 2003, dass sie ihre wirtschaftliche Tätigkeit und den Spielbetrieb einstellt. Nicht einmal die unmittelbar darauf wegen der Vogelgrippe kurzfristig wiederum nach Amerika verlegte Weltmeisterschaft 2003 kann der WUSA einen Rettungsschub verleihen.

Stattdessen dauert es bis 2009, ehe die WPS (Women's Professional Soccer) als Nachfolgerin der WUSA einen neuen Versuch unternimmt, um im Land des aktuellen Olympiasiegers und Weltranglistenersten eine Liga zu etablieren. Aushängeschild der neuen Liga soll die Weltfußballerin Marta werden, die ihren Wechsel vom schwedischen Weltklasseklub Umeå IK nach fünf Jahren für drei Jahre zu Los Angeles Sol bei der FIFA-World Players Gala im Januar 2009 in Zürich bekannt gibt. Ihr Gehalt: Es sollen 180.000 Dollar pro Jahr sein, verbunden mit weiteren 200.000 Dollar an Werbung. Ein Schnäppchen verglichen mit den Millionen, die in L.A. für David Beckham fließen. Und so fordert der Kollege Grahame Jones von der *L.A. Times* nicht umsonst, Marta müsse eine Million verdienen und der Verein eben entsprechende Sponsoren auftun. Der hohe Wert von Martas Kunst sei dann immer noch im Vergleich zu David Beckham ein Schnäppchen, argumentiert Jones. Man wird nun sehen, ob Marta tatsächlich als Zugpferd für den zweiten Profiligaversuch besser taugt, als der offenkundig von Heimweh nach Europa geplagte Beckham.

Das Team von Los Angeles Sol vor dem Eröffnungsspiel der neuen Liga WPS gegen Washington Freedom

Die Teams zur ersten Saison 2009 kommen aus der Bay Area, Boston, Chicago, Los Angeles, New Jersey/New York, St. Louis und Washington D.C.. Die reguläre Saison umfasst 20 Spieltage, so dass jedes Team in den Genuss von zehn Heimspielen kommt, die in der Regel am Wochenende ausgetragen werden. Mit langsamem, aber stetigem Wachstum soll die Liga anders als ihr Vorgänger WUSA zum Erfolg geführt werden. »Wir peilen Zuschauerzahlen zwischen 4.000 und 6.000 an und wir werden sehr sorgfältig über unsere Kosten wachen. Wir wissen, es ist ein Marathon und kein Sprint. Wir wollen nach der fünften Saison beurteilt werden, nicht nach der ersten«, sagt WPS-Chefin Tonya Antonucci, eine ehemalige Yahoo-Managerin, die die WPS als Gründerin wesentlich angeschoben hat.

Der Spiel-Modus sieht vor, dass die besten vier der sieben Teams umfassenden Liga die Play-Offs bestreiten, der Sieger der regulären Saison mit einem direkten Startplatz im WPS-Finale belohnt wird. Im ersten Play-Off muss der Saisonvierte ein Auswärtsspiel beim Saisondritten bestreiten. Der Saisonzweite empfängt dann im Super-Semifinale auf eigenem Platz den Sieger des Duells Dritter gegen Vierter. Der Gewinner des Super-Semifinales ist dann auswärts Gegner des Saisonersten im großen WPS-Finale. Die Debütsaison der WPS endete zwei Tage vor Beginn der Europameisterschaft in Finnland, so dass es zumindest für das Turnier selbst keine Abstellungsprobleme mit Spielerinnen aus Europa gab. Die Behinderungen betrafen lediglich die Vorbereitung. Durch diese überraschende Rücksichtnahme auf die Interessen der europäischen Spielerinnen konnte sich die Liga noch mehrere interessante Akteurinnen vom Kontinent sichern.

So zum Beispiel von Olympique Lyon Sonia Bompastor (102 Länderspiele) für Washington Freedom und Camille Abily für Los Angeles Sol. Arsenal London verlor drei Nationalspielerinnen, der FC Chelsea zwei. Nationalspielerin Caren Carney war die Erste, die Arsenal London

Szene aus dem Spiel von Washington Freedom gegen Chicago

verließ. Sie hat bei den Chicago Red Stars in der US-Profiliga unterzeichnet, wo Emma Hayes Trainerin ist. Hayes stammt einst von Arsenal. Mit Alex Scott wechselte eine weitere Arsenal-Nationalspielerin zu den Boston Breakers. Als Dritte unterzeichnete dort dann gleich für vier Jahre die bereits 30 Jahre alte Topstürmerin Kelly Smith. Frida Östberg indes, die ihre Karriere sowohl bei den »Tre Kronors« als auch bei Umeå IK schon beendet hat, startete doch noch als Profi in den USA. Sie brachte Ex-Nationalkeeperin Caroline Jönsson aus Malmö mit zu den Chicago Red Stars, wo Denise Reddy Co-Trainerin ist. Die wiederum war früher aktiv in Schweden und weiß genau, dass sie Weltklasse eingekauft hat.

Die Teams der Boston Breaker und Washington Freedom waren schon zu WUSA-Zeiten mit diesem Namen dabei. Freedom hat sogar noch denselben Trainer wie einst: Jim Gabarra. Die Red Stars in Chicago klotzen mit Ex-Nationaltrainer Tony DiCicco, der gerade erst mit dem US-Team die U20-WM gewonnen hat. Brasiliens Nationalcoach Jorge Barcellos wurde nach St. Louis abgeworben. Die legendäre Sissi ist Co-Trainerin in Los Angeles. Vom Personal her ist die Liga also bestens gerüstet.

Durch den Modus wahrt die WPS amerikanische Play-Off-Tradition, trägt aber auch den europäischen Wurzeln der Sportart Rechnung, indem sie den Sieger der regulären Saison für seine Leistungen belohnt und ihn mit einem lukrativen Heimspiel im WPS-Finale beschert. Ein einfacher, aber sportlich überzeugender Modus. Die Fernsehzuschauer dürfen sich auf drei spannende K.-o.-Spiele mit Final-Charakter freuen. Auch deshalb wurde für die ersten drei Jahre ein Fernsehvertrag mit dem Sender Fox erreicht.

Sky Blue schlägt Sol mit 1:0 und wird überraschend US-Meister

Die Sonne und der blaue Himmel. Schöner konnte das erste Meisterschaftsfinale der neuen Profiliga im US-Frauenfußball zwischen Los Angeles Sol und dem FC Sky Blue aus New Jersey/ New York gar nicht klingen. Doch selbst das zog nur 7.218 Zuschauer ins etwa ein Drittel gefüllte *Home Depot Stadion* von Carson, Los Angeles. Zur Eröffnung im Frühjahr kamen noch doppelt so viele Neugierige.

Das Team von der Ostküste musste zuvor als Ligavierter durch die Play-Offs, gewann 2:1 bei Washington Freedom und schlug im entscheidenden Halbfinale auswärts St. Louis Atletica vor rund 5.000 Zuschauern mit 1:0.

Vor dem finalen Match hatte L.A. Galaxies Superstar David Beckham eine Grußbotschaft per Video geschickt. »Geht raus und habt Spaß«, animierte er die Frauen beider Teams, gleichwohl er natürlich L.A. Sol um Weltfußballerin Marta die Daumen gedrückt hatte.

Am Ende gab es dennoch einen Außenseitersieg durch Sky Blue. Das Team gewann mit 1:0 durch einen frühen Treffer von Heather O'Reilly (16.). L.A. Sol musste EM-bedingt auf ihren französischen Mittelfeldmotor Camille Abily verzichten und verlor in der 34. Minute Verteidigerin Allison Falk nach rüdem Foul an Natasha Kai. Was es dem Team von Spielertrainerin Christie Rampone erleichterte, die Führung zu verwalten. Rampone hatte erst ein paar Wochen vor Saisonende das Traineramt interimsmäßig übernommen. Wer jetzt auch immer folgen mag: Christie Rampones Fußstapfen sind riesengroß nach dem unerwarteten Titelgewinn.

Weltfußballerin Marta hat bei L.A. Sol die hoch gesteckten Erwartungen voll erfüllt. Sie wurde Torschützenkönigin vor ihrer französischen Teamgefährtin Camille Abily. Auf Platz drei folgt mit Abby Wambach die erste US-Spielerin. Auch die internationale Besetzung der Liga erwies sich als erfolgreich, nachdem es im Vorfeld der Saison und dem Aufbau der Liga reichlich Kritik hagelte. Einerseits am aggressiven Vorgehen der Liga gegenüber dem Rest der Welt. Andererseits bei Spitzenspielerinnen selbst. Viele gaben ihr Ja-Wort erst in letzter Sekunde. Bedingt durch die EM in Finnland und die Vorbereitung darauf, spielte keine deutsche Spielerin jenseits des Atlantiks mit. Sie hätten die EM-Vorbereitung aufs Spiel gesetzt und möglicherweise auch die Teilnahme an der Heim-WM 2011.

WPS-Ligachefin Tonya Antonucci sprach von einer gelungenen Debütsaison: »Angesichts der Weltwirtschaftskrise sind wir mit der ersten Spielzeit sehr zufrieden. Zu den 68 Spielen kamen im Schnitt 4.493 Zuschauer.« Im kommenden Jahr, im März 2010 beginnt die nächste Saison, wird das Feld der bisher sieben Teams um zwei Mannschaften aufgestockt: Atlanta Beat und Philadelphia Independence. So dürfte der Wettbewerb noch abwechslungsreicher werden.

SCHWEDENS ALLSVENSKAN

Ein junger Sportjournalist aus Eslöv gründet eine der heute stärksten Frauenfußball-Ligen der Welt

Die *Allsvenskan* in der heutigen Form gibt es seit 1988. Sie gehört zu den stärksten Ligen der Welt. In den letzten Jahren ist das Selbstbewusstsein der Nordeuropäer so weit gestiegen, dass sie in Schweden gerne mit dem Superlativ »stärkste Liga der Welt« prahlen. Das ist gewagt, gerade im Vergleich mit der Bundesliga. Aber in der Tat gibt es einige Aspekte, in denen die Schweden Vorreiter sind. Etwa in Sachen Fernsehen. Liveübertragungen aus der *Allsvenskan* sind mittlerweile selbstverständlich. Das im Lande sehr starke Sportradio ist oft mit Reportern vor Ort, überträgt Live-Takes. Die Zuschauerzahlen sind rapide gestiegen und heute im Schnitt deutlich höher als in Deutschland. Besonders Umeå IK ist ein Magnet. Ebenso Linköping und Malmö.

Als die Liga 1973 gegründet wird, wird indes Öxabeck IF erster nationaler Meister. Im Jahr darauf gewinnt Jitex BK, dann wieder Öxabeck, dann wieder Jitex. Bis 1993 gibt es nationale Endspiele, ebenso 1998 und 1999. In den übrigen Jahren ist der Gewinner der Nationalliga *Allsvenskan* Meister.

Seit 1988 werden die Zuschauer gezählt. 1988 kommen im Schnitt 204. Bis 1995 sinkt der Schnitt sogar noch. Negativjahr ist die Saison 1994, ein Meisterjahr für Malmö FF, mit nur 127 Zuschauern im Ligaschnitt. Danach aber geht es aufwärts. Als Umeå IK erstmals im Jahr 2000 gewinnt, geht es auf über 300. Djurgarden gewinnt 2003 und die Zuschauerzahlen steigen auf durchschnittlich 922. Im Jahr darauf durchbricht die Liga mit 1.127 die Schallmauer. Auch 2005 geht es über 1.100. In den vergangenen beiden Jahren gab es indes Einbrüche auf 976 beziehungsweise 900 Zuschauer. Doch der Durchschnitt sagt nicht alles aus: Es gibt starke und schwache, interessante und weniger interessante Teams. Linköping gegen Umeå bringt mit 9.413 Zuschauern im letzten Jahr einen neuen Rekordbesuch im Lande. Wenn der UIK gastierte, kamen im Schnitt 2.596 Interessierte. Daheim hat Umeå im Schnitt 1.770 Zuschauer. Den Unterschied zwischen erster und zweiter Liga verdeutlicht Kristianstad. Von 388 Fans pro Spiel schnellte die Zahl auf 1.405.

Einen weiteren Indikator für die Stärke der schwedischen Liga liefert ein Blick auf die Zahl der Legionärinnen: Die *Allsvenskan* genießt bei den besten Spielerinnen der Welt große Popularität. Waren 2005 nur zehn Nationen in der Liga vertreten, sind es 2008 derer 15. Ein klares Zeichen für die wachsende Popularität.

Doch das Wachstum wird falsch eingeschätzt. Die Schulden werden höher. Manch Verein ist seit 2008 in Bedrängnis. Bälinge ist mit dem Abstieg aufgelöst. Fast überall werden jetzt

Schwedens damaliger Nationaltrainer der Männer, Aby Eriksson (re.) besucht das Meisterteam von Öxabeck IF.

kleinere Brötchen gebacken. Der Wechsel von Sarah Tunebro von Djurgarden nach Frankfurt gilt als Notverkauf. Ähnlich werden die Wechsel von Nadine Angerer und Ariane Hingst oft bewertet. In Kristianstad opfern sie trotz 800 Zuschauern im Schnitt buchstäblich ihr letztes Hemd. Im Sommer stehen sie mit blankem Rücken vorm Fotografen. Der Hilferuf vor drohender Insolvenz zeigt: Nicht alles ist Gold, was glänzt.

Begonnen hatte die Erfolgsgeschichte des schwedischen Frauenfußballs Ende der 1960er Jahre. Die wichtigsten Impulse kommen aus dem Süden und Westen Schwedens aufgrund der gemeinsamen Grenze zu Dänemark. Und was die im Frauenfußball damals so fortschrittlichen Nachbarinnen alles treiben, kriegen die Schwedinnen an der Grenze natürlich als Erste mit. In der Provinz Schonen sind sie besonders neugierig. Femina Kopenhagen ist damals das große dänische Team des Frauenfußballs. 1970 schon sorgt Femina international für Furore. EM, WM. Italien, Mexiko. Höchstes Niveau sozusagen.

Nachbarschaftlicher Ehrgeiz entsteht. Was die können, können wir auch. So in etwa ist die Stimmung in der Zeitung *Malmö Arbetet*. Deren Chefredakteur und auch Sportchef Lennart Strandberg ist schnell infiziert. Der ist ein berühmter Leichtathlet. 10,2 Sekunden über 100 Meter bedeuten 37 Jahre lang nationalen Rekord. 1936 bei Olympia läuft Strandberg gegen Jesse Owens. 1969 wird er erneut zur Legende. Er beauftragt seine Mitarbeiter Thorsten Frennstedt und Algot Nordbeck, eine Frauenfußball-Liga ins Leben zu rufen, um nach dänischem Vorbild am Puls der Zeit zu sein. »Das dauerte keine zwei Minuten, bis der Entschluss klar war. Also haben wir angefangen«, erinnert sich Frennstedt, der später Chefreporter im Blatt wird, das Ende der 90er Jahre pleite geht. »Wir haben Werbeaufrufe in der Zeitung gedruckt, zur Ligagründung eingeladen. Es war eine spannende Zeit, dieses Projekt zu starten«, erinnert sich der damals 23-jährige Frennstedt an die Ligagründung. »Ich bin mir sicher, dass wir so ziemlich die erste Liga in Schweden aufgebaut haben. Aber überall im Lande gab es diese Bestrebungen.« Angestachelt von der Entwicklung in Dänemark und von Femina Kopenhagens Erfolgen etabliert sich die Liga. »Um die 300 Zuschauer pro Spiel waren in den ersten Jahren eigentlich immer da«, kramt Thorsten Frennstedt in seinen Erinnerungen an die Anfänge des Frauenfußballs in seiner schonischen Heimatregion.

Schon im Mai 1969 startete dort die Distriktliga mit sieben Mannschaften. Es waren Teams aus der weiblichen Handball-Liga, die von Mai bis September spielfrei hatten und deshalb den Fußball gerne als Ausgleichssport nutzten. Dazu kamen neue Teams mit reinen Anfängerinnen.

»Speziell die Jüngeren in den Mannschaften haben das Fußballspielen schnell gelernt«, erinnert sich Frennstedt. Damals gab es schnelle Entscheidungen: *Malmö Arbetet* wird Ligasponsor. Nachhaltigkeit entsteht. Der Chefredakteur hat seine Liga und blickt wieder zufrieden Richtung Kopenhagen übers Meer.

Gespielt wird 2x30 Minuten und mit der Jugendballgröße 4. »Wir haben damals auch die Eckstöße verändert. Ecken wurden von der Strafraumecke aus getreten, weil viele Frauen nicht so weit schießen konnten«, sagt Thorsten Frennstedt, der schnell zum Frauenfußballreporter Nummer eins in Schweden avanciert, aber damals leider nicht fotografiert. Was heute fatale Auswirkungen hat. »Das hat immer die Zeitung getan. Dort wurden auch die Bilder archiviert. Mit der Pleite von *Arbetet* ist das Archiv entweder verschwunden oder irgendwo in Museen gelandet. Keiner weiß so richtig, wo. Es existieren nur private Bilder.«

Deshalb hat Frennstedt auch keine Fotos vom Triumph seiner Heimatstadt. Die Fußball spielenden Handballerinnen des Eslöv IK gewinnen nämlich in der ersten Saison die Meisterschaft in der »Arbetets Skane-Serie i Damfotboll« ungeschlagen mit zwölf Siegen und 32:2 Toren. Noch torhungriger allerdings ist das Handballteam IFK Malmö als Vizemeister. Ann-Kristin Sjöholm und Ingegerd Skagerlind werden mit 13 Treffern gemeinsame Ligatorschützenkönigin. Das erste Spiel bestritten am 12. Mai 1969 IFK Malmö gegen Furulunds IK – Endstand 7:2. Das 1:0 und erste Tor der Liga erzielte Ann-Christin Sjölund in der 2. Minute. 277 Zuschauer auf Limhamns Sportplatz sind begeistert. Weil die Entwicklung national ist und öffentlich akzeptiert wird, dauert es nicht lange, bis der private Fußball vom Verband vereinnahmt wird. So bilden sich Liga-Hierarchien aus. Plötzlich geht dann alles ganz schnell. Schon 1973 absolviert Schweden das erste Länderspiel gegen Finnland. Es endet 0:0.

MIA HAMM

Die schüchterne Diva

Anfang Juni 1999 verschlägt es Mia Hamm fast die Sprache. In Beaverton, einem westlichen Vorort von Portland (Oregon), ist der Sportartikler Nike beheimatet, bei dem Mariel Margret Hamm unter Vertrag steht. Nike behandelt Mia Hamm im gleichen Atemzug wie Michael Jordan und Tiger Woods. Da war es fast schon logisch, dass die Firma zu einem großen Ereignis einlud. Sie benennt die Sporthalle in ihrem Ausbildungskomplex nach Mia Hamm. Ein Monument schon zu Lebenszeiten, wo die Kariere noch nicht einmal zu Ende ist, sondern sich allenfalls ihrem Höhepunkt nähert. Gerade 27 Jahre alt ist Mia Hamm damals. Aber Mia Hamm ist der Star der anstehenden Weltmeisterschaft in den USA. Sie ist Idol und Vorbild. Alle Mädchen wollen so sein wie Mia Hamm. Selbst die Jungs haben sie ins Herz geschlossen. 12- und 13-Jährige machen Heiratsanträge. Im Stadion bekennen sie sich nicht nur zu ihrer Nationalität. Völlig ungeniert schreiben sie in dicken Lettern auf ihren entblößten Oberkörper »I love Mia«. Kaum ein Mädchen, das nicht ein US-Trikot mit der Rückennummer »9« trägt, welches den Namen »Hamm« ziert.

Mia, Mia, Miahhh!

Hamms TV-Werbung mit Michael Jordan für einen Durstlöscher ist der Knüller dieser Tage gemeinsam mit den adidas-Spots. »Everything you can do, I can do better« umdribbelt Mia Hamm die Sport-Legende beim Basketball und Fußball, besiegt Jordan beim Fechten und legt ihn im Judo flach. Der Spot trifft genau die Kernaussage dieser WM. Sie wendet sich an die Mädchen, fordert auf, stark und selbstbewusst zu sein. Mia Hamm ist die Patin der Soccer-Barbie. Mia Hamm wirbt für Energie-Riegel. Mia Hamm, die Powerfrau. Mia Hamm, die Millionärin. Auf über eine Million US-Dollar jährlich schätzen Finanz-Experten ihr Einkommen. Der Fußball ist dabei nur ein kleiner Tropfen. Zwischen 30.000 und 40.000 Dollar zahlt der US-Verband jeder Akteurin im Spielerinnenpool als Profigehalt. Mia Hamm aber wird darüber hinaus verehrt wie ein Popstar. Aber ihr Einkommen ist trotz professionellen persönlichen Managements noch deutlich geringer als das eines vergleichbaren männlichen Sportlers. Und dennoch: Eine ganze Weltmeisterschaft dreht sich um Mia Hamm.

Mia, Mia, Miahhh!

Wo immer die US-Fußballerinnen auftauchen, eine stiehlt allen die Show. Wie bei einer Szene während eines Trainings im Verlauf der WM in Fairfax (Virginia) auf dem Sportgelände der

George-Mason-Universität. Hunderte Jugendlicher, in der Mehr-
zahl Mädchen, sind mit ihren Eltern zum Training gekommen. Als
der Mannschaftsbus eintrifft und die Spielerinnen das Feld betreten, kreischen die Teenies. Die Mannschaft nimmt es wohlwollend auf und winkt. Die Show beim Training ist wie ein Ritual.
Beim Aufwärmen joggen die US-Girls gruppenweise quer übers
Feld. Dann löst sich eine aus der Gruppe. Mal im Hopserlauf, mal
seitwärts laufend, die Füße überkreuzend. Bis zehn Meter vors
Publikum. Die Zuschauer applaudieren. Sie sind begeistert, sie
fühlen sich geehrt. Wenn Mia Hamm sich nähert, toben sie. Sie
rufen ihren Namen.

Mia, Mia, Miahhh!

Mia Hamm lächelt ein wenig schüchtern und freut sich. Die Fans
freuen sich, dass Mia sich freut. Mia antwortet mit einem fast
verstohlenen Winken vor ihrem Oberkörper, dann dreht sie ab. Das ist fast schon eine Liebes-
erklärung. Nur ein Autogramm bedeutet den Kids noch mehr. Und sie bekommen nach dem
Training den ersehnten Namenszug. Auf Karten, Papierzettel, Poster, T-Shirts, auf die bloße
Haut. Mia Hamm, #9.

Solch ein Autogramm bedeutet den Teenies unheimlich viel. Sie werden sich im Training
noch mehr anstrengen, sie werden alles tun, um so zu sein wie Mia Hamm. Ihr Buch kommt da
gerade rechtzeitig auf den Markt. Es ist bezeichnenderweise keine Autobiographie. Es ist eine
Anleitung, wie man eine erfolgreiche Fußballerin wird. Mit vielen Trainingsbeispielen gespickt.

Über die Person Mia Hamm erfährt man wenig. Kein Wunder. Mia Hamm spricht nicht gerne über Privates. Sie steht ohnehin nicht gerne im Mittelpunkt. Eigentlich ist sie ein Star wider
Willen. Sie ist so geworden, weil man ihre Leistungen vermarktet hat. »Ich bin nur eine ganz
gewöhnliche Fußballspielerin«, sagt sie von sich selbst. Und sie könne eigentlich gar nicht
viel dafür. Nein, das ist kein Kokettieren. Mia Hamm ist sehr zurückhaltend. Manchmal wirkt
sie fast ein wenig scheu und schüchtern. »The reluctant diva«, sagen sie drüben in den USA
über ihren neuen weiblichen Sportstar. In der Tat: Mia Hamm ist zwar souverän, sie gibt sich
unglaublich sicher. Aber die zahlreichen Kameras und Mikrofone, die bei einem der seltenen
Termine in der Umkleidekabine auf die Fußballerin gerichtet sind, schätzt sie zwar, aber sie
liebt sie nicht.

Was gibt es nicht alles über Mia Hamm zu berichten. Ein großes Magazin zählt sie (nicht
zu Unrecht) zu den 50 schönsten Frauen der Welt. Eine Fußballerin? – Ja, eine Fußballerin!
Nike hat nicht nur ein Mia Hamm Building, sondern auch einen Fußballschuh nach ihr benannt.

Dieser Schuh trägt die Initialen »G.H.«, Garrett Hamm. Garrett ist ihr Bruder, den sie sehr verehrt. Er starb aufgrund einer seltenen Blutkrankheit vor ein paar Jahren. Früher hatte sich Mia immer ein kleines Papier mit diesen Initialen hinter die Schienbeinschoner geklemmt, um ihren Bruder zu verehren, mit dem sie als kleines Mädchen gekickt hat. Er habe die Grundlagen für ihre heutigen Fähigkeiten gelegt, meint sie.

Doch entdeckt hat sie seinerzeit der legendäre Anson Dorrance, Nationaltrainer bis 1995 und Frauenfußballboss an der University of North Carolina in Chapel Hill. Über ein gutes Jahrzehnt waren die Tar Heels dort die Kaderschmiede für das Nationalteam. Und eines Tages bekam Dorrance einen Tipp. Er möge doch mal nach Texas kommen. Dort spiele ein unglaublich athletisches 14 Jahre altes Wunderkind. Ein Jahr später war Mia Hamm, geboren in Selma (Alabama), jüngste Nationalspielerin aller Zeiten im US-Team. »Wenn Mia den Ball berührt, hat man das Gefühl, es geschehen große Dinge«, sagte Spielführerin Carla Overbeck zu jener Zeit.

Mia, Mia, Miahhh !

Die ehrgeizige Athletin Mia Hamm wird von Anson Dorrance quasi adoptiert. Denn die Hamms sind eine Offiziersfamilie. Der Vater wurde irgendwann nach Italien versetzt, wurde Attachée an der US-Botschaft in Rom. So kümmert sich Anson Dorrance um die Fußballspielerin und bildet sie aus. Als Fußballerin und als Persönlichkeit. Ehrgeiz, Einsatz und Siegeswillen sind ein großes Stück der Qualitäten, die Anson Dorrance lehrt. Mia Hamm ist seine Musterschülerin. Jetzt erlebt sie den Durchbruch in der Öffentlichkeit, der sich bei Olympia 1996 bereits angedeutet hat, vollends.

Mittlerweile gibt die Starstürmerin ein wenig zurück von der Anerkennung, die sie durch den Fußball erreicht hat. Sie bemüht sich, niemanden abzuweisen. Sie hat eine Stiftung gegründet, die die Forschung zur Bekämpfung jener Knochenmarkkrankheit unterstützt, deren Opfer ihr Bruder wurde. WM-Sponsor Master Card sorgt spontan für die Anschubfinanzierung: Für jede Master Card, die während der WM verkauft wird, zahlt das Unternehmen zehn Prozent des Preises in die Kasse der Mia Hamm Foundation.

Mia-Hamm-Briefmarke 1996

Das war vor knapp zehn Jahren. Heute ist Mia zum zweiten Mal verheiratet und Soccer Mum. Zwei kleine Kinder hat sie seit 2007, Ava Carolina und Grace Isabella heißen die beiden Zwillingsmädels. An den Nagel hängt Mia Hamm die Kickstiefel erst nach 275 Länderspielen mit 158 Toren. In der Welttorliste ist sie die absolute Nummer eins. In der Liste des FIFA-Hunderterklubs ist sie die Nummer zwei. Kristine Lilly, die »eiserne Lady«, inzwischen auch Mutter, ist mit 37 Jahren noch aktiv in der Nationalmannschaft dabei. Mia Hamm indes findet den Absprung rechtzeitig. Mit der Goldmedaille der Olympischen Spiele von Athen, 2004. Es ist früher Morgen, bald 2 Uhr, als Mia durch die Mixed Zone des Karaiskakis-Stadions von Piräus kommt. Als letzte des Teams macht sie sich auf den Weg zum Bus. Man sieht ihr trotz der frischen Dusche die Anstrengung des Tages an. Der Zimmerschlüssel baumelt um den Bauchnabel. In der rechten Hand eine Wasserflasche, links der Lorbeerkranz. Um den Hals das Gold. Mia ist erschöpft. Aber sie genießt den Augenblick, jeden Augenblick. Sie weiß: Was ich jetzt erlebe, erlebe ich nie wieder. Es ist unwiderruflich das Ende einer Karriere, die 1987 begonnen hat.

Mia Hamm nach ihrem letzten Spiel, dem gewonnenen Olympia-Finale 2004 in Athen

Mit 15 Jahren bestreitet sie damals ihr erstes Länderspiel. Die erste WM 1991 in China wird mit dem Titelgewinn zum ersten ganz großen Höhepunkt. 19 Jahre alt ist Mia damals. Es folgt eine unglaubliche Karriere. WM-Bronze 1995 in Schweden bedeutet fast den Tiefpunkt. Der ist 1999 wieder korrigiert, Bronze 2003 bei der zweiten Heim-WM dagegen eine Schmach. Olympia-Gold 1996 und 2004, Bronze 2000. Weltfußballerin ist sie 2001 und 2002. Nationale Fußballerin des Jahres von 1994 bis 1998. Der Durchbruch zum Weltstar erfolgt für die Politikwissenschaftlerin, die mit den Tar Heels der University of North Carolina eine Erfolgsdekade an College-Meisterschaften erlebt, mit den Olympischen Spielen in Atlanta. Amerika liebt Sieger. Und Mia Hamm, Jahrgang 1972, so scheint es, ist eine Frau, der alles gelingt. Nur als sie Ende der 90er Jahre einen Militärpiloten ehelicht, gelingt der Steilpass in die Glückseligkeit nicht. Die Tochter eines Soldaten und einer Balletttänzerin lässt sich schnell wieder scheiden. Aber die jungen Fans bekommen trotzdem keine Chance, sondern der Baseball-Superstar Nomar Garciaparra angelt sich die hübsche Superkickerin.

CAROLINA MORACE

Die Tigerin

Italien war einmal eines der führenden Länder in der Welt des Frauenfußballs. Als alles begann 1970 in Europa. Früh gab es eine nationale Liga und auch ein Nationalteam. Aber: Europameister ist die Squadra Azzurra nie geworden. Im Finalturnier hat es nur 1993 im eigenen Land und 1997 in Norwegen zu Silber gereicht. Bei WM-Finalturnieren fehlte Italien oft, weil die Qualifikation in Europa aufgrund der Klassekonkurrenz zu schwer war. Und wer weltweit fehlt, verpasst Entwicklungen. Stillstand ist bekanntlich Rückschritt, gerade in einer Sportart, die sich schnell entwickelt. Von Olympia träumen die Italienerinnen bisher umsonst.

Dennoch hatten sie lange Zeit einen Superstar: Carolina Morace. Die 1964 in Venedig geborene Morace beginnt mit neun Jahren im Verein Fußball zu spielen. Obwohl sie aus einer streng erziehenden Offiziersfamilie stammt, wird sie unterstützt. Kein Wunder. Das Elternhaus ist eingerahmt von zwei Bolzplätzen. Dort kicken sie alle, egal ob Junge oder Mädchen.

In Ca Bianca, Venedig, schießt sie die ersten Tore. Sie spielt von 1978 an auf nationaler Ebene, bis 1998 für elf verschiedene Vereine in Italien. Ihr erstes Länderspiel für die italienische Frauen-A-Nationalmannschaft bestreitet sie mit vierzehn Jahren im Februar 1978 bei einem Kurzeinsatz in Jugoslawien. »Es war fantastisch, als ich in den Schlussminuten eingewechselt wurde für Betti Vignotto.« Elf Jahre später gab die Megatorschützin Vignotto die Kapitänsbinde an Morace weiter. In 153 Länderspielen schießt sie 105 Tore. Das ist in Europa lange Zeit unerreicht. Nach Länderspieleinsätzen duelliert sie sich lange um die Position eins mit Norwegens Abwehrchefin Heidi Störe.

Carolina ist eine von nur sieben Spielerinnen auf der Welt, die mehr als hundert Tore in ihren Länderspielen erzielen. In Spielen der italienischen Meisterschaft macht sie mehr als 500 Tore. In elf aufeinander folgenden Saisons zwischen 1987/88 und 1998/99 gewinnt sie jeweils die Meisterschaft mit ihrem Verein. Dazu kommen etliche Pokalsiege. Oft gewinnt ihr Team auch den Pokal. Eigentlich ist es in der Nationalliga oft so, dass, wer Morace besitzt, die Titel holt. Rom ist über die Jahre zu ihrem eigentlichen Zuhause geworden. Selbst wenn sie in Florenz oder Mailand spielt oder auf Sardinien für Torres, bleibt das so. Sie wird dann eingeflogen. Morace, das ist die eingebaute Torgarantie. Es ist, als vereine sie Heidi Mohr und Birgit Prinz in ihren Aussagen: »Es ist meine Aufgabe, Tore zu schießen«, wird ein Standardspruch. Genauso wie: »Fußball ist ein Teamsport. Es ist wie in einem Orchester. Jeder muss sein Instrument beherrschen, um erfolgreich zu sein. Mein Instrument ist halt ein besonderes, weil ich die Torjägerin bin und Spiele entscheide.«

Ihr Spitzname, der Tiger, kommt nicht von ungefähr. Er vereint die Haarpracht mit der Aggressi-
vität und Heißblütigkeit auf dem Spielfeld. Carolina
ist ein Teufel, kann ihre Krallen aus-, aber auch
einfahren. Auf Italienisch sagen sie: »Carolina sa
unire grazia e femminilita ad un carattere vincente,
da vera campionessa.« (Carolina weiß Anmut und
Weiblichkeit zu einem gewinnenden Charakter zu
vereinen, zu einer wirklichen Siegerin).

Fußball ist für Carolina Morace »die beste Möglichkeit, mich auszudrücken und auszuleben. Ich
liebe diese Energie im Spiel, diese positive Aggres-
sivität, die sich entlädt, wenn man alles gibt, um
zu gewinnen. Fußball ist für mich das Wichtigste
im Leben. Möglichst gewinnen. Eine Niederlage ist
schrecklich für mich.« Die beiden Hunde, die sie
einst besessen hat, tragen zwei ihrer wichtigsten
Lebensmaximen als Namen: Joy und Freedom.
Eigentlich müsste es einen dritten Hund mit dem
Namen Gleichberechtigung geben. Doch bis dahin

Carolina Morace mit Präsidenten-Hund
Gunther

ist es in Sachen Fußball und darüber hinaus noch ein langer Weg.

Ein anderer Hund ist zwei Jahre Wegbegleiter, und zwar ein deutscher Schäferhund namens
Gunther. Dieser Gunther gehört einem exzentrischen Millionär in Pisa, der bei der ACF Agliana
als Sponsor einsteigt. Der geheimnisvolle Mauricio Mian gibt das Geld für ein Spitzenteam, das
1994/95 die Meisterschaft in das Städtchen westlich von Florenz holt. Nicht ohne Folgen für
den Verein, denn zu den Bedingungen gehört, dass Agliana den Hund zum Vorsitzenden macht.
Unglaublich: Der Klub wird von einem Schäferhund geführt. Wuff – hier bellt der Präsident. Aber
das Ende der Fahnenstange ist noch nicht erreicht, während sie in Agliana dieses Ende schon
längst überschritten sehen. Der Köter und sein Geld wechseln nach Verona. Der Spuk wird
größer als je zuvor. Denn das Team aus der Lombardei startet als Verona Gunther in die Saison
1995/96 und Carolina schießt das Team zum Titel. Danach verschwindet der Schäferhund von
der Bildfläche.

Vermutlich liegt es an der Erziehung und hohen gesellschaftlichen Stellung des Eltern-
hauses, dass Carolina Morace neben einigen Eskapaden und Besonderheiten immer auch ein
hohes Maß an Verantwortung für ihre Karriere empfindet und nicht nur von Wochenende zu
Wochenende, Spiel zu Spiel, denkt. Carolina ist ein Arbeitstier. Nur mit diesem Ethos, weiß sie,

Carolina Morace wird zur Ikone.

kann sie es zu etwas bringen. Die hohe Arbeitsmoral durchzieht ihr Leben. So studiert sie in Rom an der Universität »La sapienza« Jura und macht nebenher noch Trainerausbildungen mit. Im Jahre 1991 erhielt sie ihren ersten Trainerschein. 1996 machte sie ihr Diplom als Rechtsanwalt. Inzwischen ist sie Doktor der Jurisprudenz. Carolina Morace ist von Geburt an jemand Besonderes, mit Hang und Neigung zu Individualität, gepaart mit Durchsetzungsvermögen, ja Freude am Umgang mit Macht. Sie bringt mit, was einen Star ausmacht. Hinzu kommen Eloquenz und äußerst telegenes Aussehen.

Carolina macht sich bei kleineren TV-Stationen einen Namen, wechselt dann zu Tele Monte Carlo. Der große Berlusconi-Sender hat die Fußballsendung Gala Goal im Programm, die sie fortan präsentiert. Eine Mischung aus Sportschau und Sportstudio. Carolina fühlt den Profis auf den Zahn. Sie moderiert die Sendung, fragt nach und kann sich eine durchaus harte Gangart erlauben, die die Profis sogar schätzen. Der Star mutiert zum Superstar. War es einst so, dass, wer über Frauenfußball schreibt, über Carolina, den Tiger schreibt, der spricht jetzt über La Morace, nicht nur, wenn es um Frauenfußball geht.

Im Jahre 1999 wurde sie die erste Frau, die ein italienisches Profiteam der Männer, ASC Viterbo in der C1 Serie, trainierte. Eine Sensation in Italien. Die Medien überschlagen sich. Wer tanzt hier nach wessen Pfeife. Und Viterbese-Sponsor Luciano Gaucchi, gleichermaßen umtriebig wie durchtrieben, reibt sich die Hände über die Schlagzeilen. Doch das Geschäft geht nicht gut. Die Unruhe verstärkt den Druck ins Unsägliche und entnervt die Beteiligten. Die Folge:

Nach nur zwei Spielen tritt Carolina aufgrund des starken Mediendrucks zurück.

Im folgenden Jahr übernimmt sie das Traineramt der italienischen Frauen-Nationalmannschaft und das Team der U18. Sie führt die italienische Nationalmannschaft zu zwei EM-Turnieren (2001 und 2005). Die Mannschaft scheidet jedoch jeweils in der Gruppenphase aus. Als 2005 FIFA-Präsident Joseph Blatter eine auserlesene Hand voll Botschafterinnen für Frauenfußball benennt, gehört auch Carolina Morace zu diesem Kreis, der um die Welt fliegt, um für den Sport zu werben. Dass ihre Fernseherfahrung dazu nützlich ist, ist unbestritten. Ihre TV-Präsenz hat Carolina nie so ganz aufgegeben. Außerdem setzt der Weltverband sie fortan im Rahmen seiner Entwicklungs- und Fortbildungsmaßnahmen für Lehrgänge

Shake-Hands mit Norwegens Heidi Störe vor dem verlorenen EM-Finale 1993

ein. Was die überzeugte Italienerin dazu zwingt, die englische Sprache intensiver zu lernen.

Ein wenig aus dem Rampenlicht geraten, erblasst der Stern der Torjägerin jedoch nicht. Carolina bleibt Legende. Als solche kommt sie urplötzlich wieder zurück, als die Nuevi Cedrini, eine Gruppe von Musikern aus Norditalien, die das Genre des Ironic Rock, bevorzugen, ihre CD »Un Cuore a Pezzi« 2006 auf den Markt bringen. Zielgenaue Texte, musikalisch zwischen Softrock, Hardrock, Country, Funk und Jazz. Track 2 trägt den Namen »Carolina«. Eine Hymne an Carolina Morace. Da schmachten die Cedrini-Rocker, wie das nur echte Latin-Lover können. Ein voller Erfolg. Die CD ist ausverkauft. Und Carolina, die Angebetete, hört diesen Song im Radio. Dann klingelt in Verona eines Tages das Telefon. Carolina ruft bei den Musikern an. Es entsteht die Idee eines Videos. Dann wird im altehrwürdigen Bentegodi-Stadion von Verona gedreht. »Manchmal kommen Ideen einfach. Man kann es nicht erklären. Wir mögen diese Lady und konnten nicht widerstehen, ihr eine Hymne zu schreiben«, erklärt Franz Bazzani, der Keyborder, Pianist und Komponist. »Carolina ist unsere Nummer eins. Dann kam mit dem Video das eine zum andern. Wir hoffen, Carolina irgendwann mal wiederzusehen. Im September geben wir im Römischen Theater in Verona eine große Konzertshow mit vielen Gästen. Carolina ist eingeladen.«

Carolina Morace dreht 2006 mit den Nuevi Cedrini ein Video.

Seit Februar 2009 trainiert sie die kanadische Fußballnationalmannschaft der Frauen. Work, work, work, bleibt ihre Arbeitsmoral. Der Vertrag ist langfristig. Erst einmal bis 2012 soll die WM-Teilnahme 2011 in Deutschland erreicht und das Ticket für Olympia 2012 in London geschafft werden. Darüber hinaus wollen die Ahornblätter mit ihrer Italienerin die Frauen-WM 2015 nach Kanada holen. Bislang schaffen es die Kanadierinnen immer bis in Reichweite von Medaillen. Mit Carolina soll diese Schwelle überschritten werden. Die Ahornblätter wollen ein neues Gesicht – das der Tigerin aus Italien.

»Die Situation des italienischen Frauenfußballs ist nicht sehr gut. In den letzten Jahren hat die Zahl der Spielerinnen abgenommen. Das ist schon ein sehr negatives Anzeichen in einem Land, in dem Fußball einen so hohen Stellenwert hat. Das Wachstum, das in anderen Ländern in Bezug auf die Anzahl der Spielerinnen und von Projekten und Initiativen zu verzeichnen war, hat es hier nicht gegeben«, erklärt Morace während ihrer Amtszeit als Trainerin der Squadra Azzurra. Kein Wunder. Das Nationalteam konnte sich mangels Erfolgen nicht so sehr zum Vorbild entwickeln wie in anderen Ländern.

Seitdem hat sie mit ansehen müssen, wie man sich in erster Linie mit den drängenden Problemen im Männer-Fußball beschäftigt hat. Der Rückgang bei der Anzahl der Spielerinnen ist nicht auf mangelndes Interesse oder eine geringere Liebe zu diesem Sport zurückzuführen, wie die Trainerin versichert, denn schließlich »läuft der Fußball im Schulsport sehr gut. Dort gibt es viele Spielerinnen. Das Problem ist jedoch, dass die Mädchen im Anschluss an diese Phase keine Möglichkeiten und kein Team finden, um weiterzuspielen.«

Carolina Morace, die 1997 als weltbeste Spielerin geehrt worden war, wüsste schon eine Lösung für diese Probleme. »Meiner Ansicht nach sollten sich die Vereine mit Profi-Mannschaften im Männer-Fußball viel stärker einbringen und Frauenabteilungen einrichten. Hier ist die UEFA gefragt. Ebenso wie es Pflicht ist, Nachwuchsmannschaften zu unterhalten, sollte es auch die Pflicht geben, Frauenteams einzurichten. So würde man für ein Wachstum in diesem Bereich und für mehr öffentliches Interesse an diesem Sport sorgen«, erklärt sie. Ihre Theorie: »Der Nachwuchsbereich existiert, weil die Vereine darauf angewiesen sind. Gäbe es ihn nicht, würde man das ganze Geld in die erste Mannschaft stecken. Dasselbe sollte es auch im Frauenfußball geben. Es sollte ein gemeinsamer Wille seitens Präsidenten, Trainern und Spielerinnen vorherrschen, sich für dieses Ziel einzusetzen und dafür zu arbeiten.«

Noch heute bedeutet es viele Opfer, als Frau in Italien Fußball zu spielen. Jungen, die ihr Herz für diesen Sport entdecken, haben die Aussicht auf eine mehr oder weniger erfolgreiche Zukunft als Profi. Für Mädchen gibt es derartige Perspektiven jedoch nicht. Auch Morace selbst, in ihrer Zeit ein großer Star, konnte es sich nicht leisten, auf eine Berufsausbildung zu verzichten, um ihre Zukunft zu sichern. »Manchmal ist es für die Mädchen sehr schwierig, ihr Dasein als Fußballerinnen mit der Arbeit unter einen Hut zu bringen. Manche verlassen erst um 18 Uhr das Büro und trainieren dann bis 20 oder 21 Uhr. Sie werden alle von ihrer Leidenschaft für diesen Sport getrieben.«

Als Teamchefin der Italienerinnen versuchte Morace, ihren Spielerinnen so oft wie möglich Gelegenheit zu geben, das Interesse der Öffentlichkeit und Medien im Land zu wecken. Zunächst hatte sie ihre Spielerinnen hierfür in karitative Aktivitäten eingebunden, wie zum Beispiel Spendenaktionen. »Wir sind alle Knochenmarkspenderinnen und nehmen an den Kampagnen für das Blutspenden teil. Das hat ein großes Echo in der Presse gefunden. Darüber hinaus müssen wir zeigen, wie gut wir sind. Wir müssen eine gute Show, das heißt, guten Fußball bieten, mit eleganter Technik und Ballführung. Wir müssen zeigen, dass Frauenfußball genauso schön wie Männerfußball ist, dass er eben nur einen anderen Spielrhythmus hat.« Auch gesellschaftlich entwickle sich allmählich ein Umbruch im Alltagsleben. »Früher war es undenkbar, im italienischen Fernsehen ein Mädchen zu sehen, das Fußball spielt. Heute ist das anders. Das zeigt doch, dass sich die Sitten und auch die Mentalität sehr geändert haben.«

BIRGIT PRINZ

Star wider Willen – Die Mannschaftsspielerin

Die Zahlen sprechen für sich: Birgit Prinz ist von 2003 bis 2005 drei Mal zur Weltfußballerin des Jahres gekürt worden, sie hat zu zwei Weltmeistertiteln maßgeblich beigtragen, sie hat fünf Europameisterschaften und drei UEFA-Pokalwettbewerbe gewonnen, je neun deutsche Meisterschaften und Pokalsiege gefeiert und bei ihrem kurzen Gastspiel bei Carolina Courage auch einmal die amerikanische Meisterschaft in der US-Profiliga WUSA errungen. In Deutschland wurde sie von 2001 bis 2008 acht Mal in Folge zur Spielerin des Jahres gewählt. Sie war die jünste Fußballspielerin, die je in einem WM-Finale stand, und sie ist mit bislang 14 Toren die WM-Rekordtorjägerin. Als Rekordnationalspielerin, die 1994 im Alter von nur 16 Jahren ihr Nationalmannschaftsdebüt absolvierte, hat sie bisher in 198 Länderspielen 125 Tore erzielt. Birgit Prinz ist das Maß aller Dinge im deutschen Frauenfußball. Die 1977 in Frankfurt geborene und später im Speckgürtel der Mainmetropole aufgewachsene Torjägerin ist quasi das Synonym für deutschen Frauenfußball, weil sie eben auf dem Spielfeld jeder Partie ihren Stempel aufzudrücken vermag. Dort ist sie die extrovertierte, Willen gewordene Sturmführerin, die den Sieg mit aller Konsequenz anstrebt.

Dann gibt es aber auch diese andere Seite der Birgit Prinz: Dann erscheint sie der Öffentlichkeit als mürrischer Querkopf, weil sie sich eben nicht in die Rolle der omnipräsenten Vorzeigefrau des deutschen Fußballs zwingen lassen will. Dann ist sie der »Star wider Willen«. Die Öffentlichkeit, das hat sie in der großartigen Dokumentation »Die besten Frauen der Welt« über den Triumphzug der deutschen Nationalmannschaft zum Weltmeistertitel 2007 so eindringlich gestanden wie noch nie zuvor, ist nicht ihr Metier. Sie will Fußball spielen und nicht über ihre eigene Person reden. Sie will ihre Privatsphäre nicht opfern für das mediale Interesse. Birgit Prinz will ihre Person nicht beschränkt sehen auf das Wesen, das seit anderthalb Jahrzehnten in den 90 Minuten eines Spiels so sensationell ihren Körper einsetzt und so herausragend auf Torejagd geht. Auch deshalb hat sich Birgit Prinz, mit Ausnahme des kurzen Ausflugs in die amerikanische Profiliga WUSA im Jahr 2002, stets ein zweites Standbein bewahrt, obgleich sie als eine der wenigen Fußballspielerinnen dank einträglicher Sponsorenverträge schon seit einigen Jahren auf ein stolzes Einkommen bauen kann.

Zunächst arbeitete Prinz in ihrem Ausbildungsberuf als Physiotherapeutin. 2004 begann sie dann ein Studium der Psychologie, für das sie während der großen Turniere und der Nationalmannschaftslehrgänge ihre Lehrbücher im Gepäck mitschleppt. Nebenher arbeitet sie aber auch jetzt noch einige Stunden in der Woche im Olympiastützpunkt Frankfurt als Physiothe-

Birgit Prinz jubelt nach ihrem Treffer im WM-Finale 2007 gegen Brasilien.

rapeutin, wo sie Sportlerkollegen die Wehwechen austreibt. Diese Tätigkeiten außerhalb des Fußballplatzes geben Birgit Prinz vermutlich die Kraft, mit ihrem Unbehagen gegenüber dem öffentlichen Interesse an ihrer Person zurechtzukommen.

Dieses Unbehagen äußerte sie schon im Alter von 17 Jahren in einem Interview für Beate Fechtigs Buch »Frauen und Fußball«. »Wie kommen Sie denn ausgerechnet auf mich«, hat Birgit Prinz damals auf die Anfrage nach einem Interview zurückgefragt. Mit ähnlichem Unverständnis reagiert Birgit Prinz bis heute auf Anfragen der Journalisten.

Es gibt aber auch diese Situationen, in denen Birgit Prinz sich doch öffnet: Nach Spielen redet sich die Stürmerin ihren Frust über schwache Spiele ihres Klubs oder der Nationalmannschaft von der Seele. Dann hat sie das Gefühl, etwas mitteilen zu können, etwas mitteilen zu müssen. Dann beziehen sich die Fragen der Journalisten nämlich ausnahmsweise einmal nicht auf »die große Prinz«. Dann wollen sie von der spielenden Expertin, die wie so viele ehemalige und aktive Kolleginnen auf dem Spielfeld einen A-Trainerschein besitzt, erfahren, woran es im Spiel hakt. Dann analysiert Birgit Prinz messerscharf und spricht fast wie gedruckt.

Eine andere Situation, in der Prinz plötzlich ins Schwadronieren kam, ergab sich bei der Weltmeisterschaft 2007. Gegen Ende des Turniers zeigte sich die von den Medien stets am meisten begehrte deutsche Spielführerin immer lustloser, sich wieder und wieder den Fragen der Journalisten stellen zu müssen. Birgit Prinz verweigerte sich regelrecht den Anforderungen und ließ sich vom DFB-Pressesprecher regelrecht abschotten gegen die Weltpresse, bis ein paar deutsche Journalisten auf die Idee kamen, sie einmal gemeinsam mit Sandra Smisek zum Gespräch zu bitten. Und siehe da: Prinz, die vermutlich vorsichtshalber etwas später als ihre Teamkollegin zur Runde gestoßen war, blühte auf wie vielleicht nie zuvor in den ihr so unangenehmen Gesprächsrunden. Endlich einmal ging es nicht allein um sie, sondern eben auch um eine Weggefährtin, mit der sie im Alter von 15 Jahren Mitte der 90er Jahre die ersten Doppelpässe beim FSV Frankfurt spielte und in der Bundesliga debütierte. Gut gelaunt offenbarte Prinz Anekdoten aus jenen unbeschwerten Zeiten, als sie eben noch nicht »die Prinz«, sondern nur ein Rohdiamant und vielversprechendes Talent war. Damals hätten sich »Smi« und sie, die wegen ihrer Zusammengehörigkeit auf dem Spielfeld und ihrer ziemlich unterschiedlichen körperlichen Konstitution auf die Spitznamen »Keks und Krümel« hörten, immer schön brav ein »Jetzt kreuzen« zugerufen, um die Laufwege aufeinander abzustimmen. »Wir haben es sonst nicht auf die Reihe bekommen«, sagte Prinz in jener Presserunde vor dem Halbfinale der Frauenfußball-Weltmeisterschaft in China gegen Norwegen.

Die Episode zeigt, dass die eigenwillige Birgit Prinz eben eine Mannschaftsspielerin durch und durch ist. Sie hasst es, wenn Erfolge immer nur auf ihre Person zurückgeführt werden, weil eben zufälligerweise sie als Sturmführerin diejenige ist, die den Ball als Letzte vor Überschreiten der Torlinie mit Kopf oder Fuß berührt. »Ich habe noch kein einziges Spiel gewonnen, sondern immer gewinnt die Mannschaft«, sagte Birgit Prinz einmal leicht genervt nach einem weiteren großen Triumph, den sie selbst mit einem entscheidenden Treffer besiegelte. In diesen Worten schwingt die absolute Überzeugung mit, bei aller Prominenz auch nur ein Rädchen im Getriebe einer Fußballmannschaft zu sein. Auch wegen dieser Einstellung blieb sie zuletzt trotz leichter Formschwäche bei der EM 2009 absolute Führungsspielerin.

Vermutlich spürt Birgit Prinz aber auch schlicht und ergreifend einen gewissen Argwohn gegen die ungerechte Beurteilung fußballerischer Leistungen. Sie hat während ihrer inzwischen fast 200 Länderspiele umfassenden Karriere viele Spielerinnen erlebt, die ihr spielerisch und technisch um Längen voraus waren, denen aber die körperliche und mentale Robustheit der dreifachen Weltfußballerin fehlte. Wohl daraus hat Birgit Prinz ihre Bescheidenheit entwickelt, sich nicht als Maß aller Dinge im Frauenfußball zu verstehen, wie es die hin und wieder zu Arroganz neigende große Prinz-Rivalin und Edeltechnikerin Marta aus Brasilien wahrscheinlich tut. Birgit Prinz ist stattdessen getrieben von dem Ehrgeiz, mit einer Mannschaft das Bestmögliche zu erreichen – eben Titelgewinne, die für sie deutlich mehr zählen als eine weitere Ehrung zur Fußballerin oder Weltfußballerin des Jahres. Diese Ziele sind es, die Birgit Prinz Tag für Tag zu Ausnahmeleistungen auf dem Trainingsplatz treiben. »Wer die wahre Stärke von Birgit sehen will, der muss bei uns im Training zuschauen«, hat die langjährige FFC-Weggefährtin Nia Künzer einmal gesagt. »Dort sieht man, dass Birgit wirklich immer

Bei der FIFA-Gala 2004 wird Birgit Prinz zum zweiten Mal zur besten Spielerin der Welt gekürt.

hundert Prozent gibt. Nur deshalb ist sie über so viele Jahre hinweg die überragende Gestalt des deutschen Frauenfußballs.«

Birgit Prinz selbst sieht ihre Rolle freilich etwas anders. »Wenn wir als Team erfolgreich sein wollen, darf das nicht allein von mir abhängen.« Diese Furcht gibt es im Umfeld der National-mannschaft und ihres Vereins FFC Frankfurt jedoch hin und wieder. Es gibt Momente in einem verkorksten Spiel, in denen mehrere Mitspielerinnen zu Prinz blicken in der Erwartung, dass die Top-Stürmerin es schon im Alleingang richten werde. »Ich fühle mich schon diesen Erwartungen gewachsen, dass ich voranschreiten muss«, sagt Prinz.

Diesen Ehrgeiz entwickelt sie noch immer, obwohl sie tatsächlich in ihrer Karriere mehr erreicht hat, als sie mit 17 Jahren in ihren kühnsten Träumen zu hoffen gewagt hatte. Damals sagte sie, als sie von der Buchautorin Beate Fechtig auf das verlorene WM-Finale von 1995 an-gesprochen wird: »Klar wäre es perfekt gewesen, in einem Jahr Deutscher Meister, Pokalsieger und dann auch noch Weltmeister zu werden.« Was Birgit Prinz damals verwehrt wurde, gelang ihr in der Spielzeit 2007/08 dafür sogar in der Steigerung: Prinz durfte binnen neun Monaten diese drei Trophäen und als Bonus den 1995 noch gar nicht existierenden UEFA-Pokal in die Höhe stemmen. Auch das ein Rekord, der für sich und vor allem auch für Birgit Prinz spricht.

MARTA VIERA DA SILVA

Die »Cousine Pelés«

Das *Maracana* ist ein mythischer Ort des brasilianischen Fußballs, pardon: des brasilianischen Männerfußballs. Diese Spezifizierung muss man heute, wo der Frauenfußball wenigstens durch Höhepunkte wie die Weltmeisterschaften das alltägliche Einerlei des männlichen Gekickes hin und wieder mal um ein paar Zentimeter aus dem Mittelpunkt des Interesses verdrängt und in den Boulevardzeitungen auf Seite Eins erscheint, hinzufügen. In Brasilien hingegen ist eine solche geschlechterspezifizierende Umschreibung undenkbar. Dort ist Männerfußball einfach Fußball und der Frauenfußball in der öffentlichen Wahrnehmung im Verhältnis zu Deutschland um einige Kilometer weiter hinten angesiedelt, vermutlich dort, wo bei uns Badminton rangiert.

Umso erstaunlicher ist deshalb, dass eben jenes mythische *Maracana* im Sommer 2007 für immerhin einen Tag von einer Frau erobert wird. Marta Viera da Silva, die amtierende Weltfußballerin, darf ihren Fußabdruck auf einer der Platten verewigen, die für die größten Fußballhelden des Landes reserviert sind. Als erster Frau wird ihr diese Ehre zu teil. Ihr Platz ist in unmittelbarer Nähe zu Pelé. »Das war für mich natürlich der größte Tag in meinem Leben«, sagt Marta. »Es war aber auch ein großer Tag für den Frauenfußball in meinem Land. Seither respektieren die Brasilianer unseren Sport ein wenig mehr.«

Tatsächlich hat der Frauenfußball dank Marta wenigstens eine kleine Chance, im chauvinistisch geprägten Brasilien wahrgenommen zu werden. So ist beispielsweise vor der Weltmeisterschaft 2007 trotz des olympischen Silbers von 2004 das Interesse der brasilianischen Medien lange gleich Null. Erst als Brasiliens Frauen wenige Monate zuvor die Copa gewinnen und von Erfolg zu Erfolg getrieben sogar Stadien wie das *Maracana* in Rio de Janeiro füllen, ändert sich das. Auf einmal gibt es geradezu eine Flut von Akkreditierungsbitten bei der FIFA, obwohl die Fristen längst abgelaufen sind. Aber beim Weltverband in Zürich zeigt das Personal in der Pressestelle Gnade.

Trotz aller Hindernisse haben die Brasilianerinnen in den vergangenen Jahren die Etablierung in der Weltspitze geschafft. Marta ist dabei das Herz, in dessen Rhythmus das brasilianische Spiel läuft. »Wir haben durch unsere Erfolge den Männern zu Hause bewiesen, dass wir auch was können«, sagt sie. »Bislang wurden wir zu wenig beachtet. Wenn ich vergleiche, was mir deutsche oder amerikanische Spielerinnen aus ihren Ländern erzählen, dann bin ich richtig traurig über die Ignoranz in meiner Heimat.«

Vielleicht, so hofft die 1986 geborene Ballzauberin, könne ein Titelgewinn für die weibliche Seleçao die Vorurteile der Männer in den kommenden Jahren beiseiteschieben.

Im Olympia-Halbfinale 2008 setzt sich Marta gegen Ariane Hingst durch.

Wegen des anhaltenden weitgehenden Desinteresses zieht es Marta 2004 fort aus ihrer Heimat. Da hat sie gerade erst bei der Weltmeisterschaft in den Vereinigten Staaten erstmals die große Bühne betreten. Mit nur 18 Jahren verlässt sie anschließend auch Rio. Schon als 14-Jährige hatte sie sich von der Familie verabschiedet, die in ärmlichen Verhältnissen im nord-brasilianischen Dois Riachos lebt. Im schwedischen Umeå will sie die Anerkennung und auch das Geld in einer Menge einheimsen, die sie in ihrer Heimat niemals erhoffen dürfte. In Umeå ist sie der Stolz einer ganzen Stadt, führt den Klub zu mehreren Landesmeisterschaften, Pokal-siegen, wird Torschützenkönigin und gewinnt den Europapokal.

Ein Dokumentarfilm ehrt sie mittlerweile für ihre Verdienste mit dem Titel »Die Cousine Pelés«.

Umeå, rund 700 Kilometer nördlich von Stockholm an der Ostsee gelegen, hat rund 107.000 Einwohner. Bekannt sind die Universität, die 3.000 Birken und der Birkensaft, der aus der Borke gewonnen zu einem Getränk veredelt wird. Und die Fußballerinnen vom UIK. Hanna Ljungberg hat sogar eine eigene Postkarte. Neben Ljungberg hat der UIK, mit zwei Europapokalsiegen das erfolgreichste Vereinsteam auf dem Kontinent neben dem 1. FFC Frankfurt aus Deutschland, noch vier weitere Vizeweltmeisterinnen: Malin Möström, Hanna Marklund, Frida Östberg und Sofia Lundgren. Alle fünf haben hollywoodlike ihre Fußstapfen am Stadiongebäude hinterlassen. Das Stadion *Gammliavallen* ist stets gut gefüllt, seitdem die UIK-Frauen so erfolgreich sind. Besonders voll aber ist es, seit der UIK Marta aus Brasilien verpflichtet hat. Roland Arnquist, Manager bis Sommer 2008, sagt: »Am liebsten würde ich Marta einen Vertrag über 14 Jahre geben.«

Als kurz vor Olympia 2004 Brasiliens Nationalteam in Umeå ein Trainingslager bezieht, um seinen Jungstar abzuholen, kommen 7.000 Fans ins *Gammliavallen*. Samba in Umeå. Beide Teams begeistern beim 1:1. Marta spielt für beide Teams je eine Halbzeit. Nein, sie zaubert ihre Samba auf den Kunstrasen. Wenn Marta spielt, trickst und dribbelt, ist Szenenapplaus angesagt. »Ich beschäftige mich gerne mit dem Ball und es freut mich, wenn die Zuschauer sich an meiner Spielweise erfreuen. Ich zeige mich so, wie ich bin. Das gefällt offenbar«, sagt Marta dazu. »Nein, die Show um der Show willen schätze ich nicht so sehr.« Von Null auf 100 in atemberaubendem Tempo. Marta wird wegen ihrer Spielweise sofort zum Publikumsliebling.

Mit ihrer aufgeschlossenen Art erobert sie die Herzen ihrer Mitspielerinnen ebenso im Sturm wie die der Fans. Autogramme? Gibt sie jederzeit. Ein freundliches Wort? Gibt es immer. Es scheint, diese junge Frau kenne nichts anderes als gute Laune. Ruhig ist sie kaum, ständig aktiv. Hibbelig fast. Und positiv denkend. Doch dann fällt ihr doch etwas Betrübliches ein: »Als ich im Februar kam, war ich ziemlich fertig. Die Kälte war besonders unangenehm, weil ich von 30 Grad aus Brasilien in eine Gegend zog, an der es ständig -10 Grad und kälter war. Außerdem wurde es tagsüber nicht richtig hell. Keine Sonne. Das war schrecklich.«

Aber Marta beißt sich durch. Aufgenommen bei einem älteren Herrn aus Brasilien, der in Umeå lebt und ein bisschen aussieht wie Pelé, fand sie so etwas wie einen Ersatz-Papa, der ihre Sprache spricht und so manchen Dienst als Dolmetscher leistet. Außerdem ist Marina, eine Kameradin aus Rio-Zeiten, mitgekommen. Die spielt ebenfalls Fußball, bei Självevads IK in Örnköldsvik, eine Autostunde südlich von Umeå.

Als seinerzeit über die verschiedensten Stationen die Anfrage aus Umeå bei Vasco da Gama in Rio de Janeiro landete, wo Marta bis dato unter Vertrag stand, war das Rätselraten groß. »Dass schwedische Nationalspielerinnen gut sind, habe ich gewusst. Aber irgendwie war mir nicht ganz klar, wo Schweden überhaupt liegt«, erzählt Marta. »Wir haben uns das dann auf einem Globus angesehen und waren immer noch nicht einig: Meinen die jetzt Svezia oder Svizzera, oder doch Svezia?» Schweden oder Schweiz? Als man in der Schweiz kein Umeå findet, einigt man sich auf Schweden und staunt erst einmal, wie lange die Reise dauern soll. »Ich hatte ja nicht im Traum daran gedacht, aus Rio wegzugehen. Schon gar nicht nach Schweden.« Im Freundeskreis beratschlagt man dann, empfindet das Angebot als seriös und herausfordernd. Der Deal wird perfekt.

Dann kommen die Schocks. »Das erste war ein Kälteschock, als ich in Stockholm aus dem Flugzeug stieg. Es war saukalt und Schnee hatte ich noch nie gesehen.« Der zweite Schock ist das unterschiedliche Essen. Aber Schritt für Schritt gewöhnt sich Marta an das neue Leben.

Bald macht es ihr Spaß, weil sie wirklich herzlich aufgenommen wird. Längst spricht Marta fließend Schwedisch und kann Ski laufen.

Beim Fußball gibt es einige Umstellungen. »So viel wie in Umeå bin ich nie zuvor gelaufen. Die Spielerinnen sind hier alle physisch unheimlich fit«, sagt die Angreiferin, die mit ihren 160 Zentimetern an Körpergröße nicht besonders auffällt. Am Ball aber macht die Brasilianerin in Umeå allen etwas vor. Und das genießt sie. Obwohl sie keine Egozentrikerin ist. Eigenwilligkeit ja, aber immer im Dienste der Mannschaft. Brasilianische Tugenden verbunden mit skandinavischer Effektivität. »Marta spielt keine Soli um ihrer selbst willen. Sie spielt unheimlich mannschaftsdienlich«, lobt Trainer Andre Jeglertz, einst Profi bei Malmö FF, die Starspielerin.

Hinter den Spitzen im offensiven Mittelfeld halblinks fühlt Marta sich am wohlsten. Tore schießt sie am laufenden Band. Darunter wichtige Treffer. Im UEFA-Cup Viertel-, Halb- und Finale war sie maßgeblich an Umeås Erfolgen beteiligt. UIK-Manager Roland Arnquist: »Ich bin froh, dass Marta in dieser wichtigen Zeit so gut eingeschlagen hat. Als ich sie bei der WM 2003 gesehen habe, war mir klar: Da wächst ein Weltstar heran. Du musst dir die Dienste dieser Spielerin vorher sichern.« Für Arnquist bleibt das Ganze wie ein Traum. Aber sie ist wirklich da, die Brasilianerin.

Sie haben ihr beim UIK die Rückennummer »60« verpasst. Auf gelbem Untergrund mit roter Umrandung. Wie ein Verkehrsschild. Nein, Marta ist auch nicht zu schnell gefahren mit ihrem *VW*, den alle Spielerinnen gestellt bekommen, mit aufgedruckten Namen an den Türflächen, wie im Rennsport üblich. Marta als Schmankerl, das sich Hauptsponsor *VW* zum 60. Geburtstag der Filiale in Umeå leistet. Ohnehin: Marta ist in den Spielen immer etwas anders gekleidet. Nicht nur die Rückennummer ist anders und längst ein Fan-Artikel der besonderen Art. Spielt das Team in Schwarz, spielt sie in Weiß.

Marta hier, Marta dort. Wenn die anderen bereits duschen, stehen die Topstars noch an der Tribüne und schreiben Autogramme. Moström, Ljungberg, Marta. Diese Schriftstücke zählen viel im hohen Norden, zählen alles. Und Marta fühlt sich über die Jahre immer wohler, bereut

Martas Autogramme sind in Umea heißbegehrt.

es immer weniger, diesen mutigen Schritt nach Nordeuropa getan zu haben. So war es auch damals, als sie in der Familie und bei Bekannten beratschlagt haben, ob Marta ihr Talent im fernen Rio zum Beruf machen solle. Die Eltern hatten letztlich ein Einsehen: Schon in den Straßen ihres Heimatdorfs war Marta von Beginn an immer zu gut beim lockeren Kick mit den anderen Kids. »Es war erst ganz schön schwierig für mich. Die Jungs hatten erst Probleme, weil ich ein Mädchen war und trotzdem mitspielen wollte. Außerdem waren die fast alle älter als ich mit etwa sieben Jahren. Die haben erst skeptisch zugesehen, wie ich mit dem Ball umgehe, bis sie mich akzeptiert haben.« Und dann läuft alles ganz anders. »Ich wurde immer besser und hatte bald das Sagen. Bis ich Leuten aufgefallen war, die mich in den Verein brachten«, erzählt Marta über ihre fußballerischen Anfänge und über die durchsetzungsfreudige Mentalität, die zur heutigen Führungspersönlichkeit gereift ist.

Warum das mit dem Fußball so gut klappe, könne sie nicht erklären. »Das ist Talent und Kreativität und kommt von selbst«, meint sie. Ihre beiden Brüder seien nicht so gut, ihre Schwester auch nicht. Bis zum 10. Lebensjahr habe sie auch Handball gespielt. Aber irgendwie habe sie nur der Fußball interessiert. »Fußball – das ist mein Ein und Alles. Es bedeutet für mich Passion, Leben und Liebe.«

Die Liebe zu Umeå endet jedoch Anfang 2009: Monatelang pokert ihr Manager Fabiano Farah, der auch die Geschicke Ronaldos in den Händen hält, um die Zukunft der 1986 geborenen Brasilianerin. Kurz vor der FIFA-Gala, zu der Marta aus dem brasilianischen Heimaturlaub einfliegt, verdichten sich die Hinweise, dass die Stürmerin das schwedische Topteam Umeå IK, das zu den besten Frauenfußballteams der Welt zählt, nach vier Jahren mit vier Meistertiteln und als Torschützenkönigin 2008 verlässt. Das Zerren um Marta hat neuen Schwung bekommen, als ihre beste Freundin und Teamgefährtin in Umeå, Nationalverteidigerin Johanna Frisk, zuvor in einer Presse-Erklärung mitteilt, sie werde nach Los Angeles wechseln. Dass Frisk mitkommen müsse, hatte Marta immer wieder zur festen Bedingung für einen Wechsel in die WPS gemacht.

Nun helfen auch alle emotionalen Bindungen an Umeå nicht mehr: In den Jahren zuvor ziehen viele Freundschaften die Ballzauberin aus Brasilien, die einst für 1.500 Euro pro Monat zu den Nordschweden kommt und ihr Gehalt dann auf 6.000 Euro plus Privatsponsoren steigert, immer wieder nach Umeå zurück. Im letzten Jahr helfen sogar Nachbarkommunen und Bürgerinitiativen »Rettet Marta für Umeå« mit Geldspenden, um das Gehalt aufzubringen, ehe das Team im letzten Punktspiel mit der Trikotaufschrift »Marta klar för Umeå« aufläuft und die Spielerin in einer tränenreichen Pressekonferenz später auf Umeås Flughafen ihre Verlängerung bestätigt. Eine der beiden Zeitungen Umeås engagiert sich gar mit 40.000 Euro.

Dennoch endet die Liebesbeziehung abrupt: »Wir können nicht mehr mithalten, obwohl wir erneut nachgebessert und weitere Privatsponsoren aufgetan haben«, erklärt die neue Managerin Britta Akerlund für den UIK.

»Die Zeit in Umeå war sehr schön. Ich bin traurig, dass ich gehe. Aber ich bin auch froh, in einer anderen neuen Liga Herausforderungen annehmen und spielen zu können«, sagt Marta schließlich.

Martas Unterschrift bei Los Angeles Sol in der WPS für drei Jahre ist für die gesamte US-Profiliga von Bedeutung. Sie macht die Liga zur Marke, vermittelt Werte wie Weltklasse. Marta ist ein Muss. Liga-Sponsor *Puma* ist persönlicher Sponsor von Marta. Die Brasilianerin hält, was ihr Image verspricht. Sie wird Torschützenkönigin und steht mit Sol an der Spitze der Liga. In der anschließenden Offseason spielt sie in Brasilien beim FC Santos. Der amtierende brasilianische Meister verpflichtete die 23 Jahre alte Stürmerin ab September 2009 für das zum dritten Mal ausgetragene nationale Turnier, sowie für die erste weibliche Auflage des Copa-Libertadores, der südamerikanischen Variante der Champions-League. Südamerika wird hinter Europa damit zweiter Kontinent mit einem internationalen Klubwettbewerb. »Wir haben einst mit Pelé Geschichte geschrieben. Jetzt tun wir das mit Marta«, freut sich Santos-Boss Marcelo Teixera. Santos-Coach ist übrigens Brasiliens Nationaltrainer Kleiton Lima.

Nun beweist sie also in den USA und Brasilien, was sie bei der WM in China und bei den Olympischen Spielen 2008 trotz zweier bitterer Finalniederlagen gegen Deutschland und die

Auf der FIFA-World-Players-Gala 2005 ist Marta noch die Nummer 2 hinter Birgit Prinz und vor Shannon Boxx (li.).

Vereinigten Staaten schon hinreichend gezeigt hat: Dass sie stets auf allerbestem Weltniveau ihre größten Leistungen vollbringt. »Es ist natürlich ein Genuss, Marta dabei zuzuschauen«, sagt auch Bundestrainerin Silvia Neid, die allerdings auch Vorbehalte gegenüber Martas manchmal aufreizender Spielart äußert. »Für meinen Geschmack übertreibt sie es oftmals mit Kabinett-stückchen. Wäre sie bei mir im Team, würde ich ihr das untersagen.«

Die Frauenfußballwelt indes liebt Marta trotz ihrer Allüren. Dreimal nacheinander wurde die Brasilianerin deshalb zu Recht zur Weltfußballerin des Jahres gewählt. Die Erfolge Martas sind furchteinflößend. Die deutsche Innenverteidigerin Annike Krahn bleibt trotzdem cool. »Was soll ich mich verrückt machen, wenn ich gegen sie spielen muss«, sagt Krahn nach dem WM-Finale 2007, in dem sie Marta als Gegenspielerin ziemlich souverän ausbremst. »Sie hat auch nur zwei Beine.« Aber die unteren Enden dieser beiden Beine sind eben neben Pelé im *Maracana* verewigt.

FUSSBALLERIN DES JAHRES –
SPORTLICH FRAGWÜRDIGE EHRUNG

Was soll man von einer Ehrung halten, die achtmal in Folge von derselben Person gewonnen wird? Nichts. Der Titel »Fußballerin des Jahres« ist in den Jahren seit 2001 sukzessive mit jeder neuerlichen Wahl der Seriensiegerin Birgit Prinz in seinem Wert gemindert oder gar zerstört worden, weil Frauenfußball-Deutschland einem schon bei den Männern absurden Wahlprozedere ausgeliefert ist. Da stimmt die Gesamtheit der deutschen Sportjournalisten über den besten männlichen oder weiblichen Kicker des Jahres ab, obwohl die große Mehrheit der Stimmberechtigten diesen Spieler kein einziges Mal live im Stadion erlebt hat. Bei den Frauen ist es noch gewaltiger: Vermutlich haben nicht einmal fünf Prozent der 3500 – qua Mitgliedschaft im Verband deutscher Sportjournalisten (VDS) – Wahlberechtigten überhaupt ein Frauenspiel im jeweils vergangenen Kalenderjahr gesehen. Also geben sie ihre Stimme eben Birgit Prinz, weil dies der einzige Fußballerinnenname ist, der jedem Sportjournalisten ohne Schreibfehler aus der Feder geht.

Der einzige Trost an dem traurigen Schauspiel, das es dem Frauenfußball so schwer macht, neue Gesichter in den medialen Vordergrund zu bringen, ist, dass die Jahr für Jahr Geehrte eine gesunde Distanz zu dem Auszeichnungswahn hat. »Ich glaube nicht, dass ich diesen Titel achtmal in Folge verdient habe, aber ich gebe eh nicht viel auf Ehrungen einzelner Spielerinnen«, sagt Birgit Prinz selbst, die ja zweifelsohne vier, fünf oder auch sechs Ehrungen verdient gehabt hätte, aber eben nicht acht in Folge. 2009 gibt es nun endlich ein neuen Namen: Inka Grings wird zur Fußballerin des Jahres gewählt.

Ähnlich negativ wie die Ehrung zur Jahrgangsbesten in Deutschland beurteilt die Spielführerin der Nationalmannschaft auch die Wahl zur Weltfußballerin des Jahres, die Prinz dreimal in Folge – und damals auch mit gutem Recht – in den Jahren 2003 bis 2005 gewann. Nach Rang zwei im Jahr 2008 war ihr der Satz zu entlocken: »Das bedeutet mir gar nichts.« Was soll die selbstkritische Birgit Prinz auch sonst sagen zu einer Wahl, bei der nicht so wirklich sicher ist, wie viele der Wähler auch nur ein bisschen Ahnung vom Frauenfußball haben. Zumindest ist zuverlässig überliefert, dass einige Staaten ihre Punkte regelwidrig durch ihren Nationaltrainer überliefern lassen. So hat einmal ein bahrainischer Nationaltrainer einen deutschen Frauenfußballjournalisten um Rat gefragt, wem er denn seine Punkte geben könne. Als er dann erfuhr, dass er als Trainer des Männerteams gar nicht abstimmungsberechtigt sei, zeigte er sich höchst verwundert. ■

10

FRAUEN IN DER WELT DER MÄNNER

Starke Frauen unter sich – die Nationaltrainerinnen Hope Powell (England) und Tina Theune-Meyer.

FRAUEN ALS TRAINERINNEN

Die Besten ihrer Art

In der Frauenfußball-Welt gibt es zwei klar getrennte Sorten von Trainern. Es gibt die Männer, die beispielsweise bei der letzten Weltmeisterschaft 2007 13 der ursprünglich 16 Frauen-teams oder bei den Olympischen Spielen 10 der 12 Qualifikanten trainierten, so wie es in fast allen anderen Frauen-Teamsportarten vom Handball über Hockey bis Basketball noch immer üblich ist. Und es gibt eben die Frauen. Die sind im Frauenfußball generell seit einem Jahrzehnt verhältnismäßig häufig vertreten, auf internationalem Parkett jedoch noch immer in der deutlichen Unterzahl. Die beiden erfolgreichsten unter den wenigen Frauen sind derzeit »Weltmeisterin« Silvia Neid und »Olympiasiegerin« Pia Sundhage, die als einzige Frauen nach Tina Theune-Meyer (WM 2003) und April Heinrichs (Olympia 2004) bislang ein Weltturnier gewinnen konnten.

Sundhage, Nationaltrainerin des amerikanischen Olympiateams, sieht diese Turniersiege unter weiblicher Betreuung als logische Folge der besonderen Befähigung von Frauen zum Trainerjob an. »Wir Frauen bringen bestimmte Talente für die Führung einer Mannschaft mit, die Männer nicht haben«, sagt sie. »Allerdings würde ich auch nie auf die Eigenarten von Männern in der Trainingsarbeit verzichten, sondern achte darauf, dass wir im Team auch immer einige männliche Betreuer dabeihaben.«

Silvia Neid betrachtet Spekulationen über geschlechtsspezifische Unterschiede bei Trainern indes deutlich weniger ideologisch. »Solche Unterscheidungen bedeuten mir gar nichts, weil ich mich nicht als Frau unter Trainern, sondern ganz einfach als Trainer definiere«, sagt die 1964 geborene Fußballlehrerin.

Der DFB hat sich bereits 1996 entschieden, den Frauenfußball in weibliche Hände zu legen. Motor dieser Bewegung war der erste und womöglich auf ewig letzte Mann an der Spitze des Frauenfußballs. »Ich habe damals immer gefordert, dass wir den Frauenfußball in weibliche Hände geben müssen, damit wir ihn nicht nach unseren männlichen Maßstäben formen«, sagt Gero Bisanz heute. Folgerichtig hat er sich 1996 selbst wegemanzipiert und seiner Assistentin Tina Theune-Meyer den Stab übergeben, nachdem er schon während der WM 1991 in China damit kokettierte, als er behauptete: »Die Aufbauarbeit ist erledigt.«

Theune-Meyer führte den deutschen Frauenfußball bis auf den bisherigen Höhepunkt mit dem WM-Gewinn 2003. 2005 übergab sie das deutsche Team dann als Europameister an Neid, die unter Bisanz vom ersten offiziellen Frauen-Länderspiel 1982 bis zum Bisanz-Abschied 111 Länderspiele als Mittelfeldstrategin absolviert hatte.

Pia Sundhage (USA) und rechts
Marika Domanski (Schweden)

Anders als die scheue Theune-Meyer weiß Silvia Neid mit den Medien zu spielen. Immer wieder haut sie mal einen lockeren Spruch heraus und kokettiert mit den Kameras. Besonders stark und weiblich-souverän war Neids Ausspruch vor der WM, als sie auf Nachfrage süffisant erklärte, dass sie die letzten freien Tage vor dem Abflug vor allem »bei der Fußpflegerin und dem Frisör« verbringen werde. Mit einem Satz hatte sie den Durst des Boulevards nach einer bunten Geschichte gestillt, dennoch ihre Würde gewahrt und klargemacht, dass Frauen nicht nur auf der Sonnenbank, sondern auch auf der Trainerbank die Herrschaft übernehmen können. Diese Schlagfertigkeit fehlt so mancher anderen talentierten Trainerin womöglich, um sich gegen männliche Konkurrenz durchzusetzen. Neid war diese freche Schnauze freilich schon als Spielerin gegeben, als sie von immer wiederkehrenden stereotypen Vergleichen mit Lothar Matthäus genervt in einem Interview mit dem *Spiegel* sagte: »Ich bin kein Matthäus, dafür fehlen an meinem Körper die entscheidenden fünf Gramm.« Mit diesem Satz beendete Neid die leidige Diskussion.

Diese Fähigkeit, im Umgang mit den Medien auch mal auf den Putz hauen zu können, ist vermutlich genau jenes Element, das sich Frauen im Trainergeschäft am härtesten erarbeiten müssen. DFB-Präsident Theo Zwanziger scheint mit Neids selbstbewusstem Auftreten jedenfalls sehr zufrieden zu sein, da er ihr kurz nach dem WM-Titelgewinn 2007 in China einen ungewöhnlich langfristigen Vertrag bis 2013 anbot. »Ich kann mir gar keine andere mehr als Trainerin vorstellen, weil sie sehr gute Arbeit leistet«, begründete Zwanziger sein Vorpreschen.

Vermutlich geht der DFB mit seiner Wahl der Weiblichkeit den richtigen Weg. Nicht umsonst haben bei den vergangenen Turnieren seit 2003 Trainerinnen im Duell mit den männlichen Kollegen die Oberhand behalten – obwohl nur insgesamt sieben Frauen in den letzten vier Jahren im erlauchten Kreis von rund 40 verschiedenen männlichen Kollegen arbeiten durften. Der letzte Sieg eines männlichen Trainers – sieht man einmal vom U20-Titel der US-Girls von 2007 unter Tony DiCicco ab, der 1999 schon mit den amerikanischen Frauen den »richtigen« WM-Titel errungen hatte – geht auf das Jahr 2000 zurück, als Per-Mathias Høgmo Norwegen zum Olympiasieg in Sydney führte. Scheinbar haben Frauen also zumindest in der Betreuung von weiblichen Teams mittlerweile einen Vorteil. In diesem Punkt ist der Fußball den anderen Mannschaftssportarten in Sachen Gleichberechtigung einen großen Schritt voraus. Während im Frauenfußball Trainerinnen in wichtigen Positionen immerhin mit bloßem Auge zu finden sind, muss man im Handball, Basketball oder Hockey schon mit der Lupe nach einer Frau als

Tina Theune-Meyer (li.) mit Assistentin Silvia Neid

Chefin einer Frauennationalmannschaft suchen. »Die anderen Frauenmannschaftssportarten beneiden uns«, sagt die Frauenfußball-Vorkämpferin und DFB-Vizepräsidentin Hannelore Ratzeburg. »Aber am Ziel sind wir erst, wenn es keinen mehr interessiert, ob da eine Frau oder ein Mann trainert. Dann erst haben wir die volle Gleichberechtigung.«

Bundestrainerin Silvia Neid erwartet auch weitere Fortschritte, hofft, dass sukzessive mehr und mehr Frauen die Jobs als hauptverantwortliche Trainer auch in den Bundesligamannschaften übernehmen. »Derzeit haben einfach noch zu wenige Frauen die Trainerausbildung durchlaufen«, sagt Neid. »Viele Nationalspielerinnen machen aber schon neben ihrer Spielerlaufbahn den A-Schein oder absolvieren sogar die Ausbildung zum Fußballlehrer. Die werden alle in den kommenden Jahren in ihre Aufgaben hineinwachsen.« Tatsächlich weisen ehemalige und aktuelle Nationalspielerinnen wie Sandra Minnert, Silke Rottenberg, Birgit Prinz oder Kerstin Stegemann schon die Qualifikationen für Jobs in der Frauenbundesliga auf und werden über kurz oder lang sicher den einen oder anderen Job im Frauenfußball übernehmen. Die fertige Fußballlehrerin Steffi Jones hat sogar vor Übernahme des Jobs als Präsidentin des WM-Organisationskomitees für die WM 2011 in Deutschland mit dem Sprung ins kalte Wasser des männlichen Profifußballs geliebäugelt. Dafür scheint die Zeit indes noch nicht reif, solange die Neururers oder Lorants dieser Welt doch immer wieder den Weg aufs Karussell finden.

FRAUEN ALS SCHIEDSRICHTERINNEN

Vom Support zur Emanzipation

Ein typisches »Fräulein Schiedsrichter« der 60er Jahre ist die 18 Jahre alte Verkäuferin Brigitte Hansen (STV Ringelheim): als erste Schiedsrichterin im Kreis und Bezirk Braunschweig als Tochter eines aktiven Schiedsrichter-Veterans. Sie wird ab 1965 mit der Leitung von Jugendspielen beauftragt.

Erste Schiedsrichterin im Kreis Holzminden und Bezirk Hildesheim wird zur gleichen Zeit Siegrid Lücke. Die 21-jährige Kontoristin beginnt ebenfalls, wie es üblich war, mit Jugendspielen. Wie die junge Frau zur Schiedsrichterei kam, kolportiert der damalige Kreislehrwart Wolfgang Schulz-Wehner: Während eines Vortrages, den sie mit ihrem Verlobten besuchte, hatte Schulz-Wehner auf den Mangel an Nachwuchsschiedsrichtern hingewiesen und in die Runde geschaut, ob wohl jemand bereit sei, am nächsten Lehrgang teilzunehmen. Dabei sah er sich um. Siegrid Lücke hatte gerade einen Hustenanfall und nickte deswegen mit dem Kopf, wie man das so tut. Spontan gratulierte Schulz-Wehner zu dem mutigen Entschluss, der eigentlich gar keiner war.

Seit 1967 haben auch die Ammerländer eine Frau Schiedsrichter. Die 24 Jahre alte Waltraud Güldener bestand in Bad Zwischenahn ihre Schiedsrichter-Prüfung.

Beim Sommervergnügen des Bezirksliga-Absteigers TSV Verden durften die Frauen sogar auf eine Torwand schießen – und waren besser als die Männer. Doch mit der Demokratisierung des Fußballs und damit der Öffnung für die Frauen ist es noch eine ganze Zeit hin. Es bleibt bei Serviceleistungen der Frau. Am Fußball und an der Jugend vornehmlich. Und an Jux-Auftritten. So leitete Christa Küsel von der SpVgg Oyten-Sagehorn 1970 im Rahmen des Sommerfestes in Borstel die Partie ihrer Kollegen des Kreises Nienburg gegen den Kreis Verden. Christa Küsel habe mit sicheren Entscheidungen und Regelkenntnis imponiert und die Herren Kicker hätten gar keine Zeit gehabt, sich mit den netten Reizen der jungen blonden Kollegin zu beschäftigen, hieß es.

Manchmal regiert auch der Zufall. So ist Fritzi Mildenberg Mitte der 60er Jahre zwar in Israel Chefin des Schiedsrichterverbandes. Doch Spiele darf sie nicht leiten, trotz bestandener Schiedsrichterausbildung. Eigentlich war sie früher nur ihrem Mann als Schiedsrichter-Chef zur Hand gegangen. Doch der verstarb, Fritzi übernahm und machte ihre Sache gut.

Mit der Öffnung des Fußballs für die Frauen im DFB im Herbst 1970 veränderte sich auch die Rolle der Schiedsrichterin zusehends. Allerdings dauerte es bis 1990/91, dass der DFB für seine Bundesliga eine eigene Frauenliste einrichtete. Gleichwohl herrschte auch zuvor schon das Bestreben, die Frauen auch in Frauenspielen einzubinden. Immer mehr Schiedsrichterinnen verdrängten die Männer in dieser Rolle. Zunächst jedoch behielten männliche Referees weitgehend die Kontrolle über den Frauenfußball und seine Entwicklung. Im Jahre 1978 waren 0,8 % der Schiedsrichter Frauen (440 von 53.473). 2001 sind von den insgesamt 77.276 Schiedsrichtern bereits 1.530 Frauen. Bis zum Beginn der 90er Jahre gibt es kaum eine Frau, die Spiele oberhalb der lokalen Ebene leitete. Ähnlich verhält es sich beim Einsatz als Assistentin.

Im letzten Finale der zweigleisigen Frauen-Bundesliga gibt es noch einen Mix: Bundesliga-Schiedsrichter Hans-Joachim Osmers wird von zwei Assistentinnen unterstützt. Ein Jahr nach der Einführung der Frauen-Bundesliga sorgt die DFB-Schiedsrichterkommission dafür, dass so viele Spiele wie möglich von Schiedsrichterinnen geleitet werden. Die erste Liste von Schiedsrichterinnen zur Saison 1991/92 enthält 20 weibliche Unparteiische im Alter von 20 bis 40 Jahren, die etwa ein Drittel aller Spiele leiten. Von da an bis zur Einführung der eingleisigen Frauen-Bundesliga im Jahre 1998 wird jedes Endspiel der Deutschen Meisterschaft von weiblichen Gespannen geleitet. Jeder Schiedsrichterin wird diese Ehre einmal zuteil. Dasselbe gilt auch für das DFB-Pokal-Endspiel, das seit 1992 als Vorspiel zu den Männern im Berliner Olympiastadion stattfindet.

In den Spielzeiten 1998/99 und 1999/2000 der Bundesliga gab es jeweils nur einen Fall, in dem ein Mann kurzfristig für eine kranke Kollegin einspringen musste.

Während die Schiedsrichtertätigkeit von Frauen früher als bloßes Hobby angesehen wurde, wird dem Ganzen heute wesentlich mehr Bedeutung beigemessen. Gleichwohl die Kritik an den weiblichen Referees in der Bundesliga bisweilen eklatant war und ist und manch eine Spielerin sich die Männer zurückwünscht. In Frankfurt, so wird kolportiert, habe sich nach einer missratenen Partie eine Schiedsrichterin sogar in der Kabine eingeschlossen, um unangenehmen Nachfragen zu entgehen.

Die WM setzt Zeichen mit Pionierinnen, Vorbildern und Stars

Für das Jahr 1995 wird erstmals eine Liste von internationalen Schiedsrichterinnen von der FIFA zusammengestellt. Eine Notwendigkeit, nachdem die Frauen auch immer mehr international zum Einsatz kommen, ohne aber bisher in einem Pool vereinigt zu sein. Schritt für Schritt hatten die Nationalverbände vereinzelt Frauen in internationale Aufgaben eingebunden. Der DFB zum Beispiel nominiert Gertrud Regus als erste Frau für ein Länderspiel in Weil am Rhein gegen die Schweiz. Die Assistentinnen Gabi Birlin und Doris Fischer kommen aus Rheinfelden. Die passende Generalprobe für die damals 29 Jahre alte, sehr zurückhaltende Verwaltungsangestellte der fränkischen Gemeinde Hallstadt bei Bamberg, bevor es wenig später zur 1. WM nach China geht. 1992 leitet Regus als erste Frau ein weibliches DFB-Pokalfinale. Regus war 1995/96 auch an der Linie im Gespann von Dr. Helmut Fleischer in der 1. Liga der Männer aktiv.

Zeichen gesetzt haben die jeweiligen Weltmeisterschaften. 1991 in China noch gab es zunächst nur die ersten Assistentinnen. Ingrid Jonsson, eine Grundschullehrerin aus Hudiksvall in Schweden, und die Bambergerin Gertrud Regus standen im Finale an den Linien. Vadim Zhuk war der letzte Mann, der im Tianhe Stadion von Guangzhou ein Frauen-WM-Finale pfiff.

1994 stellte die FIFA dann erstmals eine Frauenliste auf. Gerade rechtzeitig, um bei der WM 1995 den eingeschlagenen Weg fortzusetzen. 1995 kommt dann auch der ganz große Auftritt für Ingrid Jonsson, die in diesem Jahr 50 wird. Das WM-Finale in Stockholm zwischen Deutschland und Norwegen wird quasi zum Heimspiel für die Schwedin, die assistiert wurde von der Dänin Gitte Holm und Maria Del Socorro aus Mexiko. Zwar ist das Feld der Officials noch 6:6 pari zwischen Männern und Frauen bei den Schiedsrichtern. An der Linie haben die Frauen jedoch mit 7:5 bereits die Überzahl und verdeutlichen den Weg der FIFA. Deutschland übrigens ist durch Christine Frai aus Bremen an der Linie vertreten.

1999 ist die erste WM, die in der Schiedsrichter-Frage vollständig in Frauenhand ist. Mit dabei: Elke Günthner aus Bamberg. Die heute 44-Jährige ist inzwischen in Bochum Personalchefin am Schauspielhaus.

Gertrud Regus (Mi.) ist Linienrichterin im Gespann von Vadim Zhuk beim WM-Finale 1991 in China.

Von den Schiedsrichterinnen werden später Bente Skogvang (Norwegen) und Sonia Denoncourt (Kanada) zu Vorzeigefrauen der FIFA. Denoncourt, die einst in Ontario einen Fahrradladen hatte, ist heute Verwaltungschefin aller Schiedsrichterinnen bei der FIFA in Zürich. Skogvang, die unter anderem das Olympiafinale 1996 in Athens/Georgia leitete, beendete mit 45 Jahren ihre aktive Karriere und schrieb 2006 ihre Doktorarbeit. Aufgewachsen in Alta, im ewigen Eis Nordnorwegens, beschäftigt sie sich heute als Hochschuldozentin an der Universität in Elverum mit sozialen, pädagogischen und kulturellen Aspekten des Fußballs und veröffentlicht regelmäßig Fachbücher.

FIFA-Chefschiedsrichterin Sonia Denoncourt

Nicole Petignant aus der Schweiz leitete auch jede Menge nationaler Männerspiele. Neun Jahre lang, 91 Partien. Ende 2008 aber beendete sie nach überbordender Kritik ihre Karriere mit 42 Jahren. Frust sei es nicht gewesen, vielmehr seit längerem geplant, widerspricht Nicole. WM- und Olympia-erfahren sei ihr Ausflug zu den Profis nicht aus feministischen Gründen erfolgt, sondern aus der Faszination des Spiels. Schmährufen wie »Nicole an den Herd« entgegnete die Blondine oft schlagfertig mit »Ich koche wirklich gerne«.

Den berühmtesten Namen hat Catherine Hepburn aus den USA. Nein, das ist nicht die Schauspielerin, sondern eine Lehrerin aus Denver/Colorado. Sie schaffte es bis in die männliche US-Profiliga und 1995 auch zur WM der Frauen nach Schweden.

Unglücklich indes endete die Karriere für Brasiliens Ana Paula Oliveira im Alter von 29 Jahren. Weil die attraktive Pfeifenfrau sich in der brasilianischen Ausgabe des *Playboy* nackt ablichten ließ, wurde sie in Sachen Schiedsrichterei international und national aus dem Verkehr gezogen. Die hübsche Ana Paula war immerhin Schiedsrichterin bei den Olympischen Spielen 2004 gewesen.

Zu den Pionierinnen zählt auch Linda Black aus Neuseeland. In Ermangelung einer weiblichen FIFA-Liste stand sie dereinst auf der Liste der Männer. Die Frauenliste wurde erst 1994 eingeführt. Ein Jahr später war Linda Black WM-Schiedsrichterin.

Noch im alten Jahrtausend haben dann die Frauen auch das Schiedsrichterwesen komplett übernommen. Seit 1999 hat die FIFA keinen Mann mehr aufgestellt und zieht dieses Prinzip auch bei den Turnieren der Juniorinnen durch.

Christine Frai und ihre Assistentin Kari Seitz (re.) 2002 in China

Gleichwohl passiert es immer wieder einmal, dass es zu spektakulären Spielleitungen von Frauen in Männerspielen kommt. Als Sonia Denoncourt zum Beispiel nach Brasilien geschickt wird oder dergleichen mehr. Doch scheint sich das Prinzip Männer für Männer und Frauen für Frauen bei der FIFA immer mehr als sinnvoll zu verfestigen.

Große internationale Erfahrung neben Gertrud Regus erhielt auch Christine Frai aus Bremen, die vor zwei Jahren ihre Karriere beendete. Frai war unter anderem bei einem Freundschaftsturnier in China im Einsatz. Höhepunkt für die hanseatische Exportkauffrau war zweifelsohne die Olympiateilnahme in Athen 2004.

Derzeitiger Star unter Deutschlands Referees ist Elke Beck aus Magstadt, die bei der WM 2007 und Olympia 2008, jeweils in China, eingesetzt wurde.

Der aktuelle Mega-Star jedoch, gewissermaßen die First Lady unter den Schiedsrichterinnen, ist Bibiana Steinhaus, die im Harz aufgewachsene, 181 Zentimeter große Polizistin aus Hannover. Seit Herbst 2007 leitet die 30 Jahre alte Blondine, früher Fußballerin beim SV Bad Lauterberg, auch männliche Profispiele, ist bei der U20-WM (weiblich) in Chile dabei. International hat Steinhaus 2005 begonnen, zehn Jahre nach ihrer ersten Spielleitung überhaupt. Inzwischen hat sie die Studentenweltmeisterschaft in Thailand und Militärweltmeisterschaft in

Deutschlands Star-Schiedsrich-
terin Bibiana Steinhaus

Indien gepfiffen. Bibi auf allen Kanälen. Aber der Medienhype weicht allmählich der Normalität. Besser kann ein Urteil für Bibiana Steinhaus gar nicht ausfallen. Steinhaus (Hannover) steht auch 2009 auf der FIFA-Liste, gemeinsam mit Christine Beck (Magstadt), Anja Kunick (Leipzig) und Neuling Riem Hussein (Bad Harzburg). Die Assistentinnen 2009 bleiben unverändert Miriam Dietz-Dräger (Bad Sobernheim), Inka Müller (Potsdam), Moiken Jung (Worms) und Marina Wozniak (Herne).

WM 2011 – COUNTDOWN BEI DEN SCHIEDSRICHTERINNEN

In Albufeira kommen nur die Besten durch

Früher als je zuvor hat der Weltfußballverband FIFA im Schiedsrichterwesen die Auswahl- und Fortbildungsmaßnahmen für die WM 2011 begonnen. Lehrgangsauftakt war beim Algarve-Cup im März 2009. »Wir wollen die beste Qualität zum WM-Turnier beisteuern und durchlaufen deshalb die intensivste Vorbereitung, die es jemals gegeben hat«, erklärt FIFA-Schiedsrichterchefin Sonia Denoncourt aus Kanada nicht ohne Stolz.

40 Schiedsrichterinnen und Assistentinnen aus 27 Ländern aller Kontinente nutzten das Turnier zur Formüberprüfung und Abstimmung von Entscheidungen. Fitnesstest, körperlich und mental. Jeden Morgen vor dem Frühstück ist Gewichtskontrolle. Regeltest. Die Abseitsregel als Themenschwerpunkt. Die Technikausbildung lag einmal mehr in der Hand ehemaliger Top-Referees: Neben Denoncourt bei Ingrid Jönsson (Schweden), Katrine Elovirta (Finnland) und Sandra Hunt (USA). Aus Deutschland waren als Schiedsrichterin Bibiana Steinhaus (Hannover) sowie als Assistentinnen Marina Wozniak (Herne) und Moiken Jung-Reichert (Worms) vertreten.

Beim Schiedsrichterlehrgang 2009 an der Algarve strahlen um die Wette: Moiken Jung-Reichert, Bibiana Steinhaus, Gyöngi Gaal (Ungarn) und Martina Wozniak (v.li.).

»NOTFALLS SCHNEIDE ICH DIE FINGERNÄGEL AB.«

Rehab Abo Odeh und Nehad Edwan sind zwei Schiedsrichterinnen in Jordanien. Sie pfeifen Spiele bis zur 3. Liga. Lange Hose und verschleierter Kopf passen die Schieri-Kluft an islamische Vorgaben an. Das Kopftuch mindere weder das Selbstvertrauen noch das Auftreten oder die Souveränität bei Entscheidungen, es störe nicht, sagen die beiden jungen Frauen. Weil gefährliche Gegenstände beim Fußballspiel verboten sind, kontrollieren sie auch die Fingernägel. »Die können in Zweikämpfen wie Waffen wirken, wenn sie zu lang sind. Notfalls schneiden wir die Fingernägel kürzer.« Für diesen höchst seltenen Fall haben sie immer eine Nagelschere dabei.

Fingernagelkontrolle in Jordanien

EMANZIPATION BEDEUTET AUCH GLEICHE FUSSBALLREGELN

Bei den Abmessungen des Tores wäre ein Kompromiss gut

Als die europäischen Fußballverbände in den 1970er Jahren den Frauenfußball schließlich doch tolerierten, hatten sie noch ein Faustpfand zur Diskriminierung der Frauen in der Hinterhand: das Regelwerk. Wenigstens im Allerheiligsten eines Fußballfunktionärs sollte die Frau noch einen kleinen Rempler mitbekommen, ehe sie sich zum Sturm auf die Fußballplätze begibt. So schrieb der DFB in seinem Regelwerk fest, dass das weibliche Geschlecht nur zweimal 30 Minuten dem Ball hinterherjagen dürfe und dass dieses Leder auch noch etwas kleiner sein müsse als das nur von starken Männerfüßen zu kontrollierende Standard-Spielgerät. Zudem durfte die Torhüterin nicht im gleichen Maß angegangen werden wie ein männlicher Schluss-mann, Frauen durften zudem die Hand zum Schutz des fragilen Körpers vor dem brutalen Ball einsetzen, was immer wieder zu bizarren Regelstreitigkeiten auf dem Feld führte. Weiterhin sollte das zarte Geschlecht keinesfalls bei Winterkälte über die Asche- und Rasenplätze der Republik flitzen, damit die Gesundheit nicht gefährdet ist. Stollenschuhe waren ebenfalls aus gesundheitlichen Gründen verboten.

Auf die brutalste und anschaulichste Möglichkeit, ihre Geringschätzung gegenüber den weiblichen Kickern zu demonstrieren, verzichteten die Herren Funktionäre freilich erstauni-cherweise: Sie hätten den Frauen auch vorschreiben können, dass sie die Kleinfeldtore, die normalerweise die F- und E-Jugendlichen bis zum Alter von zehn Jahren nutzen, zu verwenden hätten. Doch diese infame Idee war wohl selbst den größten Verächtern des Frauenfußballs eine zu deutliche und undiplomatische Geste der Abneigung.

Dabei wäre heute, wo Frauen dasselbe Spielgerät mit demselben Schuhwerk genauso lan-ge übers Feld jagen dürfen wie die Männer, gerade in diesem Punkt ein Kompromiss wohl die einzig vernünftige Abweichung von den Regeln des Männerfußballs: Nicht nur in der Bundesliga und den anderen nationalen Ligen, sondern auch auf dem höchsten Niveau der Weltmeister-schaften fallen noch immer Tore, die dem Frauenfußball zur Peinlichkeit gereichen und nicht nur den mit Vorurteilen behafteten Betrachter amüsiert. Immer wieder blamieren sich Tor-frauen beispielsweise bei an sich harmlosen hohen Bällen, die sie bei einem minimalen Stel-lungsfehler nicht mehr abwehren können. Die Frauen sind dann ohnmächtig, weil sie aufgrund geringerer Körpergröße und von der Natur vorgegebener geringerer Schnellkraft den Fehler eben nicht mehr ausgleichen können.

Maria Nelles (heute Breuer), SC Bad Neuenahr, hält einen Elfmeter im DM-Finale 1977/78 gegen FC Marpingen (Saarlandmeister) und hält damit die Meisterschaft für ihre Mannschaft fest.

Die Torflut beispielsweise beim Weltmeisterschaftsturnier 2007 und die mangelhaften Torwartleistungen im Besonderen setzen deshalb immer mal wieder eine Diskussion in Gang: Ist das 2,44 Meter hohe und 7,32 Meter große Tor, das schon den männlichen Torhütern genug Probleme bereitet, für die Frauen noch mal eine Nummer zu groß? »Ich denke schon, dass wir Torhüterinnen einen viel schwierigeren Job erledigen müssen als unsere männlichen Kollegen«, beschreibt die englische Torhüterin Rachel Brown die Angst der Torfrauen vor dem großen Kasten. »Die Herren der Schöpfung haben nun mal qua geschlechtsspezifischer Unterschiede Vorteile gegenüber uns.«

»Männer haben einfach körperliche Vorteile. Deshalb ist die Frage nach einer Verkleinerung des Tores für die Frauen gar nicht abwegig«, sagt auch Michael Fuchs, der seit diesem Jahr der erste fest angestellte Torwarttrainer der deutschen Frauen ist. »Nur sind unterschiedliche Torhöhen zum einen wohl kaum weltweit umsetzbar, zum anderen haben die Frauen ja auch ihren Stolz.« Nationaltorhüterin Nadine Angerer beispielsweise fände es diskriminierend, wenn Frauen künftig auf kleinere Tore spielen müssten. »Ich muss schon immer durch genauso

Jahrzehntelang kämpften die Fußballfrauen um das Recht auf gleiche
Regeln wie bei den Männern: nur
bei den Abmessungen des Tores
wäre ein Kompromiss ganz nett
gewesen. Ob Marion Isbert, die
Europameisterschaftsheldin von
1989, auch so dachte?

große Tore hechten wie Männer und will damit zurechtkommen«, sagt Angerer. Die deutsche
Keeperin hat indes gut reden, stammt sie doch aus dem Land der traditionell im Frauenbereich
verhältnismäßig gut geschulten Torleute. Angerer bewies nicht zuletzt durch ihre Glanztaten bei
der WM in China, dass Frauen die Kontrolle über das Tor grundsätzlich natürlich möglich ist –
aber eben nur in weltweit ganz wenigen Ausnahmefällen. Selbst in Deutschland aber haben
die frühere Bundestrainerin Tina Theune und ihre Nachfolgerin Silvia Neid lange Pläne verfolgt,
im großen Stil talentierte Jugendtorhüterinnen aus anderen Sportarten wie Handball oder aber
großgewachsene sprungkräftige Nachwuchs-Basketballerinnen zum Fußball zu locken.

Torwarttrainer Fuchs konstatiert auch international ein klares Defizit: »Sicherlich ist der Torwart bei den meisten Mannschaften der mit Abstand schlechtest geschulte Mannschaftsteil.«
Auf internationalem Parkett fällt dies besonders ins Gewicht. Top-Spielerinnen wie Marta, Cristiane, Birgit Prinz, Kelly Smith und Co. schießen zwar sicher noch ein deutliches Stück weniger
scharf als männliche Brachialschützen wie Roberto Carlos. Die mittlerweile äußerst schnellen
Bälle stehen den Frauen bei der Ballbeschleunigung aber hilfreich zur Seite. »Deshalb wird das
Tor für uns Schlussleute gefühlt noch mal viel größer«, sagt die Engländerin Brown. Sie hätte,
anders als Angerer, überhaupt kein Problem mit einer Verkleinerung des Tores. »Beim Volleyball
spielen Frauen auch mit niedrigeren Netzen«, sagt Brown. »Also könnten wir auch mit kleineren
Toren spielen, ohne dass wir uns damit selbst diskriminieren.«

FRAUENFUSSBALL UND MODE

Altherrenfantasie oder öffentlichkeitswirksamer Mehrwert?

Im Juni 2005 meldete sich mal wieder ein klassisch männlicher Reflex zum Thema Frauenfußball zu Wort: Lennart Johansson, damals Präsident des Europäischen Fußballverbands UEFA, forderte, dass die Fußballerinnen sich doch künftig auf dem Platz attraktiver kleiden sollten. Der Einwurf des »alten Schweden«, ausgerechnet zu einer Zeit hinausposaunt, wo die FIFA der kamerunischen Männernationalmannschaft das Tragen von muskelbetonenden ärmellosen Trikots untersagte, löste in der Frauenfußballszene natürlich eine lebhafte Diskussion aus. Vornehmlich wurde Johansson natürlich für sein chauvinistisches Gehabe kritisiert. Kritiker verglichen ihn mit Ruben Acosta, dem ebenso schillernden wie dubiosen Präsidenten des internationalen Volleyballverbands, der in jenen Jahren die Bekleidung der Beach-Volleyballerinnen qua präsidialem Regeldekret Quadratzentimeter um Quadratzentimeter reduzierte, bis sich nur noch die wirklich perfekten Körper im Bikini auf den Turnier-Stränden dieser Welt blicken lassen konnten.

Auch »Kaiser« Franz Beckenbauer hat sich schon Rüffel eingefangen, nachdem er sich einmal für mehr modischen Chic der Frauen ausgesprochen hatte. Und selbst FIFA-Präsident Joseph Blatter fällt immer mal wieder mit Bemerkungen auf, die die Kleidung der Fußballerinnen thematisieren. Im Jahre 2004 hatte Blatter die Frauenfußballwelt aufgeregt, als er in einem Gespräch mit der Schweizer Zeitung *Blick* meinte, dass man Frauen in anderen Tenüs spielen lassen müsse als Männer. »Heutzutage spielen schöne Frauen Fußball« meinte Blatter und verstieg sich dann, möglicherweise die knackigen Bikinis der Beach-Volleyballerinnen oder Hotpants im Sinn, in ziemlichen Unsinn. Er meinte, der weiblichen Ästhetik entgegenkommend gebe es ja auch – was 2004 entgegen dem Kenntnisstand des obersten Fußballmachthabers lange nicht mehr stimmte – andere Regeln und leichtere Bälle. Warum also nicht auch attraktivere Kleidung. Speziell aus England hagelte es deftige Kritik. Nationalkeeperin Pauline Cope war richtig sauer und schimpfte auf gleicher Ebene zurück, der alte Herr wisse nicht, wovon er rede. »Unsere Bälle sind nicht leichter« und Hotpants vorzuschlagen sei einfach lächerlich. Letztendlich kam erheblicher Klärungsbedarf auf die Pressestelle der FIFA zu, weil der Mann, dessen Sonntagsreden zufolge die Zukunft des Fußballs weiblich sei, bei derlei Ideen wohl reichlich über das Ziel hinausschießt.

Die Hijab-Problematik ist hingegen durchaus ernsthafter Natur. Nur durch Flexibilität in der Regelauslegung wird immerhin zahlreichen muslimischen Traditionen verhafteten Frauen das Fußballspielen ermöglicht. Und über die Trachten der Spielerinnen in den peruanischen Anden hat sich auch noch niemand aufgeregt.

Das iranische Team von Hormoszan

Wenngleich Johansson und Blatter für die Form ihrer Äußerungen gescholten werden, so erfahren sie in der Sache grundsätzlich aber auch gewissen Zuspruch. Tatsächlich spielen bis heute manche Frauenteams in Trikots, die für Männerkörper geschnitten sind. Diese »Kartoffelsäcke« verbergen nicht nur die besondere Schönheit weiblicher Körper, sondern auch die Indizien auf die fast durchweg bemerkenswerte Austrainiertheit der Leistungssportlerinnen in den oberen Spielklassen. Manche Spielerinnen sehen deshalb in den weiten Trikots aus wie ein E-Juniorenspieler, der in ein Trikot eines fast ausgewachsenen B-Jugendlichen gesteckt wurde. »Das könnten die Teams aber auch durch eine bessere Auswahl der vorhandenen Trikots vermeiden«, sagt Nia Künzer, die neben ihrer Karriere als Fußballerin durch ihre Arbeit an einer eigenen Modekollektion bei einem Textilhersteller Erfahrungen in Stilfragen sammelte. »In der richtigen Größe passen auch viele der üblichen Männertrikots den meisten Frauen. Dann kann das auch gut aussehen.«

Die Sportartikelhersteller könnten den Frauen den perfekten Auftritt auf dem Sportplatz indes auch erheblich erleichtern, wenn sie verstärkt gute Frauenschnitte auf den Markt bringen würden. Die kleine Marke »Dragon Sport« hat diese Nische vor einigen Jahren für sich entdeckt. Deshalb ist der von diesem Unternehmen ausgestattete FCR Duisburg zumindest aus modischen Gesichtspunkten, dank taillierter und kurz geschnittener Trikots, schon längere Zeit der

Konkurrenz wie den in klassischen, aber eben weniger vorteilhaften Adidas-Hemden gekleideten Frankfurterinnen voraus.

Weithin unerwünscht dürfte indes die Initiative eines Landsmanns von Mode-Avantgardist Johansson gewesen sein: Ein Juwelier namens Per Olov Börjesson aus Malmö wünschte sich 1995 als Sponsor der Frauen von Malmö FF, dass die Spielerinnen im hellblauweißen Baströckchen zu spielen hätten. Börjesson lockte das Team sogar mit einer Million Schwedischen Kronen, aber Malmö FF lehnte ab. Der Wunsch klingt natürlich extrem chauvinistisch. Er verwies bei seinem Vorschlag auf die Gepflogenheiten beim Hockey oder Tennis, wo Frauen tatsäch-

Ohne Worte

lich spezielle Sportröckchen tragen – aber eben eher selten zur Verteidigergrätsche gezwungen sind.

Im Herbst letzten Jahres kam es in den Niederlanden zu einer Neuauflage der Röckchen-Diskussion. Auf der Schweizer Internetseite der Swisscom gab es zu dem Thema prompt die Überschrift »Neuer Trend im Frauenfußball« mit der Unterzeile: »Die Frauenmannschaft des holländischen FC De Rakt spielt neuerdings in Röcken. Ganz zur Freude von Fans, Medien und Sepp Blatter.«

Wie auch immer: Auf die Leistung haben die Röckjes offenbar keinen Einfluss. Der Zweitligist verlor sein erstes Spiel mit 0:5. Die Spielerinnen, so heißt es nach Aussage von Spielführerin Rinske Temming, finden die Röcke charmanter und komfortabler. Jedenfalls hat der Verein De Rakt die Zulassung beantragt und damit die Fußballfunktionäre in Wallung gebracht. Die FIFA, ohnehin in der Kleiderfrage unter Druck durch die Zwänge der muslimischen Gepflogenheiten, mit Hijab und weitgehend verhüllt zu kicken, verbietet die Röcke nicht explizit, sondern wies auf die Regel IV im Fußball hin, die die Frage der Ausrüstung regelt. Zwingend ist demzufolge das Tragen einer Hose. De Rakts Spielerinnen reagierten daraufhin prompt und zogen Radlerhosen unter ihre Röcke. Der nationale Verband der Oranjes genehmigte die Röcke der De Rakt Meisjes jedenfalls. Unumstritten ist das Ganze nicht. Insbesondere Schiedsrichter haben einige Entscheidungsprobleme gezeigt. Und vielfach herrscht die Hoffnung, dass der ganze Klamauk vielleicht doch nur ein solcher und kein bitterer Ernst sei.

11

DIE WM 2011

DIE PERSPEKTIVEN DES FRAUENFUSSBALLS

Sport und Politik vereint bei der Bekanntgabe des WM-Austragungslands 2011: Bundesfamilienministerin Ursula von der Leyen, FIFA-Präsident Josef Blatter und DFB-Chef Theo Zwanziger.

WIEDERSEHEN BEI FREUNDEN

Was ist der aktuelle Stellenwert des Frauenfußballs in Deutschland? Ist er eine Frauensport-
art wie Handball, Volleyball oder Hockey, die lediglich bei Großereignissen wie Olympischen
Spielen oder Weltmeisterschaften die Massen interessieren? Oder ist der Frauenfußball tatsächlich die einzige Teamsportart des vermeintlich schwachen Geschlechts, die in absehbarer
Zeit wirklich professionelle Strukturen aus eigener Kraft erwirtschaften und den meisten Bun-
desligaspielerinnen zumindest das »Halbprofitum« ermöglichen kann, was bislang lediglich den
bekanntesten Weltmeisterinnen dank der Addition aus Vereinsunterstützung und Prämien des
DFB vorbehalten ist?

Bislang profitiert der Frauenfußball bei seinem Kampf um die Gunst der Sportfans vornehmlich von der Medienmacht des DFB, wenn er Fernsehzeiten erzielt, von denen männliche Ho-
ckeyspieler oder Volleyballer selbst bei einer Weltmeisterschaft im eigenen Land nur träumen
können. Selbst die Handball-Weltmeisterschaft 2007 in Deutschland mit ihrem erstaunlichen
Publikumserfolg könnte 2011 in den Schatten gestellt werden, wenn der DFB das Turnier seiner
lange verschmähten, seit einigen Jahren aber liebgewonnenen Frauen im öffentlich-rechtlichen
Fernsehen präsentieren wird. Der DFB hofft, dank der WM den Frauenfußballboom in Schwung
zu halten, der durch die großen Erfolge der bei Welt- und Europameisterschaften seit nunmehr zehn Jahren unbesiegten DFB-Frauen ausgelöst wurde. Außerdem will der Verband seine
Chancen auf Einflussnahme auf soziale Entwicklungen wie beispielsweise die Integration von
Mädchen mit Migrationshintergrund erhöhen und nicht zuletzt auch seine Mitgliederzahlen auf
immer neue Rekordhöhen bringen, die nur durch einen Zuwachs der seit 2008 rund eine Million weiblichen unter den rund sieben Millionen organisierten Fußballspielern in Deutschland
zu erreichen sind. Wo aber steht der Frauenfußball ohne diese »Subventionierung« seitens des
Verbandes, der seine gesellschaftspolitische Bedeutung durch die Förderung des Frauen- und
Mädchenfußballs steigern will?

Die Nationalmannschaft wie auch die Nachwuchsteams des DFB sind über jeden Zweifel
erhaben. Im Verband wird unter Einsatz ordentlicher finanzieller Mittel hervorragende Arbeit geleistet. Jahr für Jahr wirft das Fördersystem Talente für das Team von Bundestrainerin Silvia Neid
ab und erzeugt somit einen Konkurrenzdruck für die älteren Spielerinnen, den sie von den gleich-
altrigen Spielerinnen in der Bundesliga nicht zu fürchten haben.

Dennoch hat sich auch dort mancherorts der Frauenfußball mittlerweile gewiss als eine
eigenständige Marke im Wettstreit der Sportarten um die Gunst des Publikums etabliert. Der
Vorzeigeverein 1. FFC Frankfurt hat es vor allem dank der professionellen Vermarktungsarbeit
seines Managers Siegfried Dietrich geschafft, in der Frankfurter Sportwelt ein fast ebenbürtiger

Akteur im Konzert der Profiklubs zu sein. Der FFC wird von der Kommunalpolitik, aber auch von Sponsoren als seriöser Partner genauso ernst genommen wie die insgesamt fünf Männer-Profiklubs aus Fußball, Basketball oder Eishockey. Auch in der Zuschauergunst muss sich der Klub nicht allzu sehr hinter Marken wie dem FSV Frankfurt, den Frankfurt Skyliners oder den Frankfurt Lions verstecken, lediglich die Frankfurter Eintracht ist für den FFC unerreichbar, selbst wenn Marktforschungsstudien zufolge die FFC-Akteurin Birgit Prinz bundesweit einen deutlich höheren Bekanntheitsgrad besitzt als der namhafteste unter den derzeit allerdings nicht eben glamourösen Eintracht-Kickern.

Beim UEFA-Women's-Cup-Finalrückspiel gegen Umeå IK im Mai 2008 mobilisierte FFC-Manager Dietrich fast 28.000 Menschen an einem idealen, weil vom Wetter begünstigten und von nahezu jeder Konkurrenz durch andere Sportarten freien Samstagnachmittag in der männerfußballfreien Zeit. Zwar hat der Klub in großzügiger Manier Freikarten verteilt, um die riesengroße Frankfurter WM-Arena im Stadtwald zu füllen. Dennoch zeigt die Resonanz mit rund 20.000 zahlenden Gästen, dass sich die Menschen für die Erfolgsstory FFC interessieren, zumal das Spiel sehr leicht verständlich auf ein Duell zwischen den Frankfurter Weltmeisterinnen samt ihrer Vorzeigefrau Birgit Prinz und der brasilianischen WM-Finalgegnerin Marta reduziert werden konnte. Der FCR Duisburg lockte 2009 gar über 28.000 Zuschauer zum Women's-Cup-Finale ins Wedau-Stadion, obwohl sie das Hinspiel bereits mit 6:0 für sich entschieden hatten. Außerhalb solch großer Festtage fehlt dem Frauenfußball freilich noch eine eigene Kultur, die als Fundament dafür dienen könnte, dass der Sport Gesprächsstoff für die Menschen auch außerhalb des Stadions liefert. Das aktuelle Bundesligageschehen dürfte beispielsweise nicht einmal den bekennenden Frauenfußballfan derart in den Bann ziehen, dass er sich am Wochenende unbedingt die Ergebnisse besorgen muss. Zu vorhersehbar sind noch die meisten Spielausgänge, zu wenig strukturiert ist die Spielplangestaltung, die zugunsten der Nationalmannschaft immer wieder für wochenlange und den Ligabetrieb lähmende Pausen im Bundesligaalltag sorgt. Außerdem sind derzeit maximal vier Klubs in der höchsten Spielklasse in der glücklichen Lage, wenigstens eine halbwegs gut erzählbare Geschichte zu liefern, die von bundesweitem Interesse sein könnte.

Der DFB erwartet in den kommenden Jahren Abhilfe von Seiten der großen Männer-Bundesligaklubs. Das gesteigerte Engagement im Dienst an der vermeintlich guten Sache in Köln, Bremen, Leverkusen oder Hoffenheim soll der Bundesliga zum einen spannendere Wettbewerbe um die deutsche Meisterschaft liefern, zum anderen soll die Aura der Männermarken auch auf den Frauenfußball abfärben. Gemäß den Erwartungen in der DFB-Zentrale hätte dann beispielsweise das Duell zwischen Hoffenheimerinnen und Münchnerinnen in naher Zukunft zumindest einen ähnlichen Charakter des Wettstreits der Fußballphilosophien wie das Spiel der Männerteams der TSG 1899 gegen die Bayern.

Das WM-erprobte DFB-Maskottchen »Paule« freut sich schon auf das Turnier 2011.

Der Vormarsch der Männerprofiklubs geht zwar einher mit dem schleichenden und teilweise bedauerlichen Abschied der reinen Frauenfußballklubs, die sich immerhin regional ihren Stellenwert erarbeitet haben. Dennoch scheint es nur durch das Engagement der Männerprofiklubs denkbar, dass der Frauenfußball Zugang erhält zum Sportkulturraum, in welchem durch Medienberichte und Stammtischgespräche aus einem Sport ein bundesweit geschätztes Kulturgut wird. Nur dann kann sich eine Fankultur entwickeln, die für die Verwurzelung eines Sports in der Gesellschaft unerlässlich ist. Nur dann kann sich auch entwickeln, was Theo Zwanziger einmal in die Worte kleidete, dass er »auf mehrere weibliche Poldis und Schweinis hoffe«, die als Vorbilder für die Jugend taugen. Wenngleich bislang nur sehr ansatzweise Spielerinnen wie Lira Bajramaj, Simone Laudehr und Kim Kulig zu Idolen der Marke Schweinsteiger oder Podolski im Frauenfußball taugen, so hat es die deutsche Nationalmannschaft mittlerweile immerhin geschafft, zu einem Darling der ganzen Nation zu werden. In den Tagen der Weltmeisterschaft 2007 in China und auch während der Europameisterschaft 2009 in Finnland nahm die Berichterstattung über den Siegeszug der Nationalkickerinnen erstaunlichen Raum ein in den deutschen Medien. Bei der EM 2009 war es ähnlich.

Entsprechend selbstbewusst vermarktet der DFB mittlerweile seine Frauen: Inzwischen hat die Nationalmannschaft einen eigenen Hauptsponsor, das DFB-Pokalfinale der Frauen wird vom Männerfinale in Berlin abgekoppelt, um sich dem neuen Selbstbewusstsein der Frauen gemäß zu einer eigenen Veranstaltung zu entwickeln, die das Dasein im Schatten des Männerendspiels beendet – zumindest vorläufig, da Skeptiker schon mit einer Rückkehr ins Olympiastadion rechnen. Zudem hat WM-Organisationschefin Steffi Jones kürzlich verkündet, dass der Frauenfußball fortan nicht mehr zum günstigsten Tarif verschachert, sondern eine Karte beispielsweise für ein WM-Spiel zu ordentlichen Preisen unters Volk gebracht werde. Für Länderspiele sind die Preise für Sitzplatztickets auf Männer-Zweitliganiveau angehoben worden. Diese Vorgehensweise zeugt vom gewachsenen Selbstvertrauen der Fußball spielenden Frauen.

Die Resonanz beim bislang größten Länderspiel der europäischen Frauenfußballgeschichte im April 2009 gegen Brasilien gibt der Strategie des DFB recht. 45.000 Zuschauer kamen ins Frankfurter WM-Stadion, um die Revanche für das WM-Finale 2007 und das Olympia-Halbfinale 2008 zu verfolgen und stellten somit einen neuen Europarekord auf. Die WM-Organisatoren nutzten das Spiel als Testlauf für das Turnier 2011, beispielsweise wollten sie am Rande des Spiels auch Aufschlüsse bekommen über die Struktur der Zuschauermasse. Der Festtag von Frankfurt macht in jedem Fall Hoffnung, dass die WM-Organisatoren auch 2011 die Stadien füllen können.

Über den Spitzensport hinaus hat sich der DFB mit seinem Präsidenten Theo Zwanziger aber auch gewaltige gesellschaftspolitische Ziele gesetzt: Der Verband will maßgeblich dazu beitragen, Mädchen mit Migrationshintergrund durch den Fußball vom Rand der Gesellschaft in ihre Mitte zu holen. Vor allem der »Frauenversteher« Zwanziger glaubt mit erstaunlicher Konsequenz an die Kraft des Fußballs.

Dass nebenbei über weibliche Mitgliederzuwächse auch die Zahl der im DFB organisierten Fußballspieler steigt, nutzt der DFB, um weiteren politischen Einfluss einzufordern. Die Machtpolitik, die der Verband aufgrund der Zahl von über sieben Millionen Mitgliedern zu führen imstande ist, behagt freilich nicht jedem: Aus anderen Sportverbänden wird immer wieder Kritik an den Fußballfunktionären laut. Viele olympische Sportarten fürchten, dass ihnen der Fußball nach den Hunderttausenden an männlichen Sporttalenten mit seiner Mädchenoffensive nun auch noch die weiblichen Begabungen wegschnappt. Quasi als Wiedergutmachung für seine Mitgliederoffensive unterstützt der Männerfußball seit einigen Jahren gönnerhaft die olympischen Sportarten mit Finanzzuschüssen. Aus dem Überschuss der Männer-Weltmeisterschaft 2006 hat der DFB beispielsweise 5,5 Millionen Euro an die Sportverbände weitergeleitet. Im Frühjahr 2009 hat die DFL die Aktion »Sportler unterstützen Sportler« ins Leben gerufen. Seither wird in Fernseh-Werbespots die Solidarität der Fußballprofis mit den olympischen »Amateuren« gepriesen. Hinter vorgehaltener Hand bezeichnen Funktionäre die Hilfsaktionen des

45.000 Zuschauer feierten die Spielerinnen beim Länderspiel in Frankfurt im Frühjahr 2009 gegen Brasilien: Europarekord. Ob diese Marke bei der Weltmeisterschaft 2011 geknackt wird?

Fußballs aber als »Schweigegeld«. Die Sportarten, in denen kein Ball mit Füßen getreten wird,
fühlen sich machtlos gegen die wirtschaftliche und kommunikative Übermacht des Fußballs im
Kampf um den Nachwuchs.

Die WM 2011 wird die Lage nicht zu Ungunsten des Frauenfußballs verändern: Vielmehr
wird das Turnier den Kickerinnen einen weiteren Schub geben. Dank des ersten Frauenfuß-
ball-Großereignisses dieser Dimension auf deutschem Boden ist ein weiterer Zuwachs des
Mädchenfußballbooms nahezu gesichert. Ob auch die Bundesliga von dem Spektakel zwischen Eröffnungsspiel in Berlin und Endspiel in Frankfurt profitieren wird, ist noch fraglich.
Zumindest versucht der DFB, mit immer neuen Auflagen und finanziellen Hilfen, die Vereine
auf Vordermann zu bringen. Von der Saison 2009/10 an verteilt der Verband an jeden Klub die
bemerkenswerte Summe von 180.000 Euro. Von diesem Geld sollen die Klubs hauptamtliche

Mitarbeiter im Trainerstab und im Management finanzieren. Für Klubs, die nicht mit einem langfristigen Dasein in der Beletage rechnen können, dürfte es gar nicht so einfach werden, diese Jobs zu besetzen. Schwerer wiegen aber noch die Auflagen bezüglich der Stadien. Angedachte Vorgaben wie eine bestimmte Zahl an Sitzplätzen oder Auflagen bezüglich der Tauglichkeit der Spielstätten für eine attraktive Fernsehberichterstattung überfordern so manchen Schwellenklub, der auf eine Expedition ins Reich der Topklubs hoffen darf. Diese Vereine müssen sich genauso fühlen wie jene Männer-Klubs, die bei der Einführung der eingleisigen Dritten Liga »geopfert« wurden. Vereine wie Elversberg oder Pfullendorf, die jahrelang als Exoten zum Inventar der Drittklassigkeit zählten, fühlten sich durch teils absurde Auflagen regelrecht ausgegrenzt aus dem Wettbewerb mit den anderen Vereinen.

Solche Alltagssorgen werden bis 2011 freilich überstrahlt von der Vorfreude auf die erste Frauenfußball-Weltmeisterschaft auf deutschem Boden. Für dieses Turnier hat vor allem Präsident Theo Zwanziger mit aller ihm zur Verfügung stehenden Macht gekämpft. Wegen dieses ersten großen Ziels seiner Zeit im Präsidentensessel weilte Zwanziger zum Zwecke der Lobbyarbeit fast während der gesamten Weltmeisterschaft 2007 in China beim deutschen Team. Zwanziger überließ bei seinem »Projekt 2011« nichts dem Zufall und mobilisierte gar den DFB-Chefdiplomaten Franz Beckenbauer für den Frauenfußball. Mit Erfolg: Letztlich wurde die Weltmeisterschaft mit dem überwältigenden Ergebnis von angeblich 22:2 Stimmen im Vergleich zu Mitbewerber Kanada an den DFB vergeben.

Ein Hauptargument für den Erdrutschsieg dürfte neben der engagierten Lobbyarbeit vor allem die Erinnerung der Fußballfunktionäre an das in Deutschland so euphorisch gefeierte Männerturnier von 2006 gewesen sein, als die »Welt zu Gast bei Freunden« war. Der DFB versprach den Exekutivkomiteemitgliedern denn auch nichts anderes als ein »Wiedersehen bei Freunden«. Ob eine Frauen-Weltmeisterschaft indes auch nur annähernd zu einem ähnlich fröhlichen Straßentheater wird ausarten können wie das Sommermärchen von 2006, dürfte mehr als fraglich sein. Die EM 2009 in Finnland rief durch vernichtend geringe Zuschauerzahlen die Skeptiker neu auf den Plan. Dem Frauenfußball fehlt schlicht und ergreifend das Salz in der Suppe: die Fans. Möglicherweise werden die skandinavischen Teams eine ansehnliche Anhängerschar zu einem Ausflug nach Deutschland motivieren können. Vielleicht gibt es auch genug Exil-Brasilianer, sodass bei den Spielen der weiblichen Seleção in den Fanblöcken Sambarhythmen ertönen und bikinibekleidete Damen tanzen werden. Mit Sicherheit wird es indes keine Fanmeilen mit vergleichbaren Ausmaßen wie 2006 geben und auch die Public-Viewing-Manie wird sich sehr in Grenzen halten. Letztlich wird der Erfolg des Turniers stärker noch als jenes von 2006 vom Abschneiden des deutschen Teams abhängen.

Ob der deutsche Frauenfußball auch über 2011 hinaus seine führende Rolle im Weltfußball bewahren kann, hängt indes natürlich auch von der Entwicklung in den anderen Frauenfußballnationen ab. Die skandinavischen Staaten dürften aufgrund ihrer langen Tradition weiter zu den Top-Nationen gehören, auch wenn ihr Potenzial aufgrund der geringen Einwohnerzahl der Länder vermutlich weitgehend ausgereizt ist und sie in den vergangenen Jahren den Kontakt zum deutschen Konkurrenten und zur absoluten Weltspitze verloren haben. In den Vereinigten Staaten hängt die weitere Entwicklung des Frauenfußballs einzig und allein vom Wohl und Wehe der neugegründeten Profiliga WPS ab, die den Spielbetrieb wirtschaftlich deutlich zurückhaltender aufgenommen hat als ihr Vorgänger WUSA in den Jahren 2001 bis 2003. Sollte der zweite Versuch einer landesweiten kommerziellen Spielklasse dennoch scheitern, könnte der amerikanische Frauenfußball zumindest als Leistungssport vor einer schweren Zukunft stehen. Interessant an dem Projekt WPS ist zumindest schon einmal, dass sich mit Puma ein sonst in den Vereinigten Staaten im Ausstattungswesen nicht sonderlich präsenter Sportartikler als Ausrüstungspartner positioniert. Das eher auf Lifestyle denn auf Leistungssport ausgerichtete Unternehmen aus Herzogenaurach will Stars wie die auch persönlich mit der »Wildkatze« verbandelte Marta zu Ikonen der amerikanischen Mädchen aufbauen.

Von den anderen Kontinenten dürfte sich vornehmlich Asien in naher Zukunft der absoluten Weltspitze nähern, wenn die Spitzenteams aus Nordkorea, Japan und China die Resultate der vergangenen Turniere bestätigen können. 2011 dürfen die Asiatinnen dank der Erfolge bei den zurückliegenden Turnieren immerhin schon drei Teilnehmer direkt ins Rennen um den Titel schicken. Bislang musste sich der dritte asiatische Vertreter seinen Platz im Relegationsspiel gegen eine CONCACAF-Mannschaft sichern. Die – allerdings recht leicht lösbare – Prüfung muss nun das bislang gesetzte fünfte europäische Team bestehen.

Von einem weltumspannenden Spiel ist der Frauenfußball indes noch weit entfernt, auch wenn die FIFA in Sonntagsreden schon lange anderes verkündet. In mehr als der Hälfte der afrikanischen Länder wie auch in den chauvinistisch geprägten Staaten Südamerikas und vor allem in der muslimischen Welt ist der Stellenwert des Frauenfußballs noch höchst ausbaufähig. Darin steckt freilich auch die wirklich große Herausforderung für den Weltfußball. Sollte er mit seinem Engagement in der Entwicklungshilfe auch noch die verwaisten Flecken der Erde für den Frauenfußball erobern, dann wäre die Welt endgültig keine Kugel mehr, sondern doch ein Fußball.

DIE WM 2011 BEKOMMT KONTUREN

Das Exekutivkomitee der FIFA hat die Aufteilung der 16 Startplätze für die Frauenfußball-Weltmeisterschaft 2011 verabschiedet. Dabei kommt es zu einer gravierenden Änderung: Asien erhält für das Turnier in Deutschland einen zusätzlichen festen Startplatz. Eine Neuregelung, die ganz eindeutig zu Lasten Europas geht, das nach vorheriger Variante durch die Gastgeberrolle des DFB vermeintlich einen Platz mehr bekommen hätte, also sechs Nationen gemäß der Rechnung fünf Qualifikanten und ein Gastgeber.

Bisher verfügte Asien nur über 2,5 Startplätze. Der Drittplatzierte der Asien-Meisterschaft musste neben den zwei direkt qualifizierten Teams gegen den Drittplatzierten der Konföderation CONCACAF in Hin- und Rückspiel zwei Play-off-Spiele bestreiten. Zuletzt (zu den WMs 2003 und 2007) setzte sich da jeweils Japan gegen Mexiko durch. Der CONCACAF hat ebenfalls 2,5 Startplätze. Die FIFA hat nun dem Aufschwung des Frauenfußballs in Asien, dokumentiert durch WM und Olympia, Rechnung getragen, indem die AFC ein drittes direkt qualifiziertes Team zum Turnier in Deutschland entsenden darf.

Neu ist, dass nun der Fünftplatzierte der europäischen WM-Qualifikation, anstelle einen direkten Startplatz zu erhalten, gegen den Drittplatzierten der CONCACAF in zwei Play-off-Duellen um die Teilnahme kämpfen muss. Afrika und Südamerika dürfen ihre je zwei Startplätze behalten. Obwohl es sicherlich diskussionswürdig ist, ob dafür das Leistungsniveau auf den beiden Kontinenten angemessen ist. Die Auslosung für die Endrunde soll im Dezember 2010 stattfinden. Die Verteilung sieht folgendermaßen aus:

UEFA (Europa): 4,5 statt 5, AFC (Asien): 3 statt 2,5, CONCACAF (Nord- und Mittelamerika): 2,5, OFC (Ozeanien): 1, CONMEBOL (Südamerika): 2, CAF (Afrika): 2, Gastgeber: 1

Neu ist auch der Modus bei der UEFA. Ohne Stärkegruppen werden alle 41 Meldungen auf acht Gruppen verteilt. Die acht Gruppensieger spielen dann in Play-offs um die Tickets. Somit haben alle Teams eine Chance, bei der WM dabei zu sein. Für die Auslosung stehen die Töpfe bereits fest. Topf A enthält die Spitzennationen: Schweden, Norwegen, Dänemark, England, Frankreich, Russland, Ukraine und Italien.

Die acht europäischen Qualifikationsgruppen:

Gruppe 1: Frankreich, Island, Serbien, Nordirland, Kroatien, Estland

Gruppe 2: Norwegen, Niederlande, Belarus, Slowakei, EJR Mazedonien

Gruppe 3: Dänemark, Schottland, Griechenland, Bulgarien, Georgien

Gruppe 4: Ukraine, Polen, Ungarn, Rumänien, Bosnien-Herzegowina

Gruppe 5: England, Spanien, Österreich, Türkei, Malta

Gruppe 6: Russland, Republik Irland, Schweiz, Israel, Kasachstan

Gruppe 7: Italien, Finnland, Portugal, Slowenien, Armenien

Gruppe 8: Schweden, Tschechische Republik, Belgien, Wales, Aserbaidschan

Die Finalrunde bekommt Konturen

Nachdem das Eröffnungsspiel in Berlin, das Finale in Frankfurt sowie das Spiel um den 3. Platz in Sinsheim schon länger feststehen, sind auch die deutschen Heimspiele für die Gruppenphase vergeben. Da der Titelverteidiger und Gastgeber Publikumsmagnet sein dürfte, wurden die größten Stadien ausgesucht. Das DFB-Team wird die Vorrundenspiele also in Berlin, Frankfurt und Mönchengladbach spielen. Der vom FIFA-Exekutivkomitee verabschiedete Spielplan sieht folgende 32 Begegnungen vor (A1 ist Deutschland):

Berlin (Eröffnungsspiel)

Sonntag, 26. Juni 2011: Vorrunde Gruppe A: A1 – A2

Augsburg

Mittwoch, 29. Juni 2011: Vorrunde Gruppe D: D3 – D4
Samstag, 02. Juli 2011: Vorrunde Gruppe C: C2 – C4
Dienstag, 05. Juli 2011: Vorrunde Gruppe B: B4 – B1
Sonntag, 10. Juli 2011: Viertelfinale 1C – 2D

Bochum

Montag, 27. Juni 2011: Vorrunde Gruppe B: B1 – B2
Donnerstag, 30. Juni 2011: Vorrunde Gruppe A: A2 – A4
Sonntag, 03. Juli 2011: Vorrunde Gruppe D: D2 – D4
Mittwoch, 06. Juli 2011: Vorrunde Gruppe C: C2 – C3

Dresden

Dienstag, 28. Juni 2011: Vorrunde Gruppe C: C1 – C2
Freitag, 01. Juli 2011: Vorrunde Gruppe B: B2 – B4
Dienstag, 05. Juli 2011: Vorrunde Gruppe A: A2 – A3
Sonntag, 10. Juli 2011: Viertelfinale 1D – 2C

Frankfurt

Donnerstag, 30. Juni 2011: Vorrunde Gruppe A: A1 – A3
Mittwoch, 06. Juli 2011: Vorrunde Gruppe D: D4 – D1
Mittwoch, 13. Juli 2011: Halbfinale

Frankfurt: Sonntag, 17. Juli 2011: Finale

Leverkusen

Dienstag, 28. Juni 2011: Vorrunde Gruppe C: C3 – C4
Freitag, 01. Juli 2011: Vorrunde Gruppe B: B1 – B3
Mittwoch, 06. Juli 2011: Vorrunde Gruppe D: D2 – D3
Samstag, 09. Juli 2011: Viertelfinale 1B – 2A

Mönchengladbach

Mittwoch, 29. Juni 2011: Vorrunde Gruppe D: D1 – D2
Dienstag, 05. Juli 2011: Vorrunde Gruppe A: A4 – A1
Mittwoch, 13. Juli 2011: Halbfinale

Sinsheim

Sonntag, 26. Juni 2011: Vorrunde Gruppe A: A3 – A4
Samstag, 02. Juli 2011: Vorrunde Gruppe C: C1 – C3
Dienstag, 05. Juli 2011: Vorrunde Gruppe B: B2 – B3
Samstag, 16. Juli 2011: Spiel um Platz drei

Wolfsburg

Montag, 27. Juni 2011: Vorrunde Gruppe B: B3 – B4
Sonntag, 03. Juli 2011: Vorrunde Gruppe D: D1 – D3
Mittwoch, 06. Juli 2011: Vorrunde Gruppe C: C4 – C1
Samstag, 09. Juli 2011: Viertelfinale 1A – 2B

INTERVIEW MIT THEO ZWANZIGER

»Der Frauenfußball kann gesellschaftlich enorm viel bewegen.«

DFB-Präsident Theo Zwanziger ist ein großer Freund des Frauenfußballs. Wann immer es geht, schaut er sich Spiele des 1. FFC Frankfurt in der Nähe seines Arbeitsplatzes beim DFB oder bei seinem Lieblingsklub Turbine Potsdam an. In beiden Vereinen ist Zwanziger Mitglied. Die Frauen-WM 2011 ist eines der Herzensanliegen Zwanzigers, der für den DFB durch die Öffnung für den Mädchenfußball auf einen Mitgliederzuwachs hofft. Zum Frauenfußballfan hat sich Zwanziger nach eigenen Worten entwickelt, als seine Enkelin Paula in seinem Heimatverein VfL Altendiez mit dem Kicken anfing.

Herr Zwanziger, nach dem WM-Sieg 2003 glaubten kühne Optimisten, dass der Frauenfußball in der Publikumsgunst nah zu den männlichen Kollegen aufschließen könne. Auch nach einem weiteren Titelgewinn sieht die Realität noch anders aus.

Man darf nie die Relationen zum Männerfußball vergessen: Bis 1970 war Frauenfußball verboten. Frauenfußball hat also nun bald vier Jahrzehnte an Entwicklung hinter sich, während der Männerfußball im DFB schon weit über 100 Jahre gespielt wird.

Sind Sie also zufrieden mit der Entwicklung?

Die Breitenwirkung der WM-Siege 2003 und 2007 war gut. Unser Bestreben, die Basis zu verbreitern und die Vereine für Mädchenfußball zu öffnen, war sehr, sehr erfolgreich. In der leistungsbezogenen Spitze sieht das hingegen noch etwas anders aus.

Wie kamen Sie eigentlich persönlich auf den Geschmack? Gab es ein Frauenfußball-Erweckungserlebnis?

Ich hatte mich schon immer für den Frauenfußball begeistert. Schon in meiner Zeit als Präsident des Fußballverbands Rheinland war das ein Herzensanliegen für mich. Das ganze Potenzial des Frauenfußballs habe ich dann durch die Europameisterschaft 2001 in Deutschland und das packende DFB-Pokalfinale 2004 zwischen Potsdam und Frankfurt erkannt.

Seit Ihre Enkelin Paula beim VfL Altendiez spielt, sind Sie richtig zum Fan geworden, oder?

Mein Heimatort Altendiez und der dortige Sportverein sind ein großartiger Rückzugsort für mich. An der Stimmung an der Basis kann ich das Handeln beim DFB überprüfen. Bei kleinen Kindern ist es wichtig, dass sie ganzkörperlich ausgebildet werden und dann das Mannschaftserlebnis erfahren. Hier lernen sie das Miteinander, die Toleranz. Fußball ist eine Ausbildung fürs Leben. Der Fußball vermittelt Jungen dieselben Werte wie Mädchen. Es gibt keinen Ball auf

Der DFB-Präsident fühlt sich wohl beim VfL Altendiez.

dem steht, dass er nur für Jungen ist. Deshalb ist der gleichberechtigte Zugang zum Fußball so wichtig. Ich bin froh, dass meine Enkelin sich für Fußball interessiert und spielt.

Im Fußball gibt es also ein gesellschaftspolitisches Potenzial?

Der Frauenfußball kann gesellschaftlich enorm viel bewegen. Die Nationalmannschaft sehe ich beispielsweise als Botschafter für die Rolle von Mädchen und Frauen in unserer Gesellschaft. Besonderes Gewicht hat das meines Erachtens auch bei der Integration von Mädchen aus fremden Kulturkreisen. Der Fußball kann für sie eine Hilfestellung auf dem Weg ins Leben sein. Deshalb bin ich beispielsweise froh, dass mit Fatmire Bajramaj ein Mädchen mit Migrationshintergrund und einer ganz tollen Ausstrahlung im Team steht.

Wie wichtig sind die Erfolge der Nationalmannschaft für den Frauenfußball?

Die Nationalmannschaft ist immer noch das Aushängeschild und sorgt für die größte Aufmerksamkeit. Wir haben aber nun 2011 mit der Heim-Weltmeisterschaft die ganz große Chance, sowohl mit einem erfolgreichen Abschneiden als auch mit einer tollen Organisation des Turniers für den Frauenfußball zu werben. Dank der WM 2011 können wir viele unserer Ziele schneller verwirklichen.

Was für Ziele sind das?

Wir wollen mehr Mädchenfußball an den Schulen. Viele Vereine in Deutschland sind noch immer männerfixiert. Ich will aber, dass jedes Mädchen, das Fußball spielen will, dies auch gleichberechtigt im Verein tun kann. Bis dahin ist es noch eine ziemlich lange Wegstrecke. Da geht es um Veränderungen im Bewusstsein der handelnden Personen. Das kann man nicht einfach so anordnen nach dem Prinzip Befehl und Gehorsam.

Zwischen den großen Turnieren wird es bislang stets noch recht still um den Frauenfußball. Die Bundesliga interessiert überregionale Medien so gut wie gar nicht, selbst der UEFA-Pokal fristet ein regionales Schattendasein. Was muss passieren, um den Frauenfußball auch im Alltag im Gespräch zu halten?

Wir brauchen regelmäßigere Berichterstattung über die Bundesliga. Es muss jede Woche etwas zu lesen sein über die Liga und außerdem müssen die Spielerinnen bekannter und für die Medien interessanter dargestellt werden. Derzeit hat von den aktuellen Nationalspielerinnen Birgit Prinz den größten Bekanntheitsgrad und jüngere Nationalspielerinnen sind nicht so populär. Daran müssen wir was ändern, daran arbeiten wir, beispielsweise auch mit regelmäßiger Berichterstattung über die Bundesliga auf unserer Internet-TV-Plattform. Darüberhinaus können wir die Fernsehsender natürlich nicht zwingen, Frauenfußball zu zeigen. Aber wir können sie zumindest beeinflussen.

Sie kritisieren oft die männlichen Nationalspieler. Sind die Frauen bessere Menschen?

Die Frauen haben mir und meiner Frau schon sehr viel tolle Erlebnisse beschert. Das ist ein richtiges Team. Es herrscht eine andere Atmosphäre als bei den Männern. Da regieren oft Scheckbuch und Berater. Die Jungs sind zwar auch in Ordnung. Aber es herrscht ein anderes Umfeld. Es geht um Verträge und so etwas. In vielen Situationen sind sie überfordert. Ich halte mich da weitgehend raus, aber bei den Frauen ist man einfach näher dran.

Männer-Bundesligaklubs werden in naher Zukunft mit ihren Frauenabteilungen die Traditionsvereine im Frauenfußball verdrängen. Bedeutet das einen Verlust an Tradition und Identität im Frauenfußball, hin zur Fremdbestimmtheit durch den aufnehmenden Klub?

Von Tradition allein kann man nicht leben. Man muss die gesellschaftliche Entwicklung mitgehen. Es geht um Leistung und Spitzenleistung. Wer die bringt, wird nicht verdrängt. Wir leben im Moment in einer gefährlichen Situation. Mit der Infrastruktur von Profiklubs kann man natürlich besser wirtschaften und Leistung erbringen. Aber das ist nicht die Situation, die ich begrüße. Starke eigenständige Klubs werden auch weiter überleben. Ich denke da an den 1.FFC Frankfurt, an Turbine Potsdam und den FCR Duisburg. Das sind Vereine, in denen Leistung zählt, die um Professionalisierung bemüht sind und ihr Produkt gut in der Öffentlichkeit darstellen.

Was sollen dann die anderen Klubs als Ziele setzen?

Auch die haben noch ihre Chancen: Wir verdreifachen in diesem Jahr immerhin das Fernsehgeld von bisher 60.000 auf 180.000 Euro pro Bundesligateam. So schaffen wir bessere wirtschaftliche Möglichkeiten.

Ist das nicht eine Subventionierung?

Die Nationalmannschaft spielt das Geld ein. Das ist bei den Männern wie bei den Frauen so. Alles, was wir anderweitig ausgeben, ist so gesehen eine Alimentation. Es gilt die Grundregel, dass Fernsehgelder verdient sein wollen. Insofern alimentiert die Nationalmannschaft die Basis und den Breitensport, also die Allgemeinheit.

Ist der Frauenfußball eigentlich auf dem langen Weg zur Anerkennung schon am Ziel angelangt?

Nein. Bis zur Gleichberechtigung ist es noch ein langer Weg. Es gibt immer noch mehr Vereine, als man denkt, in denen die Frauen und Mädchen noch hinter den Jungen und den Männern stehen, wo sie die schlechteren Trainingszeiten oder schlechtere Plätze bekommen, wo sie schlechtere Bedingungen haben, um ihren Sport auszuüben. Meine Vision ist der Familienverein, in dem jedes Mädchen gleichberechtigt Fußball spielen kann, wenn es das will.

■

INTERVIEW MIT URSULA VON DER LEYEN

»Da kommen Botschaften an.«

Als 2007 beim Weltfußballverband FIFA in Zürich die Frauenfußball-WM 2011 nach Deutschland vergeben wurde, war sie mit einem prickelnden Gefühl dabei. Als Ministerin für Frauen, Familie, Senioren und Jugend vertrat Ursula von der Leyen die Bundesregierung bei diesem Ereignis. Im Interview spricht die siebenfache Mutter über ihr Verhältnis zum Fußball und ihr spezielles Interesse an der WM 2011.

Frau Ministerin von der Leyen, wie ist Ihr persönliches Verhältnis zum Frauenfußball?

Ich beobachte die Entwicklung in den letzten Jahren mit zunehmender Bewunderung und Begeisterung. Wenn man bedenkt, dass bis 1970 der Fußball für Frauen im DFB noch verboten war und welchen Stellenwert der Frauenfußball inzwischen bekommen hat. Das ist eine ganz außergewöhnliche Erfolgsgeschichte. 1970 war Fußball für Frauen im DFB noch verboten. Der zweite Aspekt ist: Ich bewundere diese Unkompliziertheit und den Enthusiasmus der Mädchen und jungen Frauen – und das alles auf der Ebene klassischen Amateurismus.

Haben Sie von der Weltmeisterschaft in China viel mitbekommen?

Ich habe mir Ausschnitte der Spiele im Fernsehen angeschaut. In den Medien ging der Hype ja erst recht spät los. Die Zeitungen haben die WM nicht von Anfang an so richtig wahrgenommen. Da war zum Beispiel eine Niederlage von Hannover 96 auf dem Titel und die WM kam dann irgendwo viel weiter hinten. Aber ein Kennzeichen ist, dass in der Öffentlichkeit nicht nur die Nationalmannschaft inzwischen ein Begriff ist, sondern man sich allmählich auch Namen und Gesichter dazu abspeichert. Eine Birgit Prinz kennt man heutzutage. Jetzt kommen weitere Namen dazu, deutsche und andere. Die Brasilianerin Marta zum Beispiel, oder eine Nadine Angerer oder die junge Lira Bajramaj mit ihrer faszinierenden Integrationsgeschichte. Da sind inzwischen Botschaften angekommen.

Da kann eine WM 2011 bei uns in Deutschland sicherlich die Entwicklung weiter vorantreiben?

Ja, das denke ich auch. Man sollte die Wirkung eines solchen Großereignisses nicht unterschätzen. Ein großer Teil unserer Bevölkerung möchte ganz bestimmt diesen Taumel der Männer-WM 2006 noch einmal erleben. Ich glaube, 2011 wird eine klasse Veranstaltung.

Sie waren in Zürich bei der FIFA-Entscheidung vor Ort. Was war das für ein Gefühl?

Allein das FIFA-Gebäude strahlt eine unglaubliche Atmosphäre aus. Die Zentrale des Weltfußballs. Als Bundesregierung wollten wir bei der Vergabe des Turniers Präsenz zeigen und damit dokumentieren, dass wir als Regierung geschlossen hinter der WM in Deutschland stehen.

Auch, um dem DFB zu zeigen: Klasse, was ihr da macht. Ich bin heilfroh gewesen, dass dann auch alles wunschgemäß geklappt hat. Es ist schon ganz schön spannend: Man wartet da auf die Entscheidung und dann wird man richtig zappelig. Es war sehr emotional und bewegend.

Sie haben den WM-Pokal in den Händen gehalten. Wie fühlt sich die Trophäe an?

Den Pokal in den Händen zu halten, war ein besonderer Moment. Dieser Pokal hat eine Aura. Ich habe für mich in diesem Moment gedacht: Once in a lifetime! Das ist ein riesiges Gefühl. Weltmeisterlich habe ich mich aber nicht gefühlt, denn ich habe ja nichts dazu beigetragen, ihn zu gewinnen.

Oft funktioniert eine WM oder ein sportlicher Erfolg als gesellschaftlicher Katalysator. Wie ist das beim Frauenfußball?

Meines Erachtens zeigt sich diese Entwicklung ganz besonders bei den Mädchen. Immer mehr Mädchen spielen Fußball. Damit zeigen sie, dass sie sich etwas zutrauen und Chancen ergreifen. Hinzu kommt: In Deutschland haben wir für den Jugendfußball hervorragende Strukturen, die diese Entwicklung unterstützen. Davon können Mädchen profitieren und Stärke gewinnen. Frauen fliegen heute ins Weltall. Warum sollen Frauen nicht auch erfolgreich Fußball spielen.

Vom fünften Rad am Wagen zum gleichberechtigten und wertvollen Sportpartner. Unicef zum Beispiel nutzt in der Entwicklungshilfe Fußball, um Mädchen mehr Selbstwertgefühl zu vermitteln. Wie ist das bei uns? Gibt es ähnliche pädagogische Werte und soziale Funktionen?

Sport ist etwas Motivierendes. Bei sozial benachteiligten Kindern oder Kindern mit Migrationshintergrund ist der Sport eine besonders unkomplizierte Möglichkeit, um sie zu integrieren. Der Sport öffnet Türen, bietet Zugang zur Gemeinschaft und lehrt, dass zum Erfolg Anstrengung und Teamgeist dazugehören.

Wie ist es in Ihrer Familie mit Ihren sieben Kindern. Interessieren sich die Jungen und Mädchen für Fußball und Frauenfußball?

Bei uns im Garten wird viel gekickt. Ich habe ja allein schon eine halbe Mannschaft. Und dann kommen die Nachbarskinder dazu. Wir haben zwei Tore im Garten. Meine Jungs sind begeisterte Fußballer. Über Fußball wissen sie so ziemlich alles an Namen und Daten, was man nur wissen kann. Wenn die Mädchen die Jungs mit Frauenfußball frotzeln, heißt es dann meist: Ihr Mädchen habt es sowieso leichter. Aktive Fußballerinnen sind meine Mädels aber nicht. Sie kicken zwar mit im Garten, aber ihre wahre Liebe gehört dem Reitsport.

Hatten Sie selbst eigentlich während Ihrer Schulzeit Kontakt mit dem Fußball?

Nein, da ist mir nichts in Erinnerung. Ich habe 1976 in Lehrte Abitur gemacht. Da war der Frauenfußball ja noch ganz jung. Und in der Familie spielte der Fußball auch keine große Rolle. Alle meine Brüder interessierten sich mehr für andere Sportarten. Fußball gab es für mich damals eigentlich nur im Fernsehen. Eines weiß ich aber noch: Den Overath fand ich immer klasse. ■

STEFFI JONES

Von Bonames in die DFB-Zentrale

Vor der Zentrale des Deutschen Fußball-Bundes (DFB) in Frankfurt am Main, dem größten und mächtigsten nationalen Fußball-Verband der Welt, gibt es acht persönliche Parkplätze mit Namensschild. Nur auf einem steht ein weiblicher Titel: »OK-Präsidentin«. Dort parkt Steffi Jones, wenn sie denn mal im Lande ist. Meistens ist sie in der Luft. In aller Welt auf Werbetour für die WM 2011. Mal in Chile, mal in China, mal in der deutschen Provinz. Immer mit diesem natürlichen Charme, immer kompetent. Sie wirkt noch kein Stück wie ein Profi-Politiker, der hinter dunklen Autoscheiben Akten bearbeitet. Obwohl sie das tut. »Komisch«, sagt sie lachend, »jetzt habe ich mal ein richtig fettes Auto – und fahre leider nie selbst.«

Fußball ist die bekannte Leidenschaft der Steffi Jones, Autos die unbekannte. Beides war vor 35 Jahren genau so weit weg für sie wie jener Tag, als sie von DFB-Präsident Theo Zwanziger jenen Anruf erhielt, der ihr Leben erneut verändern sollte. »Ich sollte ihn zurückrufen. Ich ahnte zwar schon, worum es gehen könnte, aber ich hatte keine Ahnung, was ich am Telefon sagen sollte.« Nun, der Frauenfußball-Fan Zwanziger machte es ihr leicht: »Steffi«, sagte er nach wenig Einleitung. »Mach es, werde unsere OK-Präsidentin für 2011.«

Das kann am 22. Dezember 1972 wirklich niemand ahnen, als Stephanie Ann Jones unter dramatischen Umständen in Frankfurt am Main zur Welt kommt. Doch das ist erst der Anfang eines Lebens voller Familientragödien, Schicksalsschläge und anderer, sportlicher Dramen. Denn die charmante »Kaiserin«, wie sie mitunter in Anspielung auf den Chef des WM-OKs von 2006 genannt wird, ist nur die eine Seite, das, was sie in all den Jahren prägen wird, die andere. Bis Anfang der 70er Jahre ist nicht nur der Frauenfußball durch den DFB noch verboten, es ist auch die Zeit, als Frankfurt zwar schon multinational aber keineswegs multitolerant ist. »Krollekopp« wird sie, deren schwarzer Vater Deutschland kurz nach Steffis Geburt in Richtung der amerikanischen Heimat verlassen hat, als dunkelhäutiges Kind gehänselt, bis die Tränen fließen. Beim Straßenfußball im Frankfurter Problemviertel Bonames allerdings gewinnt sie schnell den Respekt der Jungs, weil sie besser ist. Auf dem Bolzplatz spielt das großgewachsene Mädchen die Jungs in Grund und Boden. So bewältigt sie den Frust des Alltags und der Fußball verhindert wohl, dass Steffi Jones, wie so viele andere in Bonames, auf die schiefe Bahn gerät.

Doch alles Unglück kann das Spiel nicht von ihr fernhalten: Viele ihrer persönlichen Dramen hat Steffi Jones offen und eindrucksvoll in ihrem Buch »Der Kick des Lebens – wie ich den Weg nach oben schaffte« geschildert. Und nach oben kommt man nur, wenn man vorher unten ist. Wie weit unten, berichtet sie schonungslos mit teilweise schmerzlichen Details, wie der

Drogenabhängigkeit ihres einen Bruders oder des fürchterlichen Unfalls des für die US-Army im Irak eingesetzten anderen Bruders, der 2006 bei einer Explosion beide Beine verliert. Aber die Erfolgsgeschichte der Steffi Jones ist ohne diese Schattenseiten in ihrem Leben gar nicht denkbar, ihre Persönlichkeit wird auch und gerade durch Schicksalsschläge geprägt. Hinter dem charmanten und fröhlichen Äußeren steckt eine nachdenkliche Person.

Ihre Auto-Leidenschaft ist letztlich nur ein nettes Detail am Rande: »Ich weiß noch, wie stolz ich war, beim 1. FFC mein erstes Auto zu bekommen, einen weißen Golf.« Aber auch bezeichnend für einige Stationen der 111-fachen Nationalspielerin, die einmal Weltmeisterin und dreimal Europameisterin wird, zwei Mal den UEFA-Cup in Händen hält, in Deutschland mit dem FSV Frankfurt 1998 ihre erste Meisterschaft gewinnt und später mit dem 1. FFC Frankfurt weitere fünf. Den DFB-Pokal darf sie insgesamt vier

WM-OK-Präsidentin Steffi Jones

Mal in die Höhe heben, zudem gewinnt sie mit Washington Freedom während ihres zweijährigen Amerika-Intermezzos den WUSA-Titel.

Die Titel sammelt Jones spät, weil ihre Karriere nach dem Blitzstart als Torschützenkönigin auf dem Weg zum Praunheimer Bundesligaaufstieg ins Stottern gerät: Zunächst wechselt sie in Frankfurt für die Saison 1991/92 die Fronten zum FSV und dann wieder zurück nach Praunheim. Wegen der Liebe, die sie zum Abschied aus Frankfurt und 1993 zum Wechsel nach Niederkirchen bewegt, ist ihre große Karriere Mitte der 90er Jahre schon fast vorbei, ehe sie wirklich beginnt, und sie verdient zeitweilig ihren Lebensunterhalt in einem Supermarkt. Dann, als sie nach weiteren Stationen in Praunheim (1994-97), beim FSV (1997/98) und in Bad Neuenahr (1998-2000) schon wegen ihrer vielen Wechsel den Ruf der Wechselkönigin der Liga hat, kehrt sie zum 1. FFC zurück – und fährt einen Rover: »Klapprig, aber schnell.« Ein bisschen wie ihre Karriere zu diesem Zeitpunkt. Dann aber, im eher schon reifen Alter von 28 Jahren, fängt die wirklich große Zeit an, in der Steffi Jones alles abräumt und 2002 und 2003 gar parallel zum Engagement in Frankfurt im Sommer als Profi in den USA spielt: »Da habe ich viel über Professionalität im Fußball gelernt und viel über mich selbst.« Deshalb ist ihr beim Amtsantritt als OK-Chefin auch klar: »Ich will mich nicht nur hinstellen und Volksreden halten. Ich möchte etwas für den Frauenfußball bewegen.«

Gelegenheit hat sie dazu genug: 150 Termine hatte sie allein in ihrem ersten Präsidentinnen-Jahr 2008. »Jeder Besuch soll helfen, dass vor Ort ein kleines Stückchen mehr an Be-

Die junge Steffi Jones als Fan

geisterung entsteht.« Dabei nutzen Steffi Jones und der DFB ganz gezielt zunächst die eigenen Strukturen: Vereine, Schulen, Landesverbände. »Wir fangen bei dem an, was uns stark gemacht hat: beim Fußball auf der kleinsten Ebene.« Über das Schulprogramm des DFB, die verschiedenen Stiftungen oder das DFB-Mobil geht Steffi Jones an die Basis: »Wir wollen für die WM jeden einbinden, jeden begeistern.«

Und natürlich auch die ganz oben, die Politiker, die Regierung. »Fußball ist ein Wohlfühlthema«, sagt Steffi Jones. »Da werden auch Politiker ganz locker. Und Frauenfußball hat da mittlerweile eine hohe Akzeptanz.« Der eine oder andere mag über die Reaktionen von Bundeskanzlerin Angela Merkel während der Männer-WM gelächelt haben, doch Fußball ist ein Thema, bei dem auch Politiker Emotionen zeigen. »Die Politiker haben ja alle bestimmte Aufgaben, denen sie gerecht werden müssen. Aber wenn ich Politiker treffe, merke ich, dass Fußball die Herzen öffnet. Da sind sie ganz losgelöst«, sagt Steffi Jones. »Ich fand es toll, als zum Beispiel Angela Merkel bei meinem Besuch in Berlin gesagt hat: Ich hoffe, dass auch Männer demnächst die Aufstellung der deutschen Weltmeisterinnen so herunterrasseln können wie die der Männer-Nationalmannschaft.«

Hat sich Steffi Jones ihren Job als OK-Präsidentin so vorgestellt? »Ich hatte gar keine spezielle Vorstellung. Das ist schließlich keine Aufgabe, zu der es ein klares Profil gibt. Ich kannte nur die Bilder von Franz Beckenbauer«, sagt sie offen. Und sie betont: »Diese Aufgabe ist etwas Einmaliges, davon werde ich mein Leben lang zehren. Das ist so weit von jeder Vorstellung, dass man davon nicht einmal träumt. Das entschädigt mich ein bisschen dafür, dass ich selbst nicht mehr spiele.«

Sogar mit dem »Apparat DFB«, über den sie nach eigenem Bekunden während ihrer Spielerinnenkarriere stets als Erste geschimpft hat, hat sie sich arrangiert. »Die Abteilungsleiterin Frauen Heike Ullrich und DFB-Vize-Präsidentin Hannelore Ratzeburg haben mich ein bisschen über die Funktionsweise ›aufgeklärt‹.« Und, charmant wie immer, sagt sie: »Ein Apparat hilft ja auch, die DFB-Strukturen leisten sehr viel. Das wird von vielen unterschätzt. Ich habe es jedenfalls zu schätzen gelernt.«

In der Nationalmannschaft
(hier bei Olympia 2004) ist sie
über viele Jahre unverzichtbar.

Eine wichtige Eigenschaft für ihren neuen Job bringt Steffi Jones von Hause aus mit: Sie kommt damit zurecht, ein öffentlicher Mensch zu sein. »Klar, ich werde schon überall erkannt. Aber das ist keine Last für mich. Ich wusste ja, was auf mich zukommt.« Und sie lächelt auch über den Vergleich mit dem »Kaiser«. Dennoch sagt sie: »Ich bin keine Reise-Kaiserin. Im Vergleich zu Franz Beckenbauer im Vorfeld der Männer-WM 2006 liegen meine Schwerpunkte woanders.« Aber: »Der Franz ist mein Vorbild und wenn ich mit ihm verglichen werde, macht mich das stolz.« Ob Wahrheit oder charmante Flunkerei – an Strahlkraft kann es Steffi Jones mit jedem aufnehmen. Selbst ihre Luxus-Karosse glänzt heller, wenn sie drinsitzt.

Matthias Kittmann

DORIS FITSCHEN

Von der Beckenbauerin zur Bierhoffin

Lange Zeit ging der Frauenfußball in Deutschland mit seinen Stars stiefmütterlich um. Kaum war deren aktive Karriere zu Ende, verschwanden sie in der Versenkung. Erst spät erkannte der DFB den Wert seiner weiblichen »Gesichter«. Die Fußball-Ikone der 90er Jahre, Doris Fitschen, ist eine der ersten, die nach ihrer sportlichen Karriere zielstrebig eine Perspektive im Verband bekam. Erst jetzt wird diese Linie konsequent weiterverfolgt. Fitschens langjährige Teamkollegin Silvia Neid kam erst in den Trainerstab und ist nun Chef-Coach, andere folgten.

Doris Fitschen als stolze Mannschaftsführerin mit dem EM-Pokal 1997 (hi. li. die junge Birgit Prinz)

Doris Fitschen ist nach ihrem Karriereende mit 144 Länderspielen (16 Tore) lange Rekord-Nationalspielerin (erst die dreimalige Weltfußballerin Birgit Prinz überholt sie 2007), darf sich viermal Europameisterin nennen und Endspielteilnehmerin der WM 1995 in Schweden. Sie erlebt in ihrer 15-jährigen Nationalmannschaftskarriere noch die Untiefen des Sports: Kasernierung bei Turnieren, Drohgebärden des DFB. Eines der harmloseren Beispiele: Als die Spielerinnen während der WM 1995 mal Lust auf einen Hamburger und Coca Cola haben, fragen sie einen der wenigen deutschen Journalisten:

In »heimischen Gefilden« um 1990

»Kannst du uns was besorgen? Aber bring es an den Hintereingang, damit es keiner merkt!« In der Bar nahe dem Vordereingang lassen es sich die DFB-Funktionäre unterdessen gut gehen.

Die ersten Erfolge sammelt die kühle Blondine aus dem Norden (erste Vereine: FC Hesedorf, TuS Westerholz) zunächst beim damaligen Spitzenteam TSV Siegen, später beim 1. FFC Frankfurt, wo sie 1999 das Double mit Meisterschaft und Pokalsieg holt. Fitschen avanciert, da sie lange Zeit bis zur Einführung der Viererkette kurz vor ihrem Karriereende als Libero agiert, zu einer »Beckenbauerin«, auch wegen dieses Beinamens ist sie lange das bekannteste Gesicht des deutschen Frauenfußballs. In Frankfurt ist sie sowieso eine der Schlüsselspielerinnen für den späteren Erfolg des Klubs. Nach einem Gastspiel in der US-Profiliga WUSA bei Philadelphia Charge 2001 beendet sie ihre aktive Karriere.

Aus der Beckenbauerin ist eine Bierhoffin geworden. Die ehemalige Rekordnationalspielerin ist seit August 2009 neue Managerin der deutschen Frauenfußball-Nationalmannschaft. Fitschen wird die DFB-Auswahl in Zukunft regelmäßig begleiten und als Schnittstelle in Sachen Organisation, Marketing und PR zwischen Nationalmannschaft, DFB und dem Organisationskomitee der WM 2011 fungieren. Für den DFB arbeitet Doris Fitschen, die auch Inhaberin der Trainer-A-Lizenz ist, bereits seit dem Ende ihrer aktiven Laufbahn im Jahr 2001. Zunächst als Sponsoring-Managerin in der DFB-Direktion Marketing, seit 2008 auch als Abteilungsleiterin Marketing im Organisationskomitee der WM 2011. Diesen Posten bekleidet sie parallel zu ihrer neuen Aufgabe auch weiterhin. Mit ihrem BWL-Studium, das sie während der Spielerinnenlaufbahn absolviert hat, ist sie prädestiniert für den Marketing-Bereich.

STATISTIK

Weltturniere

Weltmeisterschaften:

1991: USA, 2:1 gegen Norwegen, in China
1995: Norwegen, 2:0 gegen Deutschland, in Schweden
1999: USA, 0:0, 5:4 i.E. gegen China, in USA
2003: Deutschland, 2:1 n.GG. gegen Schweden, in USA
2007: Deutschland, 2:0 gegen Brasilien, in China

Olympische Spiele

1996: in Atlanta: USA, 2:1 gegen China, Bronze: Norwegen
2000: in Sydney: Norwegen, 3:2 n.V. gegen USA, Bronze: Deutschland
2004: in Athen: USA, 2:1 n.V. gegen Brasilien, Bronze: Deutschland
2008: in Peking: USA, 1:0 n.V. gegen Brasilien, Bronze: Deutschland

U20-Weltmeisterschaften:

2002: USA, 1:0 n.GG. in Edmonton, vor Kanada und Deutschland
2004: Deutschland, 2:0 in Bangkok, vor China und Brasilien
2006: Nordkorea, 5:0 in Moskau, vor China und USA
2008: USA, 2:1 n.V. in Santiago de Chile, vor Nordkorea und Deutschland

U17-Weltmeisterschaften:

2008: USA, 2:1 n.V. in Hamilton (NZL), vor Nordkorea und Deutschland

Weltauswahlspiele

1999: in San Jose, USA – Allstars FIFA, 1:2
2004: in Paris, Deutschland – Allstars FIFA, 2:3
2007: in Wuhan, China – Allstars FIFA, 3:2

Weltfußballerin der FIFA

2001: Mia Hamm (2. Sun Wen, 3. Tiffeny Milbrett)
2002: Mia Hamm (2. Birgit Prinz, 3. Sun Wen)
2003: Birgit Prinz (2. Mia Hamm, 3. Hanna Ljungberg)
2004: Birgit Prinz (2. Mia Hamm, 3. Marta)
2005: Birgit Prinz (2. Marta, 3. Shannon Boxx)
2006: Marta (2. Kristine Lilly, 3. Renate Lingor)
2007: Marta (2. Birgit Prinz, 3. Cristiane)
2008: Marta (2. Birgit Prinz, 3. Cristiane)

Kontinentale Meisterschaften

Europameisterschaft

1984: Schweden gegen England, 1:0 in Göteborg und 0:1, 4:3 i.E. in Luton
1987: Norwegen (2:1 gegen Schweden), in Oslo, Norwegen
1989: Deutschland (4:1 gegen Norwegen), in Osnabrück, Deutschland
1991: Deutschland (3:1 n.V. gegen Norwegen) in Aalborg, Dänemark
1993: Norwegen (1:0 gegen Italien), in Cesena, Italien
1995: Deutschland (3:2 gegen Schweden), in Kaiserslautern, Deutschland
1997: Deutschland (2:0 gegen Italien), in Kolbotn, Norwegen
2001: Deutschland (3:2 gegen Schweden) in Ulm, Deutschland
2005: Deutschland (3:1 gegen Norwegen) in Blackburn, England
2009: Deutschland (6:2 gegen England) in Helsinki, Finnland

Europameisterschaft (U19, bis 2001 U18)

1998:	Dänemark	1999:	Schweden
2000:	Deutschland	2001:	Deutschland
2002:	Deutschland	2003:	Frankreich
2004:	Spanien	2005:	Russland
2006:	Deutschland	2007:	Deutschland
2008:	Italien	2009:	England

Europameisterschaft (U17)

2008: Deutschland
2009: Deutschland

Afrikameisterschaft

1991: Nigeria, 6:0 (aggregate), gegen Kamerun
1995: Nigeria, 11:2 (aggregate), gegen Südafrika
1998: Nigeria, 2:0 gegen Ghana, in Nigeria
2000: Nigeria, 2:0 gegen Südafrika, in Südafrika (Abbruch 73.)
2002: Nigeria, 2:0 gegen Ghana, in Nigeria
2004: Nigeria, 5:0 gegen Kamerun, in Südafrika
2006: Nigeria, 1:0 gegen Ghana, in Nigeria
2008: Äquatorial Guinea, 2:1 gegen Südafrika, in Äquatorial Guinea

CONMEBOL-Meisterschaft

1991: Brasilien vor Chile (Tabelle), in Brasilien
1995: Brasilien, 2:0 gegen Argentinien, in Brasilien
1998: Brasilien, 7:1 gegen Argentinien, in Argentinien
2003: Brasilien vor Argentinien (Tabelle), in Brasilien
2006: Argentinien vor Brasilien (Tabelle), in Argentinien

CONCACAF-Meisterschaft

1991: USA, 5:0 gegen Kanada, auf Haiti
1993: USA, vor Neuseeland (Tabelle, Gast-Team)
1994: USA, vor Kanada (Tabelle)
1998: Kanada, 1:0 gegen Mexiko, in Kanada
2000: USA, 1:0 gegen Brasilien (Gast-Team Gold Cup)
2002: USA, 2:1 gegen Kanada, in Kanada (Gold Cup)
2006: USA, 2:1 gegen Kanada, in USA (Gold Cup)

Asienmeisterschaft

1975: Neuseeland, 3:1 gegen Thailand, in Hongkong
      (NZL war damals Mitglied des Asiatischen Fußball-
      verbands)
1977: Taiwan, 3:1 gegen Thailand, in Taiwan
1979: Taiwan, 2:0 gegen Indien, in Indien
1981: Taiwan, 5:0 gegen Thailand, in Hongkong
1983: Thailand, 3:0 gegen Indien, in Thailand
1986: China, 2:0 gegen Japan, in Hongkong
1989: China, 1:0 gegen Taiwan, in Hongkong
1991: China, 5:0 gegen Japan, in Japan
1993: China, 3:0 gegen Nordkorea, in Malaysia
1995: China, 2:0 gegen Japan, in Malaysia
1997: China, 2:0 gegen Nordkorea, in China
1999: China, 3:0 gegen Taiwan, auf den Philippinen
2001: Nordkorea, 2:0 gegen Japan, in Taiwan
2003: Nordkorea, 2:1 n.V. gegen China, in Thailand
2006: China, 2:2 und 4:2 i.E. gegen Australien, in Australien
2008: Nordkorea, 2:1 gegen China, in Vietnam

Ozeanienmeisterschaft

1983: Neuseeland, 3:2 n.V. gegen Australien,
      in Neukaledonien
1986: Taiwan, 4:1 gegen Australien, in Neuseeland
1989: Taiwan, 1:0 gegen Neuseeland, in Australien
1991: Neuseeland vor Australien (Doppelrunde),
      in Australien
1995: Australien vor Neuseeland (Doppelrunde),
      in Papua-Neuguinea
1998: Australien, 3:1 gegen Neuseeland, in Neuseeland
2003: Australien vor Neuseeland (Doppelrunde),
      in Neuseeland
2007: Neuseeland vor Papua-Neuguinea (Doppelrunde),
      in Papua-Neuguinea

ISF Schul-Weltmeisterschaften, Mädchenfußball

1999 in Italien (Erstaustragung für Fußballmädchen):
1. Finnland
5. Deutschland, Schulzentrum Obervieland Bremen
(8 Teilnehmer)

2001 in Italien:
1. Finnland
2. Deutschland, Sportgymnasium Neubrandenburg
(9 Teilnehmer)

2003 in China:
1. China
2. Deutschland, Eliteschule Potsdam
(8 Teilnehmer)

2005 in Dänemark:
1. Deutschland, Friedrich-Ludwig-Jahn-Eliteschule des Sports,
Potsdam
2. China
(12 Teilnehmer)

2007 in Chile
1. China
2. Deutschland, Friedrich-Ludwig-Jahn-Eliteschule, Potsdam
(12 Teams)

2009 in der Türkei:
1. Deutschland
2. Finnland
3. Frankreich

Algarve-Cup-Sieger:

1994:	Norwegen	2002:	China
1995:	Schweden	2003:	USA
1996:	Norwegen	2004:	USA
1997:	Norwegen	2005:	USA
1998:	Norwegen	2006:	Deutschland
1999:	China	2007:	USA
2000:	USA	2008:	USA
2001:	Schweden	2009:	Schweden

Ranglisten

Rekordnationalspielerinnen

(Top-30, Stand: 10.09.09)

Kristine Lilly-Heavey	USA	342	seit 1987
Mia Hamm	USA	275	1987-2004
Julie Foudy	USA	272	1988-2004
Joy Fawcett Biefeld	USA	239	1987-2004
Christie Rampone Pearce	USA	216	seit 1997
Tiffeny Milbrett	USA	204	1999-2005
Pu Wei	China	201	bis 2008
Li Jie	China	200	bis 2008
Birgit Prinz	Deutschland	198	seit 1994
Kate Markgraf Sobrero	USA	198	seit 1988
Fan Yunjie	China	192	1992-2004
Brandi Chastain	USA	192	1988-2005
Kerstin Stegemann	Deutschland	191	seit 1994
Hege Riise	Norwegen	188	1990-2004
Zhao Lihong	China	182	1992-2003
Shannon MacMillan	USA	176	1993-2005
Liu Ailing	China	173	1987-2001
Brianna Scurry	USA	173	seit 1994
Bente Nordby	Norwegen	172	1996-2007
Carla Overbeck	USA	168	1988-2000
Han Duan	China	166	seit 2000
Victoria Svensson Sandell	Schweden	166	1993-2009
Ariane Hingst	Deutschland	165	seit 1996
Wen Lirong	China	163	1987-2001
Wang Liping	China	162	1992-2004
Cindy Parlow	USA	158	1996-2006
Kristin Bengtsson	Schweden	157	1991-2005
Katerine Pedersen	Dänemark	154	seit 1994
Bettina Wiegmann	Deutschland	154	1989-2003
Michelle Akers	USA	153	1985-2000
Linda Medalen	Norwegen	152	1987-1999
Heidi Stoere	Norwegen	151	1980-1997
Malin Andersson	Schweden	151	1994-2005
Cheryl Salisbury	Australien	151	1984-2009
Carolina Morace	Italien	150	1980-1997

Die besten Länderspiel-Torschützinnen der Welt

(Top-Ten, Stand: 10.09.09, *nicht mehr aktiv)

Mia Hamm	USA*	158
Kristine Lilly	USA	129
Birgit Prinz	Deutschland	125
Elisabetta Vignotto	Italien*	107
Ri Kum Suk	Nordkorea	106
Michelle Akers	USA*	105
Carolina Morace	Italien*	104
Han Duan	China	101
Tiffeny Milbrett	USA*	100
Abby Wambach	USA	99

DFB-Länderspieleinsätze

(Top-20, Stand: 10.09.09)

Birgit Prinz	198	seit 1994
Kerstin Stegemann	191	seit 1995
Ariane Hingst	165	seit 1996
Bettina Wiegmann	154	1989 – 2003
Renate Lingor	149	1995 – 2008
Sandra Minnert	147	1992 – 2007
Doris Fitschen	144	1986 – 2001
Sandra Smisek	133	1995 – 2008
Silke Rottenberg	126	1993 – 2008
Martina Voss	125	1984 – 2000
Kerstin Garefrekes	112	seit 2001
Silvia Neid	111	1982 – 1996
Steffi Jones	111	1993 – 2007
Heidi Mohr	104	1986 – 1996
Pia Wunderlich	102	1993 – 2006
Maren Meinert	92	1991 – 2003
Nadine Angerer	86	seit 1996
Martina Müller	82	seit 2000
Inka Grings	78	seit 1996
Petra Wimbersky	70	seit 2001

DFB-Torschützinnen

(Top-Ten, Stand: 10.09.09)

Birgit Prinz	125
Heidi Mohr	83
Bettina Wiegmann	51
Inka Grings	50
Silvia Neid	48
Kerstin Garefrekes	37
Renate Lingor	35
Sandra Smisek	34
Maren Meinert	33
Martina Müller	28
Conny Pohlers	28

DFB Nationalmannschaft: Alle Länderspiele

Land	Spiele	gew.	unent.	verl.	Tore	Erstes Spiel	Letztes Spiel
Argentinien	2	2	0	0	17:1	27.09.2003	10.09.2007
Australien	2	1	0	1	3:1	13.09.2000	28.01.2005
Belgien	6	3	2	1	12:5	05.03.1983	07.05.2008
Brasilien	9	4	4	1	18:11	09.06.1995	22.04.2009
Bulgarien	3	3	0	0	11:2	21.03.1989	26.09.1990
China	25	11	6	8	45:30	30.06.1991	06.03.2009
Dänemark	19	11	3	5	40:17	01.05.1983	11.03.2009
England	19	17	2	0	55:12	22.08.1984	10.09.2009
Finnland	9	8	0	1	26:2	03.10.1984	04.03.2009
Frankreich	9	7	0	2	26:4	16.05.1987	27.08.2009
Irland	2	2	0	0	4:0	10.05.2006	26.08.2006
Island	11	11	0	0	47:3	27.07.1986	30.08.2009
Italien	24	12	8	4	40:18	25.01.1984	04.09.2009
Japan	8	7	1	0	18:5	05.06.1995	29.07.2009
Jugoslawien	1	1	0	0	3:0	28.05.1992	28.05.1992
Kanada	8	8	0	0	29:10	27.07.1994	04.09.2005
Kroatien	2	2	0	0	15:0	02.06.1994	21.09.1994
Mexiko	2	2	0	0	8:0	24.06.1999	17.08.2004
Neuseeland	2	2	0	0	12:1	26.05.1998	28.05.1998
Niederlande	16	10	4	2	38:11	19.03.1983	25.07.2009
Nigeria	5	5	0	0	13:2	17.11.1991	09.08.2008
Nordkorea	2	2	0	0	4:0	22.09.2007	12.08.2008
Norwegen	33	15	5	13	57:47	02.05.1984	07.09.2009
Polen	4	4	0	0	21:1	09.05.1991	13.04.1995
Portugal	4	4	0	0	41:0	25.10.2001	07.02.2004
Russland	14	12	2	0	45:7	11.10.1992	06.08.2009
Schottland	4	4	0	0	17:1	27.03.2003	23.09.2006
Schweden	18	12	0	6	32:24	29.11.1991	09.03.2009
Schweiz	14	13	1	0	67:2	10.11.1982	01.10.2008
Slowakei	2	2	0	0	5:0	25.10.1995	11.04.1996
Sowjetunion	1	1	0	0	3:0	07.08.1990	07.08.1990
Spanien	1	1	0	0	6:0	24.04.1997	24.04.1997
Taiwan	1	1	0	0	3:0	19.11.1991	19.11.1991
Tschechische Republik	3	3	0	0	14:0	28.08.2003	02.08.2007
Tschechoslowakei	4	3	1	0	9:1	26.11.1988	29.04.1990
Türkei	1	1	0	0	12:1	14.02.1999	14.02.1999
Ukraine	6	5	1	0	24:3	17.09.1998	28.04.2004
Ungarn	7	5	1	1	13:2	09.04.1985	25.09.1991
USA	25	5	4	16	25:51	22.07.1988	26.01.2007
Wales	4	4	0	0	34:0	31.03.1994	29.05.2008
Total	**332**	**226**	**45**	**61**	**912:275**	**10.11.1982**	**10.09.2009**

Alle zweistelligen Siege:

13:0 gegen Portugal, 15.11.2003 in Reutlingen
12:0 gegen Wales, 31.3.1994 in Bielefeld
12:0 gegen Wales, 5.5.1994 in Swansea
12:1 gegen Türkei, 14.2.1999 in Istanbul
11:0 gegen Schweiz, 25.9.94 in Weingarten
11:0 gegen Portugal, 7.2.2004 in Albufeira
11:0 gegen Argentinien, 10.9.2007 in Shanghai
10:0 gegen Schweiz, 19.9.1994 in Binningen

Deutscher Meister

1974: TuS Wörrstadt
1975: Bonner SC
1976: Bayern München
1977: SSG Bergisch-Gladbach
1978: SC Bad Neuenahr
1979: SSG Bergisch-Gladbach
1980: SSG Bergisch-Gladbach
1981: SSG Bergisch-Gladbach
1982: SSG Bergisch-Gladbach
1983: SSG Bergisch-Gladbach
1984: SSG Bergisch-Gladbach
1985: KBC Duisburg
1986: FSV Frankfurt
1987: TSV Siegen
1988: SSG Bergisch-Gladbach
1989: SSG Bergisch-Gladbach
1990: TSV Siegen
1991: TSV Siegen
1992: TSV Siegen
1993: TuS Niederkirchen
1994: TSV Siegen
1995: FSV Frankfurt
1996: TSV Siegen
1997: GW Brauweiler
1998: FSV Frankfurt
1999: 1. FFC Frankfurt
2000: FCR Duisburg
2001: 1. FFC Frankfurt
2002: 1. FFC Frankfurt
2003: 1. FFC Frankfurt
2004: Turbine Potsdam
2005: 1. FFC Frankfurt
2006: Turbine Potsdam
2007: 1. FFC Frankfurt
2008: 1. FFC Frankfurt
2009: Turbine Potsdam

Bundesligatorschützenkönigin:

1991: Heidi Mohr 36
1992: Heidi Mohr 24
1993: Heidi Mohr 21
1994: Heidi Mohr 28
1995: Heidi Mohr 27
1996: Sandra Smisek 29
1997: Birgit Prinz 20
1998: Birgit Prinz 23
1999: Inka Grings 25
2000: Inka Grings 38
2001: Birgit Prinz 24
2002: Conny Pohlers 27
2003: Inka Grings 20
2004: Kerstin Garefrekes 26
2005: Shelley Thompson 30
2006: Conny Pohlers 36
2007: Birgit Prinz 28
2008: Inka Grings 26
2009: Inka Grings 29

DFB-Pokal

1981: SSG Bergisch-Gladbach
1982: SSG Bergisch-Gladbach
1983: KBC Duisburg
1984: SSG Bergisch-Gladbach
1985: FSV Frankfurt
1986: TSV Siegen
1987: TSV Siegen
1988: TSV Siegen
1989: TSV Siegen
1990: FSV Frankfurt
1991: GW Brauweiler
1992: FSV Frankfurt
1993: TSV Siegen
1994: GW Brauweiler
1995: FSV Frankfurt
1996: FSV Frankfurt
1997: GW Brauweiler
1998: FCR Duisburg
1999: 1. FFC Frankfurt
2000: 1. FFC Frankfurt
2001: 1. FFC Frankfurt
2002: 1. FFC Frankfurt
2003: 1. FFC Frankfurt
2004: Turbine Potsdam
2005: Turbine Potsdam
2006: Turbine Potsdam
2007: 1. FFC Frankfurt
2008: 1. FFC Frankfurt
2009: FCR Duisburg

Super-Cup

1992: TSV Siegen, 4:0 gegen FSV Frankfurt, in Hannover
1993: TuS Niederkirchen, 2:1 gegen TSV Siegen, in Leverkusen
1994: GW Brauweiler, 4:0 gegen TSV Siegen, in Simmertal
1995: FSV Frankfurt, 4:0 gegen TSV Siegen, in Düsseldorf
1996: FSV Frankfurt, 2:0 n.V. gegen Sportfreunde Siegen, in Mannheim
1997: GW Brauweiler, 1:0 gegen Eintracht Rheine, in Leverkusen

UEFA-Women's-Cup

2002: 1. FFC Frankfurt, 2:0 gegen Umeå IK in Frankfurt
2003: Umeå IK, gegen Fortuna Hjörring
2004: Umeå IK, gegen 1. FFC Frankfurt
2005: Turbine Potsdam, gegen Djurgarden Älvsjö Stockholm
2006: 1. FFC Frankfurt, 3:2 und 5:0 über Turbine Potsdam
2007: Arsenal London, 1:0 und 0:0 gegen Umeå IK
2008: 1. FFC Frankfurt, 3:2 gegen Umeå IK
2009: FCR 2001 Duisburg, 6:0 und 1:1 gegen Swesda Perm

Deutsche Meister, B-Mädchen

2000: Turbine Potsdam, 7:1 gegen Bayern München
2001: DFC Eggenstein, 1:0 gegen Turbine Potsdam
2002: FC Gütersloh, 2:1 gegen FCR Duisburg
2003: Turbine Potsdam, 1:0 gegen FC Gütersloh
2004: Turbine Potsdam, 3:1 gegen SG Wattenscheid
2005: Turbine Potsdam, 3:0 gegen FC Gütersloh
2006: Turbine Potsdam, 3:0 Bayern München
2007: FCR Duisburg, 1:0 gegen Bayern München
2008: Turbine Potsdam, 2:0 gegen Bayern München
2009: Turbine Potsdam, 1:1, 5:4 i.E. gegen FCR Duisburg

DFB-Hallencup:

1994: in Koblenz, GW Brauweiler
1995: in Koblenz, FSV Frankfurt
1996: in Koblenz, FC Rumeln
1997: in Frankfurt, SG Praunheim
1998: in Frankfurt, SG Praunheim
1999: in Dessau, 1. FFC Frankfurt
2000: in Bonn, FCR Duisburg
2001: in Bonn, Sportfreunde Siegen
2002: in Bonn, 1. FFC Frankfurt
2003: in Bonn, Heike Rheine
2004: in Bonn, Turbine Potsdam
2005: in Bonn, Turbine Potsdam
2006: in Bonn, 1. FFC Frankfurt
2007: in Bonn, 1. FFC Frankfurt
2008: in Bonn, Turbine Potsdam
2009: in Magdeburg, Turbine Potsdam

Fußballerin des Jahres in Deutschland

1996: Martina Voss
1997: Bettina Wiegmann
1998: Silke Rottenberg
1999: Inka Grings
2000: Martina Voss
2001: Birgit Prinz
2002: Birgit Prinz
2003: Birgit Prinz
2004: Birgit Prinz
2005: Birgit Prinz
2006: Birgit Prinz
2007: Birgit Prinz
2008: Birgit Prinz
2009: Inka Grings

DFB-Schiedsrichterinnen des Jahres:

03/04 Christine Frai
04/05 Elke Günthner
05/06 Christine Beck
06/07 Bibiana Steinhaus
07/08 Bibiana Steinhaus und Christine Beck
08/09 Bibiana Steinhaus

DFB-Länderpokal, Frauen

(seit 1998 abgelöst durch U20)
1981: Mittelrhein
1982: Niederrhein
1983: Bayern
1984: Hessen
1985: Niederrhein
1986: Niederrhein
1987: Mittelrhein
1988: Mittelrhein
1989: Württemberg
1990: Hessen
1991: Hessen
1992: Hessen
1993: Westfalen
1994: Hessen
1995: Hessen
1996: Niederrhein
1997: Hessen
1998: Hessen
1999: Hessen
2000: Hessen
2001: Hessen
2002: Bayern
2003: Niederrhein
2004: Niederrhein
2005: Niederrhein
2006: Niederrhein
2007: nicht ausgetragen
2008: Württemberg
2009: Niederrhein

DDR, Bestenermittlung

1979: Motor Mitte Karl-Marx-Stadt
1980: Wismut Karl-Marx-Stadt
1981: Turbine Potsdam
1982: Turbine Potsdam
1983: Turbine Potsdam
1984: Motor Halle
1985: Turbine Potsdam
1986: Turbine Potsdam
1987: Rotation Schlema
1988: Rotation Schlema
1989: Turbine Potsdam
1990: Post Rostock (Meister)
1991: USV Jena (Meister)

DDR, Pokal

1987: Rotation Schlema
1988: Wismut Karl-Marx-Stadt
1989: Rotation Schlema
1990: Post Rostock
1991: Wismut Aue

Frauen Bundesliga

1997/98

1.	FSV Frankfurt	22	80:19	56
2.	SG Praunheim	22	58:22	50
3.	FCR Duisburg	22	57:22	47
4.	Grün-Weiß Brauweiler	22	35:28	39
5.	Sportfreunde Siegen	22	46:23	38
6.	SSV Turbine Potsdam	22	34:43	30
7.	FC Eintracht Rheine	22	28:32	29
8.	1. FC Saarbrücken	22	32:41	29
9.	TuS Niederkirchen	22	26:44	20
10.	SC 07 Bad Neuenahr	22	23:49	19
11.	SC Klinge Seckach	22	23:58	18
12.	Hamburger SV	22	17:78	5

1998/99

1.	1. FFC Frankfurt	22	96:11	59
2.	FCR Duisburg	22	77:14	56
3.	Sportfreunde Siegen	22	32:28	37
4.	SSV Turbine Potsdam	22	41:39	29
5.	FSV Frankfurt	22	26:31	29
6.	WSV Wolfsburg	22	39:48	27
7.	1. FC Saarbrücken	22	21:31	24
8.	TuS Niederkirchen	22	26:54	24
9.	Grün-Weiß Brauweiler	22	29:51	23
10.	SC 07 Bad Neuenahr	22	18:43	23
11.	FFC Heike Rheine	22	29:44	22
12.	SC Freiburg	22	18:58	11

1999/2000

1.	FCR Duisburg	22	85:10	60
2.	1. FFC Frankfurt	22	67:13	45
3.	Sportfreunde Siegen	22	48:28	42
4.	1. FFC Turbine Potsdam	22	43:27	41
5.	Grün-Weiß Brauweiler	22	50:30	39
6.	SC 07 Bad Neuenahr	22	41:28	38
7.	WSV Wolfsburg	22	46:37	35
8.	FFC Flaesheim-Hillen	22	23:74	20
9.	FSV Frankfurt	22	28:52	19
10.	1. FC Saarbrücken	22	25:40	18
11.	TuS Niederkirchen	22	16:63	14
12.	1. FC Nürnberg	22	15:85	9

2000/01

1.	1. FFC Frankfurt	22	81:17	54
2.	1. FFC Turbine Potsdam	22	63:17	44
3.	FCR Duisburg	22	43:39	40
4.	FFC Brauweiler Pulheim 2000	22	56:32	37
5.	FFC Flaesheim-Hillen	22	30:25	33
6.	Bayern München	22	45:52	33
7.	FSV Frankfurt	22	28:37	28
8.	Sportfreunde Siegen	22	28:46	26
9.	SC 07 Bad Neuenahr	22	36:55	26
10.	WSV Wolfsburg	22	30:48	20
11.	FFC Heike Rheine	22	28:52	20
12.	1. FC Saarbrücken	22	18:66	9

2001/02

1.	1. FFC Frankfurt	22	65:17	58
2.	1. FFC Turbine Potsdam	22	56:23	44
3.	FCR 2001 Duisburg	22	61:34	44
4.	Bayern München	22	59:38	40
5.	FSV Frankfurt	22	48:29	39
6.	SC Freiburg	22	30:34	35
7.	FFC Brauweiler Pulheim 2000	22	37:27	33
8.	FFC Heike Rheine	22	34:34	27
9.	SC 07 Bad Neuenahr	22	24:51	22
10.	WSV Wolfsburg	22	26:52	17
11.	Hamburger SV	22	16:62	8
12.	1. FC Saarbrücken	22	16:71	8

2002/03

1.	1. FFC Frankfurt	22	90:14	57
2.	1. FFC Turbine Potsdam	22	65:15	55
3.	FCR 2001 Duisburg	22	58:32	44
4.	FFC Heike Rheine	22	52:31	38
5.	Bayern München	22	45:32	37
6.	FFC Brauweiler Pulheim	22	41:27	34
7.	FSV Frankfurt	22	42:54	27
8.	SC Freiburg	22	33:43	24
9.	WSV Wolfsburg	22	31:49	24
10.	SC 07 Bad Neuenahr	22	31:73	23
11.	Tennis Borussia Berlin	22	17:68	15
12.	TuS Niederkirchen	22	10:77	2

2003/04

1.	1. FFC Turbine Potsdam	22	96:17	61
2.	1. FFC Frankfurt	22	68:19	57
3.	FFC Heike Rheine	22	64:37	43
4.	FCR 2001 Duisburg	22	57:38	35
5.	Bayern München	22	53:36	34
6.	Hamburger SV	22	47:34	34
7.	SC 07 Bad Neuenahr	22	40:48	28
8.	VfL Wolfsburg	22	35:55	27
9.	FSV Frankfurt	22	29:53	21
10.	SC Freiburg	22	34:51	20
11.	FFC Brauweiler Pulheim	22	30:57	15
12.	1. FC Saarbrücken	22	7:115	1

2004/05

1.	1. FFC Frankfurt	22	78:16	63
2.	FCR 2001 Duisburg	22	91:20	56
3.	1. FFC Turbine Potsdam	22	79:29	49
4.	Bayern München	22	39:37	33
5.	SC 07 Bad Neuenahr	22	40:42	33
6.	FSV Frankfurt	22	37:51	26
7.	FFC Heike Rheine	22	36:54	25
8.	SC Freiburg	22	30:56	23
9.	Hamburger SV	22	20:48	20
10.	SG Essen-Schönebeck	22	28:63	20
11.	TSV Crailsheim	22	19:49	18
12.	VfL Wolfsburg	22	26:58	17

2005/06

1.	1. FFC Turbine Potsdam	22	115:13	59
2.	FCR 2001 Duisburg	22	91:11	55
3.	1. FFC Frankfurt	22	97:25	52
4.	SC 07 Bad Neuenahr	22	61:40	44
5.	Hamburger SV	22	42:40	33
6.	SG Essen-Schönebeck	22	44:49	30
7.	SC Freiburg	22	45:48	29
8.	Bayern München	22	41:48	27
9.	FFC Heike Rheine	22	39:56	20
10.	FFC Brauweiler Pulheim	22	24:79	13
11.	VfL Sindelfingen	22	19:72	11
12.	FSV Frankfurt	22	5:142	1

2006/07

1.	1. FFC Frankfurt	22	91:17	60
2.	FCR 2001 Duisburg	22	76:25	51
3.	1. FFC Turbine Potsdam	22	1:23	44
4.	Bayern München	22	35:29	38
5.	SC 07 Bad Neuenahr	22	45:45	33
6.	SG Essen-Schönebeck	22	55:42	32
7.	TSV Crailsheim	22	33:37	30
8.	VfL Wolfsburg	22	20:49	27
9.	Hamburger SV	22	34:34	26
10.	SC Freiburg	22	36:57	25
11.	FFC Heike Rheine	22	24:57	14
12.	FFC Brauweiler Pulheim	22	15:100	0

2007/08

1.	1. FFC Frankfurt	22	87:22	54
2.	FCR 2001 Duisburg	22	65:20	53
3.	1. FFC Turbine Potsdam	22	48:32	38
4.	Bayern München	22	53:38	38
5.	SC 07 Bad Neuenahr	22	43:33	37
6.	VfL Wolfsburg	22	42:48	34
7.	SG Essen-Schönebeck	22	43:40	33
8.	SC Freiburg	22	30:63	21
9.	TSV Crailsheim	22	28:43	19
10.	Hamburger SV	22	23:46	18
11.	1. FC Saarbrücken	22	26:51	18
12.	Wattenscheid 09	22	17:69	11

2008/09

1.	1. FFC Turbine Potsdam	22	67:19	54
2.	Bayern München	22	69:22	54
3.	FCR 2001 Duisburg	22	86:20	53
4.	1. FFC Frankfurt (M, P)	22	58:25	45
5.	SG Essen-Schönebeck	22	46:39	30
6.	Hamburger SV	22	53:49	29
7.	SC Freiburg	22	36:53	29
8.	VfL Wolfsburg	22	53:48	27
9.	FF USV Jena (N)	22	32:56	23
10.	SC 07 Bad Neuenahr	22	26:74	18
11.	HSV Borussia Friedenstal (N)	22	23:79	14
12.	TSV Crailsheim	22	14:79	5

Die MeistertrainerInnen

Deutsche Meisterschaft

1974:	Erwin Hartmann
1975:	Anne Trabant-Haarbach
1976:	Fritz Bank
1977:	Anne Trabant-Haarbach
1978:	Rolf Kleser
1979:	Anne Trabant-Haarbach
1980:	Anne Trabant-Haarbach
1981:	Anne Trabant-Haarbach
1982:	Anne Trabant-Haarbach
1983:	Anne Trabant-Haarbach
1984:	Anne Trabant-Haarbach
1985:	Jürgen Krust
1986:	Monika Koch-Emsermann
1987:	Gerd Neuser
1988:	Anne Trabant Haarbach
1989:	Anne Trabant-Haarbach
1990:	Gerhard Neuser
1991:	Gerhard Neuser
1992:	Gerhard Neuser
1993:	Edgar Hoffmann
1994:	Gerhard Neuser
1995:	Jürgen Strödter
1996:	Dieter Richard
1997:	Hans-Jürgen Tritschoks
1998:	Jürgen Strödter
1999:	Monika Staab
2000:	Jürgen Krust
2001:	Monika Staab
2002:	Monika Staab
2003:	Monika Staab
2004:	Bernd Schröder
2005:	Hans-Jürgen Tritschoks
2006:	Bernd Schröder
2007:	Hans-Jürgen Tritschoks
2008:	Hans-Jürgen Tritschoks
2009:	Bernd Schröder

DDR, Bestenermittlung

1979:	Rolf Mothes
1980:	Siegfried Loose
1981:	Bernd Schröder
1982:	Bernd Schröder
1983:	Bernd Schröder
1984:	Jürgen Utzlert
1985:	Bernd Schröder
1986:	Bernd Schröder
1987:	Dietmar Männel
1988:	Dietmar Männel
1989:	Bernd Schröder
1990:	Manfred Draheim
1991:	Hugo Weschenfelder

HERAUSGEBER

RAINER HENNIES, Jahrgang 1960, studierte Sport, Germanistik, Geschichte und Pädagogik in Hannover. Lebt und arbeitet seit vielen Jahren in Barsinghausen. Früher selbst als Fußballer, später auch als Trainer mit B-Lizenz im Jugendfußball aktiv. Beschäftigt sich hauptberuflich als freier Journalist seit 1986 schwerpunktmäßig mit Frauenfußball. Internationale Veröffentlichungen weltweit und der Schweiz (FIFA). Medienpartner (Wort und Bild, Hörfunk) in Deutschland sind Agenturen, lokale, regionale und bundesweite Zeitungen und Zeitschriften, zum Beispiel FF – das Frauenfußballmagazin.

DANIEL MEUREN, Jahrgang 1973, ist Redakteur der Frankfurter Allgemeinen Zeitung. Er fühlt sich vor allem den hintergründigen Themen des Fußballs und des Sports im Allgemeinen verbunden. Den Frauenfußball begleitet er seit einigen Jahren, vor allem seit der Weltmeisterschaft 2007 glaubt er an sein schlummerndes Potenzial.

GAST-AUTOREN

MATTHIAS KOCH, geboren 1970, arbeitet als freier Sportjournalist und Fotograf u.a. für Berliner Fußball-Woche, Kicker Sportmagazin, Märkische Allgemeine, Ostthüringer Zeitung, Tagesspiegel und Thüringer Allgemeine vor allem zu Themen des Ostfußballs. Koch beschreibt die Entwicklung des Frauenfußballs in der DDR.

CHRISTINE KAMM, geboren 1965, aus Ludwigshafen ist Redakteurin bei der Rheinpfalz am Sonntag. Sie stellt uns Heidi Mohr und den TuS Niederkirchen – mittlerweile 1. FFC Niederkirchen und eigenständig – näher vor.

MATTHIAS KITTMANN, geboren 1959, aus Frankfurt (Studium der Geschichte, Politik- und Filmwissenschaft) ist freier Sportjournalist und überwiegend für die Frankfurter Rundschau sowie als CvD des FF-Magazines und Publizist tätig. Als ausgewiesener Fachmann stellt er die Bundesliga-Entwicklung und die Probleme des DFB mit der Emanzipation sowie die Frankfurter Szene mit dem 1. FFC und dem FSV dar.

KATHRIN STEINBICHLER, geboren 1974, aus München befasst sich in der Sportredaktion der Süddeutschen Zeitung seit vielen Jahren mit der Entwicklung des Frauenfußballs. Sie hat für dieses Buch die Texte über den FFC Wacker München und den FC Bayern München sowie das Porträt über Nadine Angerer geschrieben.

FOTONACHWEIS:

dpa / Picture Alliance: Cover, S. 8, 17 (oben), 19, 30, 38, 59, 63, 65, 70, 72, 74, 93, 95, 97, 107, 117, 124, 126, 131, 147, 149, 153, 182, 185, 192, 195, 231, 232, 236, 237, 257, 263, 264, 267, 269, 321, 325, 332, 335, 341, 350, 353, 355, 367, 369, 370

Bongarts / Getty Images: S. 78, 134

Fotoagentur Horstmüller: S. 121

Rainer Hennies: S. 20, 24 (3x), 25, 58, 75, 86, 87, 88, 90, 98, 102, 104, 105, 106, 110, 114, 119, 133, 135, 137, 139 (2x), 141, 143, 144, 146, 151, 154, 164, 168, 171, 173, 175, 176, 177, 179, 180, 183, 184, 187, 189, 191, 200, 206, 208, 214 (2x), 219, 220, 221, 223, 228, 229, 233, 239, 241, 243, 246, 251, 254, 256, 261, 270, 271, 275, 277 (3x), 284 (2x), 285, 289, 290, 295, 299, 300, 302 (2x), 312, 313, 315, 317, 323, 328, 330, 334, 338, 339, 340, 342, 343, 344, 348, 361, 368, 371

Sue Lopez: S. 29

Horst Müller: S. 32, 33

Archiv Madeleine Boll: 35

Archiv Maria Breuer: 36, 51 (3x), 345

Archiv Fips Scheidt: 42, 46, 49

Archiv Bärbel Wohlleben: 43, 47 (2x), 55

Daniel Meuren: 50, 53, 273, 281

Archiv Bärbel Petzold: 60, 61

Mercedes-Benz, DFB: S. 157

Matthias Koch: S. 159

Horst Hamann: S. 160, 161, 198

Dietrich Köhler-Franke: 162, 163 (2x)

Yunis Duran: 211

WPS: S. 303, 304, 305

Lars Andersson: S. 308

Tele Monte Carlo: S. 316

Nuevi Cedrini: S. 318

Thorsten Frennstedt: S. 349

Alle übrigen Fotos und Abbildungen entstammen dem Archiv des Verlages.

Nicht in allen Fällen konnte die Urheberschaft an den Fotos ermittelt werden.

Der Verlag bittet um entsprechende Hinweise, um berechtigte Ansprüche abzugelten.

BÜCHER ZUR FUSSBALLGESCHICHTE

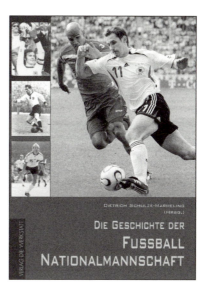

D. Schulze-Marmeling / Hubert Dahlkamp

Die Geschichte der Fußball-
Weltmeisterschaft

672 Seiten, geb., 310 Fotos

ISBN 978-3-89533-531-0

4., akt. Auflage, € 26,90

Die komplette WM-Geschichte – von den Anfängen
1930 bis zum grandiosen Turnier 2006 – spannend
erzählt, kompetent kommentiert und eindrucksvoll
bebildert.

„Ein Standardwerk" (taz).

Dietrich Schulze-Marmeling (Hrsg.)

Die Geschichte der Fußball-
Nationalmannschaft

672 S., geb., Fotos

ISBN 978-3-89533-578-5

3. Auflage, € 29,80

Die 100-jährige Historie der Nationalmannschaft:
viel Glanz und ein wenig Schatten.

„Ein Standardwerk, süffig zu lesen und gründlich
recherchiert." (NDR)

VERLAG DIE WERKSTATT

www.werkstatt-verlag.de